公共文化服务理论探索与路径选择

2020年天津市群文系列论文汇编

天津市群众艺术馆 编

天津社会科学院出版社

图书在版编目（CIP）数据

公共文化服务理论探索与路径选择. 2020年天津市群文系列论文汇编 / 天津市群众艺术馆编. -- 天津 : 天津社会科学院出版社, 2020.7
ISBN 978-7-5563-0651-0

Ⅰ. ①公… Ⅱ. ①天… Ⅲ. ①公共管理－文化工作－天津－文集 Ⅳ. ①G127.21-53

中国版本图书馆CIP数据核字(2020)第141078号

公共文化服务理论探索与路径选择.
2020年天津市群文系列论文汇编
GONGGONG WENHUA FUWU LILUN TANSUO YU LUJING XUANZE.
2020 NIAN TIANJINSHI QUNWEN XILIE LUNWEN HUIBIAN

出版发行：天津社会科学院出版社
地　　址：天津市南开区迎水道7号
邮　　编：300191
电话/传真：（022）23360165（总编室）
（022）23075303（发行科）
网　　址：www.tass-tj.org.cn
印　　刷：北京建宏印刷有限公司

开　　本：787×1092 毫米 1/16
印　　张：26.5
字　　数：480千字
版　　次：2020年7月第1版 2020年7月第1次印刷
定　　价：88.00元

编委名单

序　言

我国群众文化事业是社会主义公共文化服务体系的重要组成部分，在祖国现代化建设高速发展的社会大潮中，发挥着不可替代的作用。多年来，几代群众文化工作者经过艰苦努力、大胆探索，为我国群众文化事业的科学发展做出了巨大贡献。在这个过程中，天津市广大群众文化工作者所付出的努力和所取得的成绩，是不可替代的。

随着我国社会主义现代化建设的飞速发展，社会文化形态和公共文化服务理念都发生了重大变化。广大群众对文化需求的社会化、多元化倾向十分明显，各级群众文化单位的体系建设和运作模式都面临着许多新的课题急需解决。群众文化事业如何适应祖国飞速发展的需要；如何处理好群众文化服务与引导的关系；如何面对群众文化社会化趋势问题；文化馆等相关机构在政府购买文化服务等一系列改革措施当中，如何科学运行等诸多热点问题，时刻摆在每一个群众文化工作者面前，急需我们下大力气探索。

任何事业的健康发展都离不开相应理论的引领和指导，没有理论的引领便会失去目标和方向。当前，全国各地的群众文化机构都在运用各种方式，积极开展在新形势下公共文化事业科学发展的理论研讨工作。此时出版由天津市群众艺术馆主编的这本论文集，无疑将对全市群众文化事业的健康发展起到重大推动作用。同时也会对其他省市的理论研究产生巨大影响。

本次出版的论文集共收录83篇文章，内容十分丰富，对各地的公共文化事业理论研究工作具有重要的参考价值，并表现出以下几方面的特点：

一、论文集充分展示了综合性特点。论文作者思想活跃，内容信息量大，涉及群众文化事业的各个领域。从事业发展角度看，上至全市文化工作在新时期的思考，下至社区基层文化服务的落实和实施；从文化服务机制的角度上看，有对文化馆建设的探索，更有对文化队伍的思想建设和职业规范等方面的论证；从群众艺术角度上看,几乎涉及各类艺术门类的普及论证。总之,论文集基本概括了群众文化各方面的实际状况,具有较强的参考价值。这一特点在其他论文集中是不多见的。

二、论文集中的文章突出以小见大,注重实际,说实事办实事,这是本论文集的又一个特点。在日常生活中,一些所谓从理论到理论脱离实际的文章时有所见,这说明文章作者的写作目的是完成任务,而不是作为一项事业来探索。本论文集则不同,各篇文章作者的写作目的十分明确,即从生活中来到工作中去。这是群众文化理论研究的初衷,更是生命的源泉。

三、论文的作者均来自全市的群众文化事业单位及相关机构,而且大部分人工作在一线岗位,范围广、数量多,基本代表了天津市广大群众文化工作者的真实状况。这是天津市群众文化理论队伍的土壤和源泉。新时期全市群众文化理论体系将从这里迈上新的台阶。

四、该论文集的出版,将为天津市各级文化主管机构提供两项重要信息。第一,为全市公共文化事业的改革和建设提供了真实的第一手素材,而且这些素材覆盖了群众文化事业的各个领域。第二,反映出全市广大群众文化工作者在实际工作中的苦与乐以及人们的所思所想,从而进一步提高了各级领导机构在决策中的针对性和目的性,为群众文化事业的现代化发展奠定了理论基础。

我国的群众文化事业经过了数十年的拼搏奋斗,已经逐渐走向成熟。无数的社会实践证明,事业的健康发展离不开相应人才的培养,没有人才便失去了实现目标的根基。本论文集的出版说明了天津市文化主管机构十分重视对群众文化人才队伍的培养,并取得了可喜的成绩。

衡量群众文化人才的标准,除了具备相应的政治思想素质和专业技术水平以及组织实施能力以外,更应具有独立思考的能力。即在工作实践中的经历和各种途径获取的信息进行广泛地积累、归类;从杂乱无章的生活元素中找到内在规律,并形成自己独立的思想;将这一思想放到实际工作中去检验,逐步形成理论。这应成为每一个群众文化工作者的基本功,其具体的表现方式就是我们发表的论文。论文的质量在某种程度上反映出人才的基本素质和水平。我国地大物博,人口众多,各个地区的文化环境、文化需求均不相同。广大群众文化工作者就是要善于从这些种类繁多的文化元素中找出共同的规律,这是我国群众文化理论体系健康构建的基础。盼望着无数高质量优秀论文的出现。

天津市在全国享有特殊地位,无论在历史上还是在当代文化形态上,都表现出其独特的个性和特征,而这些特征恰恰在广大群众的文化需求当中表现得淋漓尽致，这正是本论文集的价值所在，论文集的出版必将产生重大社会影响。

2020年是我国全面实现小康社会的关键之年，让我们振奋精神，团结一致，用更加优异的成绩向中国共产党建党一百周年献礼！祝愿天津市群众文化事业更加辉煌！

贾乃鼎

2020年3月

目 录

群艺天地

群文博览

“非遗”空间

群艺天地

加强对《歌唱祖国》诞生地的宣传工作

张　瑞

天津，是歌曲《歌唱祖国》的诞生地。作为《歌唱祖国》词曲作者王莘同志的老乡，作为一个天津的群众文化工作者，觉得很有必要提出这样一个议题。

一、《歌唱祖国》在"新中国文化史"中具有重要的地位

庆祝中华人民共和国成立70周年活动以异彩纷呈的效果，在我们每一个群众文化工作者心中留下永不磨灭的印象。我们都为能够参加这一庆典，在这举世罕见的庆典中贡献自己的力量而感到骄傲和自豪。在这一系列活动中，我们曾聆听过众多的红色歌曲，深为那些动人的旋律和歌词所打动，在这些歌曲中，由我们天津的音乐家王莘作词作曲的《歌唱祖国》无疑是最令人难忘的一首。这首歌曲除了"全体起立，奏唱国歌"以外，在每场晚会或者每项活动的最关键时刻出现，每一次都会掀起高潮。

而且，在国家的正式场合，这首歌曲也被高度重视。每天凌晨，天安门广场的升旗仪式，它是仪仗队的进行曲，国歌与国旗在它的引导下响起和升起。每天早晨的中央人民广播电台《新闻和报纸摘要》节目与晚上的《全国新闻联播》节目，它是开始曲。国家领导人举行正式仪式欢迎国宾，它是仪仗队行进间演奏的表演曲。嫦娥一号上天，它是从太空传来的"中国之声"。北京奥运会它是开场曲。可以说，在浩如烟海的爱国主义歌曲中，《歌唱祖国》的地位和影响无可比拟、无可替代，有人将其称为"第二国歌"是很有道理的。

二、《歌唱祖国》的诞生是天津可贵的文化财富

在新中国70周年华诞的欢庆声中，在一次次被《歌唱祖国》感动的同时，我却产生了深深的遗憾，这就是，我们天津对于这首歌曲的宣传太少了，程度太不够了。

1.《歌唱祖国》是天津的红色名片

天津，不仅是环渤海地区的经济中心，更是一方红色的热土。许多重大历史事件发生在这里。哈尔滨道 48 号的“佛照楼宾馆”，是孙中山、毛泽东、周恩来曾经先后居住过的地方，这是全国仅有的。作为周恩来、邓颖超青年时期生活战斗过的第二故乡，许多重要人物成长活动在这里。革命战争年代，在中国共产党领导下，一大批共产党员和革命志士“为有牺牲多壮志，敢教日月换新天”，在这里留下了红色的足迹，他们如闪闪的红星，永远在共和国历史上闪耀着不灭的光辉。在社会主义革命和建设时期，红色传统始终鼓舞着人民群众，紧密团结在党中央周围，坚持党的基本路线，坚持改革开放，为建设“中国特色社会主义”而奋勇拼搏。这里曾经出现过新中国的众多第一个，像第一架照相机、第一台电视机等，不予赘述了。

在文化方面，最重要的优势在于，天津是《歌唱祖国》的诞生地。1950 年王莘同志在这里创作了这首不朽的歌曲，道出了人民的心声，闪耀着真理的光辉，从这里传遍大江南北，成为歌颂中华人民共和国最重要的歌曲。

王莘同志创作《歌唱祖国》的过程，许多报纸杂志和电台电视台都曾经报道过，本文不准备重复。简言之，它是王莘同志从开国大典到 1950 年国庆节一年时间内，爱国激情长期积累的结果，它的灵感来自王莘经过国庆节的天安门广场，看到的“迎风飘扬的五星红旗”，听到的“响亮的胜利歌声”。音乐元素产生在从北京回天津的列车上，匆匆记载于一张烟盒纸上。诞生于坐落在著名景区“五大道”中的成都道博爱里 1 号。

2.《歌唱祖国》的流行是群众文化活动助推的结果

作为群众文化工作者还应当看到，这首歌曲诞生之初并没有受到应有的重视，报纸和杂志以“旋律西化、缺乏民族色彩”为由予以退稿，是当时的群众歌咏活动发现了它，是广大音乐爱好者通过口口相传，唱响了它、唱红了它。原天津音乐家协会秘书长王巍是首唱者，他通过街头演唱等形式教会了成百上千的群众，以至于唱遍了海河两岸，加之当时的中央音乐学院坐落在天津的海河边，终于引起了中宣部领导的重视，在歌曲诞生一年以后，以正式文件形式向全国推广，这才形成了全国同唱“五星红旗迎风飘扬……”的盛况。1951 年国庆期间，毛泽东主席接见了王莘同志，为他亲笔题词。这在所有的“红色歌曲”中可能是唯一的。可以说，《歌唱祖国》的诞生过程是群众文化的丰硕成果，是广大音乐工作者大力开展群众歌曲普及工作的结果，是天津的一笔宝贵的精神文化财富。

三、目前对“《歌唱祖国》诞生于天津”的宣传很不到位

可是，令人遗憾的是，我们天津对于这样的一笔财富重视得太不够了。在王莘同志的故居“五大道旅游景区”，对于这样重要的“红色文化资源”，所有的介绍资料只字不提。人们津津乐道的是“伪满洲国”领事馆、“东陵大盗”孙殿英、“前清重臣”庆亲王、“末代太监”小德张、“民国总统”徐世昌、“乱世枭雄”张作霖等历史风云人物，以及“奥运冠军”李爱锐、“京剧名伶”马连良等文体界知名人士。就连王莘同志故居旁边的饭馆“桂园”也成了网红打卡之地。

在这里，我要特别说明，我并不反对对于上述这些历史人物的宣传。五大道作为“中国历史文化名街”“国家重点文物保护单位”，主要的原因就在于有一大批历史文化名人在这里居住过。这些人都是重量级的，包括民国总统、总理、军阀、著名爱国将领、著名学者、文体明星、著名工商业巨头，甚至包括开国领袖毛泽东、开国总理周恩来等领袖人物。没有这些历史人物的足迹，五大道就失去了魂。同样，天津市也正因为这些原因，才能担起“近代历史看天津”的美名。

我认为，在这种情况下，对于《歌唱祖国》诞生地这样的精神宝库竟然备受冷落，甚至只字不提，的确令人费解。

实际上，天津作为一座历史文化名城，已经失去了很多宣传自己的机会。或许是受到“不事声张”的影响，或者存在“不屑宣传”的思想，天津作为曾经北方最大的工商业城市，在舆论的造势上，已经在最近的四十年中远远落伍了，甚至在知名度方面输给了许多新兴城市。比如，曹禺是天津人，《雷雨》《日出》诞生于天津，描写的明明是天津，劝业场对过的惠中饭店就是“陈白露旧居”，这些都是曹禺先生多次著文指出的，却几乎被所有的人固执地认为是上海，以至于电影、电视剧取景用的全是“上海滩”的镜头，而天津的“文化圈”几乎集体失语。再比如，前面提到的“佛照楼”，如此重要的全国唯一建筑，竟然在十年前不顾各方学者专家的呼吁，也以城市建设需要为理由拆除了。如今为了宣传红色旅游，据说又要“异地仿建”一座，真是再次令人无语。

许多地方，没有名人，还要攀附个名人，甚至从别的地方“抢”一个名人来提高自己的地位，我们明明守着《歌唱祖国》这样的文化富矿竟然会如此“佛系”，实在太可惜了。因此我认为，在迎接中华民族伟大复兴的现实情况下，重视《歌唱祖国》的地位与作用，重视宣传《歌唱祖国》诞生地，正合时宜。

四、宣传具有历史地位的文化作品诞生地意义重大

具有历史地位的文化作品并不多,像《歌唱祖国》这样的作品更如凤毛麟角。宣传这样的作品,无论在政治上还是在经济上都有重要的意义。在政治上,它可以凝聚人心,彰显价值观,形成民族共识,团结更多的群众,达到既定的目的。

在经济上,对于旅游的开发及特色旅游产业的发展可以产生得天独厚的推动效应。它可以出现一个亮点和"磁极",以整合周边的旅游资源,形成宏大的磁场,吸引众多文化"朝圣者",在旅游"点"的基础上,实现点面结合,形成气候,打造旅游产业链,最终推动历史前进。

《义勇军进行曲》是《中华人民共和国国歌》,自然应当排在最前面。但,对《国歌》诞生地的宣传也是近十年的事情。首先,《义勇军进行曲》在很长的时间内一直是《宪法》规定的"代国歌","文革"中由于词作者田汉受迫害,经历了长达十几年的"只奏不唱"阶段。而且,应当以作词的地方,还是以作曲的地方作为诞生地,也不好确定。即使这样,经过多方调研和论证以至于推断,上海的文化工作者提出以电影《风云儿女》拍摄地为《国歌》诞生地,取得了共识,并得到上海市政府的批准,终于在十年前建起了"国歌纪念广场",其中,下沉式广场成为"国歌展示馆"、爱国主义教育基地。

《东方红》是歌颂毛泽东主席的代表作。自诞生那天起,就唱出了人民群众的心声,成为时代的最强音。早在解放初期,就在词作者李有源的故乡,陕北神泉堡建起了"东方红诞生地纪念馆"。

《黄河大合唱》无疑是抗战的号角。词作者光未然写作地点是在壶口瀑布旁的陕西宜川县壶口乡,在纪念抗战胜利70周年时,当地政府建起了"黄河大合唱纪念馆"。

以上歌曲当得起"具有历史地位",具有建起诞生地纪念场馆的资格和必要性,尽管它们的词曲作者并非一人,但仍能够起到回顾历史、鼓舞人心的作用。

与《歌唱祖国》具有同等地位的歌曲可以说是《没有共产党就没有新中国》,它的词曲作者都是曹火星。它和《歌唱祖国》一样,都是在隆重场合下"全体起立高唱"的一首歌,在纪念中国共产党的歌曲中,其重要性恐怕仅次于《国际歌》。

《没有共产党就没有新中国》的诞生地在北京市房山区霞云岭乡。经北京市委、市政府批准,2001年建党80周年前夕,由江泽民题词,在这里建成了纪念雕塑。2006年建党85周年前夕,这里建成了纪念馆,2019年被中宣部命名为"全国

爱国主义教育示范基地”。

我到那里参观过，其恢宏的气势令人叹服。“曹火星故居陈列馆”前面的山崖被玻璃钢建起的巨幅党旗覆盖着，党旗下是宽阔的舞台和用汉白玉栏杆装饰的观众看台，可以容纳上千人向党旗致敬，同唱《没有共产党就没有新中国》。除了舞台和看台还有两层楼的纪念馆，讲述着中国共产党带领全国人民浴血奋战的故事。凭借《没有共产党就没有新中国》纪念馆，这里成为“红歌源”风景区，每年吸引着众多的旅游者，因此，是宣传革命传统、发展红色文化和红色旅游的一处“革命圣地”和“旅游胜地”。

站在这巨幅的党旗面前，我更加觉得有必要在天津五大道旅游景区建起同样的《歌唱祖国》纪念馆甚至纪念广场。达到立足天津、面向京津冀、辐射全国的目的，明显地做大做强天津的文化事业。

作为第一步，我认为可以先将“王莘同志故居”确定为“文物保护单位”，由于“五大道”被命名为“国家重点文物保护建筑群”，根据政策，所有在“五大道地区”的文物保护单位均可认定为“国保级”，这样就在法理上保证了“故居”的安全。继而建立“歌唱祖国纪念馆”，然后，将“民园下沉式广场”像上海一样，改为“歌唱祖国音乐广场”。如果真能如此，则善莫大焉。

愿《歌唱祖国》的旋律伴随着天津发展的脚步，永远壮大前进，和祖国一起“从今走向繁荣富强”！

（作者单位：天津市南开区文化馆）

群众歌曲创作应当满腔热忱地讴歌“大时代”

——从获奖歌曲《我的国》谈起

李　振

2018 年我们刚刚庆祝了改革开放 40 周年,2019 年又迎来了新中国成立 70 周年。这是千年难遇的伟大时代,我们能够在这个时代引吭高歌,也是千载难逢的好时机。这个阶段中,出现了前所未有的群众歌咏活动高潮,随之而起的便是群众歌曲创作的佳作迭出。一大批歌颂党、歌颂祖国、歌颂人民的歌曲从基层出现,代表了基层群众的心声。作为一名文化馆的音乐干部,我尽了自己的微薄之力,与歌词作者范鹏一起,共同创作了歌曲《我的国》。

《我的国》热情洋溢地讴歌了新中国成立 70 周年来日新月异的发展变化,不忘初心砥砺前进的决心,充分表现出广大人民群众对享受改革开放成果的感恩,体现改革开放以及新中国成立以来,歌曲以“京歌”为表现手法,站在弘扬传统文化的视角,展现于现代音乐语言的隔空对话。

由于这首歌曲通过对比鲜明的唱法,渲染出强烈的感情色彩,采用通俗与京剧的结合,古今共唱新中国、新时代的革新巨变,产生了较好的艺术效果。因此,在第十八届群星奖天津地区比赛中得到评委、专家和观众的好评,被评为金奖作品。后来这部作品又多次在相关活动中荣获一等奖。同时也参加了国家大剧院的优秀作品展演,还有六省的优秀作品演出。能够在中华人民共和国的生日唱出自己的心声,作为一名参加工作不久的音乐干部,感到一些欣慰。同时,在创作这首歌曲的过程中,我也收获了一些体会和心得。我觉得在音乐领域,群众歌曲的创作有着它自己的创作规律,最重要的是,要满腔热忱讴歌“大时代”。

一、讴歌"大时代"是群众歌曲的优良传统

文艺创作应当贴近时代,这应当是一个普遍的规律,尤其是在进入新世纪,特别是近七八年以来,更应当注重于反映民族复兴的大时代,这似乎不应成为一个议题。但是,不容忽视的是,在文化领域却出现了一种"以小为荣"的现象。反映在文艺创作尤其是歌曲创作方面,就是热衷于用小声小气、轻声轻气、嗲声嗲气吟唱或者哼唱作者自身的"小宇宙",以至于将"小时代"作为创作的一面旗帜,不仅有领时代之先者,将反映"小时代"的作品联袂推出,更有大批跟风者,一天到晚将"小心肝""小宝贝""小鲜肉"挂在嘴边,充满"小情调""小家子气"的口水歌仿佛成了歌曲创作的主流,波澜壮阔的新时代和这些作者竟然"绝缘"。这些作者往往片面地将反映当前的伟大时代误解为"文艺政治化",以至于不敢写"大时代",生怕这样会被贴上"政治口号"的标签,而成为音乐作品"速朽"的典范,受到业内同行的嗤笑。这是一种形而上学的看法,应当予以澄清。

翻开《群众文化史》不难看出,自古以来,广大人民群众不仅喜欢卿卿我我的呢喃之声,更喜欢反映百姓呼声和愿景的黄钟大吕。

这可以从中华民族最早的"民歌集"《诗经·小雅》中看出。这里面收集了大量反映战争和劳役的作品。这些作品是当时社会生活的写照,反映出当时我们的先民们不仅有"关关雎鸠"的儿女情长,更有"为王前驱"的壮怀激烈。这样的作品有很多,在此不能一一列举。《诗经》如此,在后来的民歌集成中,同样可以看到反映"大时代"的作品,这是群众歌曲创作的重要轨迹。始自秦、兴于汉、盛于唐的《乐府诗》以及《新乐府》同样是历代民歌之大成,里面既有《孔雀东南飞》的缠绵悱恻,更有《木兰辞》这样的千古名篇。宋元明清以来,反映老百姓生活与向往,甚至直接由底层群众创作的作品不胜枚举。

近现代的例子就更多了。尤其是在中国共产党领导下的人民革命和社会主义革命建设时期,群众创作的歌曲始终领一代新风,用战斗的歌词与旋律鼓舞着人民去争取自由与独立,去建设自己美好的家园。最值得一提的就是,代表革命里程碑式的作品都是产生于群众歌曲。歌颂第一代领袖毛泽东的歌曲《东方红》来自陕北农民的口头创作。歌颂改革开放的《春天的故事》与歌颂新世纪的歌曲《走进新时代》也都是出自我们文化馆人。《没有共产党就没有新中国》是平西根据地群众歌咏活动的产物。不朽的作品《歌唱祖国》由群众歌咏活动唱响。所以我们从事群众文化歌曲创作的音乐干部应当具有强烈的历史责任感,要冲破打着"新观念"旗号

的思想藩篱,坚定地继承群众歌曲创作的优良传统,在抒发“恩恩爱爱”的同时,把眼光更多地投向我们伟大的新时代,为前所未有的“大时代”创作出《东方红》《春天的故事》《走进新时代》这样不朽的群众歌曲来,这才无愧于我们的使命与初心。

二、必须用“大情怀”歌颂前所未有的“大时代”

我们有责任来歌颂目前所处的时代。这是中华民族伟大复兴难得的好机遇,风云际会,时不我待,绝不是那种反复描绘的什么“小时代”。我们的新时代气象万千、风起云涌,正处在前所未有的机遇期和窗口期,时代将造就我们的人生在21世纪的20年代出彩。“大时代”需要“大情怀”来讴歌,非凡的时代才能创作出不朽的作品,歌颂英雄、歌唱这个英雄的时代,我们每个音乐工作者才能成为新时代的聂耳、冼星海、王莘、曹火星。

文艺是时代的产物,是时代的镜子,同时也是时代的引领者。好的文艺作品可以像《义勇军进行曲》《黄河大合唱》那样激发出无穷的能量。我们应当有这样强烈的历史责任感,也许我们终生不会成为大音乐家,但是,只要我们在这个伟大的时代中创作了、歌唱了,就对得起这个时代,对得起青春与生命。

按照这个指导思想,红桥区文化局和文化馆的领导敏锐地提出,在群星奖创作中,必须要紧跟当前的新时代、新形势,创作出具有宏大家国情怀的歌曲。

歌曲的创作有两种途径:一种是先创作歌词,然后配乐,像《黄河大合唱》《义勇军进行曲》《歌唱祖国》《没有共产党就没有新中国》等大部分歌曲。一种是先有曲,后填词,像《长江之歌》《送别》以及近年来唱响大江南北的《我和我的祖国》等。我们采取的是前者。经过反复选择、酝酿、修改确定了《我的国》这首歌词作为基础。

歌中写道:“春雷滚滚动山川,昔日蛰龙欲飞天。历苦难,且尝胆,披荆斩棘路漫漫。砥砺前行数十年,华夏旧貌换新颜。一子落,满盘活,利在千秋子孙相传。我的国,初心始终不曾变,万马长啸勇争先。看明日复兴,宏图已实现,定教那灿烂彩虹挂天边!”

创作人员觉得这样的歌词具有“大时代”应有的大气魄。它沿袭了《我和我的祖国》的情感,能够抒发出我们对于祖国的热爱和信心,具有大情怀和大模样。

三、抒发“大情怀”一定要抓住“主旋律”

有了好的歌词,必须要在歌曲的“主旋律”上下工夫。我们要歌颂“大时代”就必须要抓住“主旋律”,具有“大情怀”。

1. 从广义上，确定歌曲的主旋律必须令人奋发向上

所谓主旋律，一种是广义上的，即中央反复要求创作的“主旋律作品”，要歌颂当前的时代风貌，反映当前老百姓的共同心声，应当具有精深的思想、精湛的艺术、精良的制作，达到精品级的文艺作品。

群众文化无疑应当满足广大人民群众娱乐休息的需求，需要轻歌曼舞，愉悦身心，但是也应当陶冶情操，振奋民心。一味地提供小情怀的作品就好像饮食中一味地提供甜品一样，仍然会腻人。听音乐需要“甜蜜蜜”也需要“英雄交响乐”。当前的大时代更需要号角的召唤与战鼓的激励。起码在生理上，“大情怀”的文艺作品在很大程度上能够让人们的生命处在积极状态，有益于身心的健康。从社会角度则更可以团结人心达到共同奋进的效果。从百姓的需求角度也是这样，切莫从作者本人的小情怀出发，以为人民群众只不过是芸芸大众，不需要醍醐灌顶，甚至不过是浑浑噩噩之辈，只懂得一时之娱。群众是真正的英雄，他们更需要“大江东去”的豪放气魄，也只有这样的作品才能与时代合拍，在当代可以激励人心，对后代可以传之久远。新时代是具有“四个伟大”的大时代，具有意气风发、斗志昂扬的特点，作为群众文化工作者必须要认清自己身担的重任，用自己的作品记录时代、振奋民心、流传后世。

2. 从具体操作上，歌曲的主旋律创作应当因地制宜、因人制宜

2018 年我们在完成庆祝改革开放 40 周年系列活动的同时，就已经开始了对第十八届“群星奖”的准备，根据一些获奖节目的经验，我们首先确定了一个基本目标——确定演员，为有较高水平的业余演员“量身定做”。因为，舞台文艺作品最终还是要在舞台上“立起来”。有较高水平的业余演员已经在舞台上打拼了多年，他们的艺术造诣可以保证作品能够发挥出预期的水平，用一句行内话来说就是“人保‘活’”。于是馆里领导将目光投向了戏曲干部井立娜和擅长唱通俗歌曲的李安娜。

井立娜毕业于沈阳师范大学戏剧艺术学院京剧表演系，专工老旦行当，是老旦名家李鸣岩先生的入室弟子，曾在天津京剧院和辽宁实验京剧团工作过较长时间，这都是创作歌曲成功演唱的有利条件。李安娜毕业于天津音乐学院，在群众文化战线工作多年，成为一名小有名气的通俗歌手，曾经多次在天津市举办的歌手大赛中获奖，具有较强的音乐表现能力。

两位主演确定之后，音乐的主旋律便是顺理成章的事。这就是要创作出一首“京歌”。但这首“京歌”的创新之处在于将京剧唱腔与流行歌曲的“声线”有机地结合起来。这是摆在我面前的难题。

京剧与“民歌”和“民通”相结合的成功作品很多,典型的便是《梨花颂》,但京剧与纯通俗唱法结合的作品还不是很多,刚写出来旋律上不是很通顺,两种风格合并不到一起,总是听着不像是一首曲子。经过和井立娜的反复磋商,终于找到了一小句西皮唱段,这一小段与全曲的音乐动机“so\la\do”十分吻合。据此我延展了这个主题,融合到了流行演唱的乐句里,完成初步的作品。主旋有了以后,我又将和声部分,摸索出来一个相对合理的方式,并且在第二阶段通过高亢嘹亮的出彩乐段,把京剧发展出来,最后加上伴奏部分的背景充实,完成了作品,初赛时脱颖而出,奠定了成功的基础。

此后,作品又经过多次修改,做到了不断完善和提高。比如,器乐的对奏部分,当初,只打算用一个乐器,就是京胡,在创作的过程中,发觉这样没有对比,最后加入了小提琴,形成东西方两种乐器的一个对话,再加上两种唱法的结合,一起实现空间对话,让歌曲尽量有立体感。经过了很多的流程,最后才有了现在完整的一首歌。

总之,面对大时代,我们在艺术上需要有攀登高峰的精神,要有着“独上高楼,望断天涯路”的追求与修炼,要不甘寂寞,摒弃名利场的诱惑,要立志唱出全民族共同的心声,敢于打破艺术上一时的偏见,勇于扫除社会上已经形成的某种艺术风气。善于调动各种艺术资源和手段,向聂耳、冼星海、王莘、曹火星学习,成为人民音乐家、人类灵魂工程师。

(作者单位:天津市红桥区文化馆)

坚持"以人民为中心",大力发展老年舞蹈

李　振

以人民为中心,是中国共产党唯一宗旨决定的,也是习近平新时代中国特色社会主义思想的基础。群众文化必须贯彻这一基本思想。其中,关心老年人的文化生活是题中应有之义。

我们正处在老龄社会当中,应该加强领导,精心组织,共同努力,增加老年公共文化产品供给,丰富老年人精神文化生活、展示当代老年人精神风貌,让老人们拥有一个积极、健康、欢乐、祥和、和谐的老年生活。作为政府,应该继续加大对文化设施的投入和对中老年文化的重视,对于我们文化馆等群众文化部门,应该把老年文化作为一项重要工作,为老年人提供更加丰富多彩的文化,更加便民、利民、惠民的文化娱乐健身项目,使社会更加和谐,使老年人更加幸福、快乐、健康。

在众多的群众文化活动中,天津市老年文化艺术节是直接为老年人服务的真正的节日。它由天津市文化局、市老龄委、天津日报社、今晚报社、老年时报社等单位联合主办,红桥区文化和旅游局承办。从 2000 年创办以来,连续 19 年,对于倡导老年人学习文化艺术、展示文艺才能、热心公益事业、促进社会和谐等方面,都起到了示范、引领作用。参与人数最多的活动是老年合唱比赛、老年服饰比赛、老年戏曲比赛,其中老年舞蹈比赛是最富于色彩的一项。

说它最富于色彩,不仅是它的服装绚丽、丰富多彩,还是指老年舞蹈在反映老年人在新时代的精神风貌方面最直观、最有感情色彩。在众多的艺术形式中,舞蹈被称之为艺术皇冠上的宝石,因为它用人类最直接原始丰富美妙的肢体语言表达思想传递感情,它可以展现艺术形象,直接反映社会的发展进程。在各种老年文艺活动中,舞蹈,特别是老年广场舞占有相当大的比重。老年群众的舞蹈群众性浓、基础性牢、自娱性强、健身效果好等基本属性体现了公共文化建设的现状和发展

趋势。

在多年参与老年文化艺术节的过程中,作为青年的我耳濡目染,受到老年朋友们精神风貌的熏陶,深深感到老年舞蹈在老年文化中的重要作用,同时对于发展老年舞蹈,如何处理好几个关系有一些实践和体会,愿提出来共同探讨。

1.重视老年舞蹈是密切联系群众,紧跟时代步伐的体现

老年舞蹈的兴起,是21世纪以来出现的一种文化现象,老年人在解决了温饱之后,特别是生活已经达到追求精神享受的程度,就必然会选择一种适合自己的娱乐形式,以广场舞为先声的老年舞蹈便应运而生。其中最根本性的特征就是群众性。群众文化应姓群,群众需要什么,群众文化工作者就应当提供什么样的文化服务,当前广场舞不光是风靡全国,甚至随着老人旅游团的增加,已经在许多外国的街头看到老年广场舞的身影,而且,在舞台上,老人的芭蕾舞已经成为"惊鸿一瞥",民族舞更是方兴未艾。还有登陆中国时间不长的踢踏舞,竟然也成了老年舞蹈的重要选项,看到这些老年朋友忘情于"大河之舞",真感到老年文化有着广阔的服务天地。

老年舞蹈是群众舞蹈之一。就群众舞蹈而言,它的直接参与主体是群众,服务和欣赏对象也是群众本身。群众舞蹈的参与人群,不限年龄、地域、文化层次、民族,时间灵活且规模大,使其具备了极强的群众基础和鲜活的生命力。群众舞蹈的发展情况反映人们的社会生活。老年舞蹈之所以繁荣兴盛,根本原因还在于现实生活中,老年人的心态好、生活富足、精神世界丰富多彩。

社会生活的发展直接影响群众舞蹈。新中国成立初期,由于受社会生活、红色精神的影响,群众舞蹈增添了革命气息。流行此时的是红绸舞以及反映劳动的舞蹈"秧歌"。歌唱"天亮了""解放了""站起来了",成为这一时期的时代特征。同时,舞蹈的兴起也会影响社会。比如,现在新时代的老年舞蹈会使得家庭更加和睦,社会更加和谐与安宁,影响着中年、青年与少年有着共同的好心情,

广场舞是一种适合中老年人开展的文化项目,但是适宜健身自娱的文化项目很多,老人们为什么这么热衷广场舞?因为广场舞是一项零成本、零门槛的娱乐休闲活动,不仅能起到锻炼身体的功效,还能消磨时间和拓展交际,是日常休闲的理想之选。20世纪90年代刚出现时,就受到政府和百姓的一致好评,如今,广场舞已成为一道亮丽风景线。

当前人民的物质生活富足,舞蹈便成为表现愉快心情的一种极好形式 ,这就是歌之不足故手之舞之、足之蹈之。只有紧跟当前的社会发展形势,才能够让群众

舞蹈发展呈现良好势头。反之，人民群众的需求得到满足，能够促进时代的进步。

2.老年舞蹈的发展应当因地制宜，不强求一律

舞蹈艺术在诞生之初有着很强的地域性，这是因为舞蹈作为一门艺术是劳动生活的写照。不同的地域有着不同的劳动实践，这种实践中产生的劳动动作就会在形成舞蹈的过程中发展成为舞蹈语言，继而进化成为舞蹈样式和舞蹈规范。随着时代的进步，这种进化和规范会相对固定下来，成为某一地域的特色舞蹈。进而，由于舞蹈意识形态本身固有的态势，在长时期的历史演变中不断反映着原始地域的文化面貌，便会因地域性演变成为民族性，造成我国少数民族舞蹈的多样性。舞蹈中，北方地区少数民族不多，汉族多以秧歌为主要的群众舞蹈样式。而在西北地区，便因为劳动的基本形态不同形成了以男性骑马为雏形、女性挤奶为雏形的蒙古族舞蹈等。西南地区则形成了与行云流水相适应的，突出身体弯曲度的彝族、傣族舞蹈等舞蹈语汇。

然而，由于地域文化交流、城市市场经济社会生活大环境的统一化发展，这种地域的文化特色会在众多的因素影响下被弱化，文化的整体环境趋于统一。因此社会属性使其诸多方面呈现统一的态势。例如在城市建筑面貌中都是现代化的风格。老年人参加舞蹈活动基本上是以健身或者愉悦心情为主，与舞蹈原生态产生的地域特点相隔很远，不管是蒙古族舞、藏族舞、还是阿细跳月，都跳得不亦乐乎，早已脱离了原产地的风格。如果不是有意识地对舞蹈进行元素提取编排，城市与城市之间并没有太大的区别。

从公共文化建设下的大环境来看，这个进程，更方便管理和推广。在这种统一化的社会大潮流下，本身具有地域文化特色的优良传统会被同化，且会随波逐流。尤其是随着一代又一代舞蹈文化的传递，人们会对这种大众舞蹈样式趋于认可，再随之发展，其文化的界限更加模糊。因此在推广发展老年舞蹈的过程中，不应过于强调地域文化特色，以实现老年舞蹈的多元协同发展。

三、要加强普及，注重在农村或边远地区发展老年舞蹈

民间文化是一切艺术的乳母和奶娘，民间舞蹈，主要是活跃于广大农村的扭秧歌、踩高跷、跑旱船等民间花会，为我国舞蹈的发展提供了源源不绝的养分。相对而言，现当代的中国舞蹈演绎很大程度上都取材于丰富的民间舞蹈中，表现内容也是普通人民群众的日常生活。由此城市群众舞蹈的内容都来自乡村民间文化中。

随着城乡一体化体制改革，城乡的建设逐渐缩小了差距，人民的物质文化生

活,得到了极大的满足。但是乡村的精神文化建设并未跟上物质生活的节奏,乡镇老年舞蹈团体薄弱、硬件设施闲置、参与性不高等问题是公共文化建设中需要解决的问题。在城市中,舞蹈人才资源密集、舞蹈形式的趋同势态、舞蹈活动频繁的问题与乡镇群众文化形成强烈反差。由此可见,如何利用城市中优质的舞蹈文化资源来改善乡镇的文化建设,缩短城乡精神食粮需求的差距是解决全面发展的首要问题。

其中,广场舞的普及应当引起重视。在中央提出的全民健身计划中,以老年人为主体的广场舞具有相当大的比例,对于活跃人民文化生活、强健国民体质起到了很大作用。各地区文化馆群众文艺团体更是响应国家号召积极开展工作。广场舞比赛、群众精品节目展演、区域文化交流等活动异彩纷呈,推动了群众舞蹈的快速发展。

四、注重普及与提高相结合,让老年舞蹈更具艺术性

我们现在正处于民族复兴的伟大时期,群众文化蓬勃发展,老年舞蹈也在迎来发展黄金期。无论在社会文化生活的广度还是深度上,它都占有极其重要的地位,全方位地影响着人民群众的精神需求。而这一切都与政府支持、媒体推广、行业标杆示范是分不开的。

1.要注重广场舞的提高和发展

目前广场舞已经普及到街道、公园等众多公众视野。与此同时,也应当注重广场舞的提高问题。

与之相配合,文化馆等群众文化事业单位也起到了重要的促进作用,尤其是在当前高科技的形势下,现代科技在显现力量,经常可以看到老年朋友通过手机、平板电脑学习广场舞的现象,有些文化馆还通过网络推送动作分解视频、慕课、舞蹈互动教学等系列。优质教学的传播对其普及和提高发挥了重要作用,它让广大老年舞蹈爱好者,享受到不同舞蹈风格和题材内容的群众舞蹈作品。

提高广场舞的品位,有一个很值得注意的问题,就是注重原创的作品。我们红桥区文化馆就做了有益的尝试。在去年群星奖的创作中,我们创作的歌曲《我的国》获得了好评,对于庆祝新中国成立70周年活动起到了应有的作用。结合天津市广场舞大赛,我馆又及时提出以这一作品为音乐基础创作一个新的广场舞。因为是原创作品,令人耳目一新,跨界合作的结果改变了《凤凰传奇》《小苹果》等一些传统曲目一统天下的局面,取得了很好的效果。

2. 大力发展“舞台舞”

在注重老年舞蹈的过程中，重视“舞台舞蹈”是一个重要的工作。广场舞大众化、好掌握，只要跟着前面的人群模仿着做就可以完成。而“舞台舞蹈”动作相对复杂，要求较强的情绪表达和艺术表现。广场健身舞方便快捷，不用更换衣服，来了就跳，跳完就走，“舞台舞蹈”需要固定的室内教室，上课和下课均需要更换服装。学员有时会有畏难情绪，觉得跳广场舞的时候特别简单而且跳得还非常好，学习“舞台舞蹈”的进步就缓慢得多，难免尴尬。这都是“舞台舞蹈”相对滞后的原因。要正视这种现象，在实践中逐步解决，让老年人的身姿与笑容绽放于聚光灯下。

在群众文化领域，群星奖是由文化部（今文化和旅游部）主办的全国群文系统最高奖项，各地文化馆更是十分重视，将其看作发展群众舞蹈事业的标志性成绩。应当在重视青少年、儿童参加舞蹈创作的同时，重视老年舞蹈的参与，为老年舞蹈留一方天地。

市群众艺术馆和红桥区文化馆共同创作的舞蹈《老朋友》就是一个很好的典型。获得了群星奖的金奖。这是一个反映当代老年人生活的舞蹈作品，通过一群喜欢养鸟的老人在城市公园、绿地、广场交往的故事，以友情为情感主线，生动地表现了当代老年人对晚年幸福生活的追求和乐观向上的精神面貌。参加演出的12位男舞蹈演员本身就是离退休老人，有教师、企业家、工程师，都是业余舞蹈表演爱好者。他们生活感很强的细腻舞蹈动作和富有情趣的表演，激起了热烈掌声。这个从表演到舞蹈创意都十分新颖的舞蹈，向观众展现出天津海河两岸城市生活的独特风景和天津地方文化的独特韵味。

舞台舞可以引导喜欢舞蹈的老年朋友不怕困难，反复琢磨和体会，加深对不同音乐风格、不同情绪要求、不同体态展示和不同舞蹈种类的理解，更好地诠释舞蹈中的境界，使舞蹈的元素在自己身上得到展现。通过深入的学习，更加理解人间的悲欢离合和喜怒哀乐，提高自己的艺术修养，净化了自身的精神境界。从而在“高原”上产生“高峰”式的作品，达到让群众观赏、愉悦的目的。

总之，在发展中国特色社会主义文艺的过程中，我们要让老年舞蹈等群众舞蹈成为群众文化健康发展的主流态势，要通过在参与面上的普及和在艺术水准上的提高，不断强化群众舞蹈的文化功能，实现舞蹈艺术的健康发展，为中国特色社会主义的文化事业做出积极的贡献。

（作者单位：天津市红桥区文化馆）

“名师工作室”在新时代群众文化事业中大有可为

——从武清区“书画名师工作室”实践经验出发

刘永吉

改革开放四十多年,从国家到本市的各项事业均有长足发展。武清区的整体面貌发生了翻天覆地的变化,广大群众的物质和文化生活都发生了巨大改变。就群众文化而言,现在大环境下网络时代的娱乐渠道越来越丰富,手段越来越多样,全国各地的甚至全球的文化产品都可以很方便地传播、复制、欣赏,相对而言,群众文化如果不发展或者慢发展,就已经不能适应相当一部分群众的需求了。

一、武清区一直重视各项事业中人才的重要作用

武清区委、区政府先后制定出台了多项有关人才引进、人才培养的优惠政策。特别是在如何培养本地人才,发挥本地人才作用方面进行积极探索。

名师工作室是近些年来出现的新的文化业态,它可能在体制内,可能在体制外。在艺术方面,它有着自主性、独立性,可在政府文化机构的领导下独立完成工作。2014年底,武清区率先在教育、卫生、高技能领域建立了13个“名师名医工作室”,以此为试点,先行先试。2015年又出台了《关于实施本土人才培养“鲲鹏工程”的意见》,加大本土人才培养投入力度。在首批13个“名师名医工作室”取得了良好成效的基础上,2017年6月,在原有13个“名师名医工作室”的基础上为第二批19个“名师名医工作室”授牌。

其中,文化领域的四个“名师工作室”涉及油画、国画、水彩画、书法四个艺术门类。武清走出过刘炳森、孙伯翔等知名书画艺术家,被冠以“中国书画之乡”的美

誉。工作室由区文化和旅游局领导，由区文化馆负责管理并提供所需的场地、设施，区财政每年给予每个工作室 5 万元的经费资助。经过两年多的运行，文化领域的四个“名师工作室”在全区的文化建设中发挥了很大的作用，取得了很好的成效。

二、“名师工作室”认真制订培训计划和培训标准

1.严格选择名师

工作室的领衔专家由在文化工作和艺术创作中积累了丰富经验、取得了一定成就的门玉华、刘永吉、杨东风、王宏志四名著名书画家担纲牵头。除此之外，工作室还聘请高水平、有成就的艺术家举办专题讲座，通过艺术家们多年来从事艺术创作的认识感受、经验和体会来提高学员们对艺术创作的理解、认识，打开艺术创作的思路。先后聘请了书法家张建会、郝军，油画家李耀春、宋海增，水彩画家石增琇等著名艺术家为各工作室授课。

2.严格选择学员

工作室设定的培养人才标准是具有良好道德觉悟，较强的艺术创造力和文化活动的策划组织能力，具备创新意识和服务意识的文化人才。工作室的培养对象都是在文化馆外的本区青年艺术爱好者中，经过认真考察、评审，择优将前 10 名招收进入工作室。他们基本上都是经过艺术院校学习，具备一定的艺术基本功。通过工作室的专业能力培养，把他们打造成一支能够加强文化工作力量的人才志愿者队伍，满足本区文化工作的需要。例如，油画工作室现有学员 10 名，年龄 28 岁至 46 岁，他们都毕业于高等专业艺术院校，具有很强的绘画基本功，通过工作室两年多的培养，在油画创作水平上都有很大提高，作品也分别在各类展览中入选、获奖，同时，在工作能力方面也得到了充分锻炼，不论是在教学工作上还是在群文活动中，都能很好地发挥作用。

3.制订科学的培训方案

生活是艺术家最好的老师，深入生活才能创作出优秀的艺术作品，四个“名师工作室”每年都会组织各工作室学员进行访碑采风活动，寻找创作灵感，积累创作素材。书法工作室通过对书法名碑的寻访，使学员们找到在继承传统情况下的创新之路，其他三个工作室通过深入革命老区，让学员感受人民群众的可敬可爱，通过领略大自然的无限风光去描绘祖国的壮美河山。通过这样的培训，各工作室的学员在艺术创作能力上都有了长足进步，为以后的艺术创作打下了坚实的基础。同时，要在实践中培养学员的培训和组织能力。

首先,在文化活动中派任务、压担子。在区文化馆承办的美术、书法展览比赛活动中,大胆给学员们分配工作任务,锻炼他们的工作能力。文化馆每年举办的美术、书法展览比赛活动很多,把他们安排到活动中来,在工作室领衔专家的带领下,根据工作分工,指导他们如何做好活动的策划,如何组织具体的活动实施,让每个学员在每一次活动中担任不同的角色,锻炼他们的工作综合能力。自2018年开始,武清区文化馆的各种美术活动都由"名师工作室"配合完成,既很好地开展活动,又培养锻炼了人才。

其次,让工作室的学员们参与馆办公益培训的教学,一方面发挥他们的专业水平优势,同时,在教学中让他们学习总结做好培训工作的方式方法,积累艺术指导经验。自2018年以来,在四个"名师工作室"的参与下,武清文化馆的艺术培训光美术、书法方面就开办了儿童画、素描、国画、油画、水彩画、书法等多个培训班,大大满足了社会需要,也培养了学员们的实际操作能力。培训工作得到了馆领导的肯定和学生家长们的赞扬,提升了文化馆艺术教育工作的社会影响力。

三、名师工作室制度成为群众文化工作的有益补充和延伸

"名师工作室"培养骨干人才的目的,是为群众文化事业服务,从实践来看,是基层文化馆力量的有益补充,在基层文化建设中发挥了重要作用。

1.发挥骨干人才的艺术知识和业务能力,服务基层文化建设

武清区的群众美术、书法活动一直有着比较广泛的群众基础。很多镇、街、社区群众自发组织成立了各种艺术形式的活动组织,其中包括18个基层书画院。基层书画院需要有老师指导提高水平,需要吸收专业知识。多年来,文化馆由于编制所限,专业人员普遍处于极度缺乏的状态,远远满足不了现有艺术活动和艺术培训工作的需要。要解决各基层书画院的需要,就需要"名师工作室"配合文化馆来完成这项工作,让工作室培养的骨干人才深入到基层,通过讲座、示范、指导来提高基层美术、书法队伍的专业水平。两年以来,工作室坚持每周为每个基层书画院进行一次指导,根据不同的需要,在四个工作室中调配不同的老师对基层的爱好者进行有针对性的教学,对于提高基层的整体美术、书法艺术水平,起到了重要作用。

2.开展艺术进校园活动,为青少年素质教育服务

为了让美术、书法艺术在青少年的素质教育中发挥作用,通过书法、国画进校园让青少年了解、传承、弘扬祖国的传统文化。通过油画、水彩画艺术进课堂,让学生们了解认识外来艺术,提高他们的艺术修养,四个工作室分别与区内的杨村第十

小学、王庄军民小学、静湖小学、南湖中学等十几所学校建立了长期合作关系，利用课余时间开办书画第二课堂，采取作品欣赏、知识讲解、表演示范、指导体验等形式，让学生加深了对古今中外不同绘画艺术及书法艺术形式的认识和理解，对学生综合素质的培养和提高起到了很好的作用。

3. 打造优秀艺术创作团队，发挥艺术作品的社会影响力，提升武清区的文化品位

第一，打造优秀创作团队。以工作室培养的骨干人才为基础，带动、影响更多的艺术爱好者参与到工作室的学习、创作活动中来，壮大艺术创作队伍。两年来，武清区文化馆在四个“名师工作室”的主导下，分别建立了“九月油画艺术沙龙”“书法艺术沙龙”“中国画沙龙”“水彩画研究会”等四个美术、书法创作群体。通过工作室骨干人才的影响，带动群体的艺术创作水平，由业余不断向专业性和学术化提升，从而使武清区美术、书法活动的质量得以提高，美术、书法创作的影响在区内外也越来越大。作者们创作的作品不但在区内的各类展览中获得群众的夸赞和好评，而且有很多的作品入选天津市和国家级的展览，有一大批团队成员被天津市书法家协会和美术家协会吸收为会员。

第二，举办优秀作品展览，发挥艺术作品的影响力。发挥艺术作品的社会作用，用优秀的作品传播正能量。习近平同志在文艺工作座谈会上强调：“必须把创作生产优秀作品作为文艺工作的中心环节，努力创作生产更多传播当代中国价值观念，体现中华文化精神，反映中国人审美追求，思想性、艺术性、观赏性有机统一的优秀作品。”

在两年多来武清区美术、书法展览活动中，四个工作室一方面在展览作品的创作和评选中，坚持作品的艺术性和思想性并重的原则，力求让广大群众在欣赏展览作品时既得到美的享受，同时与作品的思想产生共鸣。另一方面，在作品创作上和展览的策划上紧贴时代主旋律。例如，2017 年配合十九大宣传和武清区创建全国文明城区举办了“创文明城 迎十九大”武清区优秀美术、书法作品展，“喜迎十九大 共筑中国梦”武清画家爱家乡美术精品展；2018 年举办了“庆祝改革开放四十周年”武清区美术、书法作品展；2019 年举办了“庆祝新中国成立 70 周年”武清区美术、书法作品展，“扬清风树正气”廉政书法作品展，等等。

第三，开展广泛的美术、书法交流活动，提高武清文化活动的品位和影响。“名师工作室”在抓好人才培养和创作队伍的基础上，通过策划、举办各种不同形式的展览活动，来提高武清区美术、书法活动的品位，扩大武清文化活动的影响力。一

方面,四个“名师工作室”先后引入承办了“天津市第六届油画双年展”“天津市优秀油画作品展”等艺术水平较高、影响力较大的专项展览。一方面,通过展览的影响让天津市乃至全国的画家、书法家以及美术、书法爱好者了解武清。同时,展览活动的规模也彰显了武清的经济实力和文化品位。另一方面,展览把不同的画种,不同表现形式的名家力作送到了百姓的家门口,让群众得以近距离欣赏,开阔了艺术欣赏的眼界。同时,也为武清的美术、书法创作队伍的学习、借鉴提供了方便。四个“名师工作室”还相继策划举办了地区间的联展和交流展。如:“贯彻十九大 展望京津冀”优秀油画作品展,“庆祝改革开放四十周年”京、津、冀优秀美术、书法作品联展,“津蒙情深 多彩鄂温克”美术、书法作品交流展,“丹青绘盛世 翰墨颂中华”京津冀六区市国画、书法交流展等。通过以上的展览活动,以地区之间艺术交流的形式,深化了地区之间的多方位了解与合作,提升了武清在地区间的影响力。

四、名师工作室今后发展的一些思考

通过文化领域“名师工作室”两年多的工作实践证明,“名师工作室”在新时代群众文化事业建设中有着巨大的作用。随着武清区各项建设事业的不断发展,“名师工作室”建设工作会更加深入,同时也应看到,名师工作室毕竟是近年来发展中的新鲜事物,其中许多经验有待总结,许多规律有待发现,也有一些需要改进和完善的地方。

1.教学架构有待完善,在进一步加强学员绘画能力的同时着重加强学员创作思想的引导和服务意识的提升

本质上,名师工作室的目的是要发挥学员的带动效应,在学员完成本身创作任务的同时,以点带面,带动更多的业余书法绘画爱好者提高自身的欣赏水平和创作能力。因此在教学架构上,合理分配个人创作和集体讲授的时间,要让学员掌握科学的教学方法和手段,不但要能写善画,关键还要能教善传,多让学员们自己当先生,演示如何教学和点评、辅导,名师在旁加以总结点拨,教学相长。同时还要通过开展社会主义核心价值观的教育、时代楷模和先进人物事迹教育等活动来影响提高学员们的奉献精神和道德情操,认识真、善、美,表现真、善、美,使美术创作真正发挥时代的作用。同时,在教学活动中还应更加紧密地结合现实的文化工作需要,开拓群众文化工作的新形式、新思路,让美术工作更好地为社会服务。

2.建立有效的协调机制,处理好工作室活动和学员所在单位工作的关系

目前,工作室学员都有自己的工作,有政府机关、企事业单位、外企职员,也有

自主就业人员。因此，工作室活动与学员们的本职工作难免会发生一些矛盾和碰撞，对工作室的活动和学员单位的工作就会造成一定的影响。如果工作室主管部门联合学员所在单位领导，成立工作室活动协调机构，沟通协调、有针对性地合理安排好工作室活动和学员单位的工作，尽量避免工作上的相互影响，保障学员的学习和工作两不误。同时，鼓励学员积极参与本单位的业余文化活动，发挥自身书画专长，通过文化活动活跃单位职工业余文化生活，美化单位环境，促进企业文化建设的良性发展，进而赢得所在单位负责人的认可和支持。

3.硬件设施配套还有欠缺

随着工作室工作的逐渐深入，目前，四个工作室普遍存在着活动场地狭小、设施不全、经费短缺的问题，使教学活动受到了一定程度的限制。这些问题一方面需要工作室动脑筋、想办法，努力去克服一些能够克服的困难。另一方面，有关部门在深入调研的基础上也应根据实际情况加大一些必要的投入。从而，使“名师工作室”能够长期健康发展。发挥部分名师各级人大代表、政协委员的身份，在区人大和政协会议上，积极建言献策，与有关部门积极沟通，努力改善名师工作室的教学条件。

4.目前工作室的项目只针对书法、绘画，今后在实践中应该向音乐舞蹈等动态表演，传统技艺、传统医药等非物质文化代表性项目方面加以扩展

武清要建设文化强区，就要充分发挥自身的文化底蕴和遗产资源优势，要做到特色发展和均衡发展有机结合起来。比如武清区的非物质文化代表性项目的飞叉、李氏太极拳、李润杰快板书等，都是比较好的文化抓手，通过探索设立这些项目的“名师工作室”并开展研究传承活动，使武清区这些优秀的非物质文化遗产得以更好地保护和发展，同时为武清建设文化强区助力。

武清区的文化发展以顶层设计与实施建设齐头并进的趋势，稳步推进构建现代公共文化服务体系工作。2020年，我们将全面建成小康社会，伴随着物质生活的改善和提高，人民群众同样需要精神生活的改善和提高，缺乏新意的文化服务形式和司空见惯的文化活动模式对群众已失去吸引力，越来越多的群众从过去的看热闹转而希望参与到文化艺术活动中来，学习艺术、享受艺术。名师工作室不断把培养的人才推向群众文化工作第一线，一定能为群众文化事业建设发挥更多积极的贡献。

（作者单位：天津市武清区文化馆）

广场舞创编应努力挖掘本地特色

胡 宏

在当今中国,无论哪座城市哪个乡村,都能看见跳广场舞的人群,广场舞俨然成了中国的第一运动。如今中国的广场舞又传遍了全世界,即使是那些戴着有色眼镜看中国的人们,也不会拒绝这一最有魅力的运动。扇子抖起来,广场舞跳起来,中国风炫起来,在祖国社会主义新时代,广场舞让人的生命都绽放出绚丽的光彩。其实,跳广场舞不仅是健身、健美,更跳的是文化。但是,目前很多地方的广场舞是以流行歌曲为舞蹈音乐的,很少有反映地域特色、行业特色的广场舞,这不能不说是一种遗憾,这样既会出现全国处处雷同的舞蹈,也使遍布各地的广场舞少了些特色,少了些含金量。因此,作为群众文化工作者,我们需要深入系统地研究和推广本地区广场舞的创编工作,特别是要在广场舞的创编中努力挖掘本地资源与本地特色,努力创作出一批富有地域特色、行业特点和时代特征的新广场舞来。

一、新编广场舞要努力挖掘本地的生产生活资源

近些年来,许多广场舞编导努力挖掘本地文化资源,将地方传统民间艺术与广场舞巧妙结合,创作出既贴近现实,适于大众,又独有风情的新广场舞,让观众领略到了别样风采,也让人们看到了广场舞蕴含的独特魅力。比如:地平跷是一种载歌载舞的传统民俗舞蹈,产生于保定顺平县的抗日战争年代,当时受战争的局限,百姓们放弃了踩高跷而改为双脚着地而舞,虽然踩跷时的颠步、颤步法,都化为了舞蹈韵律,但仍然保持了踩跷的神韵,构成了地平跷的独特风格。又如河北省张家口的坝上地区是个天然大氧吧,生产的无公害蔬菜非常受欢迎。他们的舞蹈《红的绿的粉粉的》,展现了一群农妇在田间欢乐劳作的场面,她们头上的头巾,像一朵朵盛开的花朵,远远望去红的、绿的、粉的,与蓝天白云绿地构成了一幅美丽的画卷。再

如河北省太行山区井陉县广场舞《拉花新韵》是河北省最具代表性的三大舞种之一,列入了首批国家级非物质文化遗产。为什么叫拉花呢?有好几种说法,其中一种说法是井陉山路崎岖,古代女人裹小脚,走路需要男人搀扶,而对女性又称为“花”,所以当地形成的这个舞蹈就叫“拉花”。

滨海新区由塘沽、汉沽、大港三个区合并而成。因其位于天津东部沿海地区,所以自古这里大多数是渔民,以捕捞、打鱼为生;我国四大盐场之一、产盐量最大的汉沽长芦盐场也坐落在此地。这里还有丰富的石油和天然气,滨海新区以其独特的地理位置和巨大的发展潜力,吸引着来自世界各地的目光。无论是人文的、地理的、文化的、民俗的,蕴藏在我们身边的宝贵资源都是我们所拥有的珍宝,我们要不遗余力地去保护、整理和挖掘。例如:汉沽飞镲已经有一百多年的历史,是国家非物质文化遗产,是沿海渔村集民间音乐、民间舞蹈和民间武术融为一体的综合性的民间艺术。汉沽飞镲乐器有飞镲、大鼓、大铙。舞者一边演奏一边要镲,做出各种动作,例如:龙腾虎跃、海鸥翱翔等欢腾吉祥的动作,以庆祝渔业丰收、捕捞归来,同时也表现出渔民对美好生活的向往之情。如今的汉沽飞镲风采依旧,至今仍保留着沿海渔村敦厚的民风和古朴的风采。

我们还可以想一想,若是以工作在一线的石油工人、盐场盐工们工作时的典型动作或者汉沽飞镲中有特点的招式与动作以及捕捉渔民的工作和生活为基本素材和抓手,分别创编成不同风格、不同动作、不同节奏、不同韵律的广场舞,这样既突出了浓厚的生产生活气息,又凸显了当地浓郁的地方特色,而且是独树一帜,自成一派,岂不是两全其美吗?但是,关键的一点是我们创编这些广场舞时,要抓住时代脉搏、体现时代色彩,要与时代紧密地结合起来。因为创编是广场舞赖以生存的源泉,只有源源不断地向群众提供和教授具有本地特色的广场舞精品,才能使广场舞这种文化娱乐形式在群众中广为流传、经久不衰。

二、广场舞创编中的音乐选择

任何一个舞种的舞蹈都离不开音乐,音乐与舞蹈是密不可分的,缺一不可的,相辅相成的。在舞蹈的创编中,是以先有音乐为前提的。有了音乐之后,舞蹈编导才会通过对音乐旋律及律动的理解来编排出符合音乐内在情感、风格和节奏的舞蹈动作。就广场舞而言,目前全国广场舞音乐大部分都是现成的歌曲,专为广场舞创作的音乐作品少之又少。广场舞的音乐创作在目前来说是难题,这也是个亟待解决的问题。那么将如何解决这个问题呢?本人认为,要解决广场舞音乐创编这个问题可以分为两步走。

1.邀请作曲家创作

我们可以邀请本市搞歌曲创作的词作家、曲作家来到滨海新区，大家群策群力、集体研究、共同商讨；还可以把词作家、曲作家聚集起来到滨海新区具有本土地域特色的地方去实地采风，让他们亲自去感受当地的风土人情、人文特点、民风民俗、民歌小调等，从而尽量多地、全方位地增加他们对当地人民生产生活的了解；也可以带领他们到北塘上渔船“做一日渔民”亲自体验渔民渔家的真实生活；带领他们去汉沽长芦盐场去参观，亲自体验盐工制盐、晒盐的工作；还可以去拜访汉沽渔船上有名的船把头，亲自听听“非遗”传承人讲讲汉沽飞镲的前世今生……也可以带领这些词、曲作家在我们滨海新区、开发区、保税区、生态城等地方到处走走看看，看看我们滨海新区由当初的盐碱地发展到现如今翻天覆地的变化，以激发词、曲作家们的创作灵感和创作欲望，为词、曲作家提供更多的创作素材和创作空间。

2.从征歌作品中选曲

十年来，滨海新区也搞过几次征歌活动，这些参与征歌的作品基本都是积极向上、赞美家乡、颂扬滨海新区开发开放所取得的辉煌成就的，例如：《滨海春潮》《滨海等你来》《滨海绘新图》等歌曲，这些词作者和曲作者用他们的作品都道出了对滨海新区的热爱和赞美之情，歌词亲切质朴、生动感人；旋律优美动听、易于传唱。其中获奖的作品《滨海春潮》《滨海等你来》《滨海绘新图》等歌曲，笔者还参加了演出和演唱录音、录像工作。这些作品是近几年来征歌作品中不可多得的好作品。尽管如此，在对广场舞的音乐选择中还是有要求的。跳广场舞的人都知道，广场舞的音乐要么是节奏欢快、动感强劲、富有朝气的水兵舞；要么是节奏明快、富有顿挫感的探戈舞；要么是若即若离、婀娜多姿的伦巴舞；要么是节奏强烈、动作俏皮、富有滑稽感的吉特巴舞……我们要在众多的征歌作品中选择出既符合广场舞节奏要求的，又符合旋律优美的，还要符合歌词通俗易懂、接地气的，就需要我们多花点时间和精力，重重把关、严格筛选，争取在众多的征歌作品中选出一首最有代表性的、最具地域特色的，最有激情的作品推荐给广场舞爱好者。

三、广场舞的歌曲定名

广场舞在中国的普及程度是不言而喻的，其主要的表现形式就是融汇娱乐性、表演性及健身目的为一体，是普通老百姓专属的舞蹈。所以，我们要依靠群众、发动群众在广大的老百姓当中创作和推广出具有滨海新区特色的，展示新时代、新风貌的广场舞。这样，在创新的广场舞作品定名上就要有所体现，我们就从滨海新区征歌作品曲集中挑选了几首比较有代表性的作品介绍给大家。例如：1.作品《滨海渔歌》，渔歌也是民歌的一种，适用于沿海地区渔民所唱，广场舞可根据歌词与旋律完美结合，用舞蹈动作充分地展示出渔民补渔网、海上撒渔网、分拣鱼虾、收渔网等捕鱼过程，表现了渔民满载而归的兴奋且激动的心情；2.作品《茶淀葡萄甜》，茶淀葡萄是天津市滨海新区汉沽地理标志产品，原产于汉沽茶淀镇而得名，因拥有滨海新区汉沽区绝佳的自然优势及科学种植技术，培育出的茶淀玫瑰葡萄入口芳香、甜而不腻、享有盛名且深受人们的喜爱。这个作品，充分地表现出葡萄喜获丰收后果农们摘葡萄时心中的喜悦及在党的正确领导下，人民生活越来越富裕的美好景象。3.作品《盐工最爱艳阳天》，滨海新区长芦汉沽盐场，历史悠久，以生产"芦花牌"食用盐而享誉全国，是渤海岸边一颗璀璨的明珠。这是我们天津市拥有百年历史和中华老字号的明星产品，是我们滨海新区人民的骄傲。这是一首节奏欢快的、旋律流畅的、充满了赞美和自豪之情的作品。4.作品《石油工人有力量》，这是一首歌唱石油工人的歌曲，是石油工人心灵的写照。作品节奏铿锵有力、歌词激情豪迈，把当代石油工人气壮山河的豪迈气概表现得淋漓尽致。在广场舞编排的动作中，把石油工人从勘探、钻井、采油及炼油的工作过程用舞蹈动作表现出来，呈现给滨海新区的百姓们，因为这些石油工人及家属大家并不陌生，渤海石油公司及其家属院就在我们滨海新区东沽地区，他们就生活在我们身边，虽然户外劳动很辛苦，但是石油工人们始终保持高昂的情绪和冲天的干劲。《石油工人有力量》能深情地表达石油工人积极投身祖国石油工业建设的壮志豪情。这些作品能从不同角度、不同行业、不同层面地反映滨海新区的地域特点和生活特点，极具代表性和普及性。让广大的广场舞爱好者耳目一新、通俗易懂。

四、新编广场舞要注重时代性

广场舞的创编仅有本地、本土特色是不够的，必须要注重时代性。无论什么广场舞都要以时代性为重点反映新时代、新生活、新气象、新面貌。

2019年的年末，在天津市滨海新区天津科技大学体育馆举办了一场精彩的"我和我的祖国"——文化新生活全国广场舞成果汇报展演，来自京津冀三地以及河南、宁夏、深圳的优秀广场舞团队齐聚此地，各个参加广场舞展演的团队用他们激情四射的广场舞舞蹈为祖国70华诞献礼，同时也为滨海新区这个美丽的城市增添了活力。在全国广场舞展演活动开展以来，天津市也涌现出了一批优秀的广场舞团队和作品,大家学习新编广场舞的热情一浪高过一浪。

本次参加展演的广场舞作品有以下几个特点:1.都是为本次全国广场舞展演新创编的作品;2.都是为了庆祝新中国成立70周年献礼的作品;3.都是赞美新时代、新文化、新生活、新风貌的作品;4.都是在全国广场舞活动经过评选予以推荐的作品;5.京津冀三地广场舞多为挖掘本地资源和民间文化特色,融合本地民风民俗创编出的富有独特艺术魅力的广场舞作品,使观众通过广场舞的表演领略到了三地民俗文化不同的特色。《新天新地新时代》《山笑水笑人欢笑》《同欢同乐同祝愿》《好儿好女好家园》是新中国70周年天安门广场大联欢的四个主题舞蹈,由参加这四个舞蹈的原班人马演出。还有一批反映新中国成立70周年的伟大成就,展现我国各民族人民美好、幸福新生活的新编广场舞作品,一经展演就深受广场舞爱好者们的喜爱。在这次全国广场舞展演期间,文化和旅游部通过网络推出了百部优秀作品和十部推广作品,这些作品还在网上推出了“展示版”“教学版”“互动版”,方便群众线上线下互动和普及推广,取得了良好的效果,产生了广泛的群众影响。通过本次广场舞展演活动,不仅展示了当地群众文化事业的发展水平,而且还充分展示出新时代各族人民群众的幸福感和获得感,激发了人民群众昂扬向上、奋发图强的精气神。

在本次全国广场舞展演期间,具有新时代特点的内容还包括:重点打造网上“跟着舞蹈去旅行”活动,号召各地组织开展与旅游相结合的群众广场舞活动,让广场舞走进景区景点等丰富多彩的文化活动。例如:《律动少年》《跟我一起抖抖抖》《冰雪之梦》《我们都是追梦人》等,这些作品都是通过网络推出的百部创编广场舞优秀作品和十部推广作品中精选出来的作品,特别富有青春气息和时代气息。例如:《我们都是追梦人》的歌中唱到“每次奋斗拼来了荣耀,心中力量不怕万里路遥,再高远的梦想也追得到。我们都是追梦人,千山万水奔向天地跑道。”这首歌曲青春励志,随着轻快的节奏,身体不自然地就想跟着一起跳。这个舞蹈告诉人们,我们都在努力奔跑,我们都是追梦人。所以说,《我们都是追梦人》非常富有时代性和感召力。

如今喜欢跳广场舞的人越来越多,新的广场舞团队如雨后春笋般地涌现出来,但许多广场舞爱好者没有舞蹈基础,推广新编的广场舞作品还是有一定难度的。本人认为,搞群众文化舞蹈专业的老师们应该把这些广场舞业余团队组织起来,挑选出有基础的、外在形象好的或者是学舞蹈动作较快的队员组织起来集中培训,打造一支我们滨海新区优秀的广场舞团队,让滨海新区的广大群众每天都能欣赏到高品质的、规范的、反映本地特色的广场舞表演，使其成为一道亮丽的风景线，同时他们也代表着滨海新区人民的形象，促进我们滨海新区群众文化活动的开展和提高，推动“群众编、群众演、群众看”的广场舞遍地开花，带动群众性文体活动蓬勃开展，凝聚起同心共筑中国梦的磅礴力量。

充分挖掘广场舞的本地特色、行业特点势在必行，组建一支年轻化、专业化的舞蹈及音乐创编团队是我们工作的重中之重。广大群众不仅要建设美丽中国，还要建设健康中国，走进文化新生活。我们呼唤更多的朋友们，加入广场舞的欢乐中。也呼唤广场舞创编者创作出更多属于这个时代的，属于我们大家的广场舞新作品。

（作者单位：天津市滨海新区文化馆塘沽馆区）

评剧新苗健康成长五要素

——亲历全国评剧新苗展演的启示

李桂霞

从2015年开始,汉沽文化馆策划举办的“全国评剧新苗展演”活动,已经连续举办五年。先后培养了300余名评剧新苗,在全国产生了广泛影响,成为评剧传承从娃娃抓起的知名品牌活动。我从策划组织到舞台展示,亲身经历了五年来的活动全过程,目睹了评剧艺术在少年儿童中间逐步普及,一株株评剧新苗茁壮成长的喜人景象。所谓新苗,并不是说一般小孩子的学学唱唱,而是通过系统学习和训练,具备一定演唱和表演水准的少儿评剧表演人才。同时,还要具有相当明显的艺术潜质,具有较好的培养前途。要培养更多更好的评剧新苗,根据自己亲身经历,以及培养、辅导少儿评剧学员的经验,谈几点体会。

要素一:新苗成长需要优质土壤。

一株植物新苗的成长离不开肥沃的土壤,而评剧新苗的成长也需要土壤,这个土壤就是社会环境因素。主要体现在社会政治清明、百姓安居乐业、文化和谐发展、评剧的艺术氛围浓郁、戏迷票友众多等多个方面。

汉沽位于滨海新区北部,枕河靠海、安静整洁,美丽的蓟运河自北向南穿城而过,汇入渤海湾。汉沽文化底蕴丰厚,群众文化非常活跃。特别是评剧艺术的传承与发展有着悠久的历史和骄人的成果。早年,汉沽同唐山、滦县和宝坻一样评剧活动十分活跃,直到现在,汉沽的评剧氛围依然十分浓厚,街头巷尾有戏迷谈戏,公园广场有票友唱戏,剧场舞台有老中青三代同台演戏。特别是一批小新苗的出现,年龄虽小,可唱起戏来,个个字正腔圆、有模有样,受到戏迷由衷喜爱。2009年,汉沽评剧列入天津市级非物质文化遗产名录，成为市级“非遗”项目，截至目前汉沽拥有8位“中国评剧十大名票”和9朵中国少儿戏曲“小梅花”。汉沽作为“评剧之乡”实至名归。

汉沽评剧事业的发展，离不开政府的支持和职能部门的辛勤工作。为进一步繁荣发展滨海新区群众文化，滨海新区区委、区政府高度重视，特别对汉沽具有百年传承历史的评剧活动，从人、财、物等多方面给予大力支持，累计投资已经超过200多万元。汉沽文化馆紧紧抓住评剧传承这一大优势项目，在深挖文化底蕴的同时，围绕评剧开展一系列特色活动，积极辅导业余评剧骨干，增加演出机会，培养壮大票友和戏迷队伍，营造评剧文化氛围。坚持从娃娃抓起，抓好后备人才培养，与茶淀中学、高庄小学、汉沽中心小学等制定评剧教学计划，定期到学校普及评剧知识，把评剧艺术引进校园，让中小学生通过听、看、学、演了解评剧，并亲身体验评剧的艺术美。汉沽文化馆少儿评剧传习班成立之后，培养了一大批小戏迷、小票友，其中的佼佼者，获得了中国少儿戏曲“小梅花奖”，得到很多评剧名家的认可。为更好地培育这些评剧新苗，让他们在更大的舞台上展示才华、锻炼成长，策划举办了“评剧新苗展演”和“少儿评剧节”等活动，在滨海新区搭台，邀请全国优秀评剧小选手来滨海新区进行展示交流，打造了少儿评剧传承特色品牌活动，进一步提升滨海新区特色文化影响力。有这样的社会环境、艺术氛围和高水平的展示舞台，为评剧新苗的健康成长奠定了坚实基础。

要素二:健康优良的种子是新苗成长的必要条件。

新苗的长成，必须首先是一颗健康优良的种子，这就是自身条件的诸多因素。学习评剧艺术和其他艺术一样，需要灵气和悟性，以及一定的艺术天赋，同时形象气质等方面都是基本条件。学员李静怡，从小受奶奶的熏陶，显露出惊人的演唱才能，不仅聪明还具有相当的悟性，当时6岁已经会唱好几段评剧了，而且音色透亮、韵味十足。虽然存在张口音太大，吐字不太讲究，表演不太规范等不足，但仍然不失为一棵好苗子。通过唱法方面不断地纠正训练，进步很快。同时，从戏曲的指法、台步、圆场开始进行表演训练，使她的演唱更加丰满，很快得到广大戏迷和专家学者的一致好评，成为最早获得“小梅花金奖”的学员。

当然，孩子小，有时候的表现不一定代表本质，当老师的还要善于发现有潜力的学生。三岁半的崔博恩，话还说不清楚，但是他的音准、节奏和表演都很有天赋，试着教他一段，一周后果然有模有样，非常惹人喜爱。半年后他登上了中央11台快乐戏园栏目,连续两次荣获滨海杯全国少儿评剧展演新苗奖。2017年登上了中央电视台11套“过把瘾”栏目的宝贝亮相节目,深受广大戏迷朋友的喜爱。

发现好苗子,要抓住不放。即使当时不想学、不愿学,但是,尽量想办法让他学,最终还可能有好的结果。蔡雨阳刚进学员班才三岁半,她聪明伶俐,有较好的自身条件。但是她爱跳舞不喜欢评戏,每次来课堂转一圈就走,谁也拧不过她。对此,首先给她营造一个接触评剧的环境,在家里反复播放评剧唱段,通过熏染,逐步熟悉唱段。同时在学习班里,可以看、可以听,不强求她演唱,并不给她过多压力。后来,在家里学会了唱段,开始不敢唱,还害羞,后来在大姐姐们的带领下声音放开了,就这样开始了正常的学习。后来参加宝坻电视台“开心双休日少儿评剧擂台赛”,第一次参赛的蔡雨阳在比赛现场打动了评委,连闯“三关”,获得最佳表演奖。2014年,蔡雨阳获得在江苏举办的第十八届全国少儿戏曲小梅花金奖。

要素三:园丁的辛勤栽培是新苗成长的关键。

连续几年的评剧新苗展演,除了汉沽的新苗之外,还有来自京、津、冀、黑、吉、辽等地区的许许多多评剧新苗参加展示活动。从这些孩子的成长过程看,起关键作用的是教师。也就是说,师资水平在少年儿童评剧学习过程中是至关重要的。在初始阶段,启蒙的老师十分重要。这其中家庭的影响占绝大多数。往往是祖辈的爱好直接影响到孩子本人,许多外地来参加新苗展演活动的学员,很多都是爷爷奶奶、姥姥姥爷最早启蒙的,日常的耳濡目染、不断熏陶,自觉不自觉地进入了艺术之门,而祖辈水平的高低对孩子的艺术成长也很关键,这就是说家长是第一任老师,具有启蒙作用。

过了启蒙阶段,接下来就应该进行比较系统的训练和培养,这就需要较高水平的师资,发扬吃苦耐劳、甘于奉献的精神,甘愿做一个园丁来培育这些艺术新苗。有这个条件和没有这个机会学习的孩子,在展示的过程中是可以表现出来的。比如,沈阳评剧院老演员宫静老师带出的学员,台上的表演可以看出深厚的基本功;而一般评剧爱好者培养的学生则很难有上乘的表演。在每年的新苗展演活动期间,著名评剧表演艺术家谷文月老师作为活动总顾问都亲自到场,特别是首届活动期间,正赶上谷老师脚部手术不久,她老人家坐着轮椅参加了活动全过程,令大家非常感动。她表示,很高兴在这里看到了评剧在孩子中间传承,评剧如果没有后备人才,就没有生命力,我们有责任把自己的艺术经验传给他们,让这些评剧新苗健康成长,评剧艺术才能大有希望。同时,还邀请著名评剧表演艺术家曾昭娟、吴博丽、张俊玲、剧文林等作为特约嘉宾，不仅现场为评剧小新苗指导和点评，而且与孩子们同台表演，一招一式，亲自示范。这样近距离、面对面的辅导和舞台上的传帮带，为小新苗创造了求之不得的学习机会。大家普遍反映，通过各位名家的点评指导，可以帮助学员找出缺点、克服不足，在原有水平上实现新的提高。同时，有机会与名家同台表演，这是可遇不可求的难忘经历，将成为学员们艺术学习道路上最难忘的经历，值得认真把握和加倍珍惜。

要素四：多方面的营养助力新苗锻炼成长。

新苗的成长需要营养，一方面是外界提供的环境因素；另一方面是自身的消化吸收能力。学习评剧艺术，在不断增强演唱和表演能力的同时，要深入基层，体验生活，在艰苦条件下锻炼成长。在评剧教学过程中，我们经常带领孩子们与文化志愿者一道深入街道社区和田间地头表演，冬天顶风冒雪，夏天风雨无阻；不论观众多少，多则成百上千，少则只有几人都不受影响，大家都认真完成节目表演。艰苦条件的磨炼增强了孩子们的适应能力，大量的表演实践提高了表演水平。

新苗展演活动期间，为来自各地的评剧学员打造了一个互相学习交流的良好环境。我们看到，三天的活动时间内容很多，大家徜徉在评剧艺术的海洋里，小新苗们聚在一起，有说有笑，其乐融融。有的为一句唱词、一个动作互相学习；有的临时搭档，排演经典唱段；有的一起到海边游玩嘻嘻。在评剧学习的环境里，大家似曾相识。相聚虽然短暂，但孩子们心灵的沟通和艺术上的提高是显而易见的。大家因评剧传承而结缘，因彼此的学习需要而成为好朋友，临别时都依依不舍，相约来年再相会。

在新苗展演活动期间，我们还借鉴平时培养锻炼学员的经验，不断创新展示形式和表演内容，为新苗成长提供多方面的“营养”。一是把交流展演的舞台搬到基层群众之中，2019 年的新苗展演活动走出滨海新区，先后在津南、宁河、武清等地举办 10 场评剧新苗唱响津门演出，累计惠及现场观众约 2 万人次，让小新苗从小得到“接地气”的锻炼，这对他们的成长产生了积极影响。二是展演内容广泛多样。倡导、鼓励创编青少年题材或更适合青少年观看的小评戏，组织小新苗排演，吸引更多青少年观众。三是丰富表演形式和内容，增加评剧经典片段、折子戏的展示，综合考察唱、念、坐、打的基本功。四是在展演期间，组织小新苗参观游览滨海新区和爱国主义教育基地，在学习评剧艺术的同时，感受滨海新区改革创新发展新变化，接受革命传统教育。

要素五：登台表演是新苗成长的必经之路。

戏曲学习的最终目的就是表演，评剧也是如此。学员在评剧学习过程中，登台表演是必经之路，也是检验学习成果的最终形式。那么，学到什么程度可以登台，登什么样的台，以怎样的形式表演等，都没有一个固定模式，不能一概而论。从自己教学经验和新苗展演活动的实践来看，可以说基层舞台是锻炼意志力，增加舞台实践经验的场所；而专业的舞台更有利于艺术细节的运用与提高。

总结自己的教学经验，重要的一点就是伴随着不断的展示表演，使学员的艺术水平迅速提高。在滨海新区，每年的六一儿童节、消夏晚会、春节系列文化活动中的评剧专场演出，都安排一定的少儿评剧表演，悟性好、进步快，又赶上机遇的学员可能很快就显露头角。像李静怡、蔡雨阳、崔博恩等较早就接触到评剧，而且天赋好，通过学习，很快就可以登台表演。2018春节"百花迎春"中国文学艺术界大联欢，学员崔歆睿、关淇匀与谷文月奶奶一起表演了新派名剧《小桥送线》得到了现场艺术家的好评，深受广大戏迷朋友的喜爱。这些难得的舞台实践反过来也促进了学员表演水平的进一步提高。

再有就是适当参赛可以促进表演水平迅速提高。在评剧教学过程中，适当选择一些评剧竞赛活动，可以给学员增加压力和动力，如果能够取得好成绩，则可以大大增强继续学习的信心和决心。像汉沽电视台、宁河电视台联合举办的评剧票友大赛，天津宝坻举办的环渤海评剧票友大赛，全国戏曲小梅花评选竞赛活动等。通过参赛，许多学员取得了很好的成绩，这在他们的学习道路上成为一个个加油站，鼓励着他们不断向新的高点攀登。

同时还要看到，媒体的宣传和现代化传播手段为新苗展示提高起到了锦上添花的作用。随着表演水平逐步提高，许多媒体也不断进行宣传报道，开始是滨海电视台、天津电视台报道和展示节目、录制专场、制作六一儿童节的特别节目和专题访谈节目等；后来是其他省市电视台和中央电视台的戏曲栏目和少儿戏曲频道，纷纷邀请新苗录制节目。在2019年全国新苗展示活动期间，组织百名评剧新苗与谷文月、曾昭娟、张俊玲等评剧名家拍摄制作了评剧戏歌《我爱你中国》，在老一辈艺术家的带领下，孩子们用稚嫩的童声唱出了对祖国的无限热爱之情。节目在学习强国等媒体上传播，有30多万人次观看，由此掀起的评剧热潮赢得广泛赞誉，形成了"评剧花开津门艳，滨海传承有来人"的生动局面。

（作者单位：天津市滨海新区文化馆汉沽馆区）

浅论排演折子戏对大幅度提升少儿评剧表演水平的必要性

李桂霞

滨海新区汉沽是文化部命名的“评剧艺术之乡”。汉沽地区不仅有大量戏迷，还有 8 名全国评剧十大名票。笔者 1981 年考入原汉沽评剧团学员班，1987 年毕业随团参加评剧表演。1990 年开始在汉沽文化馆从事群众文化工作至今。2002 年参加在北京举办的“全国都市评剧票友大赛”获得 10 大名票称号。为更好地传承评剧艺术，在 2011 年创办了汉沽文化馆李桂霞少儿评剧传习班。传习班创办以来，在领导和社会各界关怀、帮助下，在地方深厚评剧氛围影响下，经过 7 年艰苦努力、千锤百炼，在近几届“小梅花奖”大赛中，传习班的学员不负众望，成绩突出，共夺得 9 次“小梅花”金奖，同时，涌现出一大批评剧新苗，展示了滨海新区评剧人才后继有人的非凡实力。根据自己多年从事少儿评剧的教学经验总结，要不断提高学员艺术水平，排演折子戏成为不容忽视的重要内容，不仅很有必要，而且是整个教学链条中的重要一环。

一、从理论上认识折子戏及其艺术特点

相信许多读者作为观众，都看到过折子戏的表演，但是究竟什么是折子戏，它的特点有哪些，并不是很多人都了解的。这里我们先看看折子戏的概念：“折子戏”是我国民族戏曲艺术中独具特色的一种表演形式。是指由一场相对独立的、出自全本大戏的一出别具特色的、有完整故事情节的小戏。折子戏虽然是全本大戏的一个部分，但它大多是全剧中最集中、最经典的片段，情节高度概括和浓缩，人物个性鲜明突出，具有很强的独立性，是全剧的核心或灵魂，观后令人印象深刻，回味无

穷。如京剧《牡丹亭》中的“惊梦”、《西厢记》中的“拷红”、《玉堂春》中的“苏三起解”、《白蛇传》中的“断桥”等。当然,大多数折子戏并不能全面展示戏曲艺术的全部特色,而更多的则是侧重于戏曲行当和基本功的某一个方面,从而成为这一方面的代表作。以评剧为例,《茶瓶计》中的“座楼”“花园”,《花为媒》中的“洞房”等,都集中而突出地体现了评剧的表演艺术特征,即生、旦、净、末、丑的不同行当和唱、念、做、打的基本功,这也是它们能久演不衰、得以流传至今的重要原因。

一出好的折子戏,一般都具有以下几点艺术特色:一是在结构安排上,往往凝练精致、高度概括,出神入化、不落俗套,表演过程中一下子就能紧紧抓住观众。二是普遍具有健康向上、积极进取的主题思想,具有优秀传统文化的思想内涵和表现形式。三是故事情节生动,跌宕起伏,引人入胜,人物形象鲜明,能够充分展示演员的表演水平,具有很强的观赏性。

二、折子戏对提高表演水平所起的重要作用

在评剧教学特别是少儿教学过程中,排演折子戏的阶段应该是比较高级的阶段,这一阶段的学员对一般评剧唱段都有了相当的把控和表演能力。为了继续提高演唱水平,特别是为了增强学员的表演能力,这时排演折子戏才有可能事半功倍,收到满意的效果。根据自己的经验总结,排演折子戏可以明显提高学员的表演能力和水平,可以说是从学员到演员的必经之路。那么,排练折子戏的环节到底对学员来说起到什么作用呢?总结起来主要有以下几点:

1.有利于陶冶情操,表现真善美的思想情感

排演评戏折子戏,比唱段多了很多内容,最明显的就是有一个比较完整的故事情节,这些故事主题鲜明,通俗易懂,有的是宣扬中华民族传统美德;有的是惩恶扬善、是非分明;有的是表现新时代人民群众的美好生活,等等,总之,都是多年传承下来的优秀文化遗产。学员们通过在故事当中的人物扮演,增强了辨别美丑善恶的能力,同时逐步提高了审美判断力,从中受到真善美的思想熏陶,懂得惩恶扬善,学会理解、善待他人,知道做人要真诚、要善良,才会美丽。有了审美和辨别能力,对学员思想行为和性格养成,会产生潜移默化的影响。这些能力的提高和审美因素的正面影响,学员的认识水平会不断提高,对表演技巧的理解和驾驭会更加得心应手,我们看到的不会是肤浅的和脸谱化的表演,而更多的是发自内心的真情实感的流露。

2. 有利于锻炼意志品质，掌握更多表演基本功和艺术技巧。

经过一段时间的培训，学员在身形上、表演上都有了基础，这时可以通过排演折子戏来增加基本功和艺术技巧的综合运用能力，尽快提高表演水平。戏曲是要练功的，说实话，练功很苦，孩子们能做到勤学苦练真的很不容易，比如水袖，台上看起来就是一个动作，但真正甩好，则是需要下工夫苦练才能表演自如，这是一个意志品质的锻炼过程，需要坚强和坚持，需要战胜困难的勇气和能力才能成功闯过这一关。相对一个个评剧唱段，折子戏普遍都有了一个积极向上的情节和故事。有的孩子太小，理解力不够，我只能通过讲故事的办法让他们了解剧情，尽可能理解人物关系。通过扮演故事里的人物，让他们产生身临其境的感觉，逐步熟悉了人物，再加上唱词、道白的背诵，为折子戏的排练就打下了较好基础。学员表演唱段与表演折子戏的最大区别就在于故事情节与人物关系，这些要素的把握，需要不断拓展基本功，不断增强艺术理解力和艺术表现力。可以说排练折子戏，对学员表演基本功要求越来越高，对艺术表现力的锻炼也逐步增强，所以，这也正是排练折子戏的重要作用之一。

3. 有利于锻炼综合素质，发掘学员潜在的表演才能

评剧折子戏的表演，大多数都调动了唱、念、做、舞各方面的艺术手段和表演形式，只是有侧重点的差别。在表演方面，手、眼、身、法、步各种技巧也会随处有所表现，一点都不能马虎。这些表演形式和表演技巧，都是排演折子戏可以随处用到的，所以说，通过不断排练达到熟练表演的程度，这一出折子戏就算完成了，对于学员综合能力的锻炼提高是非常有用的。当然，学员之间也是有差异的，年龄、性别、悟性和理解力，以及学习评剧时间长短等因素，都能影响他们的学习和表演的结果。不过，相同条件下，学员自身一些潜在的艺术天赋和悟性，或多或少可以体现在折子戏的表演过程中，许多学员潜在的艺术才能，往往通过表演折子戏得到发掘和展示。总之，评剧艺术的学习与其他艺术学习一样，天赋和悟性的差别是存在的，但是，后天的努力可以弥补先天的不足，通过认真排演折子戏，许多学员都可以从中得到表演才能的大幅度提升，对今后艺术道路上的成长进步可以起到重要促进作用。

三、少儿排演折子戏的步骤与方法

1. 把握好先演唱、后对白、再表演“三部曲”

学员在经过一段时间的学习之后，通过练嗓、压腿、踢腿、台步、圆场、水袖等基

本功的训练，一般演唱和表演水平有所提高，在此基础上可以尝试进行折子戏的排练。要排练好一出折子戏，一般要经过三个步骤：

首先，掌握好核心唱段的演唱。在折子戏的表演过程中，一般都有代表性的核心唱段，演唱好核心唱段是第一步，是不可忽视的重要基础。刚开始教孩子演唱，因为年龄小吐字、咬字归韵都还不太懂，先教他们念唱词，像讲故事一样给他们讲唱段要表达的情感，然后再一个字一个字地念给他们听，再一句一句地做示范。一位叫恬恬的学员，她的嗓音不高，还发飘，音色不太好，学唱“火红的太阳”一段，关键是“出东方”那三个字很高，气息不够就冲不上去；还有“来歌唱”这三个字，都在一个音域位置上，经过反复练习，终于开窍了，掌握了这几个字的演唱方法，其他部分也就没问题了。除了给他们做示范，同时要结合气息的使用方法，不断纠正一些错误的演唱方法，保证演唱的规范和流畅。其次是道白的训练，道白对发展剧情，推进故事具有重要作用，学员的口齿条件、吐字清晰与否都影响着道白的质量。大段的道白需要单独拿出来练习，才能有好的训练效果。第三就是舞台表演。结合演唱和道白的排练，注意规范表演的指法、台步、圆场等表演动作，再结合具体剧情和人物调度要求，让演员在舞台上动起来、走起来，最后将剧中人物演活。至此，才能完成一出折子戏的排练。以上三个步骤环环相扣，紧密相连，是相互独立又相互作用的有机整体。

2.保持“三心”，缺一不可

要想让幼儿对评剧有兴趣，并且进一步学好折子戏，首先需要我们的老师要同时具备妈妈、阿姨和老师的角色。就是说要像妈妈一样爱他、呵护他；要有幼儿园阿姨一样的耐心陪他玩耍，跟他做朋友；同时还要像学校课堂上的老师一样有责任心，跟他去沟通，取得他的信任，努力创造良好的师生关系。这就是我自己体会到的“三心”，即爱心、耐心、责任心。

排练一出折子戏，会遇到许多困难和问题，时时处处考验我们的“三心”。每个孩子的条件不一样，有的孩子悟性好、反应快，有的孩子反复地做示范也学不会。为了拍好《茶瓶计》“花园”一折，我把扮演小姐的学员带到家里，给她炖排骨、煮海鲜、做好吃的，天气热给她洗澡，打开电脑看视频，反复地讲，反复地唱，六岁的孩子，唱腔掌握得不好也知道着急，眼泪在眼圈里不停地转，可能是孩子太紧张了，夜里把我的床也给尿了。转天跟乐队排练的时候还是出错，孩子不停地哭不停地练，就是这样反复磨合。评剧《卖苗郎》“卖子”一折需要演员有深厚的唱功，而且让孩子演成人戏更难。为了更直观地传授表演动作，我要经常边唱边做示范，特别是妙郎“跪埃尘”恳求母亲那段，连唱带跪，一遍又一遍，累得汗流满面，气都不够用，腿都不给使了。值得欣喜的是，艰苦的付出终于有了回报，我们的评剧折子戏终于登台演出了，小小少年在台上非常认真，表演起来有模有样，效果超乎大家的预料。2016 年名家携手小梅花专场演出，在中国大戏院的舞台上，评剧折子戏的表演震撼全场，得到观众阵阵掌声与喝彩。

3. 名家指点，为提高艺术水平起到关键作用

评剧艺术传承，需要学员的勤学苦练，但很重要的方面是需要名家的指导，有没有名家指导，其学习结果是很不一样的。2015 年底，著名评剧表演艺术家谷文月收我为徒，我的拜师仪式隆重热烈，令我终生难忘。与谷文月老师结缘，正是通过评剧小学员的参赛表演活动。在一次宝坻举办的“环渤海评剧票友大赛”现场，我带子孩子们参加了比赛，获得了“优秀小票友奖”。在颁奖晚会上，有幸作为谷文月老师的助手，给孩子们组织排练颁奖晚会的节目，那是我和孩子们第一次与谷老师同台表演，能够现场得到谷奶奶的亲自指导，孩子们激动不已、兴奋异常，从此留下了深刻印象。我自己之所以要拜师，根本的目的是通过自己艺术水平的不断提高，把评剧艺术传承下去，让小学员能够得到更高水平的艺术指导。自从拜师之后，谷文月老师不仅在生活上照顾我、关心我，在艺术上指导我，而且还定期来到孩子们中间，为一个唱段、一出折子戏给予细心指导，还经常不顾年事已高亲自做示范，有机会还要带着我和学员们录制电视节目，孩子们在谷文月老师的亲自指导和带领下，艺术水平提高很快，除了 9 名“小梅花”金奖获得者之外，还有十余名学员考上了专业艺术院校，为今后的艺术道路开启了新的航程。“百花迎春中国文学艺术界 2018 春节大联欢”活动，我们的学员与谷文月老师一起表演了新派名段“小桥送线”，得到了现场艺术家的好评，深受广大戏迷朋友的喜爱。

折子戏虽小，但它集中了唱念做打等多方面艺术于一身，是浓缩的戏曲表演形式。为少儿评剧学员排演折子戏，是培养他们从单一唱段的学习向综合艺术表演方面升华的重要阶段。通过折子戏的排演，可以从中发现学员的艺术潜质，发现好苗子，为他们在艺术道路上迅速成长提供舞台，对培养未来评剧艺术人才具有重要作用。

（作者单位：天津市滨海新区文化馆汉沽馆区）

用打击乐为民族复兴擂起战鼓

——从创作鼓乐《战鼓齐鸣赋三都》谈起

魏力鹏

当前,无论是专业文化还是群众文化的从业人员,都在谈论“文化自信”,也都在为提高“文化自信”而努力奋斗。因为,对于一个国家、一个民族的发展来说,文化自信的力量更基本、更深沉、更持久。我们要实现中国梦,实现中华民族的伟大复兴就必须重视“文化自信”这个课题。作为一名文化馆的音乐干部,我主要考虑的是如何发挥中华民族音乐文化的优势,使我们的文脉能够不断赓续,让祖宗流传了几千年的“好东西”在我们这一代不仅能够传承下来,还能得到发展,发扬光大。从我的专业出发,我将目光转向了不容易为他人所重视的民族打击乐。

2019 年秋天,我们天津市南开区人民政府为了响应“京津冀协同发展”的号召,特别是为了贯彻习总书记在年初视察京津冀三地提出的要求,决定联合北京市东城区和河北省保定市举办“携手京津冀　共筑中国梦”京津冀文旅交流活动。经过三地领导的协商,决定将首场演出放在天津,时间确定在国庆节前。我们区文化局和文化馆担负了“三地同庆”新中国成立 70 周年首场演出的任务,本人创作的一首鼓乐《战鼓齐鸣赋三都》在首场担任了开场节目,取得了很好的效果。

一、我国打击乐具有自立于音乐之林的能力

打击乐,是人类利用自己的身体或者器物击打另一件器物,发出声响,传达情感与信息的一种艺术。打击乐的历史悠久,可以说,自从人类有了“自我意识”便有了打击乐。据考证,远在一万年前的石器时代,我们的汉族先民就已经利用“石鼓”抒发胸臆。进入文明启蒙时代以来,更出现了通过打击乐传达情感的艺术,《诗

经·伐檀》便是明证。

按照打击乐的发展轨迹，其高级阶段便是“礼乐”的代表——编钟。在我国音乐史上占有重要地位的“弹拨乐”，比如“扬琴”，可以算作打击乐的泛化。但本文所涉及的仅是指“以击打节奏的变化为主，较少表现音阶”的一种艺术形式。在我国民间主要流行并占据礼仪活动主要地位的“锣鼓铙钹镲”以及梆子、木鱼等便是这种乐器。

我创作的《战鼓齐鸣赋三都》便是完全通过“鼓”这种形式来表现情感的。

在民族打击乐中，“鼓”无疑占据着中心地位。隆隆的鼓声如同雷鸣，可以震撼人心，并可以传到很远的距离。相传在黄帝大战蚩尤的战争中，正是“鼓”起到了“鼓动人心”的作用，才取得胜利的。从成语中更可看出“鼓”曾经在历史上的作用，像“鼓舞人心”“一鼓作气”“鼓角连营”“金鼓齐鸣”“鼓足勇气”“鼓足干劲”“擂鼓助阵”……可以说不胜枚举。

“鼓”在我国人民的心中占据重要地位。其形制、大小也丰富多彩。大的直径达到三米以上，可容纳十几个人敲击。小的仅仅有几厘米可供婴儿玩耍。不同形制和大小，便可以发出不同音质的声音，利用这种乐器的特点，便可以创作出千变万化的音乐作品。像天津歌舞剧院创作的鼓乐《老虎下山》便很好利用了“鼓”的优势，塑造出老虎的威猛气势，访问过很多国家，为民族打击乐的传承与发展书写了篇章。正是基于这种性质，我决定采取“鼓乐”这种形式来表现“京津冀协同发展”这一主题。

需要指出的是，尽管“鼓”在民族打击乐中占有重要地位，但也有的打击乐并不需要“鼓”。比如，同是天津歌舞剧院，便创作了仅仅利用“铙钹镲”表演的《鸭子拌嘴》，同样大获成功。

二、必须要给打击乐以鲜明的主题

打击乐，由于基本上不通过“音阶变化”来表达情感(因为有些打击乐还是有音阶的，像“鼓”的边际和中心的音阶不同。还有像木鱼、梆子这样的打击乐也具有音阶)，因此在创作时必须要确定好它的主题，否则会仅仅成为一场热热闹闹的“锣鼓齐鸣”“锣鼓喧天”，形不成一部音乐作品，更不会传达既有的感情。

为“京津冀三地协同发展”的首场活动“开场”，必须有一个鲜明的主题。这引起了我长时间的思索。正在我百思不得其解时，一个“洛阳纸贵”的成语点醒了我。西晋文豪左思，因为写《三都赋》，大家竞相传抄而造成洛阳纸贵。《三都赋》写的是三国时期魏蜀吴都城洛阳、成都、建邺(南京)的繁茂景象,我何不借用此名,来寓意今天的北京、河北、天津? 自中央提出“京津冀协同发展战略计划”五年来,三地人民共同努力,交出了很好的答卷。五年来,感人的故事亮点频闪。习近平总书记年初的视察,更使这片古老的区域焕发出勃勃生机。总书记的谋划,驱动着伟大民族的创新与发展。南开区作为天津市的文化老城,是天津市的发祥地,承载着妈祖文化、老城文化、学府文化。北京东城、河北保定有着同样的地位与作用。

于是我决定将作品的名称命名为《赋三都》,寓意为“古有《三都赋》,今有《赋三都》”。通过鼓乐齐鸣的方式来歌颂现代的三个“都市”。

为了反映这一创作主题,我创造性地给天津南开、北京东城、河北保定这三个“都会”以打击乐的音乐定位。也就是通过鼓点的节奏变化,让观众听到三个地区的不同。天津的音乐定位我用的是“汉沽飞镲”的基本节奏,北京的节奏定位我确定为著名的“北京平四”,而河北保定的节奏定位我确定为“保定老调”中寇准上场的标志性锣鼓经。

确定好了节奏音型后,我又借鉴了《鸭子拌嘴》的技巧,将“京津冀三地”不同的节奏与音型交替出现,表现出不同的人文特点。然后,通过不断融合形成壮大前进的恢宏节奏,达到全曲的高潮。

三、要与时俱进,注重吸收新生事物

在开始的构思音乐方面,我想既然作为开场大鼓,首先气势上就不能弱,而且大鼓还是我们中国自己的民族大鼓,必须打出我们自己民族的精气神。可是我在创作中遇到了瓶颈,仅仅用大鼓,在反映确定的主题和各个地区的节奏音型上,存在着表现力不足的问题。出路还是要创新。

不过,在哪里创新,一直困扰着我。有一天,我路过一个培训学校,里面的老师正在教孩子们打爵士鼓,也就是大家常说的架子鼓。正巧所打的节奏,跟我正在构思的鼓乐《战鼓齐鸣赋三都》高度吻合。突然灵光一现,我为什么不能把架子鼓加入中国大鼓中去,这样中西合璧,正好也体现了京津冀三地的创新发展,充分展示了北京东城、天津南开、河北保定之独特魅力,激烈的鼓点,中式与西式的冲击,也侧面反映了京津冀三地人民群众对开拓创新的决心。有了这样的构思,整个作品的架构便形成了。创作进行得比较顺利。

四、速度变化是打击乐征服观众的主要手段

打击乐，感动观众的主要手段便是节奏和速度。而速度的变化更为观众（听众）最先感知，因此必须有强烈的对比与变化。这样才能起到“鼓舞人心”的作用。

这部鼓乐作品包括民族打击乐中的竖鼓、大鼓、圆鼓、边鼓以及架子鼓。首先是位于舞台正中、面向观众的“竖鼓”先发声，好像在告诉所有人，我们马上就要战斗，我们已经为了京津冀三地创新发展而时刻准备着。大型“竖鼓”先声夺人，大鼓随之跟进，圆鼓与边鼓开始作为背景，配合“竖鼓”与大鼓，开始击打有节奏的节奏型，速度也稍快，由原来的85速度提升到了100速度。

紧接着第二段，随着“竖鼓”、大鼓、圆鼓、边鼓的共同敲击4下，速度来到了130，表示京津冀协同发展这场战斗已经打响。这一段结尾部轮鼓棒的两个小节八拍作为过渡，承接到第三段。

第三段速度更快，速度来到了150，这场战斗白热化阶段开始。竖鼓、大鼓、圆鼓、边鼓轮番敲击，相互配合，最后在一个强拍处结束，后面空2小节，空8拍。随即来到了第四段。

第四段回到了原速，速度降回到115，仿佛在回忆着过去，回忆着京津冀协同发展这一路走来的艰辛，仿佛在诉说，在倾诉，种种感情复杂交织。在第四段接近尾声时，节奏突转直上，速度一下飙到了166，这是全曲最高潮的地方，架子鼓就在此时也融入了进来，竖鼓、大鼓、圆鼓、边鼓、架子鼓的音色不断变化，交相辉映，互相衬托，打出了京津冀三地人民的精气神，打出了创新发展、一往无前的决心。随后整首作品在欢快、热烈、激昂、奋进的情绪下以三个强有力的拍子结束。

总之，《战鼓齐鸣赋三都》借鉴了“三都赋”之形，而赋予其《赋三都》的新含义，反映了京津冀携手并肩、同舟共济的共同心愿和共同目标。如今，我们发挥三地优势，结合习近平总书记关于“三力”的指示，以隆隆战鼓铺展出三地加速发展气势，尽显了借古喻今的畅快淋漓。我国民族打击乐在表现现实题材方面完全大有可为，我们音乐工作者应当有自信，用打击乐为民族复兴擂鼓助威！

（作者单位：天津市南开区文化馆）

振兴天津曲艺艺术的思考与建议

王铮鑫

曲艺是我国非物质文化遗产。近年来,在文化大发展、大繁荣的背景下,全国很多兄弟省市的曲艺工作取得了长足发展。天津作为中国北方地区曲艺的发祥地,在历史上曾经鼎盛一时。但是,由于历史和现实的原因,天津曲艺优势渐趋削弱,与兄弟省市的强势发展形成强烈反差。重振曲艺雄风,提升文化优势,已经到了迫在眉睫的地步。

一、天津市曲艺的历史及成果

在历史上,天津市的曲艺事业在全国有着得天独厚的优势,而且不断为北方地区的曲艺发展源源不断地提供着先行先试的经验,被誉为曲艺的"摇篮"。曾经的"连兴茶社""声远茶社"的历史早于北京的"启明茶社",为曲艺在近、现代生成与发展起到了里程碑的作用,培养了刘宝全、白云鹏、白凤鸣、金万昌、张寿臣、马三立、骆玉笙、郭荣启、侯宝林等一代名家。

新中国成立以来,特别是改革开放以来,天津曲艺迎来了更加繁荣的局面,经过历史和艺术的整合,产生了天津时调、快板书、天津快板等新曲种。京东大鼓这一曲种也伴随着董湘昆这位职工曲艺家重振雄风,走向全国。常连安家族、王毓宝、马三立、苏文茂、李润杰、田立禾、李伯祥、杜国芝、刘文亨、魏文亮等一辈又一辈曲艺名家,依托老南市的燕乐、群英、永和、四海、玉壶春、庆云戏院以及百货大楼的七重天、劝业场的六大天、天祥市场的小广寒、河北的鸟市、南开的六合市场等演艺场所,积极献艺,为曲艺走向全国做出了卓越贡献。"南开曲艺杂技团""和平曲艺杂技团""红桥区相声队"以及改革开放后出现的"北方曲艺学校"、名流茶馆、中华曲苑等曲艺载体、曲艺活动此起彼伏;相声、快板、评书、大鼓等多个曲种百花齐放,引领全国曲艺风骚，整体曲艺市场及艺术成果呈现高潮迭起、欣欣向荣的局面。

进入21世纪以来，市委市政府高度重视曲艺工作，注重把握优势，借力助推，对一些传统曲艺演出场所进行了扶持，文化部门也注重在曲艺创作和创新方面下工夫，并在曲艺、旅游、餐饮三者的互动发展方面做了一些有益的尝试，精心打造曲艺产业链，连续举办了“津门曲荟”等系列活动，并在群众曲艺文化演出、社区纳凉晚会、校园演出等活动中引入曲艺节目，不断丰富和传承曲艺，促进传统曲艺的集聚发展。其中部分曲艺作品还屡次荣获全国“群星奖”“牡丹奖”、全国“五一”文化奖等奖项。

二、存在问题及原因分析

毋庸讳言，在参与文化市场的竞争中，我市曲艺工作产生了一定的社会影响力，但从文化大发展大繁荣的要求看，从全国曲艺发祥地的定位看，存在较大差距，一定程度上也削弱了作为直辖市的文化品位，对文化形象和经济发展产生了不良影响。

1. 发展机制缺失，产业发展滞后

目前侧重于扶植惠民演出、公益演出等曲艺演出，尚未形成合理的曲艺发展机制，缺乏科学、合理、有效的管理方法，从政府到民间的机制互动没有形成。我市对曲艺作品的宣传、包装等缺乏制度保障，没有形成长期化和常态化。小剧场演员队伍较为松散，演出形式、内容因循守旧，品牌运作欠缺力度。特别是在打造曲艺摇篮品牌、发挥天津相声优势、促进曲艺产业化发展方面，招法不多，应对措施乏力。究其原因，主要是理念落后，管理不到位，制度建设跟不上，没有很好地把握好文化事业和文化产业之间的关系，在一些管理层面，还存在“相声茶馆纳税少”“文艺创作不能当饭吃”“文艺项目白扔钱”的狭隘观点，完全无视、轻视了文化事业、文化阵地对包括旅游业在内的现代服务业强大的、立体的辐射、连带、互动作用，这与北京的“我为郭德纲免税，郭德纲为我吆喝”、苏州的“一支评弹曲，照亮姑苏城”的经营文化理念无法相提并论。

目前，我市对区域文化软实力的考评不明确，曲艺发展的主要形式停留在举办比赛、组织演出活动上，没有形成曲艺事业与曲艺产业齐头并进的中长期发展规划，尚未形成有效管理机制、长效激励机制和品牌建设机制。未能把曲艺当作一种文化资源加以整合、统筹和运用。对曲艺发展的规划仍停留在保护上，没有从品牌建设、商业发展上为传统曲艺合理定位，这样，曲艺发展难以避免地游离于我市特色旅游、人文文化产业之外。

2.人才流失严重,缺乏激励举措

全市现有曲艺演员队伍不固定,连天津快板这样的曲种都面临后继无人的尴尬境地。近年来,随着各省市曲艺工作的蓬勃发展和文化市场的良性运行,我市一批有发展潜力的中青年曲艺人才,特别是北方曲艺学校三十年来培养的众多人才,大都离开天津"另攀高枝"或呈候鸟"迁徙"式在全国发展,主要"迁徙地"是北京、上海、重庆、辽宁、四川、江苏、浙江、深圳、福建等文化活跃地区。现存的人才,由于一些曲艺机构管理模式滞后,外出"走穴"现象非常普遍。人才的大量流失和"人在曹营心在汉"现象,不仅限制了曲艺行业的发展,也形成了恶性循环。

另外,由于传统曲艺教育教学方法多为口传心授,一些老艺人年事已高或相继离世,我市曲艺人才实际上呈现出青黄不接甚至断崖式困境。加上曲艺人才培养有其特殊性,学艺周期长,学徒过程艰苦,人力财力成本高,可预见回报率低,曲艺"摇篮"的地位早已风光不再,只剩虚名。相对兄弟省市"筑巢引凤"的强大扶持力度,我市现行政策缺乏吸引力。当前,政府对非物质文化遗产传承人有一定资助和扶持,但是未纳入非物质文化遗产保护的曲种既缺乏资金投入,又没有明确的曲艺人才扶持和激励体系,人才不可避免大量外流。

3.精品创作滞后,缺乏艺术支撑

面对新媒体和文化多元时代,许多省市都在作品与市场之间突出重围,曲艺精品迭出不穷。但是,我市演出节目新旧更替频率较低,题材陈旧,缺乏新意,相声作品以传统曲艺节目为主,缺乏既呼应时代,又接地气的精品力作。鼓曲曲种,多年无法推陈出新。不少青年演员的演绎才能仅仅限于表演,而没有自己的代表作品或亲自创作的作品,一时难以被观众接受。

主要原因是,曲艺工作尚未形成与新媒体、文化多元化时代接轨的精品创作模式,由于曲艺作品创作耗时耗力,回报率低。特别是创作者的版权收入、创作收入无法与市场接轨。曲艺创作尚未形成符合市场规律的创作、项目、表演、分配联动机制。许多曲艺工作者、作家宁可与兄弟省市签约创作,也不愿与本市合作,而体制内指令性的创作,多属依附于各类宣传任务和宣传活动的应景之作,仅仅演出一两次就偃旗息鼓,风光不再,致使曲艺表演"吃老本""热剩饭"现象非常突出,导致越"吃"越亏,越"热"越馊。

相反,北京、上海、西安、成都、苏州等地区,注重小曲种的挖掘、开发和利用,反而成为该地区某一名街、某一楼宇、某一广场、某一巷道的文化看点,以独特的地方特色，吸引着外地客人的眼球。最鲜明的例子当数濒临绝境的陕西华阴老腔，从挖掘、整理到开发，不到两年时间，即走出陕西，跨入全国，冲向世界，成为陕西全境大中城市一道亮丽的风景。

三、对策与建议

在市场经济条件下，许多兄弟省市在发展曲艺方面为我们提供了很多成功的案例，联系我市实际，应在以下几个方面下工夫。

1.筑巢引凤，重振天津的“曲艺发祥地”雄风

当前，许多省市为了千方百计吸纳文艺人才，斥资培育的“作家村”“文艺创作基地”“文艺街”“签约创作”“文艺创作基金”等文艺人才与地方文化互动发展模式如雨后春笋，蓬勃兴起，人才竞争十分激烈。我市应借鉴北京、成都、苏州等地经验，把人才的培养、引进和利用放在首位，要树立“不为我所有，但为我所用”的理念，一方面，目光朝外，遵循市场机制，面向北京、河北等环渤海地区兄弟省市，引进高端演艺人才来我市演出。另一方面，目光朝内，加大曲艺人才的培养力度，特别是要建立曲艺人才奖励机制，对我市和为我市服务的从事曲艺工作的专家、学者、作家、演艺人才进行物质奖励，奖励标准与兄弟省市持平，在全社会营造尊重曲艺人才的良好氛围。要充分利用现有闲置场馆，配置资源，打造曲艺阵地，搭建创业、演出平台。要充分借助北方著名“非遗”项目和传承人，如“天津时调”创始人王毓宝、“快板书”创始人李润杰在曲艺业内的巨大声誉、影响力及人脉，成立“天津时调”“快板书”的开发、培育及保护工作领导小组，纳入我市文化工作的重点，完善引入、研究、培育及经费等保障举措，切实抓好落实环节。

2.建立激励机制，繁荣群众文化精品创作，推动曲艺的发展

进一步加强和优化文化部门在群众文化层面的管理和服务职能，在文化馆建立文艺创作基金，为文艺创作，特别是曲艺精品创作提供资金保障；成立由环渤海地区艺术机构、高等院校专家、学者组成的艺术创作考评委员会，对一定阶段内的文艺作品，特别是曲艺作品进行考核、评比、开发和利用；建立文艺创作签约制度，聘请合同制作家进行文艺精品创作，实行三年一聘制，聘期内的创作一律纳入考核，并实施知识产权保护；建立北方地区曲艺创作基地，每年邀请全国各地曲艺创作、演艺人才来和平研讨、创作、交流，体验天津生活；每两年举办一届全国曲艺高端论坛，面向全国征集曲艺作品，培育一批曲艺作品，涵养一批曲艺作品，使我市真正成为曲艺发展的桥头堡、曲艺精品的孵化器。

3.面向京津冀，实施市场化运作，促进曲艺多门类发展

在京津冀协同发展的大形势下，这一点尤为重要。

当前，北京地区已经成为北方曲艺发展的中心，北京曲艺发展的人才结构中，天津籍演艺人才占据半壁河山，这也是一个不争的事实。我市应自觉降低所谓曲艺“摇篮”“桥头堡”的姿态，主动把曲艺发展融入京津冀地区曲艺发展的大循环，同时借鉴北京相声、上海昆曲和沪剧、苏州评弹产业化发展的先进经验，在构建、打造平台的基础上，面向北京、河北两大市场，辐射环渤海，真正将曲艺与文化设施、餐饮、旅游等项目相结合，进行商业化运作，引导多个曲种面向市场。要出台相关政策，定向培养、输送小曲种曲艺人才，不断提升作品质量，从而形成一个完善的曲艺培育及运作模式。要充分利用新媒体，建立集聚发展的网络电子商务和视频网站平台，实现网络与用户的互动性，采用手机上传或网络上传网站的方式，明确原创者的收益比率，保障曲艺创作者的权利，适应时代发展的需要。

四、群文曲艺干部要站在振兴天津曲艺的前列

振兴曲艺必须从自己做起，从现在做起。作为基层的文化馆、站，要着力打造健康向上的人文环境，反映百姓身边的新人新事，宣传“地区好人”，并以这些典型的示范引导，在人民中形成孝老爱亲、追求文明的社会氛围，曲艺是很好的一种形式。它短小精悍、通俗易懂，容易为广大群众接受，因此在“文化志愿者”系列活动、倡导文明新风、“文化志愿者下基层活动”中，经常能够看到曲艺演员的身影，听到曲艺的声音，通过这种艺术形式，改变社会风气、不断集聚和传递“正能量”，起到聚人心、聚人气的作用。

作为一名群众文化工作者，同时也是一名深爱曲艺的相声演员，拜师第七代相声演员的领军人物刘俊杰老师，在领导的关怀下，在广大群众的抬爱下，也取得了一些小成绩。在圆满完成本职工作，包括群众文化宣传任务和辅导基层、文化志愿小分队等活动以外，经常登台“说相声”，参加小品《听梦》《书梦》《初心》等的演出获得了一些奖励。同时还努力向师父及老一辈相声前辈们学习，做到为相声“添产业”。创作了《我是有钱人》《恋爱进行时》《超级暴利》《多心》《爱情去哪了》《重走西游路》《欺负人》等作品。在全国“群星奖”“中国首届电视相声大赛”、天津市“红桥杯”首届新相声作品大赛、“南开杯”全国（天津）相声新作品大赛、第八届北京青年相声节、京津沪渝四直辖市曲艺交流展演等活动中获得不同的奖项。

实践证明，只要我们能够正确地看待曲艺艺术，重视它的艺术地位，就必定能

够领悟到它的艺术魅力。曲艺这样的民族艺术的振兴也必定能够增强文化自信，为中华民族伟大复兴起到应有的作用。

（作者单位：天津市南开区文化馆）

对少儿书画与成熟书画“同框”展出的思索

——以蓟州区书画展为例

孙 静

书法、国画作为中国独有的文化传播形式,在中华民族的文化传承中起着至关重要的作用。作为人们交流思想和传递信息的工具,书法、国画承载着华夏文明,也是文化事业进步和发展的源动力。我国很早就有以文会友的传统,书画交流是一个非常有效地拓展自身人脉的途径和方法,人们通过技艺上的切磋,不仅使自己的书画水平得到提高,同时还推动了人际交往,为学习、社交搭建了一个良好的渠道。

近年来,蓟州区举办的各类书画展让越来越多的书画作品呈现在大众的视野中,这些展览让人们的生活变得更加丰富多彩,成为群众文化生活中不可或缺的一个重要板块。随着少年儿童学习书画的人数不断递增,在各种不同类型的书画作品展中,少儿书画占领了很大份额,在有奖项设立的展览中,与成熟书画作品同时获奖的现象也屡见不鲜。由于这些孩子的绘画技巧、书法笔力尚且生疏,也由此引发了一些误解和争议。

一、“同框”展出已呈现常态化的趋势

目前,蓟州区分散在城镇以及农村的书画爱好者众多,他们零零散散分布在各个领域,既有一生致力于书画事业的前辈,也有刚刚加入这个圈子几年的青少年爱好者,这些人通过书画交流形成了自己独特的朋友圈。蓟州区每年举办的各类展览吸引了大量书画爱好者,他们积极参与创作、投稿并在朋友圈相互传播,都希望自己的作品能够在展览上占有一席之地,让自己多年的努力能够得到业界的肯定。

相比于能够参展，如果可以在展览中获得一个奖项，对于每位书画爱好者来说更是莫大的荣耀。然而由于种种原因，我区每年举办的十几场书画展中，只有三四场重大节日的展览设立了奖项，因此，这些为数不多的奖项在人们心目中变得尤为重要，对他们来说，获得奖项不仅是专业水平得到认可，同时在自尊心上也能得到极大的满足。

为了鼓励新秀，培养书画界的新生力量，给少年儿童书画爱好者多提供一个展示的机会，在这些展览的作品筛选和奖项评定上，评委对少年儿童书画都会有所倾斜。比如在今年的书画展中，少年书画和成熟书画“同框”展出的次数占了半数之多，而在有奖项设立的展览中，少年儿童的书画作品获奖比例也占据了三分之一左右，无论是展出次数，还是获奖比例，都已出现常态化的趋势。在一般人的认知中，奖项就是水平的象征，而这些获奖的少儿书画作品尚显稚嫩，由此便让许多书画爱好者对活动筹备方的用意和评委的专业水平产生了质疑，从而影响了文化馆在后续活动组织开展中的号召力。

二、“同框”展出产生的问题

少儿书画和成熟书画“同框”展出并同时获奖虽然使书画作品呈现了多元化的局面，让观众在同一场展览中，既能看到青少年作品的青涩，也能欣赏到老一辈作者苍劲有力的笔下工夫，但由此产生的问题也接踵而至：

1.对书画爱好者在技巧的学习上造成误导

展览本身是书画爱好者互相学习、交流的一个重要平台，很多书画爱好者会通过欣赏他人的作品来提升自身的书画技巧，学习别人的长处，汲取营养，丰富自己。在一般情况下，他们会在参观展览时根据奖项高低来判断作品水平的高低，在自己练习书画时会将获奖作品作为学习的素材，这样，那些质量一般但获得奖项的少儿作品便成了一些书画爱好者学习的范本，就会对那些通过参观展览来学习书画技巧的人造成一定的误导。

2.在奖项评定的结果上难以服众

诸如某些水准尚可的作品没有获得奖项，而一些初出茅庐水平一般的少儿作品却获得奖项，导致个别书画爱好者产生负面情绪，影响他们继续参与活动的积极性。

3.引起书画培训机构老师的非议

书画培训班老师和学生的作品“同框”展出，老师没有获得奖项，而他们的学生却夺得了名次;或者老师和学生同时获奖,但是老师的奖项低于学生的奖项,这些情况,不经意间动摇了老师在学生心目中的地位,引起老师的不满。

三、让书画展办得更合理的具体举措

为了把展览办得更好,最大化地规避上述几种问题的出现,可考虑采用以下四种方式进行:

1.按照年龄段分组进行展示及奖项评定

少儿书画和成熟书画在“同框”展出的情况下,具体实施上要动下工夫,一是在作品展位的安排上,可以将入展作品按照作者年龄分为老年组、青年组、少儿组分开进行展示。这是一种既简单又见效的方式,可以让观众在参观时根据自身需求有所取舍,有选择地进行参观。二是在书画作品的奖项评定上分组进行,对老年组、青年组、少儿组在同一组别上进行评奖,以此体现奖项评定的公平性。对奖项组别要做出具体标注,让观众对获奖作品有自己的评判,不至于产生歧义,同时还可以让少年儿童书画爱好者对自身的水平有正确认知。

2.有针对性地开展少年儿童的专场书画展

对于那些少年儿童书画爱好者来说,书画展览是他们心目中最神圣的殿堂,自己的作品能够被展出是无上的光荣,对今后的学习也是一种莫大的鼓舞。同时,通过书画的交流和欣赏活动,可以培养想象力和创造力,提升审美水准,激发学习兴趣,开阔视野。为了培养新一代文化接班人,激发他们参与活动的热情,我们可以有计划地举办不同主题的少年儿童书画展览,并有针对性地进行评奖。例如:六一儿童节画展、重阳节关爱老人主题展、教师节尊师重教主题展以及庆祝七一、八一专题展,十一爱国主题展等。

3.发挥书画界前辈领军人物的作用,引领新生力量成长

如果单纯地以书画造诣来给作品评定奖项,那么难免会有另外一个问题出现,即不论什么展览,获奖的永远是固定的几个人。书画艺术本身有着较高的艺术内涵和文化底蕴,书画艺术的深厚造诣,并不是一朝一夕能够达成的,那么在短时期内,所有的书画展基本都会是老一辈书画家的天下,年轻书画爱好者崭露头角的机会相对较少。为了给年轻人提供更多契机,在各类展览中,可以考虑把前辈的作品以特约嘉宾的形式参展但不参与奖项评定,也可以理解为换一种方式“同框”,这样不仅给新人提供更多的参与机会,也把前辈的地位提到了一个新的高度,可以让他们充分发挥书画界领头羊的作用,有利于他们在人才培养方面发挥更大的作用,从

而实现书画艺术的普及。

4.针对不同的专题,组织师徒书画展

目前各种美术、书法学习班、培训班以及形形色色的书画工作室在蓟州区遍地开花,大大小小的机构有三四十个之多,这些培训班的学员少则三五人,多则七八十人,我区大部分青少年书画爱好者几乎都是这些机构的学员,这些机构的老师们则是书画界的中坚力量。我们可以充分利用这些资源举办展览,以书画培训班为组别,分别提报展览作品,一是稿件征集方便快捷,二是有利于这些机构之间相互学习交流。在展览的同时,还可以邀请培训班的老师做现场讲解,对于每个书画作品中的优缺点予以当面点评,让孩子们意识到自己书画作品中的长处与不足,同时通过观摩其他作品,让他们相互学习,取长补短。通过这些举措不仅可以开阔学生的视野,提升他们的书画水平,为学习增加素材,还为师生提供了一个更加广阔的学习交流平台。

总之,书画展览工作作为群文工作的一项重要内容,对于丰富人们的业余文化生活和引导树立正确的价值观发挥着重要作用。做好书画展览的相关工作是群文普及工作的重要一环,也是群文工作者至关重要的工作任务。书画展览的合理举办有利于调动书画爱好者的积极性,让他们以更加饱满的热情参与进来。细节决定成败,作为群众文化活动工作的组织者,我们在开展好工作的同时更要注重细节的管理,才能把展览办得更加深入人心,从而提高群文工作在百姓心目中的认可度,为创建和谐社会打下坚实的文化基础。

(作者单位:天津市蓟州区文化馆)

浅谈京剧进校园活动在“素质教育”中的作用

井立娜

我是一名戏曲干部,曾经在专业院校接受过系统的戏曲教育,又曾在天津京剧院、沈阳京剧院当过专业院团演员,有过舞台的实践经验。转业到文化馆以后,致力于戏曲的普及教育工作,深感到,中央提出的关于弘扬民族文化、促进京剧艺术发展的指示,具有重要的战略意义。特别是教育部与文化部共同提出的“京剧进校园活动”,更是向青少年进行素质教育的一项好措施。如何进行好京剧进校园活动是当前教育的一个新课题,作为文化馆,我们应该积极配合这种创新的教育制度,积极去培养青少年学习包括京剧在内的各种民族文化基本知识,提高他们的综合素质。

但,任何新生事物在出现之初都会遇到不同的意见甚至非难,京剧进校园活动也不例外。比如,有人就质疑这种提法容易形成“泛艺术化”倾向。提出“单独提京剧进校园,有厚此薄彼的嫌疑。按照这一模式,会出现豫剧进校园、河北梆子进校园、评剧进校园、二人转进校园、曲艺进校园乃至任何民族艺术都可以进校园的现象”。也有的提出,“京剧进校园会冲击学校的正常教学,不利于素质教育的正常开展”等。对于前一类观点,我以为。只要不是抱着偏见对待“京剧是中华民族艺术的代表”这一提法,甚至不是抱着“起哄”的态度,在弘扬民族文化的大前提下,是会形成共识的。

一、“京剧进校园”活动有助于培养学生健全的人格

教育部提出京剧进校园,这是经过缜密论证,在调查研究的基础上作出的正确决定,因为,美育是青少年基础教育的重要组成部分,而京剧作为民族艺术的集大成者,可以担当起这样的职责。这说明,美育教育,可以培养学生的审美观念,对于

提高创造能力，以及形成正确的人生观和走入社会成为一代新人作用重大。

一个学生在学校所学的知识，不应该只是书本知识，各个艺术门类方面的知识都应该有所涉猎和了解，这样才能与时代合拍。素质教育不只是德智体方面，也包括美育，否则，会造就只知道读书甚至读死书的人。所以，开展“京剧进校园”这样的活动是很有必要的，即使将来不往艺术方面发展，现在的学习也能提高自身的素质，包括鉴赏能力、修养等。在“走进新时代”的形势下，开展好“京剧进校园活动”对推进“素质教育”具有重要的作用，是引导学生全面发展，大力提倡素质教育的重要组成部分。

素质教育是培养“两个一百年”人才所必需的前提，如何能利用“京剧进校园活动”以及其他的艺术教育，培养学生能力，让学生拥有一个健全的人格，是作为一名教育工作者，值得研究的问题。

众所周知，人们在生活中离不开戏曲，正所谓“人生如戏，戏如人生”。远在新石器时代后期，就出现了戏曲的雏形，进入青铜时代，以“傩戏”为代表的各民族的戏剧艺术，已经成为人类社会生活中的重要内容。这种艺术形式可以给君王传递神祇，给战士鼓舞斗志，给百姓树立信心。到后来则成为维护统治、控制舆论、传递民意、愉悦民心的重要艺术手段。从傩戏到参军戏，再到传奇、南戏、杂剧，直到昆曲、皮黄、京剧（包括与之同期发展的各种地方戏），五千年来，都让一代代的人们体会到艺术之美、艺术之乐。孩子的生活也需要戏曲这样的艺术。在国家大力倡导开设艺术课程的今天，注重培养学生的健全人格，是京剧进校园活动的重要组成部分。

和众多艺术形式相比，以京剧为代表的中国戏剧，在培养学生人格意识方面，更加具有至关性和感染性。抓住了它的特点，运用得好，我们的学生会在这种魅力下获得心灵的升华，我想这不失为人格教育的一条捷径。我想起《赵氏孤儿》这部作品。这是首部被翻译到西方世界的中国戏剧作品，在很大程度上能够代表中国的风格与中国的气派。从几百年前就已经被视为典型的“中国故事”。剧中蕴含着的正义感，很振奋人心。剧情很悲壮，很有震撼力，它控诉了君主的暴行，歌颂了舍生取义的“义士”，号召人们不畏强暴，杀身成仁。这样的作品，在京剧中有很多，都会有它打动人、触动人心灵的一面，给人以心灵的启示。现在国家所编的《京剧进校园教材》中的作品及点评都含有丰富的人格教育内容，而且大都是以爱国主义教育为中心展开的。此外，还包括学生继承传统、尊敬师长、孝敬长辈等教育。我认为作为一名教育工作者和文化工作者，可以不失时机地利用好这些材料，结合

“社会主义核心价值观”以及学生自身的特点挖掘教材,联系学生生活实际,必然会使他们的身心进行一次震撼。这是学生塑造完整人格的重要理论来源。

二、“京剧进校园”活动能够提高学生的学习运用能力

提高学生的综合素质,关键在于提高学生的学习运用能力,这种能力的实质体现在现实社会生活中的生存能力。比如:有部分学生对于京剧唱词中的抑扬顿挫、平仄相调,有时会感到枯燥,这时需要给学生足够的信心,鼓励他们。将京剧的唱词与唐诗宋词相对比,甚至与李玉刚的《新贵妃醉酒》相结合,经过我们的戏曲干部给予耐心的帮助使他们逐渐入门进入状态。

对于学生来说,等待他们的世界竞争将更加激烈,因此,必须具有更强的生存能力。京剧进校园等艺术活动恰恰在这些方面有着广阔的天地,活动的开展必须以学知识、学艺术为前提,训练学生观察事物的敏锐力和真实反映客观事物的能力,使学生掌握戏剧知识的真谛,懂得什么叫“虚拟性、程式化”,了解中国艺术与西方艺术的主要不同。有时候还会交给他们一些戏曲的技巧,起码使孩子们“坐有坐相,站有站相”,一个“圆场”或者一个“拉山膀”就可能对学生的审美能力和创作技艺受益终身。用京剧的“艺术之眼”反映社会、反映生活、创造生活、表达生活,可以让学生们学会用自己的眼光看社会、观察事物、分析问题。

三、“京剧进校园”活动能够与“文化课”学习有机结合

毫无疑义,当前情况下,家长特别注重“文化课”教育。说到底,学生还是以学习他们的基本教材为主,学好“语数外”“数理化”才是硬道理,“京剧进校园”等艺术教育只不过是“副科”。因此,作为群众文化辅导工作的一方面,必须让家长们看到“京剧进校园”教育与“学业教育”具有相辅相成的关系,才能让家长打消顾虑,才能促进群众文化工作。

在德、智、体、美、劳的全面教育中,各个方面都不是单独发展的,它们之中存在着有机的密切的联系,是一个有机的整体,你中有我我中有你,看到这种联系,并巩固发展这种联系,是我们的主要任务。在校学生的主业是文化课的学习,任何活动只能与之相辅相成才能顺利开展。这是不言而喻的。学生的综合素质在很大程度上仍然反映到文化课成绩的提高。包括“京剧进校园”活动在内的“美育”教育,应该也必须有助于“智育”教育,才能得到社会的承认和支持,这是我们应当充分重视的。开展活动既要使学生感兴趣,主动、自觉地投入活动之中,又不能把精力过多

地投入到京剧知识的学习中，形成喧宾夺主的情况。这就要求我们去把握这个“度”，需要正确引导学生把学习京剧知识和所学的文化科目有机地结合起来联系在一起。

只有做到美育教育与青少年的全面发展相结合才能实现良性循环和发展，才能使“京剧进校园”工作健康发展。京剧进校园，旨在全面培养青少年的文化素质，活跃他们的课余生活，培养学生欣赏美、鉴赏美、创造美的能力，增强学生的美感体验，陶冶他们的情操。随着“京剧进校园”活动的广泛开展，一批又一批的“京剧娃娃”成长起来，不仅为各级专业院团输送新生力量，而且普遍提高了青少年的综合素质和学习能力。

总之，培养建设中国特色社会主义接班人、建设者是文化工作者的神圣使命。随着“京剧进校园活动”的不断深入，全社会多层次、多群体的民族艺术教育逐渐形成风气，青少年的人格培养、学习能力都会不断提高，每个学生都成为艺术教育的受益者。

（作者单位：天津市红桥区文化馆）

浅析文化馆推广手账的重要意义

付海芬

社会在发展,时代在进步,现在是信息时代,手账是信息时代下我们能紧握不多的实体记忆,它能带来满满愉悦感、幸福感。有时候,网络上不停贩卖的焦虑情绪让很多人无法踏实下来进行独立思考,这种情况实质上是想要的太多,做的太少,得到太少,导致焦虑太多,无法静下心来做事,结果恶性循环。借助日程计划手账,管理时间,用这种满满仪式感的方式,让手账本去督促自己,效果会立竿见影。

一、手账的基本类型

手账,指用于生活记事、日程规划、贴纸及胶带拼贴的本子,也指在记事本子上拼贴图画以装饰记录生活的一种生活方式。近些年手账在年轻人当中尤为流行,以高中生、大学生为主,运用文字及制作精美的胶带或彩墨水粉等素材记录一天的生活。

目前大家使用的手账主要有以下三种:手绘型手账、bujo型手账、拼贴型手账。手绘型手账以手绘表现为主,包括简笔画、彩铅、水彩等,这类手账很灵活,较随心随意,任何灵感都可以呈现在本子上,有经验的手绘大神甚至可以不用任何贴纸胶带装饰,全部依靠手绘来完成手账记录。bujo型是Bullet Journal子弹笔记的简称,是一种可以个人独自定制的笔记形式,拥有高度灵活的组织系统,它可以是随笔集、速写本、手账本、日记本等,一般bujo爱好者都会自己亲自绘制本子的排版,按照每年、每月、每周甚至每天的日程来排版,将边框设计发挥到极致。拼贴型是利用胶带、贴纸、票据拼贴,只要是手账爱好者喜欢的,都可以贴在手账本上,拼贴型手账甚至还可以制定主题,利用不同的胶带按照一个主题贴在一起就变成了一幅漂亮的插画。

二、手账的重要意义

手账的神奇功能，在于可以管理时间，找出时间的黑洞；可以规划人生，增加自我掌控感；可以回顾过去，记录美好的一切；可以期待未来，让理想和目标得以实现。手账能够让人们在混乱的一天之后重新整理思路，回忆是一个漫长的过程，而人的记忆力会随着时间流逝掉。手账就是互联网时代手写保留的质朴，从而找到曾经被忘却的自己。

手账具有简练、明确、辅助生活的特点。一般手账多记录的是日常的任务和计划，使用的笔记本以 A5、A6 为主，同时手账借助各色的笔、胶带和贴纸来丰富内容，让手账记录变得更有意义。手账的存在意义，在于它是一种精致的生活方式，一种仪式感，不拘于形式的笔记本，都可以做好记录和规划，读书、观影、旅行笔记，只要是想记录的，手账都可以做到。试想，在纷繁复杂的日常生活中，我们在面对混乱的时间安排时，不会感到无所适从；在夜深人静时追忆过往，都会通过手账本查看生活的痕迹。手账可以帮助我们不浪费时间，通过规划可以高效地学习工作，同时又能在忙碌的节奏中享受片刻的安逸，通过装饰的美好，找到自己的小幸福。将梦想记录在本子上，时刻提醒保持能动性，坚持不懈地努力并拥有坚定的信念，终将实现自己的目标和理想。

三、第一届“惜时记”手账体验展览纪实

为了向更多的人普及手账的意义，天津市群众艺术馆联合天津手账集市于 2019 年 7 月 26 日至 27 日在天津市群众艺术馆五楼展厅特别举办首届“惜时记”手账体验展览。本次展览体验，活动丰富多彩，现场分为静态场馆和动态场馆，静态馆为手账达人的日记页、大卡、异形卡等展览，方便大家欣赏观看与拍照打卡；动态馆为手账周边产品的互动体验区，包含大米创意—大年印刷、猫的天空之城一墨格、撒米等，展览现场讲解胶带、笔类的制作工艺，手账之于生活的意义。展览同期举办手账达人分享，教你如何制作手账。展览现场还有互动体验制作，带大家了解和解锁更多手账玩法。在静态馆里，展示了各种表现手法的手账笔记。

“惜时记”手账体验展览准备了丰富多彩的手账周边产品现场体验活动。纸是我们生活中不可或缺的物品，以各种截然不同的形式走入我们的生活，纸胶带便是其中一种，纸胶带是手账制作重要的周边产品，纸胶带不仅仅是一种工具，它承载了手账爱好者的生活、幻想、记忆和美梦，它是一个故事，一种艺术。活动现场利用

纸胶带特别布置的2m×4m展示区作为手账爱好者打卡拍照区域,同时设置互动体验区,现场准备了各种纸胶带素材及徽章机,前来参观的手账爱好者都可以借助现场素材进行纪念徽章制作,吸引了手账爱好者的驻足流连。因为手账周边多是纸质的,活动现场也发起了"绿色环保"的倡议,号召大家将胶带的纸轴进行回收,即现场观众可利用胶带纸轴换取手账素材,多换多得,通过纸轴的回收利用,达到珍惜资源、保护环境的目的。同时设置拍照打卡墙和手账拼贴体验区,在现场用拍立得可以捕捉这一刻的美好,即拍即得,把体验区的专属美好记录在自己的手账之中。

展览现场还开设两期手账 workshop 体验活动,体验活动传达了盐系手账"少设计、更实用"的理念,同时采用可视化的图文形式,帮助人们高效管理工作和生活,告诉大家我们缺的不是时间,而是专注。通过两期的体验活动,向参观者传达时间管理的重要性以及时间管理的概念,利用思维导图的形式细化目标,掌握把24小时活成48小时的秘诀。

Junk Journal 手账制作达人竹溪主讲的"手账——回归书写的质朴,享受生活的艺术"讲座更是将整个手账展览推向高潮。竹溪从初中开始记录手账,迄今为止已经有8年的时间。Junk Journal 是一种特殊形式的手账,直译就是"垃圾"日志,即一种非常灵活的本子,是用手制作、形式和风格都很自由、本子制作材料也很自由的手账,是用各种方式把各种东西拼成一个本子。制作 Junk Journal 是制作者对于本子的思考和理解,有些会对本子制定特定的主题、有些会对本子定制特定的颜色搭配等,它对于制作者或者拥有者来说更多的是一种创作、记录和回忆。此次现场分享,竹溪从自己历年的手账本展示切入,讲到什么是手账,新的手账 er 如何开始写手账,以及通过"一日一页、任务打卡、时间管理、旅行、读书、美食、观影"等不同角度选择适合自己的手账体系,进而详解如何理性选择手账周边产品等,最后她还与现场手账 er 分享如何避免踩雷,怎样花最少的钱获得更多的手账乐趣。此次讲座持续一小时,现场听众200余人,小到正在享受暑期的学生,大到耄耋之年的爷爷奶奶,大家深谙手账之于生活、工作、学习的意义,带着一份憧憬和热爱,来到手账讲座现场。对于一小时的分享,大家意犹未尽,讲座结束后,纷纷来到台前与竹溪进行交流合影。

四、文化馆推广手账的重要意义

"惜时记"手账体验展览为期两天,到场观众千余人,通过此次展览,更好地普及了手账的意义，即可以通过手账来系统性规划时间，养成好的工作、学习习惯，彻底治好当前流行的“拖延症”患者，同时通过趣味性的方式记录见闻和经历，让生活变得更有意义。

追溯过往，中国在古代就有手账这种记录形式，如李时珍的《本草纲目》，其中不但有对药草植物文字记录，还穿插各种插图1109张，利用插图的方法记录了李时珍考证的各类本草形状特点。徐霞客的《徐霞客游记》也是利用文字及插图的方法记录了中国地理、水文、地质、植物等，在地理学和文学上都有着重要价值。这些都是我国古代不同形式的手账运用。

习近平同志在党的十九大报告中指出：“深入挖掘中华优秀传统文化蕴含的思想观念、人文精神、道德规范，结合时代要求继承创新，让中华文化展现出永久魅力和时代风采。”天津市群众艺术馆作为天津市群众文化事业的先锋部队，举办此次展览旨在传播手账这一新时代产物所蕴含的正能量，以社会主义核心价值观为引领，发展中国特色社会主义群众文化，进而增强广大群众的文化自信，在广大群众之中注入中华文明的家国情怀，提升中华民族的文化软实力。

（作者单位：天津市群众艺术馆）

培养一个优秀的群众合唱团要重视总体建设

胡　宏

长期以来,群众性合唱以其独有的广泛性、参与性及普遍性,在合唱事业中占据着非常重要的位置。随着人民生活水平的不断提高,基层百姓参加合唱队伍的热情在不断攀升,其参与度覆盖了我国社会的各个角落,各种群众性的合唱团如雨后春笋般地涌现出来。但是,要搞好一个群众性业余合唱团也绝非易事,不能用专业合唱团的纪律和业务来约束他们,也不能用专业水平来衡量和要求他们。所以,搞好一个群众性业余合唱团要重视总体建设。

一、团队建设是一个合唱团发展进步的基础

要搞好一个合唱团,团队建设是基础,是一切要素的前提。没有好的团队自然就没有好的艺术提升的空间。为此,团队建设在合唱团建设中应放在首位。当然,在团队建设中还应包括以下几个方面。

1.班子建设

业余合唱团,虽然是个自发组织的业余团体,但是要想长期发展下去也是要有核心骨干和团队人员建制的。首先,要有一位合唱指挥,要有一位有一定业务水平并热心为大家服务、有凝聚力的团长,干事认真又有执行力的副团长以及一丝不苟的各声部的声部长、乐理教师、声乐演唱教师、钢琴伴奏或者手风琴伴奏教师、剧务、会计……班子成员要以身作则、各尽其责、主动奉献、不求索取和回报,这样团员们才能充分地信任和依赖领导班子,这样的合唱团才便于管理,才有感召力和凝聚力。

2.人情建设

随着社会的不断发展，社会结构也在不知不觉中发生着变化，其中老龄化的问题也日渐凸显出来，中老年人退休后常常感到很失落，觉得国家已经不需要他们了，在家跟老伴除了买菜、做饭、帮子女接送孩子，老两口儿一天也说不上几句话。这种日复一日、无所事事的生活让老人们感到很乏味，那索性就走出家门融入新的社会圈子当中去。他们根据自己的爱好去自愿选择参加本社区或者当地文化馆、老年大学以及社会上自发组织起来的各种艺术团队。例如：合唱团、舞蹈团、模特走秀团、民族乐团、曲艺团……可以说是五花八门、应有尽有。这些离退休的老年人在业余合唱团定期的排练、学习和演出当中逐渐地彼此熟悉起来。合唱团团长用手机微信建立一个合唱群，把大家都拉进了群里便于及时通知、提示和管理。在团长的正确引导下，合唱团就像一个大家庭一样，早晨起来互相问好，晚上睡前互道晚安，哪个合唱团员过生日了，大家也都想着为“寿星老”祝寿，有的不能亲自到场祝贺的，在微信群里也发来贺语；团员们之间有矛盾了，大家都主动帮忙调解、劝说，使合唱团很快又回到团结友爱、互帮互助的氛围中。所以，人情建设在合唱团的长远发展中起着举足轻重的作用。

3.兴趣建设

但凡在各行各业中能有所作为的人物，都是对某一自己喜欢或者产生浓厚兴趣的专业加以研究和探索，并以此在某一领域有重大发明和有一定建树的。所以说，万事成功以兴趣为主，一切都是兴趣使然。那么培养合唱队员的演唱兴趣就显得尤为重要了。为此，我们也做了大量而细致的了解和研究工作。例如：这个合唱团开始是几个对唱歌感兴趣的人自发组织起来的，每天早晨9：00至11：00集体集合在一起唱歌，有一位热心的刘阿姨负责给大家找歌曲、找音乐伴奏、复印歌词歌谱，大家定期给刘阿姨交复印费，后来刘阿姨主动出资购买拉杆音箱和话筒，大家唱起歌来就更带劲了。就这样，逐渐吸引了更多的喜欢唱歌的退休人员加入其中，于是就组建成现在的拥有80人左右规模的合唱团了。刚开始是共同的兴趣使大家走到一起来的，现在为了使合唱团再上一个高度，我们聘请了文化馆的老师亲自登门给大家教授多声部合唱，现场为大家做示范、演唱作品，合唱队员们向老师现场提问在演唱中的困难和疑问，老师都耐心详细地一一作答，然后老师又根据提问者个人的嗓音条件给予一定的专业上学习的建议和指导，学员们受益匪浅，纷纷表示要认真学习声乐演唱知识，唱好自己的声部，对声乐演唱艺术也越来越喜欢啦！

4.纪律建设

俗话说，没有规矩不成方圆。要想培养好一个优秀的群众合唱团，没有严格的纪律约束和制约是万万不可的。因为我们面对的是业余合唱团员，起初他们的出发点就是出来“玩儿”，而不是要有什么纪律约束或者把合唱唱出多么高的水平抑或是参加什么区级、市级以至于国家级的比赛……这些远大的想法统统没有。很简单，就是出来解闷儿、找个乐子，顺便要是能学点音乐知识更好，学不到就当出来交友聊天、散心、打发时间。这样松散、自由的状态让很多爱好合唱的团员很不满，多次提出意见，后来经过班子反复讨论和听取核心骨干们建议，大家一致认为还是要颁布合唱团纪律条例。首先，要建立考勤制度。制度规定：(1)不准迟到或早退；(2)有事请假，不许无故缺席，如果无故缺席 3 次以上者将被开除合唱团；(3)对于参加多个合唱团也就是跨团者，本人要合理安排时间，确保我方合唱团的排练和演出，如果不能保证我方合唱团的排练和演出，请必须果断做出选择，否则我方合唱团将予以劝退等。因为我们面临的绝大多数是“音盲”，如果没有考勤制度的话，他们随意来去，我们的合唱就无法正常进行学习和练习。虽然制度有些“冷”，但是对日后我们开展合唱团的日常排练和演出工作就顺畅多了。

5.财务建设

随着时间的推移，群众合唱团的队伍也在不断壮大，合唱团员的演唱水平也在不断提高，演出活动也就日渐频繁，演出又分为无偿演出和有偿演出。例如：公益性的演出、公共文化志愿者的演出、慰问敬老院的演出、慰问驻津部队的演出等，这些都是无偿演出；应各厂矿、企事业单位、各大公司的邀请去参加的演出，这些一般都是有偿的演出。这样合唱团就有了活动经费，也就需要有专人进行财务管理。起初经费太少，班子领导决定给大家购置一些化妆品便于演出时大家使用，或者用来给大家复印曲谱等，无奈经费拮据，捉襟见肘。于是团长建议找找街道或政府的相关部门在资金方面支持一下，通过班子的努力和上级领导的支持，给予我们一部分资金购买演出服装、道具等，但是这项经费必须专款专用。有了政府的支持与扶植，合唱团员们的学习劲头儿就更足了、也更有底气啦！随着政府的支持及有偿演出的逐渐增加，合唱团的经费也就不发愁了，班子领导决定给大家用来统一购置演出服装等必备品之外，再预留一些经费以备不时之需，例如：有的演出赶上吃饭时间，那么合唱团里就拿出一些费用提前给大家统一订餐、购买瓶装水，好让大家心情舒畅地去参加演出；或者合唱团员有生病住院的 ，班子领导就用这个经费买些水果或者营养品代表大家前去慰问；再或者赶上年节给大家买些礼物以资鼓励，抑或者租车集体来趟短途旅游，让大家加倍感到集体的温暖，同时也激励了大家的士气，增加了亲和力，也增强了大家的集体荣誉感。

6.软环境建设

各个社区合唱团活动多在室内，室内环境的营造是需要精心和细心的。例如：团队的照片、奖状、奖杯等的布置可以让人感觉宾至如归。其中，荣誉建设也是软环境建设中的一部分。“戏比天大”这个词大家都不陌生，对专业演员来说那是一种对艺术的严谨态度，是对观众高度负责的敬业精神。著名豫剧表演艺术家常香玉曾说道：“我对戏比天大的理解是，只要观众喜欢，下刀子也要为大家去表演。”这是一位老艺术家对艺术、对观众、对事业的一种深深的情怀。作为合唱团的队员，我们也要给大家灌输这样的执着精神和认真负责的态度，要有集体荣誉感，从而我们才能在各种大赛中取得不俗的成绩和各种荣誉。对于荣誉来说是所有团队都很看重并且也都是非常重视的，这些荣誉的取得饱含了队员们的刻苦努力、合唱指挥老师的尽职尽责、团长的辛苦付出、甚至是每个合唱队员家属们的大力支持和配合，还有街道社区的大力支持和鼓励，在演出排练和参赛的过程中，为大家提供场地、提供饮水、提供演出和参赛车辆……在荣誉面前我们奖罚分明、宽严结合，对做出积极贡献的合唱团员我们都会给予一些物质奖励，例如：给表现突出的队员买一个实用的保温杯或者保温饭盒等以资鼓励。对家里确实有困难但是依然坚持参加排练、演出和比赛的合唱队员大家也都积极帮助，经过大家商议，班子决定给予家庭有困难合唱队员一些金钱和物质方面的帮助和爱心支持，让每一个合唱队员都感受到亲人般的温暖。

7.台口建设

“酒香也怕巷子深”是当今流行的一句广告语，也就是说，即使你的产品或者技术再高，你不去推广和宣传也是枉然，因为没有知名度大众无从认知，所以还是没有市场。同理，合唱团的台口建设也就显得尤为重要了。首先，我们要力推若干名业务人员，平时为合唱团联系各种演出。例如：各社区居委会之间的交流演出、各街道之间的相互慰问演出、重要节日为辖区居民演出、参加区里群众性歌咏比赛、参加企事业单位的演出，例如：滨海新区金元宝商厦为期三天的店庆演出、各地公司开业庆典演出、各单位年会演出、产品推介会演出等。当然，也不是所有的演出都去参加，对于演出的形式和内容我们也是要甄别的。例如：某保险公司邀请业余合唱团或各业余艺术团队参加展演，首先让每位团队参演人员实名制买一份保险，个人险或集体险均可,否则不允许参加演出;某银行举办艺术大赛,邀请各业余艺术团队参加,前提是每个团队先在此银行实名制开户存款三万元钱至五万元,否则不允许参加此类活动。因此,像这些演出或者比赛活动,我们是坚决杜绝合唱团参加的。

二、艺术建设是一个很难又不可缺少的过程

1.音乐建设

对于群众业余合唱团来说,从建团开始到一步步日臻完善,可以说最艰难的就是乐理知识的学习。从最基础的音符开始学起,1. 2. 3. 4. 5. 6. 7.(Do. Re. Mi. Fa. Sol. La. Xi)这七个音符读起来很简单,如果按照音高、音准完好地唱出来,对于完全没有受过音乐训练的合唱团员们来说可就不简单了,这将伴随着他们在合唱团里不断地学习与磨合。其次是节奏型的训练,节奏是音乐的灵魂,演唱一首歌曲除了音准要把握好之外,其节奏的精准度是相当重要的,所以节奏型的训练是必不可少的。再有就是各种音乐记号的学习。例如:小节、小节线、终止线、连音记号、反复记号、强弱记号、顿音记号、换气记号等。还有就是音程、和声、调式、曲式等知识。例如:小调式歌曲在演唱的过程中我们应该注意些什么、小调式的音乐色彩是怎样的、如果演唱者不知道这些乐理知识,那么他就不能充分地表现出这个作品的内在含义和旋律走向,小调作品的忧郁和淡淡的伤感的体现也就无从谈起啦!也就是说乐理知识的学习是合唱团的必修课,随着乐理知识的深入,合唱团演出作品的难度也就随之加深,这是相辅相成的。

2.声乐建设

在合唱团的日常训练中,声乐技巧的学习是必不可少的,从最基础的发声练习开始,例如:发声练习:1 3 5 3 | 1 咚咚咚咚 ‖ 大家齐唱“啊……”从大家的演唱中仔细聆听哪些人唱跑调了,哪些人声音僵硬不松弛,哪些人发音不正确等,声乐老师根据合唱队员在演唱中出现的错误一一点评、指正。因为合唱队员们的演唱水平不高,声乐老师尽量运用深入浅出、通俗易懂的教学方法使合唱队员们尽早地进入合唱状态。在此基础上,先学习一些铿锵有力的军歌,例如:《打靶归来》《送别》《我们走在大路上》《我爱这蓝色的海洋》等歌曲,随着演唱水平的不断提高,声乐老师又教队员们演唱了《走向复兴》《共筑中国梦》《阳光路上》《我和我的祖国》等歌曲。队员们的演唱水平在逐渐提高,学习声乐演唱的兴趣也日益浓厚,参加演出和比赛的意愿也越来越强,在专业老师耐心细致的辅导下一点点地向专业水平迈进。

3.基础建设

在合唱团演唱水平日益提高的同时，我们迎来了新中国成立70周年的华诞。举国同庆、全民团结，大家用不同的方式来庆祝共和国的生日，从七月份开始我们合唱团就坚持天天排练歌曲《我和我的祖国》《我爱你 祖国》《我的祖国》《祝福祖国》等爱国歌曲，在十月一日、二日滨海新区举办的大型游园会主会场我们合唱团作为压轴节目登台为全区人民演唱了歌曲《祝福祖国》《我和我的祖国》，赢得了全场观众的热烈欢迎，受到了各级领导的充分肯定。合唱团发展至今所取得的成绩是来之不易的，这里有政府的支持，合唱团领导班子、合唱指挥、专业老师们的辛苦付出及合唱团员们的共同努力，也就是大家常说的合力、凝聚力，才使得合唱团有了今天的荣誉和成绩。

党的十八大以来，习近平明确提出“兴文化”的使命任务，满足人民精神文化需求作为文艺和文艺工作者的落脚点，扎根人民，繁荣社会主义文艺，加强文艺队伍的建设，为群众文化事业做出更大的贡献。

（作者单位：天津市滨海新区文化馆塘沽馆区）

提高文化自觉　搞好民族“弓弦乐”的培训与辅导

赵淄涵

我毕业于天津音乐学院民族器乐系，主修专业是板胡、二胡等“弓弦乐器”演奏，笔者于 2014 年来到南开区文化馆从事群众文化工作，负责培训与辅导工作。按照工作职责和个人专业，应当在民族器乐的辅导和培训方面多下工夫。可是在工作实践中深深感到，民族器乐尤其是板胡、二胡这样的“弓弦乐”越来不受社会待见。同样是艺术培训，许多青年或者少年儿童热衷于钢琴、小提琴、中提琴、大提琴、木琴，甚至吉他、曼陀林等西洋乐器，甚至宁肯花高价到社会培训机构学习，也不情愿到我们这里参加免费培训。与长笛、单簧管、萨克斯等西洋乐器相比，同样受到“冷眼”的还有竹笛、唢呐、管子等中国的传统吹奏乐器。有些乐器比如“管子”甚至到了后继无人的程度。

我也曾重新拾起大学中副科学习的民谣吉他，以此搭建“新型”的音乐形式，吸引年轻人的眼球，并且组建了未成年电声乐队和成年人民谣电声乐队，开展对于乐队的培训、辅导。通过这两支乐队，参与群众文化活动的演出等。

但是，对于民族器乐热爱的“初心”我一直没有放下。看到曾经十分红火的民族器乐如此的潦倒，我很痛心，作为一名受过高等教育的民族器乐传承者，希望能够通过努力，在自己的岗位上做出一些力所能及的工作，搞好民族“弓弦乐器”的培训辅导。在工作中，尽管有时学员很少，但我仍然尽力而为，努力为振兴或者复兴中华民族的传统乐器做一些贡献。

在实践中我体会到，搞好民族“弓弦乐”的培训辅导应当做好下述工作。

一、加大宣传力度，让更多的群众了解民族“弓弦乐”

我国民族器乐尤其是“弓弦乐”的不受待见，已经不是一朝一夕了，目前形成积重难返的现象，关键在于我们过去对于民族文化的重视不够、保护不够、传承不够、宣传不够。西洋的乐队组成与编排在几十年的高调宣传中，竟然被称之为“高雅艺术”。顺理成章，与之相对的民族音乐自然被“矮化”成为“低俗艺术”。这本来是一种不负责任甚至强词夺理的说法，但架不住几十年的长期语言轰炸，竟然约定俗成，以至于重复一千次变成了真理。当然，这和“美声唱法与民族唱法”不宜对立一样，“高雅艺术”也不宜与民族民间艺术对立，是理论上的另一个问题，本文不再向深处讨论。

总之，这是一种现象。外来文化艺术的冲击，使得传统的艺术土壤和审美创造氛围，发生着剧烈的变革，传统的艺术形式再也不可能按照原有的生产经营方式继续生存和发展，应该采取什么方式使民族“弓弦乐”在多元化的艺术门类中占有一席之地，并被越来越多的人喜爱呢？主要是让广大群众认识、熟悉民族“弓弦乐”。像宣传所谓“高雅艺术”那样，宣传民族器乐，尤其是长期担任“主旋律”的弓弦乐器。

民族“弓弦乐”包括二胡、板胡、高胡、京胡、坠胡、秦胡等，一直是中华民族传统乐器中的主奏乐器。在各种戏曲当中，始终是演奏弓弦乐器者担任“琴师”，琴师的艺术地位很高。说一句心里话，我也是因为看到“琴师”的艺术地位，才不惜付出少年和青春岁月掌握这门艺术的。

有人说，过去的民族器乐演奏家没人包装和炒作，靠着兢兢业业的创作表演不也使之流传至今了吗？这种观点有失偏颇。前面提到，过去没有那么多的艺术种类，尤其没有外来文化的汹然来袭，更没有娱乐媒体的推波助澜，人们精神生活和审美娱乐的选择很有限，因此无须着力宣传。可现在是知识爆炸的时代，想方设法宣传炒作都不一定能广为流传，就更不用说“关起门来成一统，管他东西南北风”了。

如果说连我们从事民族器乐研究、创作、演奏、传承的人员都不注重宣传自己，人民群众又如何去了解、熟知民族弓弦乐呢？我们是传承人，是群众文化工作者，有责任以积极的态度，把我们所钟爱的这种艺术形式告之媒体，然后由媒体把这些信息及时准确地传达出去，这样，才能做好宣传，才有利于人民群众随时了解民族弓弦乐的发展。电视传媒的普及、网络的无处不在，为西洋艺术的宣传起了那样铺天盖地的作用,也一定能够搭建一个良好的平台,为我们本民族的艺术发展传播提供良好的条件。

二、民族弓弦乐携带着我们的文化基因,切不可丢失

很长时间以来,我们的媒体,甚至音乐圈内的人士,都在有意无意地矮化民族器乐。这其实是一种“去中国化”的现象。这些人提出的理由似是而非,具有很大的迷惑性。

比如,有的人貌似懂得马列主义,利用“生产力决定生产关系和上层建筑”的理论提出,西洋乐器是工业革命的产物,系统的西洋交响乐代表了近现代材料、机械、仪器发展的水平。而中国的乐器只是农耕文明的表现,是手工业劳动的产物,必然会被淘汰。这是一种典型的民族虚无主义说法。这种说法貌似科学,却没有看到艺术在人类生活中的相对固定性。艺术是一个民族对于自己“从哪里来、到哪里去”的良心回答。一个民族如果失去了对于本民族文化艺术的守护与执着,便会失去初心,甚至迷失自我。按照某些人的说法,岂不是说,当前已经进入了电子时代、信息时代,随着生产力的发展,所有的西洋交响乐团也都应该解散,或者自行消亡,因为一台超级计算机会自动演奏任何乐曲,乃至自动生成新的交响乐。这种理论湮没了人在艺术生产中的主观能动性,和欣赏过程中的人际交往性,显然是错误的。要看到文化艺术相对的独立性,及其对于经济基础的反作用,这才是真的懂马列。

还有的人指责中国的民族器乐不科学,尤其攻击民族弓弦乐器存在音准问题,这就更莫名其妙了。小提琴在演奏中同样存在音准问题,那是演奏者的问题,不是乐器本身的问题。更有的人认为中国的弓弦乐器不自由、不潇洒,琴弓被两根弦夹在中间,受到局限,不像小提琴那样可以挥洒自如。这就更令人匪夷所思了。任何器乐的演奏都是毫厘间的事,就像钢琴演奏,音色、音质、节奏、强弱,只跟手指有关,跟手掌与手臂抬得多高没关系(有人就质疑郎朗过于炫耀自己的那双手),同理,弓弦乐器的演奏,跟琴弓的挥动空间没有任何关系。宋飞用二胡演奏出的《野蜂飞舞》甚至比小提琴更动人心魄,因为内外弦的转换更加便捷了。这些评论或者论调都是不懂音乐,起码是不懂弓弦乐原理的人杜撰出来的,可是这些人一旦掌握了话语权,就会矮化我们本民族的文化,进一步造成民族虚无。

我不是个排外的人,主张吸收国外的先进文化,拿来为我所用。之所以坚持中国的民族弓弦乐不能消失,并不是民粹主义的体现。这是因为中华民族的弓弦乐

不仅不存在所谓短板，而且具有小提琴系列所不具有的优点。比如板胡粗犷嘹亮的风格、二胡如泣如诉的音色都是别的乐器无法表现的。据说，二胡的音色是所有乐器中最像人声的。小泽征尔之所以在听到盲人阿炳的原始录音后泪流满面，表示“这是需要跪着听的乐曲”，就因为二胡具有那种独特的音色，这是指挥家在“读谱”过程中不能体会的。

所以我们有责任捍卫本民族的文化基因，切不可让他们在我们这一代或者不远的下几代消逝在历史的长河中。

三、民族弓弦乐要传承，更要创新发展

继承与发展问题是艺术界的老问题，这里也不例外。弓弦乐是中华民族文化传统的结晶，它和许多民族民间传统文化形态一样，有着唯一性的特点，因此必须要保护传承。同时也要看到，随着时代的发展，各个艺术门类都要跟着时代发展，而民族弓弦乐的创作与演出形式也不能落后，要有时代气息。

阿炳创作的二胡曲《二泉映月》《大浪淘沙》等都反映了当时的时代背景和人们的生活感受，成为家喻户晓的经典名曲。新中国成立以后，刘明源创作的板胡曲《喜洋洋》反映了中华人民共和国成立后百姓换了的心情。伴随着祖国一日千里的变化。以后还出现了板胡曲《社员都是向阳花》、二胡曲《赛马》《万马奔腾》《山村变了样》《三门峡畅想曲》等名曲，受到热烈欢迎。20 世纪 70 年代出现的二胡齐奏曲《北京有个金太阳》广受欢迎。80 年代的《长城随想曲》代表了一个时代的旋律。但，不可否认，我们的民族弓弦乐发展还是滞后了。三十年来，弓弦器乐发展缓慢，虽然在演出形式上出现了“女子十二乐坊”这样的编组，令人眼前一亮，但让人叫好又叫座的新作品却寥若晨星。不是说数量不够，而是让群众能够记住或者熟悉的曲目太少。有的也是一些流行歌曲的演奏或者变奏，缺乏新意，有的是曲作者内心的独白过于抽象。没有新的优秀作品自然就不能在广阔的社会文化大舞台上得到应有的发展。

（作者单位：天津市南开区文化馆）

浅论在线钢琴陪练

李卓艺

在线学习是近几年来出现的一种新的学习方式,它便捷灵活的特点满足了在快节奏生活中人们有效学习和取得成就的需求,尤其是在幼儿早期教育和少年儿童教育领域。儿童钢琴教育也随之出现了一种新型的练琴方式——在线钢琴陪练,这种方式直接推动了在线陪练教师这种新型职业的产生。在线钢琴陪练的状况到底如何呢?

一、我国儿童钢琴教育现状简述

儿童钢琴教育在我国已有三四十年之久,尤其是自1987年引进业余钢琴考级制度以来,儿童钢琴教育几乎在全国所有的一二线城市普及。不论是由近些年来不断涌现的中国青少年钢琴家所带来的对钢琴艺术的学习热情,还是从教育层面所倡导的艺术教育对儿童审美、素质的熏陶、培养作用,都使得儿童学钢琴的热潮持续上涨,琴童的数量有增无减。

从家庭拥有钢琴的数量上来看,近十年以来,家庭用琴的需求量呈现出持续上涨的态势。钢琴销量的持续增长是与学琴人数的增长、钢琴教育规模的扩大成正比的,儿童和青少年已经成为钢琴消费的主体。

从钢琴考级人数的变化上来看,从20世纪80年代末最初的考级点只有几十个人参加考级,发展到目前一个钢琴考级点几千人甚至上万人之多,可见琴童的数量是非常巨大的。著名钢琴演奏家刘诗昆先生在对中国的钢琴考级现状与西方国家对比之后,得出了这样的结论:中国已经成为全世界钢琴学习热度上升最为迅猛的一个国家,琴童队伍的快速壮大使得琴童的确切数量难以预估。

二、在线钢琴陪练出现的原因

在线钢琴陪练作为一种新兴的练琴辅导方式，已经被众多的琴童家庭所接受并采纳，成为除了钢琴老师教授之外的重要的钢琴辅助学习方式。那么在线钢琴陪练是如何出现的呢？

1. 新媒体的发达，催生了各种在线教育平台，是在线钢琴陪练出现的直接原因

媒体发展的速度可谓是日新月异，我国媒体的发展经历了三个阶段：传统媒体时代、网络时代、新媒体时代。传统媒体包括报纸、电视等；网络主要指博客、论坛等；新媒体包括公众号、自媒体平台、短视频微视频等。

新媒体时代的到来，催生了各种各样的 App 自媒体平台，其中崛起最为突出的是教育类 App，可谓异军突起、层出不穷。主要针对幼儿早期教育和青少年的文化艺术教育、思维能力培养，涉及面广、涵盖量大。钢琴陪练 App 也应运而生。目前影响较大的钢琴陪练有“VIP 陪练”“熊猫钢琴陪练”“快陪练”等在线教育集团的陪练品牌，除此之外，还有众多的个人陪练平台。

2. 儿童钢琴教学中的普遍性问题是在线钢琴陪练出现的根本原因

我国学习钢琴的儿童数量如此庞大，家长和孩子对学琴的热情如此高涨，本身是非常值得欣慰的事情。但随之而来的，是儿童在学习钢琴过程中普遍存在的问题。

(1)练琴目的的功利性。琴童数量虽然庞大，但多数孩子都不是从学习音乐的本质出发，循序渐进地去学习。更多的是急功近利，这种现象非常鲜明地体现在对考级的盲目追求上。在学琴的过程中，一味地以考级作为终极目标，盲目地拔高级数，以考到了多高的级别作为学琴成功的标志。这种现象也反映出了多数家长的功利心理，孩子考级的级数越高，就证明孩子越成功。这种功利性的学习，扭曲了学琴本身的意义，也使得琴童在学琴的过程中变得浮躁而焦虑，并逐渐丧失了对音乐、对钢琴的兴趣。

(2)教学质量的下降。以考级为目的的学琴，导致了钢琴教学质量的严重下降。一是琴童对钢琴的学习变得不系统。钢琴有着一系列由浅入深、循序渐进的教材，为了考级琴童把时间全部花费在练习仅有的几首曲目上，范围狭小、涉猎单一，使得琴童对钢琴的学习不系统，对钢琴作品知之甚少，付出了时间和精力但没有学到东西。二是没有得到扎实的训练，演奏能力差。专注于练习仅有的考级曲目，不注重基本功的训练，随着曲目难度的加深，琴童驾驭作品的能力越来越有限，

因此演奏作品的完整性下降，手指无法胜任诠释作品的任务，演奏得也越来越吃力。这样的练习和演奏失去了学琴本来的意义。

(3)练琴的效果很差。急功近利地学琴，不顾循序渐进的基本功训练，导致了琴童在乐理认知和弹奏能力上水平的有限，这使得琴童在钢琴课上无法接受和消化本节课的重点和难点，在课后的练习中无法正确地练习，对于技巧上的问题无力解决。结果就是把作业弹得面目全非，既没有音乐的完整性，也没有正确的演奏方法。当琴童陷入这样一个一知半解、循环往复的学琴过程中时，钢琴弹奏水平是不可能获得快速而长久提高的。

三、在线钢琴陪练的利与弊

在线艺术教育培训的兴起和蓬勃发展，以及儿童钢琴教育中存在的普遍问题，都促使线上钢琴陪练迅速成为琴童练琴的重要方式。

1.在线钢琴陪练之利

(1)便捷的实时教学辅导，提高了琴童的练琴效率。在线钢琴陪练平台为琴童提供了一个便捷而又有效的方式，通过预约钢琴老师，一对一在线实时辅导，使得琴童足不出户，就可以在自己的钢琴老师之外又得到比较专业的指导与帮助。全程的示范和陪练与及时的辅导和纠错，减少了琴童在练琴过程中犯错的概率，提高了琴童练琴的效率。同样是练琴，相较于独立练琴，困难和问题随时可以解决，大大降低了琴童在练琴过程中的难度，这对于琴童来说无疑是一个有力的助力。因而，在线钢琴陪练不仅提高了练琴的效率，也在一定程度上增加了琴童对练琴的自信心，提高了对练琴的积极性。

(2)对钢琴老师的教学提供了帮助。在线实时陪练与辅导，能够及时解决在练琴过程中出现的问题，为琴童扫清了在练琴中的拦路虎，这不仅对琴童来说极大地提高了练琴的效率和质量，同时对钢琴专业老师也是一种极大的帮助。琴童提高了回课的质量，减少了错音、节奏、节拍等基础性的问题，钢琴教师可以把时间和精力更多地用在讲解演奏技巧和表达音乐上，琴童也能更加容易地接受和消化所讲知识和技能，这无疑能大大提高教师的课堂教学质量和教学效果。因而，线上钢琴陪练无形中对钢琴老师起到了很大的辅助作用，对钢琴教师的教学是一个有力的配合与帮助。

2.在线钢琴陪练之弊

从以上的分析来看，在线钢琴陪练对琴童确实有很大的帮助，对钢琴教师也是一个助力。但在陪练过程中，也会产生一些问题。

（1）琴童对钢琴陪练的过度依赖。在线钢琴陪练能够实时陪伴孩子练琴、及时纠正错误、提高练琴效率，达到事半功倍的效果，琴童能够更加容易、顺利地完成每次的练习。但同时，这样的方式会造成琴童对陪练的过度依赖，丧失练琴的独立性和自主性。在练琴的过程中，错误的节奏节拍会马上得到纠正；不会弹的地方也可以观看陪练老师的示范；错音问题也会因为老师的帮助而消失。这样一来，琴童练琴过程中的所有障碍都被扫清了，没有了发现问题、解决问题的过程，无须通过自身思考和努力来完成练习，久而久之，琴童会对陪练产生极大的依赖性，丧失独立练琴的能力。

（2）陪练与钢琴教师理念和方法的冲突。每个钢琴教师都有自身的教学理念和方法，因而在线陪练老师的教授方法会和琴童的专业老师产生冲突，琴童会在专业课上和课下的练习之间不断反复，会在不同的理念和方法之间盲从。这种情况不利于琴童的进步，会阻碍琴童技巧的学习和演奏能力的提高，适得其反。

（3）陪练师资水平的良莠不齐。我国目前的儿童钢琴教育存在着诸多问题亟待解决，除了在钢琴教学中的普遍性问题，钢琴教师师资水平的参差不齐，也极大地影响着儿童钢琴教育水平的提高和发展。现实中的钢琴教师在教育背景、技能技巧、教学方法、教学能力方面都存在水平的高低差异，在线钢琴陪练的师资水平就更加良莠不齐了。

在线钢琴陪练平台作为一种自媒体，其性质决定了注册成为在线钢琴陪练老师没有严格的条件限制和统一的资质考核，只要有着钢琴专业的学习背景，即可开展在线陪练。家长对陪练老师无法进行甄别，在选择上存在很大的盲目，而陪练老师水平的高低直接影响琴童对钢琴的学习。

四、对于在线钢琴陪练的一些思考和建议

1. 在线钢琴陪练已成为钢琴学习的一种重要方式，但亟待完善

随着网络自媒体的蓬勃发展，在线钢琴学习与陪练已然成为一种趋势，会受到越来越多琴童的欢迎和采纳，会更加普及化。但它在发挥其积极作用的同时，其问题也是不容小觑的。在线钢琴陪练平台应该在教师资质水平的考核认证、在线陪练教师的注册门槛等方面不断完善，为广大琴童提供优质的教育资源，真正成为琴童学琴路上的助力。

2.琴童应该将独立练琴与陪练相结合

琴童是练琴的主体,应积极思考、手脑并用地独立练琴,练琴路上没有捷径。在线陪练作为一种辅助,应该和独立练琴相结合,适时地辅助琴童提高练琴的效率与质量。不要日复一日地依赖于陪练,将陪练当成练琴的方式和习惯,一旦无法独立自主地练琴,终将会影响钢琴的学习和发展。

在线钢琴陪练在目前的钢琴教育状态下,越来越明显地承担起了陪伴琴童进步的作用,新媒体的快速发展也推动着在线钢琴陪练的不断成长。面对在线钢琴陪练的利与弊,应重视和强调钢琴课堂的教学质量,合理有度地采用陪练的辅助方式,避免在线陪练的局限性造成适得其反的问题,引导和培养琴童扎实地走好学琴的每一步。

(作者单位:天津市滨海新区文化馆塘沽馆区)

打造社区合唱团的必要条件分析及相关措施的探讨

关　煦

近些年来，我市群众合唱事业发展势头良好，在市级、区级以及街道、社区涌现出了许多合唱团体。越来越多的人愿意参与到合唱中来。相比较而言，市级合唱团所要求的成员素质比较高，主要特征表现为：所有的团员都要经过考核，并且具有相当的乐理知识、识谱能力和声乐水平，区级合唱团往往也是按照市级合唱团的标准来打造。但在天津市，同时具备音乐素质和声乐水平的人毕竟为数有限，特别是在社区合唱团几乎是少之又少，因此想把社区合唱团打造成一支有一定业务能力的团队就显得颇为困难，正因如此打造好社区合唱团的必要条件及相关措施就显得非常必要。

一、打造社区合唱团的必要条件

1. 培养具有奉献精神的骨干核心人物

对于社区合唱团来讲，成员均是来自社区的音乐爱好者，由于社区合唱团没有门槛，愿意参与其中的人们积极性非常高，但是他们多数人都是未经过专业训练的，有的在音乐知识、乐理知识上更是一张白纸，这就导致了团员在音乐水平上参差不齐，想要打造出一支具有一定水平的合唱团就非常困难。因此，如果能在团员中挑出来较为拔尖的，具有奉献精神并且相对音乐素质及声乐水平较高的人作为骨干力量，他们是团队的主心骨，能凝聚团队的力量，平常可以组织小型排练或演出等，这样便可以带领、团结大家共同进步。

2. 要取得街道、社区的全力支持

一个社区的工作千头万绪，不仅要面对繁杂的事务性工作，如创建文明城区、创建双拥城区、创建卫生城区，还有面对一些其他临时性的检查等工作，文化工作作为其工作的一部分往往没有硬指标、死规定，因此在工作繁忙时，文化工作就有可能被其他必干的工作所挤掉，有时，活动场地也会被其他政治任务所占用，要想打造好社区合唱团，必须要取得街道社区的全力支持，大家有了固定的排练场地，有了排练的乐器诸如音响、钢琴、电子琴、手风琴等，排练的效果和进度才能得以保证。另外，街道社区也要积极地为团队搭建展示和交流的平台，如小型的消夏晚会、社区艺术节、小型联欢会等，以提高团队的凝聚力和积极性。

3.乐于深入社区服务的文化志愿者

我们看到许多社区合唱团里都有文化志愿者的影子，他们在年龄上可能与团员们有一定的距离，但是他们乐于定期深入社区、热心公益事业，愿意为大家服务，他们愿意将自己的专业知识传授给这些团员们，这在一定程度上对合唱团的整体水平的提高具有推动性作用。

4.科学有效的训练方法

对于合唱来说，科学的训练可以帮助合唱团变得更加优秀。在合唱中，首先要进行科学的声部分配。合唱团往往由四个声部构成，分别为女高音、男高音、女低音、男低音。在社区级合唱团，也可分为两个声部，在对合唱团进行人员分配时，声部的人数分配要尽可能做到均衡，这样才能让合唱团进行合唱时显得更加具有层次感，但又不会让人听的突兀。

再者就是气息的训练，对于一个合唱团来讲，气息的统一是唱好歌曲的重要一步，也是最值得关注的问题，由于中老年人身体条件所限制，其肺活量并没有年轻时那么足，因此导致在乐句换气时经常上气不接下气，出现了俗称“捯气儿”这一现象，所以为了能够提升合唱团的水平，气息训练是非常有必要的一项训练。

音准问题也是所有合唱团都会面临的一个难点，对于一些比较业余的合唱团更为严重，只有通过有效的训练，反复模唱，提高音准，才能够让整个合唱作品的质量有一定的提升。

声音统一是合唱队的灵魂，合唱团必须对声音有严格的限定和要求，才能把歌曲唱好，中老年人合唱团更应该注重这方面的训练，音高、节奏的训练能够帮助合唱团的音乐作品更上一个台阶。

5.定期进行乐理知识讲座、培训

如果一个合唱团每次排练只进行歌唱训练而没有一定的乐理知识训练，那必定是走不远的。如果不会识谱，每次演唱仅仅是凭着对歌曲的感觉、印象来唱歌，每次学习歌曲都要依靠耳音，来听会一首歌曲，那么这个歌曲很可能永远也唱不齐、唱不对。如果学首老歌或者有范唱的歌曲对大家来讲或许还容易一点，如果是首新歌，只靠着经验、感觉，对大家就会造成很大的困难。因此在日常训练中要定期开展乐理知识的培训，甚至可以请专业的老师为大家讲授音乐的调式、调性、曲式结构、音乐表情记号等，以帮助大家搞提高音乐素养，最终提高演唱水平。

6.建立健全的团队制度

中老年人作为合唱团的主力军，他们大多被同龄人感召，抱着充实生活的态度加入合唱团之中，若是不建立一个合理、健全的团队制度来支撑组织力，这些中老年人群体很可能变得自由松散，缺乏活力。而对于中老年人群体，又不可以制定过于严苛的团队制度，不然肯定会引来中老年人的反感。鼓励、激励制度对于中老年人是最为有效的制度规定，建立激励制度，可以帮助中老年人激发活力，从而促进团队内部血液的流通，加强合唱团的积极性，这样一来，中老年人合唱团就有了源源不断的动力。

二、打造社区合唱团的具体措施

1.做好有针对性的专业训练，提高演唱水平

在合唱团训练的初期，可以选择一些循序渐进的训练方式，比如，在训练气息中，演唱者在练习吸气时，可以想象自己在清晨起来，呼吸新鲜空气或者闻花香的感觉，这种做法可以让演唱者两肋向外扩张，腰部会产生一个气环的感觉。在呼气的时候，演唱者可以想象自己要喝一个非常烫嘴的热汤，要控制自己的气息尽量平稳和均匀，再或者可以拿一张纸巾放至嘴前，嘴里可以缓缓吹气，以保证气息匀速吹到纸巾上，以上练习方法均是要日积月累，量变达到质变收效才会颇丰。

至于音准和节奏方面的训练，建议各中老年合唱团可以寻求各地文化主管部门的帮助，邀请一些受过专业训练的老师帮助合唱团成员进行训练，而不是停留在自娱自乐的基础上，将每次唱歌变成卡拉 ok 大家唱的联欢形式。专业的老师会通过系统化的课程让团队各成员感受如何提高自己的音准和节奏感，依靠专业化的方式去训练演唱者，相信不久过后，演唱者就能够提高其音准和节奏感，共同演绎出优美的乐章。

2.优秀的合唱指挥

所谓合唱指挥，指的就是在合唱过程中，指挥人员通过手势、表情、神态等肢体语言将音乐情感传递给演唱人员，作为能够直接影响合唱过程的指挥者，指挥人员

的每一个肢体动作、每一个神态的传递,都将会直接关系到合唱演出的整个过程,甚至能够决定合唱演出的整体质量,可以说是合唱作品中的总导演、总司令。因此要想处理好一个作品,具有一个优秀的指挥往往是重中之重。但有些社区往往不具备的这样的条件,有时无法找到优秀的合唱指挥,现有的指挥也基本上是进行机械地打节奏、划拍子,这样一来,处理的音乐便会缺乏美感与乐感,少了许多的灵气,所以,有条件的社区还应该开阔眼界,可以聘请专业的合唱指挥进行定期训练。

3.加强科学的团队管理

中老年人对于合唱团缺乏一定重视,有部分中老年人来参加合唱活动可能仅仅因为这是他们打发时间、娱乐消遣的一种方式,但是既然进入了合唱团,那就得为合唱团付出自己的一分力量,正所谓众人拾柴火焰高,合唱团里的每一位团员都是至关重要的。如果缺乏专业有效的管理,就会在训练之时出现迟到、早退以及缺勤的现象,长此以往,这就会导致整个团队出现问题,军心涣散。而加强科学的团队管理可以直接有效地改善这一问题,从团队中选出一位管理者及各声部长,赋予其管理职能,制定一些符合团队实际的管理规定,直接有效地改善一些无纪律、无组织的问题,有利于打造出一个有组织、有制度的专业合唱团队。

以南开区文化馆“晨音合唱团”为例,笔者在 2017 年成立了这一馆办合唱团队,在成立之初便公布了团长、副团长、声部长、乐务的管理团队和相关管理制度,从出勤、迟到早退、请假等常见事由都做了相关规定,这样大家在遵守起来自觉性便会提高很多,这样也为管理者提高了很强的操作性。同样,由于是南开区文化馆馆办团队,在招生之初便制定了相应的考核的条件,并对外公布,一是具有一定的声乐演唱基础,二是懂简单乐理、能识简单的简谱,对于社区工程图,可不必如区级合唱团那样严苛,但我们也可以逐渐引入这种管理模式和管理办法。

4.建立以激励为理念的团队制度

在合唱团中,可以建立以学期为单位的奖励办法,适当地对表现优秀的团队成员进行证书的颁发或者给予相应的各项奖励,以此来激励其他成员努力练习。在中老年人合唱团中,以激励的方式加强团队内部的活力,使得每一位演唱者都具有训练的积极性,这样一来,整个合唱团的能动力和团员的主动性自然会提升到一个我们理想的高度,相信提升整体合唱水平指日可待。

5.树立团队荣誉感 制定科学的学期奋斗目标

在一个合唱团中,要为大家树立团队荣誉感。团员们要认识到自己和团队是密不可分的一个整体,合唱团离不开每一位成员,每一位成员都是不可或缺的个体。团队所取得的每一项荣誉都离不开每一个人的努力，团队的成功即是每一位成员的成功。同时，可以为团员制定每个学期的学习、演出、比赛等计划，让大家对排练有了动力，有了追求，这在一定程度上也会加快排练进度。

6. 加强合唱团的团建活动质量 增加团建活动数量

团队建设活动是一个团队拥有凝聚力的必经过程，只有通过大量的团建活动，合唱团的内部成员才能够相互认识相互了解。社会互动是人们交流的必要过程，中老年人合唱团中的各成员只有通过与他人的互动才能够在彼此之间建立信任。团建活动可以选择简单的游戏也可以选择其他的方式，最终的目的就是为了让团员们形成互动关系，以团队合作的角度去让成员们互相帮扶互相理解，这样才能打造出一个铁一般的团队，遇到困难一同解决，遇到问题互相帮忙，从而提升团队之间的凝聚力，提升团队的执行力。

7. 较强的凝聚力与协同能力

团队凝聚力是一个团队执行力的根本，更不用说在合唱团这样的团队当中，凝聚力的体现就更为重要了，合唱需要演唱人员共同的演唱，并且对于协同能力也有较高的要求，甚至在一首歌曲中，一个气口都显得尤为重要，恰恰是这样的细微之处往往是一个团队成功的关键。一个优秀的合唱团队，从管理到指挥再到演唱人员，都应该拥有较强的凝聚力和较强的执行力，这样无论在训练之中，还是在未来的表演当中都能起到至关重要的作用。

综上所述，要想在中老年合唱团中打造出一个高质量的合唱团，打造出一个优秀的合唱团，势必要做到培养出优秀的合唱指挥者、培养合唱团全成员的音乐素养、建立激励制度加强合唱团的训练积极性、依靠科学有效的管理、培育合唱团的内部凝聚力提高合唱团的执行力。只有做到了上述几点，才能有效地提高中老年人合唱团的演出质量，才能为广大观众呈现出更为优质的视听体验，从而打造出一个精品合唱团。

（作者单位：天津市南开区文化馆）

群众自发式广场舞的特色分析

赵　晶

在社会的发展与实践中，人们生活与生产水平得到快速的发展，对于身心健康的需求逐渐提升。群众自发式广场舞是一种创新的健身方式，受到了社会群众的普遍喜爱。本文从群众自发式广场舞的形式出发，将群众自发式广场舞对群众的健康诉求以及社会影响因素进行探索，并对群众自发式广场舞的特色展开解析，对群众自发式广场舞在发展中存在的问题提出相应解决之道，希望能够为广场舞的发展与群众的身体健康提供更加有效的帮助。

当前国内经济建设的快速发展使人们充分地认识到健康对于自身的重要性，但是目前生活中的快节奏已经使人们难以有效地将时间整合出来投入到健身中，群众自发式广场舞适应人们的需求，能够充分满足群众在茶余饭后的休闲需求，在工作之余就可以利用很短的时间与小空间展开健身。在人数较多的时候，可以利用广场、空地等，配合音乐满足人们在建设与发展中的业务生活需求，这一点也展现出较强的社会群众效应。

一、群众自发式广场舞的成因

1. 群众对健康的需求

舞蹈作为一项运动可以帮助人们实现强身健体，增强体质的运动，舞蹈伴随着人类的演化和发展而成长，使人们能够在舞蹈这种运动中达到快乐和健康的生活状态。不同形式的舞蹈动作都需要利用人体的骨骼作为支撑，利用各关节和肌肉之间的收缩对身体产生直观的锻炼，群众自发式广场舞有着较大的活动量。同时广场舞在参与的过程中往往也需要强身健体的发展，针对国内的中老年活动而言，在健身效果上有着显著的增强。

在当前的社会生活实践中，群众在消费心理以及行为方式、动作习惯上利用舞蹈实现对身体的锻炼，也就意味着群众自发式广场舞一方面是可以提升群众强身健体的手段与方法，另外一方面还能够实现心理健康的引导。所以群众自发式广场舞的发展主要需要从身体的诉求以及身体的需要上着手，强化群众的身体发展需要，这也是人们锻炼身体的至关重要表达。群众自发式广场舞的诞生有效满足了人们对于居民生活与居民环境的整合，并在不同的人群之间构建了相应的关爱与沟通，使社会文化能够在城市中得到有效的发展，广场舞作为一项能够从不同层面上展现出来的文化表现形式以及过程，能够有效地实现对不同层面人们健身需求的保障，利用文化娱乐的方式带动群众建设需求，可以得到群众的广泛接受与认可，并实现人们在建设活动中的积极运动形式。

广场舞目前的参与者多数是中老年人，但是在其传播的过程中，由于紧跟时尚以及热情的内容等，吸引到了越来越多的年轻人参与其中，得到了年轻人的普遍喜爱，在相关的时代发展过程中，需要从舞蹈的本质上出发，引导人们对群众自发式广场舞的艺术内涵展开进一步的探索，所以群众自发式广场舞一方面是人们对于身体健康上的需求，另外一方面是一种在精神文化上的需求。能够在满足群众健康需求的同时，给群众带来相应的艺术享受，锻炼人们的体质，所以群众自发式广场舞也是一种时代发展在人们生活与娱乐领域产生的影响。

2.社会影响因素

当前国内社会正在经历着各个层面的快速变化，伴随着各种文化传播以及交通设施完善等，人们在国内的流动正在越发的自由，城市空间逐渐形成了公共的管理活动区域，也展现出了在群众之间对话、沟通、交往的重要公众空间。群众的自发式聚集行为已经呈现出在不同层面上的文化交流趋势，在群众之间进行舞蹈上的交流已经是人们形成人格和外界交流发展的重要手段。群众自发式广场舞的参与者参与到广场舞中有着非常强烈的诉求和倾向，在不同社会因素的影响与发展下，呈现出社会现象的统一发展与构建，此外在广场舞的构建中，从社会层面上利用不同的综合力量展现出全新的艺术表现形式。

群众自发式广场舞作为一项群众能够执行娱乐的休闲活动，并不会受到传统的舞蹈基础以及年龄、服装上的限制，但是伴随着社会的普遍关注，导致广场舞在发展的过程中，需要合理的指导，以及相应的物质保障，这种不同形式的文化需求都要通过经济建设支持。广场舞在刺激群众需求与消费的过程中得到大幅度提高，这也展现出群众对于一项舞蹈活动的热爱上。可以利用广场舞的活动与构建，指导相应的经济建设,利用广场舞的推动,使不同团队之间展开竞争,利用这种方式实现在群众自发式广场舞内部开展的相应技术创新。在对环境的需求中,可以有城市的规划与建筑师参与其中,为群众自发式广场舞提供有效的场地服务,帮助群众能够在相应的场地上进行各种形式和各种创新上的尝试,并有效地解决在广场舞活动中所产生的对社会干扰等现象。

个人广场舞艺术水平不足。由于广场舞需要一定的技巧,个人独自练习无法达到广场舞的理想效果,所以便出现了群众自发式广场舞,群众在集体广场舞活动中,可以发现自己的不足,然后由同伴进行指导,以提升个人的广场舞艺术水平。除此之外,社区组织不利也是群众自发性广场舞形成的重要原因。

二、群众自发式广场舞的特色

1.广场舞的自发性特征

广场舞在发展的过程中强调自发性,这也是群众自发式广场舞在演化中的重要特征,群众自发式广场舞对于舞蹈者参与的要求较低,可以不受时间与地点上的限制,只要群众愿意就可以在任何时候参加广场舞活动,这一点充分体现了广场舞的自发性。在近些年,国内的公园马路以及广场上广泛地出现了广场舞的现象,群众自发地形成广场舞活动已经是到处可以看到的一种艺术表现形式,人们随着音乐的表现与节奏感受到快乐、自由等,在群众的广场舞活动中随意性以及自发性等产生了非常重要的影响作用。

2.广场舞的随意性

群众自发式广场舞诞生和活动在广场这一开放式的活动空间,广场舞有着很强的开放性与即兴性,这一点使群众自发式广场舞能够充分地展现出即兴的性质特征。在广场舞的活动中,舞蹈者和观众往往更加强调不同群众之间的情绪传递,并使群体能够在感情上得到有效交融,在群众的自发式广场舞展现前,往往并没有相应的彩排、准备等活动,表演者在表演的过程中根据现场的情绪以及因素发挥,所以即兴性与随意性是群众自发式广场舞的一大特征,也是广场舞和舞台舞蹈之间很大的不同,灵活随意以及变化自由等是广场舞的重要特色。在广场舞的实际发展中,作为一种民间艺术,有着加强的城市化动作,并构建成为广场舞的实体。但是在相应的广场舞活动中,不但不会出现束手束脚的状态,还能够充分地宣泄与展现出自身的情感表现。

3.广场舞的真实性

人们在生活中，需要由生理机制做出对外界反应，如视觉与听觉等，这种感官上的直观感受可以直接影响到对空间距离以及实际环境条件的综合约束，特别是在舞蹈活动中，人们的生活情感以及感受在不同空间与不同距离上展现出全然不同的艺术表现形式，近距离的舞蹈展现会给观众带来不同的生理与心理体验。使观众产生更加强烈有效的心情反应，积极调动情感与思维的方式实现对观众的影响。这种表演的形式对于群众而言产生自己的影响，这也是一种在感官活动与思想层面上的心理互动。这种互动的前提在与群众自发式广场舞的舞者与观众在非常近距离的环境中，在相关的舞蹈者与观众之间并不存在屏障与鸿沟，二者的审美差异性在不断的运动中产生交融与互动，并提升在审美主体客体上的直观表现，在界限上难以有效地清晰展现出来。所以这种群众自发式广场舞是群众发自真切情感的积极主动参与，也是一种对情绪的升华与宣泄，可以很好地展现出群众的审美需求，群众从自发式的创造过程中，展现出表演活动，在不同的情感上得到了充分的自我展示与欣赏，并最终实现了理性上的超越，在身心上获得高度满足。

三、群众自发式广场舞在实践中存在的问题及解决办法

1.广场舞的艺术内涵较低

群众自发式广场舞是群众文化重要的组成部分，由于广场舞在群众中的基础非常庞大，导致参与者往往都是自发地进行群体活动，这种问题使广场舞在艺术内涵上水平较低，同时由于在文化传播中缺乏相应的艺术指导和支持，导致群众自发式广场舞在发展中的艺术内涵有待提升。所以在广场舞的发展过程中，往往更多是老年人主动地进行活动，在舞蹈的动作上较为单一，同时对身体的锻炼也难以有效完善，需要相应的专业人士对广场舞的编排进行合理的设计，当前已经有越来越多的年轻人加入广场舞的学习中，对于群众自发式广场舞的艺术内涵而言，有着更多创新的可能性，人们对于舞蹈意识的快速提升，可以将广场舞中的内容与层次满足下来，在体育活动院校的实践中，合理有效地进行舞蹈活动，利用专业化的舞蹈指导活动提升群众自发式广场舞的艺术内涵。

2.参与者的运动风险认识有待提升

由于在群众自发式广场舞发展中缺乏有效的规划以及专业舞蹈教师的引导等，所以在相应的群众自发式广场舞锻炼中，容易因为一些不科学的舞蹈动作给身体造成影响，在相应的身体技能上产生损伤。从运动中的运动损伤人群需求出发，对于一些广场舞活动中的训练者而言,首先需要从参与到广场舞之前就进行相应的热身活动准备,在此基础上使身体始终保持在可以运动的状态。其次是在运动过程后要实现利用拉伸的方式联系,可以有效地帮助机体实现损伤上的修复。

在社会的发展与构建中,伴随着国内经济生活水平的快速提升,作为重要的邻里文化以及家园文化,群众自发式广场舞已经在国内形成社会普遍的文化现象,并受到了人民群众的普遍喜爱,成为生活中重要的一种娱乐方式。也就意味着群众自发式广场舞的发展有着重要的社会作用,可以满足时代发展中人民群众对于精神层面的艺术追求,可以利用群众自发式广场舞陶冶群众的性情与人格,强化人们的健身意识,使群众能够在群众自发式广场舞中得到体质锻炼,得到健康有效的生活方式。此外在群众自发式广场舞的发展与兴盛中,从不同层面上推动了群众基层文化快速的发展与构建。

(作者单位:天津市东丽区文化馆)

浅析中式插花艺术的活态化

孙冠楠

花，自古以来就深受各国人民的喜爱。在漫长的岁月中，人们对花的喜爱逐渐融入了诗歌、绘画、器物创作中，花也被赋予了人格化的力量，影响着人们的精神世界，也形成了独特的中国传统花文化，构成了中国传统文化至关重要的一部分。在我国，插花艺术最早可考的依据可追溯到新石器时代，在半坡遗址中出土的文物，就已经出现用植物花纹装饰的陶器。随后，中国传统插花艺术不断发展，被赋予越来越深厚的文化内涵。

一、如何将中式插花带入社区及校园？

中式插花艺术崇尚自然，讲究优美的线条和自然的姿态。其构图布局高低错落，俯仰呼应，疏密聚散，作品清雅流畅。按植物生长的自然形态，有直立、倾斜和下垂等不同的插花形式。与日式插花讲究松圆流、日新流、小原流、嵯峨流，西式插花讲究半形、瀑布形、花扇形等有所不同。

如今许多学校、社区开展了插花活动，但插的是什么花几乎没有宣示，很多人学会了插花也不知道其中蕴含的意义，所以我们要以推进中式插花艺术进社区、进校园为切入点，实现中式插花艺术的普及发展，从而让更多老百姓了解中式插花艺术，从而对中国传统文化产生归属感、认同感和自豪感，让插花这门有着深厚历史文化底蕴的民间艺术形式焕发出新的生机与活力。中式插花艺术虽历史悠久，但却经历了一个漫长曲折的发展过程，萌芽于新石器时代，发展于唐，兴盛于宋，至清末民初，随着国力衰弱而日渐没落。近年来，随着我国经济社会的飞速发展，人们的生活质量、审美水平和文化需求不断提高，喜爱插花的人也越来越多。但被人们所熟知的插花艺术，多是西式插花和日式插花为主，而对中式插花却知之甚微。

关于插花的活态传承,我们要从以下三个方面发力:

一是充分发挥市民协作为党和政府联系民间文艺家的桥梁纽带作用,发挥人才优势,积极与社区、学校联系,以中国传统春节、元宵节以及妇女节、儿童节等节假日为契机,积极组织中式插花艺术家走进社区和校园,开展讲座交流活动,逐渐扩大中式插花艺术的受众面。

二是完成从点到面的推进。就目前我们已经开展的插花艺术进社区、进校园公益讲座的情况来看,主要从两方面推进:1.插花艺术公益讲座的受众面主要是女性。这可能与女性天生爱美爱花有关系。所以,要利用在妇女节期间,社区和学校要求组织的插花讲座比较集中的优势,逐渐铺开讲座广度。2.讲座重点从最初以西方式插花为主,以分享对美的感受为切入点,逐渐带入中式插花艺术,充分展现中式插花的文化内涵和审美特色,把中式插花艺术往深处延展。

三是以建立校园传习基地的形式,将"送文化"与"种文化"有机集合,效果显著。截至目前,市民协已经先后在南开区川府里小学、天津市儿童福利院、天津师大南开附小等学校持续开展民间艺术进课堂活动,利用兴趣小组为孩子们每周传授插花、压花等技艺,播撒民间艺术的种子,培养孩子们专注的工匠精神。下一步,将进一步扩大学校普及面,让中式插花在青年人中得到有效普及。

二、如何教?怎么教?

在不断扩大中式插花的学习受众面之后,怎样提升大家对中式插花的兴趣,并能学有所获和传承发展就是需要面临的主要问题。这就需要我们解决好"教什么和怎么教"这个关键点。

一是要有效区分受众人群,并根据其特点,找准兴趣点,确定授课内容。比如针对社区群众,就要以实用性为切入点,授课内容集中在造型原理、配色原理、花卉种植等方面;针对学校学生,则授课内容就要通过一些文化故事、中式插花与二十四节气的关系等入手,提升孩子们对插花艺术的兴趣。

二是根据不同受众人群,找准授课方式,以使培训效果最大化。1.针对学校学生处于基础知识积累和审美能力提升阶段的特点,从分享一本古书或名著的片段为切入点,将历史文化、艺术熏陶和技能培训有效结合,进行综合的系统培训。同时,针对不同的年龄段对学生进行划分,力求通过培训,让学生们更能够了解到中国灿烂的插花文化,注重文化层面和审美能力的提升。2.针对社区群众,针对文化水平不同、年龄层次不同的特点,把课程内容细化,增加故事性和趣味性,例如讲述花王的故事，讲述牡丹名字的由来等，从最基础的花文化故事开始，逐渐增加种植内容，特别是一些中国特有的花的种植方式。并将中国十大传统名花的由来慢慢渗透，形成长期的熏陶和培养方式。

三是在普及中式插花的同时，注意找准大家普遍关注的点，要接地气儿。比如怎样挑选花材、保存花材，怎样保养鲜切花儿，同时附带一些香囊、香具和茶文化的讲解等。

三、中式插花艺术活态化传承的意义

插花艺术的盛行是代表着一个时代的文明，我们纵观历史其实可以发现，但凡是在盛世，例如唐代、两宋、明朝时期等，它都被大力推广。因为当人们身处和平，身处美好的时代，我们就会想到插花这种让人珍惜时间、珍惜美好、珍惜生命的一种艺术形式。

中式插花艺术是古典文化中最优美的艺术之一，也是中国传统文化在现实当中的一种表达分支。插花艺术是一种运动的，对于生命的一种思考和探讨；也是对于美的一种喜好和认知。同时，插花文化也是一种多学科边缘性的艺术形式，在关于审美观点、花本身所蕴含的文化、搭配之间的文化中体现了时代特征和文化特征。中式插花文化是多元化的，它让人赏心悦目，也是对自然和生命的一种热爱讴歌、精神赞叹，还是对文人的思想性的一种深入剖析。

就中式插花而言，它对于人的熏陶不仅仅是欣赏水平、审美能力的提高，更多的是对于环境的感知、眼界的拓宽、自我修养的提升，也是对文化修养和底蕴的一种累积。用插花这种艺术形式来表达出内涵、经历、环境与花的特性。插花本身就是一种空间布置，也是人们的情感表达。我们生活中到处都有插花的影子，都有花的元素，可我们往往忽略了其中蕴含的插花艺术。所以说插花艺术将一种很大的概念在很小的区域内去呈现，它浓缩了春夏秋冬、浓缩了地域、浓缩了人文，是一门综合性非常高的艺术。插花是一项需要长期乃至终身去学习的一件事，因为在不同阶段我们才能理解花的美、花的生机与没落、花的内心与花的文化。

插花艺术可以不断满足人民对美的追求和对美好生活的向往；插花艺术，特别是中式插花艺术是中国古代文人表达方式的传承传递；插花艺术可以让人民感受到生活美好，珍惜生命。插花艺术是将模糊的四季转移到雅致的花瓶里，不仅可以陶冶情操还可以丰富生活，给生活带去缤纷的色彩，为人们的生活增加情趣美谈。中式插花现在已经广泛运用到我们的生活、家庭当中，它不仅起到很好的装饰作

用，也表达了人们对生活的热爱。

花儿是美的象征，每个人都爱花，但却很少有人懂花，真正了解花文化。所以我们需要传承花文化，这是对中华文化和世界感知的一种有效传承。相对于绘画、书法等艺术形式，插花具有立体性强、有生命力的特点。同时，插花艺术是即时性、时效性的，具有不可复制性的特点。因此，推进中式插花艺术活态化传承意义重大。

综上所述，插画艺术的活态化发展，能够让人感受到生命，感受到自然，感受到和平的美好，传承中华优秀传统文化，表达我们的精神内核。我们要从艺术的角度，从观赏的角度向大众去推广中式插花。同时，插花艺术可以把我们的生活变得艺术化，把艺术变得生活化，能够让我们的每一个人都能够感受到这个时代的强盛与美好。

（作者单位：天津市文学艺术界联合会）

红桥区文化馆“老朋友舞蹈团”品牌效应带给我们的启示

张竞文

我参加工作第一次走进文化馆的大门就听到了悦耳音乐的声音，随着音乐的声音我来到了舞蹈厅，推开大门我惊呆了，几十位和我爷爷年龄相仿的老大爷在尽情地起舞，虽然动作步伐不是那么的专业，但是他们看上去特别有活力，激情四射感染着我，看完他们的舞蹈，休息的时候我走上前去和他们聊天才知道，他们是来自各行各业的业余舞蹈爱好者，大家聚在一起一个目的就是跳舞。现在我所带领的红桥区文化馆老朋友舞蹈团正是当年的那一支老年群众文艺团体，他们平均年龄都在65岁以上，本着“享受舞蹈、团结向上、健康快乐”的宗旨开展活动，自从我接管了这支团队以后为了使这支队伍能够持续性发展，2014年底我开始进行队伍的组织整顿。对于年龄偏大或身体欠佳的队员，根据自愿的原则，可以退出或保留队籍不参加日常的训练和演出。对参加日常训练的队员进行编组，选举组长，严格考勤制度，推举年龄较轻的、热心有责任感的队员组成新的领导班子，对他们进行了分工，各负其责地开展工作，整顿后团队面貌焕然一新充满活力。鉴于新队员较多不了解建队的艰辛历史，为了使他们了解过去，明确团队的宗旨增强凝聚力，我经过精心的准备，在文化馆领导的大力支持下，于2015年初做了一次讲座，播放了视频资料，达到了预期的效果，反应热烈振奋了精神，增强了信心更加团结一致，都表示在新的领导班子领导下，积极参加活动，努力提高水平，我自己也感到非常欣慰，与会的领导和舞蹈界的专家也给了我们很大的鼓励。

一、红桥区建立高标准的舞蹈团参与群星奖

舞蹈是一门综合艺术，要成功编排出一个成功的节目，不仅需要在舞蹈的创

编、音乐的选择、道具的运用、灯光的协调、舞美的设计等诸多方面仔细琢磨,更需要在人员的组织、服装的设计、训练的方法等方面下大力气。我们红桥区曾经创作的舞蹈《老朋友》参加全国第十三届“群星奖”并荣获金奖,这个舞蹈的选题非常好,因为舞蹈主题来源于生活,舞蹈的基本动作也来源于生活,经过编导的加工提炼变成了舞蹈作品,舞蹈中的动作比生活中的动作夸张了很多,舞蹈演员平均年龄都是60 岁的老大爷,没有任何的舞蹈基础,但是他们很热情,听到排练以自己身边生活为主题的舞蹈大家更是积极主动。现在我国已经进入老龄社会,因此反映老年人生活的文艺作品受到文艺创作者的普遍关注,编导以敏锐的目光,细微地观察自己周围老人的生活、爱好,创作了群舞《老朋友》非常形象地反映了老年人的精神面貌,作品运用优美的肢体语言、丰富诙谐的舞蹈语汇,描述了一群喜欢养鸟的老人们在公园中相互交流养鸟的故事。贯穿舞蹈主线的是:友爱、友情、互帮、互助,体现了当代老年人对晚年生活的美好向往及人与大自然和谐相处的关系,12 位老人人手一个鸟笼,舞蹈表现的就是平时生活中,老大爷们大清早遛鸟,和鸟儿相互依恋陪伴,突然鸟儿飞走了,人们急切地追鸟、唤鸟,一位老人接着又放鸟,鸟儿又回到他的肩膀上,老者与鸟儿相互逗趣交流别有一番情趣,至此舞蹈达到高潮。这时有位老者提议,把鸟儿放归大自然,得到大伙的一致认同,于是大家打开手中的鸟笼任鸟儿在空中飞旋,老人们随着音乐美妙多变的旋律,把观鸟、荡鸟、诱鸟、放鸟、收鸟、亲鸟、爱鸟表演得淋漓尽致、惟妙惟肖。演员们表演起来很快就进入了角色,音乐选取的是带有我们天津浓郁特色的“天津快板”为主旋律的音乐,强烈的乡土气息、地方特色让人们听了倍感亲切,轻快的节拍、跳跃的旋律淋漓尽致地体现了舞蹈的主题,音乐响起时,演员一出场观众的掌声就不断,因为舞蹈非常贴近生活,大家一看就知道表演的主题是什么,很容易产生共鸣。舞蹈《老朋友》的编导致力于“让新颖别致的动作说话”,这一点是最难能可贵的,整个舞蹈只有几分钟,却源于生活高于生活,使“热爱自然、保护自然”的主题与观众产生了强烈共鸣,也征服了评委们的心。这支舞蹈的成功对我们这支男子舞蹈团今后的发展起到至关重要的作用,因此命名本团为“老朋友”舞蹈团。舞蹈《老朋友》于 2004 年 10 月获文化部“群星奖”并参加了文化部第十三届“群星奖”获奖节目的展演等大中型演出 50余场。中央电视台、天津电视台多次录像播放。《中国文化报》等媒体发表了“繁荣群众文化,构建和谐社会”座谈会纪要,其中多名专家对《老朋友》赞誉有加。舞蹈《老朋友》的成功让我深深体会到,群众舞蹈创作必须深入生活、发现生活中的故事、发现生活中的美。舞蹈《老朋友》参加全国第十三届“群星奖”的演出,受到专家、观众的交口称赞，该舞蹈的编导刘欣、项燕老师都是从事舞蹈事业多年的优秀舞蹈干部，不少创作节目在我市乃至全国会演中获奖。因为她们身在群文工作第一线，所以创作的舞蹈贴近时代，富有浓厚的生活气息。她们的视角独特，题材紧扣时代脉搏，设计的舞蹈语汇，多从现实生活中提炼而来，有典型性，有生活的情趣，观众易于接受。

二、我们的团队舞蹈特点民族化

少数民族民间舞我认为与芭蕾舞、古典舞比较起来是比较容易学的，我从学生时代开始接触到的就是少数民族的民间舞蹈，舞蹈欢快、优美，能抒发自己内心的情感，听到音乐就想跳，跳起来一切忧虑、烦恼都丢掉了，愉悦身心。民间舞来自民间，有广泛的群众基础，难度相对不大，有着独特的魅力，经学院派的加工再创作，就更适合舞台的表演，由此我们团队也喜欢上了少数民族的民间舞，我们中国有很多的民族，每个民族都有自己特色的舞蹈，都有不同的风格，我们老朋友舞蹈团，平时也练习一些各民族的舞蹈，比如藏族舞蹈、蒙古族舞蹈这两个民族的舞蹈都比较奔放，也非常适合我们男子团队去表演，我们的演员年龄都比较偏大，但是他们跳舞的激情一点不输于年轻的舞蹈演员，老朋友舞蹈团建团之后，我就带领队员们从最基本的藏族舞动作学起，学习基本的动律、体态。为了提高学习的兴趣选了藏族风格的歌曲《吉祥颂》，加快歌曲的速度作为舞蹈的伴奏曲，把藏族舞的基本动作编成组合、舞句、舞段，从而完成舞蹈《扎西德勒》。在教学该舞蹈时特别强调舞蹈的风格和动作的动律，并且让演员们理解歌词的内容，要表达的情感，经过反复训练，熟练掌握变成自己的东西，队员们在舞台上自如地表演。演出不再是负担，而是让演员体会到在舞台上表演是一种享受，演员有了表演的欲望就有了激情，从而能够感染观众。该舞蹈是边演边改，不断提高，至今演出近 200 场次很受欢迎。2008 年在专家老师们的指导下参加了第四届华北五省市舞蹈大赛获得表演一等奖和创作一等奖，参加了第七届华北五省市舞蹈大赛的开幕式演出。

由于团队坚持了藏族舞蹈的基本功训练，有了一定的基础，陆续又编排了舞蹈《兄弟》，表现了修建青藏铁路的汉藏兄弟之情，参加第五届华北五省市舞蹈大赛又获表演一等奖、创作一等奖；编排藏族舞蹈《格桑啦》赴京代表天津市参加第四届全国健身项目展演；参照光盘结合我团的实际情况排练了藏族舞蹈《离太阳最近的人》的片段，演出后反响很热烈。在红桥区体育局的领导下组织本区内健身广场舞团队普及了广场舞《扎西德勒》《格桑啦》等。近百人的广场舞《扎西德勒》多次参加市区展演均获好评,并在第六届少数民族运动会上获金奖。除了藏族舞我们还编排了蒙古族舞蹈,源于喜欢展示男子的阳刚之气,像《酒歌》《奔腾》《安代》等多次在市、区比赛中获奖,并两次参加天津市少数民族运动会的开幕式。《安代》舞在全区普及,多次在市区展演。在编排节目的过程中,我觉得首先是要结合本团队的实际情况来选材。民族民间舞的舞蹈风格是最重要的,要了解这个民族的文化、风俗,学好舞蹈的基本功、动律,打好基础,不要忙于排节目,作为编导一定要善于学习音乐、舞美、电脑,不断扩大知识面开阔眼界,不断提高自身的修养,编导的备课是很重要的,一定要做好前期的准备工作,排练中充分调动演员的积极性和主动性。我们编排的节目尽量争取得到专家们的指导,这往往能起到画龙点睛的作用,使节目质量有很大的提高。再就是坚持录像,把每次的演出都录制下来,一来是留做资料,更重要的是为编导排练、改进节目提供参考,这对提高节目质量起到了很大的作用。

三、品牌建设继续、团队带头人的引领作用继续、发挥男子舞蹈优势

老朋友舞蹈团建团至今已经有二十年了,从开始的十来个人发展到现在三十多人,经过队员们共同努力取得了很大的成绩,很重要的一点就是坚持当初的建团宗旨,享受舞蹈、快乐健康、不忘初心绝不是一句口号,要持之以恒不断地解决活动中发生的问题,坚持原则,发现问题的苗头及时解决以保证队伍的健康发展,这样的事有很多,团队里的每一个人不论水平高低都值得尊重,团队的领导一定要身先士卒,以身作则,一个团队的编导对团队来讲起着决定性的作用,没有编导就没有节目可排,没有节目就没有演出,团队就无法坚持了,团队一定要有正气,有正能量使歪风邪气没有市场,虽然随着年龄的增长,新老交替人员变化,但只要人人在队里感到快乐收获健康,这个团队就会有凝聚力。扩大队伍,招收新队员只要是对舞蹈有兴趣的男同志,我们都敞开大门欢迎参加活动,使得我们的队伍不断扩大人气很旺,带来的问题是舞蹈水平低下,许多动作都要从头教起,训练前自己认真备课,训练中发挥老队员的作用,以老带新调动全员的积极性,自己耐心地指导示范,同时建立考核制度增加了紧迫感,使得新队员有了很大的提高。在演出活动中大胆起用新队员,锻炼队伍,增加他们的信心,大家都较好地完成了演出任务,每次演出都进行录像,回放录像找出问题和不足,及时进行讲评提高表演水平。因为演出的需要,场地的限制,同一个舞蹈在不同的场合,演员的人数不同,因而舞蹈的场面变化就不同,例如,今年以来演出最频繁的“扎西德勒”人数从10个人到30多人不

等。不同的场记就有五六个，演员的水平不齐，高矮胖瘦不一样，又要尽量保持较好的演出效果，在安排人员编排场面上是很伤脑筋的一件事，不过队员们都很配合，服从调度全力以赴。每一次演出都是精神饱满、激情四射，得到了观众的赞赏、好评，其实演出水平并不高，好的是展示了我们团队老年人的精气神。

我们的队伍在训练和演出中紧紧把握建队的宗旨，时刻提醒自己，自己做的是群众业余活动，快乐健康是活动的目的，不能用专业的水准来要求，要从实际出发，尽量做得更好些，特别是在比赛中取得好成绩时，容易产生骄傲自满情绪，滋生追逐名利的思想，偏离办队的宗旨，只有牢牢把握大方向，不断调整训练和演出的节奏，及时总结经验教训，依靠领导和群众，团队的思想和艺术水平才有可能不断提高，沿着正确的轨道前进，我们要把自己的品牌发扬光大，让更多热爱舞蹈的人们加入我们这个大家庭中来。

（作者单位：天津市红桥区文化馆）

总分馆制背景下社区群众声乐培训创新思路探究

李安娜

随着我国新时期社会主义建设各方面稳步发展,人们在物质生活和精神生活方面都有了很大程度的改善。在这一时代背景下,如何进一步完善公共文化服务和实现文化资源共享,对于人们生活幸福指数的提高有着十分重要的意义。当下文化馆、图书馆分馆制的提出,成为推动社区文化建设的一种创新机制。声乐作为群众喜闻乐见的艺术形式,人们在歌唱中实现了自己的精神追求,而声乐培训也是群众文化建设的一个主要方面。坚持中国特色社会主义道路自信、理论自信、制度自信,说到底还是文化自信。在总分馆制背景下,如何更为有效地进行群众声乐培训工作需要进行缜密的研究和思考,从中探究出一条切实可行的符合时代发展的创新思路。

一、总分馆制背景下社区群众声乐培训的特点

总分馆制指的是在一个合适的地域单元内,有一个或者多个建设主体组成一个“文化馆群”,其中处于核心地位的馆作为总馆,其他处于从属地位的馆或者基层服务点,接受总馆业务管理,形成文化馆服务体系,提供普遍均等服务。从以上总分馆制的定义和实施要求看,实际上是在新时期文化建设背景下对各级文化单位提出的发展要求,也是公共文化服务事业发展的一种必然趋势,因此从总分馆制的角度看,社区群众声乐培训应当具备以下三个特点:

1.资源配置的统一性

按照总分馆制的要求,在社区或者街道一级的单位需要建立分馆或者是基层文化点,具体可以以文化站作为群众文化活动的载体。从资源配置的角度看,在一

个地域单元内，各级站点的资源配置应当具有统一性。就声乐培训而言，应当有以下统一性的资源配置：一是统一的硬件设施，每个站点应当有着专属的声乐教室，具体面积根据学员容量和实际情况而定，与声乐培训相关的桌椅、钢琴等设施要配置完善。二是师资的配置，由总馆为各级站点配置专业声乐教师，教师要有一定的资历，需要有着丰富的舞台实践经验和教学经验；其次社区要为每一位学员提供优质服务，让教师和学员在宽松、舒适的环境中进行培训学习。三是要有统一的高端教学设备，在声乐教室中要具有多媒体教学装备，这是实现有效声乐培训的重要途径。

2. 培训主体的群众性

社区声乐培训的对象主要是群众，为群众进行服务不仅是总分馆制文化建设的要求，也是声乐培训的主要目的。因此在声乐培训工作中，无论是社区服务人员还是教师，都应当做到从群众的需求出发而展开工作，这样才能够调动群众的积极性和参与性，把提高群众精神文化生活水平作为声乐培训的主要目的。其次就是要充分发挥群众业余文化骨干作用，以群众带动群众，实现社区声乐培训的顺利开展。所以基于上述群众性特点，作为社区人员和声乐教师应当在培训过程中注重发挥群众的作用，在培训的过程、方法和具体的内容上考虑到他们的需求，以达到服务群众的目的。

3. 培训模式的层次性

由于群众在声乐表现能力和水平方面的不一致性，在培训方式上应当体现出层次性的特点，因此社区和教师应当根据群众现有的水平特点实现分层培训，可以设置不同等级的班级，如初级、中级、高级等，每一个级别分别教授不同的内容，这就可以使不同级别的群众都能够受益，接受正确的声乐艺术指导。从层次性的角度看，作为声乐教师应当深入到社区和群众中去，通过咨询、访谈等多种交流方式了解群众对声乐艺术的掌握情况，这样就能够很好地划分出层次，这对于教师备课以及采用何种教学方法、教学模式都有着十分积极地意义。

二、社区文化站声乐培训创新思路

1. 弹性与多元化相结合的培训方法

从培训方法上看，由于社区群众的特点，应当采用弹性与多元化相结合的方法。所谓弹性，指的是根据群众的接受能力而采用相应的方法，有的群众接受能力较快，能够在短时间内将所学习的内容进行掌握，而对于接受慢的群众而言，教师可以根据群众的特点而进行指导,通过对重点和难点的分析让群众意识到自己的短板,从而依靠正确的方法进行改正。所谓多元化,指的是教师在培训中要通过多种教学方法达到解决难点的目的。如在教唱《为了谁》这首歌曲时,教师通过讲授让学员了解这首歌曲的创作背景,理解歌曲的主题内涵,或者通过多媒体的形式观看这首歌曲的MTV,通过反复聆听与欣赏,感受演唱时演唱者的情绪和情感特点,通过这一过程中,也能够将学员带入到歌曲的情境和气氛之中,从而奠定学员的情感表现基调和应当采用何种情绪进行演唱。最后在培训过程中,教师针对每一个乐句应当注意的问题采用讲授与示范相结合的方法进行分析,在师生的互动中达到掌握歌曲演唱的目的。

2.理论与实践相结合的培训途径

声乐艺术需要依靠理论与实践的结合。因为声乐是声音的艺术,需要通过科学方法的指导才能够体现出声音的美感。声乐理论涵盖面广,专业性强,如在发声、语言运用、声音表达、音色处理、肢体表现等方面都有着科学的规范和理论基础。对于群众声乐培训而言,理论指导不能缺少,但是在理论阐述上,教师需要运用通俗化的语言与范例结合的形式向群众进行传达,这样便于群众理解和接受。在以往的群众声乐培训中,很多教师十分注重对理论的灌输,较大程度地忽略了多从实践的角度进行培训,所以致使学员处于被动学习的状态中。由此教师应当在声乐培训中注重理论与实践结合。如很多学员在高音上难以突破,教师就需要从呼吸的运用、气息的支持以及共鸣位置的角度结合亲身示范向学员说明,如果只是单纯讲授声乐技术理论而缺乏范例,则学员很难突破难点。在具体的歌曲练习中,教师需要与学员共同分析歌曲演唱的技术重点和难点,针对某一技术理论的概括,则应当采用通俗的语言讲授。

3.现代信息技术在培训中的融入

由于在总分馆制度下各级站点采用统一的资源配置,所以在教室设施上应当按照时代的要求配备现代信息技术设施,最为常见的就是多媒体技术的应用,这也体现出了当代社区群众声乐培训现代化与专业化的特点。教师在培训过程中通过对多媒体技术的运用以视频、音频的形式进行教学,有着很好的代入感和直观感。以歌曲《我和我的祖国》的培训为例,可以让学员通过观看视频感受不同的歌曲表现形式,通过对歌唱家舞台表现的感受,可以在潜移默化中培养学员的舞台表现感觉。在对歌曲的分析和讲解中,也可以充分利用多媒体技术,如利用电子白板讲授乐谱,可以在乐谱上把重点的内容做好标记,可以加深学员对重点内容的记忆。其次就是在培训过程中会涉及与声乐学习相关的音乐基本素质知识，如乐理、视唱等，教师也可以提前制作相应的教学课件，将所要教学内容通过图片、视频的形式进行培训，可以获得良好的教学效果。由此可以看出，在社区声乐培训中应当高度重视对现代信息技术的应用，这也是推动社区文化建设和提高文化站点服务的一种重要途径。

三、结语

在总分馆制背景下，各级文化站点的设置为群众文化生活提供了“一站式”服务，即群众可以在街道、社区直接接受各种文化的培训和参加各种文化娱乐活动。总分馆制不仅是当代公共文化服务建设的要求，也是和谐社会建设的途径。习近平总书记强调：“没有文化的高度自信，没有文化的繁荣兴盛，就没有中华民族的伟大复兴。”完善总分馆制是大势所趋。在总分馆制背景下应当充分认识到社区声乐培训的特点，主要体现在资源配置统一性、培训主体群众性、培训模式层次性这三个方面，而在具体的方法和途径实施上也需要高度重视这三个方面。从声乐培训的创新思路的角度看，应当综合各种因素进行创新，主要体现在培训方法、培训途径和现代信息技术等方面。在具体的实践过程中，应当结合地域的具体的主客观情况予以实施。

（作者单位：天津市红桥区文化馆）

青少年宫在传统音乐文化传承中具备的引领作用

任　鑫

党的十八大以来，国家的政策发生重大进展，文化自信成为国家意志，习近平总书记发表的一系列重要论述，特别强调中华优秀传统文化是中华民族的“根”与“魂”，中华优秀传统文化传承发展列入国家战略。

我国传统音乐文化蕴含着丰富的历史内容和人文内涵，以其独特的艺术魅力和社会功能，伴随人类社会历史的发展，满足人类精神文化需要。一百多年来，我们的音乐教育，没有认真考虑过从小树立中华文化基因和传承本民族文化。作为一名群文音乐工作者，我们应该考虑音乐教育能做的贡献有哪些？我们怎样更有效传承传统文化？如何利用多种载体使学生有目标、有计划地学习和掌握本民族传统音乐文化？

一、中国传统音乐文化现状

中国的传统音乐是中华民族精神的凝结，是数千年文化的精华。器乐方面我国掌握了距今已有7000到8000年的最早音乐文化文物——骨笛、在欧洲音乐开始的萌芽期我们已经出现“八音乐器”；在律学方面我国创造的“五度相生律”和“十二平均律”比西方的音乐律学还要早上几百年。我国的民间歌曲歌种有千种，民间舞蹈音乐有1500个品种，戏曲音乐有200多个剧种，曲艺音乐有300多个曲种。历史五彩斑斓的传统音乐构成了中国传统文化的一笔宝贵财富，正因为中国传统音乐种类及形式的多样性，使其成为任何一个国家都无法比拟的传统音乐文化财富。

反观当今音乐教育现状，青少年对西方音乐文化的追求已远远超出了重视本民族的音乐文化。我们做的最傻的事情就是认认真真、全民投入传承和发展西方音乐文化。自20世纪五六十年代以来，中国乐器发生了巨大的改革并在全国逐渐兴起。部分外来乐器在中国扎根蒂固，而中国传统的文化、音乐、乐器等却没有得到完整的保存和传承。随着国家的进步和教育的发展，中国家长越来越重视孩子的艺术素养，很多艺术培训机构开设钢琴课、小提琴课、架子鼓课和满身都是美国本土文化风格的尤克里里课，中国的吉他爱好者超过五千万，钢琴、小提琴乐器学习者更是数不胜数。而进行本民族乐器学习的人却少之又少。在天津文惠网音乐会的演出安排中，交响乐的演出占据了很大的比例，民族乐团的演出却相对较少。反观美国，和中国一样是个多民族国家，正规的交响乐团就有一千多个，如果再算上业余的数量是极其可观的。时至今日，历经数代乐人的努力，传统音乐的传承和发展已积累了一定成果，但在青少年的音乐教育中重“西洋”、轻“民族”的现象仍然存在，未能把传承中华民族音乐作为自己的重要职责。长此以往，人民缺失的不仅是民族认同感和自豪感，中国传统音乐文化也将逐渐淡出人们的视野甚至走向衰败。

二、在音乐教学中传承传统音乐文化的有效途径

1. 在继承的基础上加强创新思维

说到传统文化的传承，我们首先想到的就是“薪火相传”“弦歌不辍”。弦歌，是孔子的学习和教学方式，用到的是古代的琴。今天，国家说到传承，要求坚持“双创”原则，即创造性转化、创造性传承。中国文人所推崇和要掌握的四艺中的古琴，音色深沉不宜作为合奏乐器；琵琶的琴弦较硬，易伤手指；打击乐的声音太大，没有乐音；拉弦乐器音准难掌握；吹奏乐器不能边吹边唱。针对这些问题，若想在中小学中普及民族乐器，就必须在继承的基础上加以创新。中华小四弦乐器应运而生。民间和文人共同的喜爱方式是边唱边奏，而今，我们需要把语文、历史、品德，甚至一点点身体运动“舞”“戏”融合一体，在性价比、实用性、收获量中实现课程价值的最大化。

中华小四弦设计是由民族弹拨乐器创造性转化研发而成，集中华民族弹拨乐器之“形”与“魂”于一身，琴头、音孔、琴马造型犹如三朵祥云互相呼应，梨形的共鸣箱外形设计极具有中华民族乐器的典雅气质，整琴的声音柔和，音色委婉动听，非常适合演奏中国特色的民谣和古典曲目。中华小四弦问世既有继承又有创新，蕴含着中华民族元素和中国人的文化自觉与自信，是一件全民皆可演奏并钟爱的

乐器。

在中华小四弦乐器与传统文化相结合的教学方向来看大致可分为四个模块:①传统古曲的演奏。传统意义的古曲是指中国古代流传下来的,有较高知名度的乐曲。代表曲目有《阳春白雪》《阳光三叠》《将军令》等。这些古曲大多属于器乐曲。由于小四弦兼容性极强,所以可以演奏大多数传统乐曲。②诗歌弹唱。诗歌原是诗与歌的总称,诗和音乐、舞蹈结合在一起,统称为诗歌。《汉书·礼乐志》曾云:“和亲之说难形,则发之于诗歌咏言,钟石筦弦。”筦弦,泛指乐器。即无乐难成诗歌,诗歌配以筦弦,方成古韵。由于小四弦定弦的合理性及极具民族的音色,使其成为诗歌弹唱的伴奏乐器。③民歌演奏及弹唱。民歌的种类和曲目繁多,小四弦可以演奏民歌的旋律,也可配以简单的和音进行弹唱。④戏曲弹唱。戏曲的器乐部分包括不同乐器组合的管弦乐(俗称“文场”)和打击乐(俗称“武场”)。小四弦既可简单地充当弦乐部分,也可通过击打面板充当打击乐部分。由此可见,中华小四弦绝非仅仅是一件新型的、改良设计的国民弹拨乐器,更是中国优秀传统文化创造性转化和创新性传承的一个媒介和载体。

目前,北京市牛栏山中学、新余市青少年宫等地都已开设中华小四弦课程并成立小四弦民乐社团。实践证明,该课程的开设凝聚了艺术、文学、历史、思想品德等育人价值,有效提高了学生音乐素养,增强了学生合作意识,切实培养了学生的聆听能力、感受能力、创造能力,提升了学员们的综合性美育教育。

2.增强西洋乐器演奏与中国音乐曲风的融合

前面已经说到目前社会中存在重西洋乐器轻民族乐器学习的现象,这并不是对学习西洋乐器持否定态度,而是希望通过西洋乐器的学习更好地发挥出民族音乐的特色。以钢琴演奏为例,钢琴作为一种西方乐器,早在17世纪初意大利传教士利玛窦将古钢琴献给明朝皇帝开始,钢琴就传入了中国,经过多年的发展,钢琴和中国传统音乐相互融合,逐渐形成了具有中国特色的音乐形式。自20世纪30年代美籍俄裔钢琴家齐尔品访华时提出征集“具有中国风味之钢琴作品”的倡议之后,中国风格的钢琴音乐作品的创作正式拉开序幕。在将近一个世纪的时间里,我国涌现出大量的优秀中国钢琴作品。这些既有原创钢琴作品如贺绿汀的《牧童短笛》、汪立三的《东山魁夷画意》以及吴祖强、杜鸣心的《舞剧鱼美人选曲》等,有对传统民间音乐进行改编的作品,如储望华的《二泉映月》、王建中的《白鸟朝凤》、陈培勋的《平湖秋月》等,又有来源于传统民间歌舞风格改编的作品,如瞿维的《花鼓》、黄虎威的《巴蜀之画》、刘福安的《采茶扑蝶》,还有对古曲和京剧唱段改编的,如王建中的《梅花三弄》、黎英海的《阳关三叠》《夕阳箫鼓》、殷承宗演奏的现代京剧《红灯记》等及结合西方的现代作品技法运用于中国的戏曲音乐元素的钢琴作品，如张朝的《皮黄》等。

中国钢琴音乐，无论在内容还是形式上，都或多或少表现出强烈的民族精神和东方色彩。作为校外机构的钢琴教师，我们应该加大教学内容中国作品的比例，教学中更要对钢琴所涉及的模拟民间乐器的发展历史、演奏手法、代表曲目、音色特点等方面有所掌握，只有了解民族音乐的基础知识，才能使演奏音乐更具有民族色彩和民族韵味。同时在器乐教学中组织学员举办多种不同主题的中国作品音乐会，既可以是一种乐器的专场音乐会也可以是中西乐器结合的协奏或合奏的音乐会。例如古筝与钢琴或西洋管弦乐队协奏、二胡与大提琴相互配合等。

3.进行诗歌和中国乐曲的结合

汉代《毛诗序》中写道："诗者，志之所之也，在心为志，发言为诗。情动于中而形于言，言之不足，故嗟叹之，嗟叹之不足，故咏歌之，咏歌之不足，不知手之舞之，足之蹈之也。"由此可见，早在人类艺术萌芽时期，诗歌与音乐就像一对孪生姐妹，密不可分。如古代的《诗经》也是配乐而歌的。在艺术教学中，完全可以打破各个专业的屏障，形成多学科的融合。我认为可以通过以下两个方面去解决。一是鼓励学生为诗歌谱曲进行传唱。诗的意境以及韵律、节奏等本身就蕴含着强烈的音乐感，学生通过了解，诗词背景及内容从中捕获音乐灵感，将诗的意境和自己的审美体验通过音乐刻画出来。2018 年中央电视台制作《经典咏流传》节目就是由传唱人结合自身的音乐风格，将经典诗词转化为优美的歌曲，用现代的唱法和曲调来演绎传统经典，并以现代人更喜闻乐见的方式，去学习诗词。"推动中华优秀传统文化创造性转化、创新性发展"，通过古诗新唱的创新方式，真正让经典诗词流行起来，让更多青少年更好地接受传统文化的内容。二是开展诗歌与音乐作品结合的鉴赏教学。带有诗歌的音乐作品，大多以声乐和器乐作品呈现。例如声乐作品《教我如何不想她》中的词是刘半农在 1920 年写下的白话诗，1926 年赵元任将其谱曲。音乐和诗的结合共同唱出了人们心底潜藏的最纯真的爱情和爱国之情的真切流露。古筝协奏曲《孔雀东南飞》是我国汉乐府诗的代表作。作曲家根据诗的内容，采用古筝协奏曲的形式，音乐结构中采用"一波三折"的多段组合，经过音乐的渲染，完美再现了原诗的情节和意境。在欣赏这些作品时要引领学生领略诗歌和音乐结合的神韵，领略诗歌和音乐结合的精妙，感受音乐的各种要素对诗词的表达和延伸，才能更好地让学生领悟传统音乐文化的魅力所在。

三、利用校外教育资源和阵地优势对传统音乐文化进行宣传

青少年宫是集青少年思想教育、艺术培训、公益活动为一体,以社会效益、人才效益为主导,以培养和造就大批优秀合格人才为目标的综合性校外阵地,它有着得天独厚的优势,同时有着不可替代的历史责任。结合青少年宫品牌优势,充分发挥"空中、流动、阵地"三位一体的服务优势,扩大传统文化在青少年中的覆盖面和影响力。

利用"阵地青少年宫"开展名家公益讲堂,让传统的民间音乐走入课堂,邀请民间音乐人到学校或青少年宫开展讲座,普及和传播原生态的民族音乐文化。在日常的教育教学中,我们组织青少年观摩和参加以天津传统音乐为载体的课外活动,为学生提供走入民间,感受民间传统音乐的机会,强化地方文化血脉的传承感和文化认同感。

利用"空中青少年宫"在网站开展不同主题的微课堂,开展关于传统音乐知识方面的竞赛活动,在扩大受众面的同时解决了很多人因路途原因不能来阵地学习和参加活动的困难。

利用"流动青少年宫"为社区、学校等服务基地定点、定时、常态化地开展培训活动。青少年宫拥有专业的艺术教师,我们外派专业教师进入学校,为学校在发展自身民乐特色的基础上组建的民乐社团进行专业指导,为他们丰富表演形式,提升表演质量,同时提供多种表演实践展示机会,使学生培养艺术修养,寻求艺术美感,共同感受传统音乐文化魅力。

立足校外教育阵地优势,为更好地充分发挥文化、艺术的启迪思想,青少年宫可以联合天津市优秀乐团或艺术家定期开展公益音乐会,让更多青少年零距离"走进大师,感受经典,陶冶情操,提高修养"。例如天津青年宫联合天津交响乐团共同推出"天津青年周末乐坛"经典音乐公益赏析活动,其中中国风作品专场为天津2000余名青年朋友和音乐爱好者提供了与高雅艺术零距离接触的机会,让听众更好地了解民族音乐,感受民族音乐会的特点和魅力。通过此种方式同时可以更好地努力培养和建设"向真、向善、向美、向上"的青少年美誉文化环境。

习近平总书记说:"没有高度的文化自信,没有文化的繁荣兴盛,就没有中华民族伟大复兴。"这要求我们要引导广大青少年对本民族文化有深刻的理解和充分的自信心。青少年是中国传统音乐文化的传承者,也是未来社会主义现代化的建设者和接班人,因此要建立青少年宫传统音乐教育体系和方法,才能推动中华优秀传

统文化创造性转化、创新性发展，让中华文明的影响力、凝聚力、感召力更加充分地展示出来。这也是青少年宫在引领青少年更好地传承传统音乐文化无可推卸的责任。

（作者单位：天津市青年发展促进中心）

群文美术的普及与提高

——以河西区文化馆为例

刘博伦

随着社会的快速发展,美术活动受到越来越多的重视。2018年8月30日,习近平总书记给中央美术学院8位教授的回信明确提到,“美术教育是美育的重要组成部分,对塑造美好心灵具有重要作用”,“做好美育工作,要坚持立德树人,扎根时代生活,遵循美育特点,弘扬中华美育精神”。2018年9月10日,在全国教育大会上,习近平总书记指出,要坚持以美育人、以文化人,提高学生审美和人文素养。由此可见,加强和改进美术工作,已成为当下具有现实意义的重要命题。美育推广不仅是学校的责任,更是社会的义务,河西区文化馆作为政府职能部门,是发展群众美术事业的重要组织者,它正在以其开放性、多元性、互动性逐步成为社会美育大课堂,肩负起了普及和提升群文美术水平、提升全民艺术修养的重要使命。

群众美术是群众文化中的一个重要方面,也是文化馆工作中的一项重要的内容。群众美术相对美院、画院等专业单位来讲它是“业余”的。但是,群众美术活动的质量,不一定是“业余”的。这取决于群众美术的管理组织者的管理、组织、研创能力水平和投入。作为文化馆,群众美术工作就是做群众美术活动,它的工作对象来自社会各界的美术爱好者,不同年龄,不同职业,不同艺术素质、美术基础水平的人员。所以,我们需要根据不同人员的情况和需要,开展相关的普及或提高的群众美术活动。

一、激发美术兴趣,普及全民艺术

首先,文化馆不同于美术专业培训机构,我们面对的不仅是学生或美术专职工作者，而是一切人民群众，我们要让美术走进千家万户，使人人都能享受到美术活动带来的乐趣及其蕴含的艺术魅力；其次，美术包含美术创作和作品欣赏，对普及群文美术而言，主要是通过各类美术活动，如展览展示、讲座宣传等，提高人民群众美的意识和欣赏美的能力，进而提高全民艺术素质。河西区文化馆的美术活动主要分为四部分：展览、公益讲座、书画笔会和户外创作，其中，普及全民美术知识主要在于展览和公益讲座的开展。

河西区文化馆的展览分为馆内展览和馆外巡展，年均馆内或馆外展览均在 12 场以上。馆内的十几场展览主题和内容各具特色，以 2019 年为例，年初的“金猪颂吉祥 迎春话如意”2019 年新春展览我们邀请了书法家为百姓现场写福字和春联，并融入“非遗”的剪纸、面人和糖画等项目，吸引众多百姓观展；三八妇女节，我们专门为女性书画爱好者策划了一场主题为“翰墨光影颂 巾帼心向党”的展览；针对儿童，除六一画展，还举办了主题为“牵手星星的孩子”关爱孤独症儿童的画展，并在展览期间为孤独症儿童组织开展义卖活动；重阳节前，联合老年书画研究会举办老年人的书画展。每场展览我们都会根据当时节日，针对不同人群，融入特色的活动，使得河西区文化馆的展览丰富多彩，喜闻乐见。美术巡展也是河西区文化馆的一大亮点，2019 年，我们的巡展普及到学校、部队、商场以及少管所，更有远在内蒙古的呼尔贝尔文化馆等。有的巡展是为了方便忙于工作学习的人们欣赏美术作品，有的巡展是针对特殊人群的定制展览，还有的展览是为和不同文化地区的文化馆互相交流学习。每场巡展策划前，我们都会充分征询当地负责人的意见和需求，更有针对性地征集展览作品，以期达到最佳效果，更好地服务群众。

“河西区文化艺术大讲堂”是河西区的品牌活动，自 2014 年起，我们坚持每周五在文化中心报告厅开展美术公益讲座，从最初的几十位听众，发展到现如今几百人，甚至座无虚席，我们只用了 2 年的时间。身为群文工作者，我们要多多宣传和鼓励群众积极参与美术活动，激发百姓的美术兴趣，让大家了解美术、爱上美术。河西区文化艺术大讲堂美术公益讲座涉及的内容广泛，每场讲座我们会聘请不同美术门类的专家讲师，如花鸟类、人物类、山水类和书法类等，并从多个角度去推广普及美术知识，如作品赏析、发展历程和用笔技法等。每场讲座的听众来自不同领域、不同年龄，人次均在 100 以上，五年以来受益群众达数万人。

在此基础上，河西区文化馆每年年末举办公益大讲堂的成果汇报展，展览的目的有两方面：

第一，我们的作品主要从大讲堂的忠实听众中征集，他们大部分是利用业余的时间来进行美术创作,所以展览的目的绝不是争个你高我低,而是调动大家学习美术的兴趣和积极性,培养出更多的美术爱好者,就像公益讲堂的初衷,不是让百姓掌握一种艺术技能、获得一张荣誉证书,更重要的是普及美术知识,提高艺术修养。

第二,我们的成果汇报展不仅在河西区文化馆内展出,还走进河西区的街道、社区,让百姓们在家门口就能欣赏到美术展览,感受美术带来的艺术魅力,同时也将河西区文化艺术大讲堂这个美术品牌活动做了宣传,再次调动了全区群众学习美术的兴趣和积极性。

二、发展壮大团队,开展特色活动

群文美术团队是做好群众美术工作的重要抓手,2017年,河西区文化馆从历次美术展览等活动中精选了30位美术骨干,成立了西岸书画苑。他们具有一定的理论基础、审美能力、美术技能和创作研究水平。可以说,西岸书画苑是大讲堂的2.0升级版,大讲堂重在普及,西岸书画苑则重在提高。我们在普及美术知识、提高群众兴趣的同时也要培养一批热爱群文美术、心怀美术梦想的业务骨干,为他们提供一个更加专业的学习交流平台和施展才华的舞台,进而配合文化馆为我区培养出越来越多的优秀美术骨干。如今,西岸书画苑成员已达50余人,并且仍将会有更多新鲜力量的加入。

西岸书画苑有系统的培训计划,除了日常的专家讲座和现场指导外,定期组织业务骨干开展现场笔会,交流近期学习心得;根据季节天气情况合理安排外出创作活动,从广阔的大自然中寻找艺术灵感;在重要的时间节点,如建国七十周年、重阳节到来之际举办大型书画交流展览,提高书画苑成员们的创作热情等。在所有美术骨干的共同努力下,西岸书画苑的艺术品位和文化内涵在不断提升,进而大家利用专业优势,集思广益,不断建立更广阔的艺术平台,加强人文交流,与文化馆共同组织策划了大量有特色有品位的群文美术活动,充分发挥美术活动在群众文化发展中的积极作用。我们把活动带到了社区、学校和部队,既把美术欣赏带给人民群众,又能够更好地针对不同领域人群的特点,满足广大群众对艺术的需求。河西区文化馆开展的美术活动吸引了越来越多的美术爱好者,西岸书画苑也成为河西区群文美术事业的纽带和龙头,引导全区百姓拥有健康向上的审美倾向。

三、提高自身素质,创作美术精品

2014年10月15日习近平总书记在文艺工作座谈会上的讲话中提到,文学、戏剧、电影、电视、音乐、舞蹈、美术、摄影、书法、曲艺、杂技以及民间文艺、群众文艺等各领域都要跟上时代发展、把握人民需求，以充沛的激情、生动的笔触、优美的旋律、感人的形象创作生产出人民喜闻乐见的优秀作品，让人民精神文化生活不断迈上新台阶。

河西区文化馆的办馆理念是“开门办馆送文化，创作精品种文化”。现如今，越来越多的艺术佳作出自人民草根，群众文化不只有下里巴人，还有阳春白雪。习总书记说过：每个人都有理想和追求，都有自己的梦想。在文化大发展大繁荣的背景下，天津市河西区的群文美术正一步步向梦想进发。随着人们的生活水平不断提高，思想方式日新月异，越来越多的百姓渴望参与多种不同形式的群众美术活动。这对文化馆开展美术活动提出了更高的要求，对群文美术工作辅导者提出了更高的期待，我们要不断地提高自身业务素质，加强自身专业知识的学习，只有具备了专业的技术水平，才能够指导人民群众来进行美术创作，以满足人们对美的需求。

群文美术创作的灵感主要来源于人民群众的日常生活，无论是美术大讲堂还是西岸书画苑，都不应局限于单纯的艺术理论与赏析，而应鼓励百姓从生活、自然中汲取营养，比如地铁站里的一面宣传栏，公园里的一棵古树，充分调动其想象力和创造力，结合社会主旋律，把感悟到的东西以美术作品的形式展现出来，这样的美术创作才有意义，才能形成独具特色的美术佳作。所以美术工作者要多下工夫多学习，在扎实美术基本功的基础上，多创作出具有教育意义的美术作品，弘扬爱国主义、吃苦耐劳、团结奋进、乐观向上等精神。河西区近年来不断涌现出的书画精品，都离不开文化馆多年的帮助与指导。

公益讲座是大花圃，身为群文工作者的我们要耕好地、施好肥，在普及全民美术知识、提高艺术修养的同时，我们要提升自身专业素质，让大花圃开花结果。群文美术从普及到提高一定伴随着大量群众喜闻乐见的文化活动，我们要通过活动激发群众的美术兴趣，普及美术知识，依靠团队骨干力量，带领人民群众创作出更多的美术佳作，促进我区美术事业不断健康发展。

（作者单位：天津市河西区文化馆）

浅析唐宋诗词中“意”与“象”对视觉设计艺术的影响

付海芬

中国古代意象理论,属于文学艺术范畴的“意象”一词,研究者们溯源至《周易·系辞传》,其中的“象”原指卦象,它既可以指向天地万物形象的模拟、写照、反映,又具象征意义(以形象来说明义理),同时附着形态,这些特点与艺术形象相通,接近审美形象,因而我们把它视为审美意象的雏形。

唐朝诗人张继的名篇《枫桥夜泊》:“月落乌啼霜满天,江枫渔火对愁眠。姑苏城外寒山寺,夜半钟声到客船。”此诗描写了姑苏城夜色中幽静的环境,惬意十足,一位羁旅的游子面对此情此景,江南水乡幽静的环境,在夜色下显得更加惬意。一位怀着羁旅之愁的游子失眠,一字未提失眠,字字都是乡愁,写下了这首意境清远的小诗。李清照是宋代婉约派的代表人物,她的《一剪梅·红藕香残玉簟秋》是一首倾诉相思、别愁之苦的词,词中上阕“云中谁寄锦书来,雁字回时,月满西楼”勾勒了望断天涯的情思和遐想,不分白日黑夜,无论在舟上楼中的情境,词中下阕最后一句“此情无计可消除,才下眉头,却上心头”将这种思念之情推向高潮,这样的意境和情愫貌似不用逐字逐句的推敲,其内涵便在吟诵之中扑面而来,这便是意象的意味和情境。

“意”与“象”在中国传统文化中有着丰富的内涵,本文通过两者之间的比较,重点强调“意”通过“象”的形态所传达的意味对视觉设计艺术的心理影响,通过文学与艺术的相互关系,将“意”的意味与“象”承载的形态赋予视觉设计艺术的感染力和冲击力。

一、“意”与“象”的定义

“意”是精神状态的凝结物，是一种有着情感的内涵；“象”是反映生活的形象，是有形的，见乃谓之象，具有客观、真实、可见、具体、可感知、附着形态的特性。有形生于无形，象生于意，二者层次不同。意象是在创意过程中涌现在人们脑子中的一种艺术悬念、情趣或者想象，这种悬念、情趣或者想象，包含着丰富的意念、情感的表现，它使艺术富于感染力和冲击力，而视觉艺术本身就是给人视觉感官上的刺激，或紧张，或舒展，或抒情达意。所以，我们读到“飞流直下三千尺，疑是银河落九天”，奔流不息的庐山瀑布就呈现在眼前，这是豪放不羁的浪漫派，读到“知否知否，应是绿肥红瘦”，就可以看到暮春时节暴风骤雨后的情境。以此延伸到设计审美，设计师通过诗词中的“意”与“象”也可以在眼前呈现一幅立体的画面，或用浪花以冲击视觉，或用淡绿和浅红表达清幽，这需要与设计主旨联系。但设计风格不同，就可从中可体会到形象背后的意味，变成视觉设计艺术的真实感知。

二、唐宋诗词中的“意”与“象”元素

在欣赏唐宋诗词的文学意象时，我们要本着“注重整体感知，充分感受‘象’，细心体会‘意’，学会知人论世”的态度来进行。

例如唐代诗人李商隐的《锦瑟》，我们会被“沧海月明珠有泪，蓝田日暖玉生烟”这两句深深地迷住，这是两幅千古奇绝的优美画面，需要调动我们脑海中的记忆储备，唤醒我们的联想和想象，细品皎洁的月光倾注于沧海桑田，鲛人泪眼成珠，温润玉气萦绕于蓝田，诗人的笔下，这就描绘了一幅情境难于分辨的画面，一句就有这么丰富的内涵，给人的联想不自觉中插上翅膀，我们沉浸其中得到充分的艺术享受。再如李后主的《虞美人》中“问君能有几多愁，恰似一江春水向东流”和《相见欢》中“林花谢了春红，太匆匆。无奈朝来寒雨晚来风。 胭脂泪，相留醉，几时重？自是人生长恨水长东。”诗人通过引用“水”之象在中国古代诗歌里和绵绵的愁丝之意连在一起，用东流之水来比喻绵绵不断的愁思。

这些意象元素在唐宋诗词中屡见不鲜，那能否将这些元素应用到现代视觉设计中呢？视觉设计艺术表现手法多样，实现媒介丰富，艺术的创作又是相通的，能否穿越千年时空，将唐宋诗词中的意象与现代视觉设计的互通共融，将文学和艺术的相辅相成，推动中华优秀传统文化的文艺复兴呢？

三、现代视觉设计艺术反思

现代设计在我国起步较晚，准确地说是在20世纪80年代，中国才开始有设计概念，继而有设计的引进、教育直至设计的普及。从而在一定程度上，导致国外设计思潮在中国的流行和泛滥，加之自20世纪80年代至今，我国处于改革开放的高速发展阶段，经济发展带来城市建设的如火如荼，所以风格迥异的视觉设计层出不穷，甚至不乏山寨设计作品。如北京的天子酒店，外形直接采用福禄寿三星的雕像，却影响了内部房间的采光，与其星级酒店定位十分不符，还有位于四川宜宾的五粮液酒瓶楼，这些设计作品直接将具象形象生搬硬套，让功能配合外形，外形看似具有指向性，却显得突兀，功能不实用，这样的设计作品成为大家的笑谈。

党的十八大以来，习近平总书记反复强调文化自信，从中国特色社会主义事业全局的高度作出许多深刻阐述。他指出，在“四个自信”中，文化自信是更基础、更广泛、更深厚的自信，是更基本、更深沉、更持久的力量。这些年来，无论是国内的公开活动还是外交活动，习近平总书记反复引用古人的名言警句，希望通过古人的智慧来启蒙现代人，展现中华优秀的传统文化其独有的魅力和内涵。

文化馆作为开展群众文化活动，提供群众文娱活动的场所，是党和政府坚定文化自信的最前沿阵地。据悉，我国区县级以上行政区域都有设置文化馆，个别称为文化中心，各地发展不同，文化馆建设规模和设计风格迥异，加之各地公共管理水平不一，在这样的背景下，文化馆在进行视觉设计时，也出现了很多弊病。如红极一时的街头艺术——涂鸦，艳丽的色彩让人产生强烈视觉效果，本来是很好的街头宣传媒介，但文化馆没有做到很好的引导，导致其变得内容消极、浮躁而不注重内涵传达。如果文化馆最初就对舶来艺术做相应的引导，这一点，我们可以参照厦门大学校内的芙蓉隧道，有效的引导可以将涂鸦艺术变成一种文化和精神。另外，伴随业务内容丰富和设计工作的专业性，文化馆大量的设计工作外包给市场上的广告公司，但相应暴露出很多问题，如广告公司以盈利为主，其要求设计快餐化以达到其商业目的并应对不同的设计客户，这样的快餐设计导致了设计作品风格统一甚至部分针对不同受众群体的设计仅有文字内容的区别，而设计元素完全复制，还有广告公司为了标榜个性，采用大量不接地气、隐晦难懂的设计元素，设计出的作品除了汉字能读懂外很难让受众产生视觉联想，这样脱离大众的视觉设计很难起到文化引领的作用，也脱离了文化馆自身的社会属性。

文化馆作为政府设立的群众文化事业机构，是先进的文化思想阵地，具有提高文化作品的品位、文化服务质量和群众文化鉴赏水平，支持健康有益的文化，努力改革落后文化，坚决抵制腐朽文化的社会职能。文化馆对外的视觉设计作品就应该是具有引领作用，是传承中华优秀传统文化的，尊重传统意象美学概念的，同时具有时代性，是符合大众审美的且引领潮流的，这样才能增强群众的文化自信。

四、“意”“象”元素在现代视觉艺术设计中的应用

2019年底投入使用的天津市和平区“廉润初心”文化传播推广中心就是将唐宋诗词中的“意”与“象”元素应用到现代视觉设计的成功典范。

展馆运用铜镜、竹子、玉的意象传播古代廉政思想，以古喻今、以器载道。关于铜镜，有唐太宗李世民的名句：“人以铜为镜，可以正衣冠；以古为镜，可以知兴替；以人为镜，可以知得失。”恰是唐太宗对魏征为官做人价值观的高度评价，展馆利用这一意象，警示今人要以铜为镜，以人为鉴。竹子这一意象在唐宋诗词中被文人骚客争相吟咏，竹子是中华传统文化中的四君子和岁寒三友之一，苏东坡曾赋诗“宁可食无肉，不可居无竹”，直至清朝文人郑板桥将竹子吟诵推向高潮，其诗云：“咬定青山不放松，立根原在破岩中。千磨万击还坚劲，任尔东西南北风。”竹子不仅代表了不屈的骨气，更代表了谦逊的胸怀，其劲节、虚空且萧疏，代表了一种超群脱俗的气质。玉的文化内涵丰富，《说文解字》中说，玉，石之美兼五德者，展馆借助玉的意象，恰是希望传达玉的清正廉洁气魄。

“廉润初心”文化传播推广中心恰是借铜镜、竹子、玉一系列物象展示古代文人志士对于中国优秀传统文化精髓的理解，辅助现代科技表现手段，对参观者宣讲廉洁精神，营造风清气正的廉洁氛围。每层楼对应的不同物象，传递不同意味，借物言志，却又不是单纯展示物，这就是在意象指导下的视觉设计，可以是形与意的结合设计，也可以是无中生有的视觉联想。看似每层是孤立的物象，综合整体，却是一脉相承的内在联系，让置身其中的参观者的情感在一定情况下表现为内在超越，有限的视觉物象内化为无限的联想，通过物象的诱发和表达，最终产生根植于内心深处的感性和理性的统一之中。这样的表达手法和设计思路值得我们文化馆视觉设计者学习借鉴。

五、文化馆视觉设计意象元素的运用

文化馆活动展开以动态活动和静态活动为主，在组织实施过程中，各个环节都可借鉴并运用意象的手法进行，如宣传环节。目前互联网作为主要宣传媒介和途径，视频宣传是主要的方法，如将水墨元素运用于视频设计中就是方法之一。记得中国早期的动画《小蝌蚪找妈妈》就是水墨元素与现代科技的完美联姻，创造了动画艺术新的分支——水墨动画。水墨动画是借助水墨画的表现手法，通过Photoshop和Flash设计软件将中国画置于宣纸之上的艺术动态化，将宣纸晕染、毛笔层次和节奏的章法灵动处理，传达了“似与不似之间”的美学意象，并引发观众对成长与母爱的认知与回归，中国意象在这部动画片里得到生动体现，水墨晕染的效果和柳永词“暮霭沉沉楚天阔”的意境恰如其分，这样的表现手法应用于我们的宣传视频之中，定能给人以耳目一新的感觉。

在静态展览展示活动中，从宣传品制作，到现场布置展陈，都可借助意象元素。如静态的展示活动，为增加观赏者的参观趣味性，可借助“曲水流觞”的处理，“曲水流觞”这是中国古代的一种传统习俗，也是文人墨客集会创作的一种活动形式，王羲之在《兰亭集序》中也有这样的记载，“虽无丝竹管弦之盛，一觞一咏，亦足以畅叙幽情”，设计者对静态展示作品展现场稍加改造，展品内容摆放层层递进升华，参观动线进行“曲水流觞”的设计，相信更有一番趣味。正如纳兰词中“读书消得泼茶香”，这时候“读书”跟“曲水流觞”的趣味便是异曲同工了。

唐宋诗词中的“意象”是“意”与“象”的统一，是诗词创作者将审美主体情感寄托于审美客体之中的一个过程，这样一个过程与创作者自己的审美心理有关，先是有形的、可以量化和感知的，最终升华为无形的、无限的艺术情境，这样的一个过程是将“象”艺术化的过程。

唐宋诗词中意象元素的艺术化处理，要求视觉设计师头脑中具有主流思维形态，即是思维的内在驱动和转换，这是以“象”为基础、以感情为媒介的思维模式，是“外师造化、中得心源”的悟觉思维。这要求视觉设计师在设计之初其内心要有完整的设计意象，是基于唐宋诗词的“意”与“象”但又是其升华，加之设计技巧共同营造深层次的意境，恰如其分地传递设计意图，从而达到设计效果。换言之，视觉设计是意与象的结合，这是设计艺术构思的起点，

群文设计首先要坚持艺术要接地气的文化初心，其设计视角一定要保持对民族风格和传统元素的持续体现，其次要不断创作，推陈出新，表现时代潮流，将这一过程运用意象嫁接到现代视觉设计师的思维之中，并指导我们的设计实践，特别是指导群文系统中的视觉设计，达到一种“协调一致”的设计态势，终会对实现中国优秀文化的复兴做出自己的努力。

（作者单位：天津市群众艺术馆）

辅导中老年声乐要重视呼吸、咬字、诠释技巧的学习

曹禄军

辅导中老年人合唱团或者辅导中老年人声乐演唱，其最高目标不是培养出“大齐唱”的“老大妈”合唱团，而应该是从细腻的教学入手，既培养他们正确的演唱方法，又提高他们的音乐素质。随着人民群众生活水平的日益提高，精神文化生活越来越丰富，爱唱歌的人也越来越多，特别是刚刚退休的中老年朋友，对文化生活的追求是普遍现象，他们中的多数人选择了学习声乐艺术，很多人参加了社区合唱团。笔者在担任合唱团辅导工作时发现，相对于学习音乐知识、学习音乐理论来说，老年人更喜欢学习声乐艺术。在声乐表演，特别是合唱中，呼吸、咬字、诠释歌曲的技巧却往往不被重视。我们知道，当严良堃、李心草等指挥家临时指挥一场合唱演出时，对声乐水平是无法细抠的，他们主要是对合唱团的呼吸、咬字和诠释进行处理和统一。中老年人的嗓音条件千差万别、演唱方法各有特色、音乐感和节奏感等方面的不同，对他们在声乐演唱中的呼吸、咬字、诠释三种技巧方面的培训就要打好基础。本文特谈在有一定嗓音条件的情况下，学习好呼吸、吐字和诠释歌曲的技巧非常重要。

一、声乐演唱中的呼吸技巧

学习声乐的中老年朋友经过学习，绝大多数人有了一定的水平，但是呼吸问题没有很好地掌握，从而导致声音紧、卡、僵、抖、白等。这些问题是中老年朋友学习声乐演唱时会经常遇到的问题，也是顽固难改的问题。笔者在辅导群众合唱团时对呼吸练习比较严格，其效果是好的，因为呼吸的正确与统一问题是区别优秀合唱团的重要标准。

所谓唱歌,就是运用正确的演唱技巧唱出声音来。当然,无论学习哪种唱法都要从最基础的发声练习开始。

谈到发声练习,最重要的是呼吸问题,也就是声乐老师们常说的气息问题。因为呼吸在声乐演唱中起着至关重要的作用。世界著名声乐教育家卡鲁索说过:"一旦掌握了呼吸的艺术,学生也就算走上了可观的艺术高峰的第一步。"这句话充分说明了呼吸在声乐演唱中是何等的重要。呼吸是水,声音是船,没掌握好歌唱呼吸技巧,有再好的声音条件也是枉然。

正确的呼吸方法是歌唱的基础和高音演唱的动力。歌唱中的呼吸与平时人们生活中的呼吸是有区别的,大家平时呼吸只用鼻子就够了,歌唱中的呼吸是用鼻子和嘴同时快速吸气,吸至横膈膜使腹腔在短时间内充满气,然后再根据演唱乐句的长短渐渐往外呼气,周而复始,直到演唱结束。这个方法说起来容易做起来难,需要学习声乐演唱的中老年朋友要认真练习方可自由运用。

掌握了正确的歌唱呼吸方法之后在实际演唱中直接运用才是最重要的。也就是说,要带着正确的气息唱出声音来,使口腔、鼻腔、胸腔、头腔等器官协调合作起来,这关系到演唱者的音色、音域、音量和音准等问题。对于初学者来说要循序渐进,刚开始练习时要用舒缓的单音练习,先从中央C起音,按照方法吸足气缓慢而平稳地发出声音来,把声音拉长、渐强、保持,然后再收音。这样由弱到强、循环往复的练习可以使声带的张力更强、柔韧度更高,而且声带不易受损,对演唱者来说是对声带的保护性使用。学过声乐演唱的人都知道,呼吸运用和控制得当,可以使演唱者的音色更加优美,声音更加明亮;在演唱的过程中更加轻松自如;各个音区之间的声音转换更加自然流畅;高音的音质更加结实、有穿透力。从而,对初学演唱的人来说也为后面学习"共鸣"演唱打下了良好的基础。练习好"共鸣"绝非是短期内能够练成的,这就要打好正确发声和呼吸的基础,这样,声音位置就越来越高,运用头腔的成分就越来越多,音质也就越来越纯净、越来越优美,只有不断钻研、持之以恒地反复锤炼呼吸,才能达到理想的共鸣状态,才能更好地演绎出优秀的声乐艺术作品。

二、声乐演唱中的吐字技巧

声乐,就是古人说的"言之不足则嗟叹之",也就是说,把歌曲中的歌词唱好才能发挥好歌曲的作用。声乐演唱中的"吐字",有的声乐教师也叫"咬字"。既然是跟"文字"有关,就属于语言范畴了。何谓歌唱语言?即音乐和语言结合而成的并能更加直观、生动、丰富地刻画出音乐艺术形象的一门艺术。歌唱语言和我们平时生活中的语言还是有区别的。1.歌唱语言需要标准的普通话(除地方方言民歌外)作基础;生活语言就是各地有各地的方言和口语。2.歌唱语言要略有夸张、源于生活还要高于生活;生活语言就是朴实无华、自然流露。3.歌唱语言要求演唱者口齿清楚、咬字清晰;生活语言就无所禁忌了,只要你表达的意思对方能明白即可,没有固定的标准要求。

吐字的重要性是不言而喻的,因为歌唱属于一过性艺术,要一次性传达给听众,让观众听懂,就要把歌词唱清楚,唱好一首歌曲吐字是要贯穿全曲的。歌曲内容的传情达意都是通过歌者的演唱来清楚地传达给观众的。所以,演唱者要想把歌唱好就要打好坚实的吐字基础,勤奋学习、刻苦努力才能有所收获。歌唱中的吐字是有讲究的,一般分成字头、字腹、字尾三部分。其方法是:字头也就是声母部分要吐字清晰、略重、准确而短促;字腹部分也就是韵母部分声音要拖长、行腔,在此过程中要注意与音乐的节奏和拍子保持一致,而且在延长拖腔的过程中口腔要保持不变,这样才能保证共鸣的音色和音质的稳定,以免母音变形而影响作品真实意义的表达;字尾就是声乐老师们常说的收音或者说叫归韵,收音要略轻、准确、适时。如果归韵做得不好,那么就影响了声乐作品的歌唱性了,也就造成母音变形歌词的准确性难以表达。例如:去年到山西听一位歌唱演员唱《母亲》,这位山西朋友演唱的音色、音质还是不错的,但是吐字就不敢苟同了。因为山西人说话的特点是前鼻韵母与后鼻韵母不分。比如,第一句歌词"你入学的新书包有人给你拿",其中这个"新"字,他唱成"兴","人"字唱成"仍",这就在演唱歌曲时因为吐字归韵不对而造成字义变了。当然,这位歌者如果是在当地演唱没有问题,因为当地人能听懂也能接受,反之观众就觉得听着有些别扭总觉得哪儿不对劲了。

声乐作品之所以能与听众或者观众产生情感交流与共鸣,是演唱者通过准确、清晰的歌唱语言来表达的。可见语言在歌曲演唱中的重要性,所有的语言都离不开文字,那么字音使用的正确与否直接影响声乐作品的艺术效果。准确无误、精准咬字对歌曲的艺术处理都是必不可少的。当然,咬字清楚在演唱中固然重要,可是具体到声乐作品对吐字的要求也是各有不同的。例如:歌曲《包楞调》要求演唱者嘴唇的爆发力要强、嘴皮子利索、声音清脆,才能把这首山东民歌表现得淋漓尽致;歌曲《月光下的凤尾竹》要求演唱者的吐字轻柔婉转、优美缠绵、声线平稳,才能充分体现出傣族青年男女含情脉脉、相互爱慕的爱恋之情;歌曲《阳光路上》演唱时吐字要铿锵有力、情绪激昂、声音高亢,充分展示了中国人民坚定信念跟党走的信心和决心。所以,根据作品的需要演唱者在进行二度创作之后,把吐字的技巧准确地运用到声乐作品上使作品的演唱效果才能更加完美、艺术形象才能更加鲜明。当然,吐字技巧也要和声音结合起来,例如:民族唱法以其声音甜美、明亮、富有浓郁的地域特色著称,民族唱法的吐字比较靠前、声音集中、吐字变化灵活,适合演唱感情细腻、甜美、情绪变化和心理活动对比突出的声乐作品。我国著名的歌剧《白毛女》中的喜儿、《江姐》中的江姐、《洪湖赤卫队》中的韩英的演唱艺术形象鲜明、家喻户晓、广为传唱,就是因为这些艺术作品演员的吐字、声音的灵活运用、曲调的韵律等都符合大众的欣赏品味,老百姓听得懂、接地气、能够与大众的思想感情产生强烈的共鸣。这就做到了"字能传情、声情并茂"完美地完成了歌曲艺术的二度创作。中老年人在学习声乐演唱的过程中,对吐字的要求往往不太重视,这就要求声乐教师在给中老年人教学的过程中要因势利导,尽量多地强调吐字的重要性以及吐字和声音如何紧密地结合,以便使初学者在学习声乐演唱中少走弯路。

三、诠释声乐作品技巧

当声音条件、呼吸、咬字等技巧达到一定标准的时候,"会不会唱"就成了声乐演员高下的分水岭了。其实在我国的声乐爱好者中,与阎维文、刘欢、张也嗓音条件差不多的大有人在,其主要差距就在于"会不会"唱了。歌曲中多数歌曲都是二部曲式,有主歌也有副歌,主歌多数是叙述性的,副歌多是抒情性的,因此一首歌也要用叙述和抒情两种方法演唱,最忌一开始就使出最大力气,反而到该抒情的时候歌曲没有高潮和对比了,可惜我们的很多声乐爱好者不懂得"会唱"的重要性。作为声乐演唱者,想要充分诠释好、演唱好一首声乐作品是要下一番工夫的。首先,要认真地分析艺术作品。任何一首声乐作品都有其时代背景,词、曲作者的创作风格与创作意图,演唱者要认真研究和分析曲式结构、曲式特点、节奏特点、曲调风格、歌词的蕴意和思想感情,通过对作品的全面了解和研究,运用演唱者的二度创作和对作品的感悟力,把作品所需要表达的情感、意愿、风格等完整地表现出来。中国有五十六个民族,各民族的音乐曲调、音乐节奏和音乐风格都不尽相同。有的地方民歌是婉转、小巧;有的地方民歌是粗犷、嘹亮;有的地方民歌是欢快、热烈;有的地方民歌是悠扬、缠绵……

其次,要用心揣摩艺术作品的情感表达。歌声是表达人类情感最真挚、最直白、最朴素、最动人的方式。歌唱中的情感表达是集词作者、曲作者、演唱者于一身的富有创造性的、富有感情升华的、富有艺术魅力的、富有真情实感的自然流露。

因此，当演唱者心情舒畅、情绪高亢的时候，歌唱者喜欢演唱动人、美妙的歌曲；当演唱者心情激动的时候愿意演唱让人激动、欢呼、高昂的歌声；当演唱者情绪低落的时候，情不自禁地演唱悲伤、惆怅的歌曲。这一切说明什么呢？这说明歌唱中情感的表达方式，是人们在日常生活中无法直接用语言表述、无法把内心的真情实感表露出来的时候，就在声乐作品里用夸张的语言和表情，直抒胸臆地宣泄出来的一种表达情感的方式。本人认为，作为声乐演唱者要在音乐修养和文化修养上多花点时间钻研，要博览群书、通晓历史、开阔眼界、拓展知识面，这样才能多角度、全方位地对各个时代流传下来的经典歌曲有更深入的了解和认知。例如：《长征组歌》我们首先要知道这个大型声乐套曲的创作背景。1965 年，为纪念红军长征胜利 30 周年，曾参加过二万五千里长征的肖华同志，通过回顾长征中的艰苦历程，之后又与作曲家晨耕、生茂、唐诃、遇秋等同志通力合作，巧妙地选取各地区不同风格的民歌小调，运用音乐语言与红军传统歌曲的曲调融合在一起谱写成了一部具有鲜明主题、富有感情真挚的历史史诗。在纪念红军长征胜利 60 周年之际，本人参加了《长征组歌》的纪念演出，担任《过雪山草地》的歌曲领唱，我领唱的这首《过雪山草地》充分地讴歌了中国工农红军在党中央毛主席的正确领导下，不屈不挠、无私无畏的革命精神和英雄气概。每当我唱到“风雨侵衣骨更硬，野菜充饥志越坚；官兵一致同甘苦，革命理想高于天”这几句歌词时心中总是情绪高昂、心潮澎湃、热血沸腾。这就是优秀艺术作品的魅力和力量所在。

再有，就是演唱者要与现场观众进行情感交流。我经常跟中老年声乐爱好者们说：“唱歌，要唱到观众心里。”换言之，就是要用你的歌声打动观众，让观众跟随你的歌声一起哭、一起笑。只有这样才能让观众爱听你的歌声、喜欢你的歌声。大家经常听到声乐老师们说：字正腔圆、声情并茂、以情带声……凡是在声乐圈里学习过的学员会时常听到这些字眼儿，但是真正能认真做到的又有多少呢？演唱者在演唱时处理歌词的语气、吐字、语调结合起来做到感情真挚，面部表情、眼神、肢体语言等多方面的表现来感染观众，从而达到与观众内心交流、默契交融，台上台下融为一体，观众的情绪被调动起来的同时也感染着演唱者，这就更加激发了演唱者的创作热情，让自己演唱的作品更加感人、更加动人，这就达到了演唱者所预期的演出效果。

综上所述，呼吸技巧、吐字技巧、诠释声乐作品技巧是中老年学习声乐演唱的过程中应知应会的，只是在学习这些技巧过程中掌握的程度深浅不尽相同，这三大技巧贯穿着整个声乐教程的学习，缺一不可、相辅相成。对于中老年声乐爱好者来说,做到"声情并茂"是演唱者的目标,声音再好,吐字再清晰,缺少了"情"就索然无味了,唱歌的初衷是抒情,没有情就不能感动人,就不能做到以情带声、以情动人。

(作者单位:天津市滨海新区文化馆塘沽馆区)

应在群众文化活动和培训中提高吉他的普及性

曹禄军

吉他(本文所说的吉他指西班牙吉他,不是电吉他)也称六弦琴或古典吉他,是一件世界流行很广的乐器。一把吉他,具备各种和弦、转位、定调、音程、和十二音功能,除了吉他之外只有钢琴等少数乐器具备这个功能,而且它轻便易带。如今“今日头条”里经常播放音乐教学视频,教者多为青年人,多是用吉他来做示范和弦或调式的,而不是用传统的钢琴做示范的。在辅导群众合唱团时我们最常遇到的难题是伴奏,用现成的音频伴奏要受音高、速度等许多局限,用钢琴、电钢琴也不如吉他方便。笔者想,这可能是所有群众合唱团都会遇到的难题吧。而一把吉他,想弹什么调就弹什么调,想弹和弦、弹旋律,都在一把琴中。笔者在指挥一个合唱团公园露天演出中,就遇到钢琴不好搬,电子琴不好插电的问题,结果用了两把吉他,效果同样非常好。当前特别倡导乌兰牧骑式的小分队演出,这样的演出特别在于“小快灵”,吉他就应数“小快灵”的乐器了。而当今在群众文化活动和群众文化培训中,吉他却很少见到,其实我们不能也不应该忽视这件乐器。

一、吉他是一种有多种用途的大众化乐器

随着时代的发展,群众文化越发丰富和普及,愿意走出家门在大庭广众下展示自己的人们越来越多,但笔者发现,在中老年人和青年人中有两种不同的展示方式,在公园、在河边,老年人都是带着音乐播放器,用它插上 U 盘来伴奏唱歌;在校园、在人行天桥上,青年人多是怀抱吉他唱歌,像前几年比较出名的“西单女孩”“民谣歌手郑钧”等,都是一边弹吉他一边歌唱。老年人和青年人在唱歌方面就有了不同的现象:年轻人是很不屑于用音乐播放器唱歌的,而老年人们则是离不开音乐播

放器。其实吉他可以有多种功能，相对于其他乐器，吉他又比较好学。用播放器伴奏，要受到歌曲的结构、速度、调的限制，而吉他则不受任何限制，对于那些创作型青年歌手，吉他更是他们成长发展的最佳助力。既然吉他是一种很好的乐器，在我们目前的群众文化培训中却很少涉及它，所以我们应该在群众文化培训中普及吉他教学。

吉他是一种舶来品乐器。因其“guitar”的英文译音而得名，又因为吉他有六根弦，所以中国的老百姓都普遍称它为六弦琴，是名副其实的弹拨乐器。吉他是一件乐器，但绝对不是一件普通的乐器。它与钢琴和小提琴被世人公认为“世界三大乐器”之一，其艺术性可与钢琴和小提琴媲美。同时吉他又是世界上最大众化的乐器，其知名度和普及率是任何一种乐器不能与之相提并论的。它既可以担任独奏又可以担任主奏还可以担任伴奏，所以初学者在学习吉他演奏技巧的同时也需要学习和掌握一定的乐理知识。

大约是在20世纪80年代初，吉他是随着一首名为《爱的罗曼史》的曲子才广为人知的。这种乐器才在中国渐渐地流行起来并一点点地被中国的老百姓所接受和喜爱的。当时是比较时髦且新潮的年轻人在街头巷尾自弹自唱，那时吉他在中国刚刚流行，真正会弹吉他的是凤毛麟角，都是拿着把吉他煞有介事地在琴弦上扫来扫去，只要基本节奏对了就行，没有复杂的技巧。即使这样，在当时来说弹吉他的人也是少数的。原因是：①在80年代改革开放初期，家家户户的生活水平还仅限于解决温饱问题，哪还有剩余的钱给孩子买一把吉他来弹呢？当时吉他就是个奢侈品；②在当时的家长眼中凡是学弹吉他的孩子都是不务正业的、不好好学习的问题青少年或者是出来混社会的小混混；③当时大家都认为吉他是个娱乐乐器，学得再好也不能考音乐学院，因为当时我国各大音乐学院都没有开设吉他专业，所以不如去学其他专业，以便将来给孩子掌握个谋生的本事。

时代在不断发展，人们的思想观念也在发生着变化，随着港台歌曲渐渐传入内地，通俗唱法的歌曲也就开始被中国的老百姓所接受和喜爱，其中有很多通俗唱法的歌手都是背着一把吉他走上舞台站在话筒前自弹自唱，他们在舞台上的服饰、发型、弹吉他的动作曾经迷倒了众多的少男少女，演唱会几乎是一票难求，观众是场场爆满。例如：通俗歌手成方圆，代表作品台湾校园歌曲《外婆的澎湖湾》；摇滚歌手崔健，代表作品《新长征路上的摇滚》；台湾歌手齐秦，代表作品《大约在冬季》等。通过观看明星们的演出更加激发了青年人学习吉他的热情，因为没有正规音乐院校老师的辅导，这就催生了社会办学的热潮，社会上各种吉他培训班如雨后春笋般地涌现出来。在周末或者是寒暑假,在大街小巷上经常能看见背着吉他的少男少女,三五成群地穿梭于各大吉他教学培训班中学习吉他演奏技巧。

二、吉他可以代替钢琴学习乐理和视唱

吉他所具备的功能是其他弹拨乐器不能比拟的。在现实的音乐教学中,有条件的培训机构都设有专门的视唱练耳或者乐理教室,并配备一架钢琴供视唱练耳或者乐理老师使用。但是群众文化大多数的培训班是不具备这个硬件的。那么在吉他学习的教学过程中,无论是初学吉他的人还是想进一步深造的人,都要充分认识其重要性。目前在我国初学者从一开始就不重视视唱练耳及乐理的学习,从而导致缺乏理解乐谱的能力,所以说学习视唱练耳或者乐理知识是学习音乐的必经之路,也是任何想成为音乐家的人的基础练习。吉他这个乐器,虽然没有钢琴的八十八个键,但是它具有钢琴的一切功能,照样能弹出钢琴的音程、和弦及音阶。钢琴的演奏有很高的艺术性及丰富的艺术表现力。吉他的许多作品也像钢琴一样需要很高的演奏技巧,它具有更为细腻的艺术表现力,能更好地表达演奏者的音乐处理和音乐风格。例如:①要学会吉他与五线谱在音域与谱面上的对应关系。吉他的音域是从钢琴键盘上大字组的 E 至小字二组的 b 采用高音谱号记谱,也叫 G 谱号。吉他、长笛、小提琴等乐器都采用高音谱表记谱,除此之外,还有低音谱号和中音谱号。②以 C、D、E、F、G、A、B 七个字母所命名的音级,称为"基本音级"。钢琴键盘上的五十二个白键,在相应的位置上循环重复使用这七个音级,音名相同的音,在乐音体系中只是其音的高度不同,意义完全一样,用字母的大小写以示区别。③钢琴的八十八个键几乎囊括了乐音体系中的全部乐音,在钢琴键盘上可以清晰地看到各音之间的关系,比如:对钢琴而言,钢琴相邻键的两个音构成半音;隔开一个键的两个音构成全音。对吉他来说,在同一条弦上相邻品位上的两个音构成半音;隔开一个品位的两个音构成全音。在视唱练耳的音高训练中,钢琴与吉他同时在半音与全音的视听音高和音域的对比中,吉他丝毫不逊色于钢琴,但美中不足的是,吉他的音量比较小,不像钢琴的琴体自带很大的共鸣音箱,这也是吉他在一直亟待解决的问题。

当然,世界上任何一种乐器都不是完美无缺的,无论吉他还是钢琴,这两种乐器的优点已使它们成为当今音乐中非常重要的、地位不可撼动的乐器。因此,在吉他普及教学中,吉他教师要因材施教,在教授吉他演奏技巧的同时一定要重视乐理及视唱练耳的训练和学习,积极探索更好的吉他学习方法,循序渐进,切记不能私

自加快进度,要有足够的耐心,否则“欲速则不达”。

三、吉他弹奏具有和弦性与旋律性两种方法

接触过吉他的人都知道,吉他是一种和声乐器,能够演奏多声部的乐曲,因此,吉他在演奏独奏曲或者吉他弹唱时不需要其他乐器的伴奏,然而吉他却可以用来担任其他乐器的伴奏或者与乐队的协奏。由此可见吉他丰富的表现力和强大的和声功能。说到和弦,这些都是乐理层面的知识,是每个吉他爱好者都应该懂的基础常识。在吉他弹唱中,“唱”是主旋律、是主角,吉他弹奏的和弦是伴奏、是配角。和弦弹奏的不是旋律,而是为唱歌者所做的和声与伴奏。那么何谓和弦呢?简单地说就是三个或者三个以上不同的音按照一定的音程关系结合起来同时或先后发音的,就叫和弦。同时发声的叫柱式和弦,先后发声的叫分解和弦。吉他和弦一共分为七个调性,每个调性又有一级到七级不同的级数,所以吉他总共有四十九个不同的和弦。其中最常用的就是C调的七个和弦,也是新手入门需要掌握的基本和弦。

在吉他的实际演奏中最为常见的是三和弦。三和弦有大三和弦、小三和弦之分。那么和弦在乐曲的实际演奏中又有什么作用呢?大三和弦的和弦功能色彩为鲜亮、明快;小三和弦的和弦功能色彩为忧郁、伤感;增减和弦的和弦功能色彩为神秘感、怪异感……在和弦的使用上是有规律和章法的,既有条理性又有逻辑性。良好的和声链接能促使音乐前进和发展;反之会出现和声动力的停滞和阻塞。除此之外,吉他和弦的作用还表现在强化节奏、美化旋律、表现不同和弦、拓宽乐曲演奏的空间感、强调乐曲的调性……因此,充分了解和弦及其和弦功能对演奏音乐或者记忆音乐上是很有帮助的。

其次,我们说说吉他的旋律性。旋律也称“曲调”,是音乐的首要要素,由调式、节奏、节拍、力度、音色、表演方法方式等有机结合而成。乐曲的思想感情都是通过旋律表现出来的。在实际演奏中,是先有的旋律然后再编配和弦伴奏,旋律的走向、节奏、调性、风格等因素直接影响和声的编配。例如:前苏联时期的一首爱情歌曲《山楂树》,这首歌曲曲调优美动听、歌词温婉缠绵,歌中唱道:“歌声轻轻荡漾在黄昏水面上,暮色中的工厂在远处闪光。”这是一首典型的小调的歌曲,在歌曲的和弦编配中充满了浓郁的乌拉尔风情——纯真、优美、浪漫。《山楂树》一经传入中国,立即被广为传唱,此曲带有小调歌曲所特有的忧郁和质朴的感觉。在平时我们在接到一首新的乐曲时,必须先通过识谱、哼唱来分析和确定曲子的曲式结构及大

小调、节拍节奏、表现风格等，然后再根据和声功能及旋律走向，来确定此曲调的主和弦—下属和弦—属和弦—主和弦，这样一个初步的和弦功能走向，接下来再通过润色、丰富、烘托、补充等配器方法，把主旋律突出得更加生动、感人。所以说，旋律性是吉他演奏、弹唱的关键和前提，没有优美动听、振奋人心、感人肺腑的主旋律，再好的配器也是徒劳。反之，如果主旋律写得非常优美动听、感人肺腑，但是配器配得很失败，那么再精美的作品也是枉然。例如：吉他名曲《绿袖子》是一首英国民谣，这首民谣的旋律非常古典、优雅，又略带一丝凄美之感，是一首描写对爱情感到忧伤的曲子。由于其旋律独有的哀怨和伤感，以至于这首吉他独奏曲至今还在流传。经典的音乐作品都是因为旋律有特点，或优美、或激昂、或庄严、或哀伤、或缠绵、或凄美等，总之，让人永远难忘。这就是旋律性在音乐中的魅力所在。

四、吉他演奏具备的两种方法更适合伴奏或独奏

1.吉他的演奏方式之一即伴奏型

民谣吉他的演奏方式单一，只是伴奏。其伴奏音乐多为流行歌曲弹唱，也就是为歌手现场演出伴奏。民谣吉他使用的是钢弦，用拨片演奏，这是由它演奏的性质所决定。这更有利于在歌曲演奏中伴奏音型的变化及转换。对于民谣吉他来说入门的学习还是比较简单的，而且在吉他学习的过程中技巧的强度也比较小，但是在伴奏类型和节奏上下的工夫要很多。在民谣吉他的伴奏中常用节奏型为：分解和弦、扫弦（即柱式和弦）。对于大部分歌曲来说，学会这两种节奏型应该就够用了。例如：台湾校园歌曲《童年》，对于吉他伴奏节奏型来说，可以分别用这两种方法来演奏。如果是使用分解和弦伴奏，给演唱者和听众的感觉很清新、很阳光；如果是使用扫弦也就是柱式和弦伴奏，给演唱者和听众的感觉是欢快和动感。

2.吉他的演奏方式之二即演奏型

在吉他的大家族中，如果说最具表演型的那是非古典吉他莫属。古典吉他以独奏为主。当然古典吉他也兼顾着重奏、协奏等，古典吉他使用的是尼龙弦，用手指直接弹奏（也叫指弹），它是以演奏古典乐曲而得名，但是从古典吉他的音乐表现力来看，它的音色细腻而多变，丰富的多声部和声对不同时期、不同风格、不同民族的音乐都能诠释自如，深受广大吉他爱好者们的喜爱。例如：吉他独奏曲《很久以前》《阿尔罕布拉宫的回忆》是古典吉他最著名的代表作品之一，是吉他“轮指”技巧的代表作，是近代吉他之父塔雷加的作品，全曲用轮指的技巧表达出自然流畅的主旋律和阿尔罕布拉宫宫殿的辉煌与华丽。在吉他的普及与教学中，学习古典吉他可以让学生在技巧训练中能够有所提高,具体提高多少是跟学生的刻苦练琴程度成正比的。如果学生能够做到心如止水地埋头苦练,古典吉他演奏水平的提高是指日可待的。

吉他是一种非常好的乐器,全世界很多人喜欢吉他,尤其是青年人。目前在我国还是青年人居多。随着国民物质生活水平和精神文化生活的不断提高,人们的思想观念也在悄然地发生着改变,吉他也不应该是青年人的专利,希望更多的老年人也加入其中,也希望我们的老年合唱团也拥有吉他伴奏这一武器,更希望我们在群众文化培训中普及吉他的教学。有了吉他,中老年人就可以随心所欲地唱歌,可以让他们更加年轻。

(作者单位:天津市滨海新区文化馆塘沽馆区)

群文博览

试论泃河"三地五区"文化联盟的形成与发展

张凤齐

泃河在中国众多的河流中就其长度、流域面积来说，虽然比较普通和渺小，但是泃河历史源远流长，现今已有2300多年，其名称发音非常具有地方语言特色，其正确的读音是ju(拘)。而这条很不起眼的河流，却默默流经北京市、天津市、河北省三地的部分地区，并形成了自己独特的河流区域文化。泃河两岸的人们在日常生活的生产、交往、娱乐、风俗等多方面，都存在文化共性并世代传承。随着京津冀协同发展步伐加快，文化在引领推动泃河流域各地区的协调发展、传统文化与时代的群众文化发展元素相融合方面起着至关重要的作用。本文仅对泃河河流区域的文化，"三地五区"(即北京市、天津市、河北省三地的平谷区、蓟州区、宝坻区、兴隆县、三河市)文化联盟的形成与发展进行论述。

一、泃河流经的区域以及区域文化特点

泃河发源于河北省兴隆县南部群山之中，河流自北向南穿过黄崖关古长城流经天津市蓟州区、北京市平谷区、河北省三河市和天津市宝坻区，全长200多公里，流域面积2300多平方公里。泃河的水运历史非常悠久，据史料记载，泃河水道在战国时期就已通航，随着中原运河的大量开凿，河流的相互连接，泃河便成为通达长城内外的一条重要水运路线，为以后这段长城内外货物交流、军事物资运输供给打开了通道，明朝著名将领戚继光曾任蓟镇总兵，带领数万军民开始对蓟北古长城边大规模修筑加固，并设有多处边防要塞。

长城地理环境的特殊性，使得一切军需物资和食物主要靠外地供应，货船由天津装载粮食、食盐、军需物资，沿着水路北上转至蓟运河，再通过泃河运至蓟州、三河、平谷各渡口，货物卸船进入驿站清点后，再转运各仓库和边关军营。同时，又将

平谷、密云、蓟州、兴隆各地的药材、水果、皮货等物品装上船,运往各地销售。这个时期,泃河水运活动十分繁盛。到清代,长城的军事防御功能丧失,虽然军队撤走,但在各个营地、渡口留下了大量的老百姓,这时期泃河仍然承载着大量的货运。

抗战时期,冀东地区先后修建了多条战备公路,物资改用汽车运输,加上泃河的河道淤浅多年失修,因而结束了两千多年的水运历史。

因此,泃河文化具有军事、农业、商业的多重性。包容性是其最根本的内在明显特征。多民族居住泃河流域,文化相互交融,存在着生活习俗的不同所带来的文化背景的差异。又因中原文化同北方游牧民族文化相聚此地,形成了泃河流域多元性、一体化的文化特性。

二、建立"三地五区"文化联盟的必要性

在京津冀协同发展的大框架下,三地五区的文化馆,作为担负着公共文化服务体系建设的骨干力量,承担着为地区群众文化活动提供优质文化产品和服务的重要使命和职责。

京津冀三省市地缘相接、人缘相亲,地域一体、文化一脉相传,拥有着天然的共同合作优势。这就为泃河流域文化即"北京市、天津市、河北省三地的平谷区、蓟州区、宝坻区、三河市、兴隆县五区(市、县)"文化联盟提供了国家层面的政策支持。

"三地五区"文化联盟的形成将实现文化资源互享,优势互补,相互促进,共同发展。通过地域联盟,文化馆相互交流文化活动经验、学习先进理论,以合作交流为平台,实现资源共享,推动泃河流域的文化发展,共创文化品牌,共谋群众文化事业发展;本着请进来、走出去,取长补短,使文化服务手段更加先进合理,使馆内人员素质得到提升,文化产业更具开放性、包容性和创新性,对提升文化馆的外部形象,打牢文化事业繁荣的基础,最大限度地扩大文化惠民的实效,都有着强大的促进作用。

另外,通过文化联盟,还可以将所属地域内相同的非物质文化遗产项目进行联合保护,以便得到更好的传承。泃河文化,因为本身具有的独特性,自古至今成为三地一笔丰富的文化遗产,无论是在文学、艺术、历史、教育、商业、农业、民俗等领域,还是人们的衣食住行、生活方式,都有着灿烂的文化渊源。其物质文化所创造出的精神文明,蕴藏在人们的血脉之中。

例如2005年,天津市文物局对蓟县(今蓟州区)北部地区开展了旧石器考古专题调查,石器埋藏层次清楚,并采集到大量石制物品,填补了天津地区在人类旧石器时期的考古空白。

这些显性文化是研究各个时期人类的生活方式、行为习惯、文化态度、审美价值等传统文化的一部活生生的百科全书。它对研究泃河流域的人们迁徙和流动，文化和生活等方面都具有重大的价值。

三、建立“三地五区”文化联盟的可行性

1.存在特定价值和诸多共性

虽然泃河水运的历史已经结束，但流域形成了独特的“文化带”，构成了以河流为纽带的线性共同体，具有鲜明的地域特定价值。在明朝时期，曾经从山东省、河南省抽调数万军队和百姓屯居于此，使得这里的文化聚集、融合、新生得以发展。泃河连接着长城的南北，又进一步使其他河道和交通枢纽相互联结，同时具有明显的区域、跨区域特性，在经济发展、文化传播方面又发挥了联结和纽带作用。

依水而居的生活方式，使泃河的引水、蓄水、整治承载了水利与社会生产生活的内容。泃河水运的往复性，使得人口流动速度加快，区域间文化的融合性极强，各种文化相互传播、吸收、融合，发生着内容和形式上的变化，并通过相互接触、交流进而相互分拆、合并，在共性认识的基础上建立起具有连续性和一致性的新地域文化。

首先是语言，这里的人们以普通话为基准，随着泃河的流向变化略带有北京和唐山方言，方言俗语相近，所表达的语义基本一致。其次是民俗，赶大集、逛庙会、花会表演、游艺娱乐，相互融合。再次是泃河流域拥有大量的人文景观和文化遗址。依泃河流经区域先后出现津门十景之首的“蓟北雄关”、平谷八景之一的“泃水晚渡”、三河市八景之一的“七渡晴澜”等。文化遗址蓟州区有北台旧石器遗址、七区旧石器遗址、大安宅古井群、小平安旧石器遗址；平谷区有上宅新石器遗址（即上宅文化）、金花公主墓葬等等。泃河两岸的人们在日常生活的生产、交往、娱乐、风俗等方面存在许多方面的共性并世代相传。作为物质的泃河不是一个单纯的地域概念，而是一个包含着地域经济、政治、思想、生活方式等方面内容的综合体。

2.具有文化共识、活动基础（以蓟州文学创作为例）

30年前形成雏形已经为“三地五区”文化联盟打下基础。作为承担蓟州群众文化活动的主要部门——蓟州文化馆，更是与宝坻文化馆和河北三河市、兴隆县以及北京平谷区文化馆有着紧密的联系。早在20世纪70年代末开始，蓟县文化馆便以群众文学创作为契机，开展了多种多样的文学交流活动，如多次邀请知名作家

浩然来蓟,为业余作者进行文学讲座、培训活动;带领作者深入三河、兴隆、平谷等地进行学习交流,开阔了作者的眼界,了解异地风土人情等等。

"三地五区"文化馆,以刊为媒培养业余作者。1978年,蓟县文化馆创办了群众文学刊物《蓟县文艺》,为业余作者创作提供了深厚的土壤,其栏目内容有小说、散文、诗歌、戏曲、曲艺等。1988年更名为《山里红》,1998年更名为《芳草地》,2019年创刊《蓟州文化》。刊物在保持原有栏目基础上,更新了版面,增加了页码,突出文学性、地域性,使之可读性更强。三地的群众文化创作交流也因此有了更新的突破,活动范围更加广泛,内容更加丰富。在《芳草地》《蓟州文化》《平谷文艺》不定期开办专栏,刊登五区作者创作的文学作品,形成了一种互相学习促进,互相切磋研讨的良好氛围。为本地业余作者走出去,外地作者请进来,创作出文学精品起到了积极的作用。创作队伍也得到了不断壮大,培养了一大批文学作者,在各个区域内发挥着文学的积极作用。

多年来,蓟州文化馆一直本着"建阵地,聚人才,出精品"的原则,每年积极组织五区开展专题文学作品评奖活动。目前活跃在全国文坛的作家尹学芸,就是最早在本土文学刊物上成长起来的作家,她多次聆听浩然的讲座,深受浩然文学创作的影响,在浩然主办的三河杂志《苍生》上发表过很多作品,许多作品在三地举办的文学赛事中获奖,特别是获得鲁迅文学奖之后,在京津冀作者群中产生了很大反响,拥有一大批读者群。

四、如何进一步加强泃河流经区域文化的传承保护研究

泃河流域各地文化行政部门高度重视,2015年5月,天津市蓟县文广局、北京市平谷区文委、河北省兴隆县文广新局召开"京津冀三地文化协同发展联谊会"并正式签署了三地文化合作协议;2018年4月,北京市平谷区文化馆、天津市蓟州区文化馆、天津市宝坻区文化馆、河北省兴隆县文化馆、河北省三河市文化馆建立泃河流域文化联盟,旨在彰显一脉相承的泃河文化的艺术魅力,更好地弘扬优秀传统文化,推动京津冀文化事业繁荣发展。

1.对于泃河文化利用的几种形式

进入20世纪八九十年代,蓟县文化馆、兴隆文化馆、平谷文化馆以长城为主题积极开展多次书法、美术、摄影比赛和展览。随着深入发展,不断整合资源,特色互通,优势互补,"三地五区"文化馆的广泛交流将成为新态,广大文化工作者将在书法、美术、摄影展览、文学创作、文艺演出、特色培训、戏曲传承、"非遗"展示等领域

加强合作、增进友谊,五方联动携手并肩。

2.泃河文化“三地五区”文化联盟的发展已经初步取得了成绩

相互协办了“五区消夏纳凉巡演”“彩色周末”“京东文化艺术节、旗袍文化节”“京津冀诗歌朗诵会”“独乐寺庙会”、第一、二、三届“京东庙会”“京津冀评剧票友大赛”“后龙风水百年开禁文艺庆典”“京津冀书画名家交流笔会”、第一、二届“泃河情”书画影联展等活动。在所展览的优秀作品中,饱含五区书法绘画摄影家对泃河文化的记忆与传承热情,集中展示了泃河沿岸瑰丽风光。

每次活动在为“三地五区”广大群众送上精美文化盛宴的同时,又为广大书画爱好者切磋技艺、相互交流心得、彼此增进友谊搭建了良好平台,充分展示了各地区的文化发展成果和深厚的人文素养,也见证了五区人缘相近、情缘相亲的浓浓乡情;对于深入挖掘泃河流域历史文化底蕴,推动“三地五区”文化开展广泛交流,实现资源共享、优势互补、协同发展,具有重要的现实意义。

综上所述,随着京津冀一体化的不断深入发展,文化联系更加紧密繁荣。五区文化馆将进一步联合开展泃河寻源活动,举办第三届“泃河情”书画影巡展,协办好第四届京东庙会,开展文艺演出交流、“非遗”保护传承等活动,打造出泃河流域文化品牌,促进文化和旅游发展。“三地五区”文化联盟必将把这股良好势头保持下去、拓展开来,让群众文学创作、民间文化交流、“非遗”传承、特色旅游等方面融合得更加深入,让文化发展繁荣之路更加顺畅,开创出“泃河文化一家亲”的更新格局,绘制出“三地五区”文化更美好的蓝图,为共同繁荣泃河文化做出更大的贡献。

(作者单位:天津市蓟州区文化馆)

“精准扶贫”形势下群众文化工作该如何开展
——以蓟州区为例

张凤齐

“精准扶贫”是中央提出的重要治国方略,是全面奔小康的关键一战。农村的群众文化工作是最典型的基层文化,面对这一形势,有着艰巨的任务和重要的使命。“精准扶贫”形势下,我们群众文化工作者,尤其是站在一线的文化馆干部必须有敢于担当和善于担当的历史责任感。

一、对于文化馆来说“精准扶贫”的中心任务是“文化扶贫”

我们从事的是群众文化工作,因此必须了解工作的对象和任务。扶贫工作面很广,十分复杂,对于群众文化工作来说,应当明确重点工作,我们所解决的并不是基层群众的物质生活需求,而是精神生活“贫困”问题。

应当看到,仍然处于贫困状态下的农村群众,在追求物质脱贫的同时,也渴望接受新的思想文化,获取新的文化知识来充实自己,他们知道丰富精神生活才能实现真正富裕。那种认为贫困地区农民只需要解决吃喝穿住就万事大吉的思想是错误的。文化扶贫在扶贫脱贫工作中具有十分重大的现实意义和深远的历史意义。文化馆作为各地政府的公益性单位,在满足贫困群众精神需求,做好文化扶贫方面有着义不容辞的责任。我们蓟州区的群众文化工作便体现了这一点。

蓟州区为天津市唯一革命老区、库区和半山区,居京津唐承四市之腹心,90多万人口,面积1500多平方公里,是一个多民族散杂居的地区,区内有天津市唯一的民族乡——孙各庄满族乡。多年来,蓟州文化馆在上级部门和区委区政府的大力支持指导下,对需要帮扶的280多个贫困村,开展了一系列扎实有效的文化扶贫工作。

首先，对乡镇文化站增加投入。大力加强公共文化场所的建设，改善文化设施。其次，常年开展文化下乡活动。建立民间文艺演出团队300多支；开展文艺轻骑兵、文艺志愿者服务等方式，在贫困地区传播先进文化。再次，开展“四下乡”活动，普及各类知识。同农业、林业、科技等多部门合作在各乡镇文化站举办培训班，把一些难理解的理论知识编成通俗易懂的顺口溜、快板，现场向群众示范、讲解，受到了群众的欢迎，脱贫致富之路取得了显著成效。

二、“精准扶贫”督促我们必须做好调查研究、摸清底数

由于一些外在、内在的原因，“文化扶贫”工作还没有取得决定性胜利，贫困群众在接受文化的层次上还存在着很大差异，这都需要我们坚持“从实际出发”，做好调查研究，了解差异的状况和难点，认真进行研判，才能因地制宜、因人制宜做好工作。这些差异主要是：

1.地域性的差异

蓟州区人口分布较散，北部山区距离城中心较近，旅游资源丰富，再加上政府一直致力于中等旅游城市建设，将得天独厚的北部山区作为重点区域，村民们搞农家旅游，接收的文化信息量大，他们乐于接受新鲜的文化知识。对参与群众文化性的活动比较踊跃积极。相反，南部地处低洼地区，距离城区较远，交通不便，最远的村庄距离七八十里，接收的文化信息相对较少，群众生活平时比较懒散，对新的文化生活主动性热情不高。

2.认识上的差异

这种差异，既有自身文化的影响，也有受商品时代以利至上观念的影响。一些贫困村的群众，认为娱乐活动就是吃饱了没事干，可玩可不玩。甚至还有一些老年人受旧的传统观念束缚，认为那些娱乐活动都是爱出风头，不务正业的表现，不愿意家里人去参与，导致一些文化活动落实不畅。

3.文化层次的差异

大多贫困村的群众，整体文化水平不高，思想滞后，头脑不太灵活，对一些文化知识接受起来比较困难。

以上这些比较突出的问题，在一定程度上导致了贫困地区在接受文化时出现千差万别的状况。因此，在脱贫过程中，更需要从实际出发，制定有针对性的措施，在精准上狠下工夫，找准最佳契合点，选择适合的脱贫途径，以提高脱贫的精准度和实效性。

三、文化扶贫一定要在“精”和“准”上下工夫

如前所述,文化扶贫是扶贫的更高要求,越是贫困地区,其文化建设和发展水平越是落后。致贫的原因是多样的,有的是因为天生懒惰,有的是因为知识匮乏等等。因此,要真正做到“扶贫”,就必须按照中央的要求在“精、准”上下工夫。

1.找准特色,发挥优势,在“精”上下工夫

所谓“精”,是指向基层百姓提供的文化“大餐”必须是精品,必须高起点做好扶贫工作,这才符合“全心全意为人民服务”的宗旨。没有精品意识,缺乏向百姓负责的“店小二”精神,就只能算是“半心半意”,这关乎文化扶贫的根本态度问题,必须格外注意。

文化扶贫,实际上是通过“送文化”向贫困地区进行文化输血,并在此基础上做到“鱼渔具授”,通过“种文化”让贫困地区形成造血技能。无论是“输血”还是“造血”都要提供最好的“血源”和造血机制。“送文化”是打基础,“种文化”是谋发展。应将“送文化”与“种文化”都打造成精品工程。培育乡村文化骨干、加大对乡村文艺团体的扶持力度,培养一支农民自己的文艺队伍,让更多的群众参与进来,使之成为扶贫脱困的主角。

2.要了解扶贫对象的文化需求,做到“准”

在“准”上下工夫就必须调查走访,精心指导。文化扶贫,必须契合基层的需求,否则会形成“大水漫灌”,达不到预期的效果。

扶贫的“准”,是指针对贫困地区,根据需求层次不同,有针对性开展工作,提供不同的文化产品和服务,多进行实地调查走访,充分了解当地群众真正需要的文化需求,行之有效地开展工作。针对群众需求,准确地进行专业指导,对文化特色资源进行梳理,发展特色文化产业,以文化为先导,符合文化规律,做好与市场需求的对接,打造一批特色品牌。

3.动员社会力量,才能够做到“精准”

要想做到精准扶贫,单靠文化馆的力量显然不够。必须发挥社会力量,特别是文化志愿者的作用。因为他们从群众中来,又到群众中去,对基层和群众的需求最了解,具有极强的亲和力和凝聚力,更能吸引群众的参与热情,是“精准扶贫”的生力军。例如,文化馆志愿者服务队,有固定文艺骨干200多人,他们常年活跃在蓟州乡村,利用每年农闲、节假日,走进乡村演出。他们非常了解群众最需要的文化,

量身定做文艺节目，拉近了与群众的关系，把文艺送到了基层，送到了群众的心里。不仅满足了农民的基本文化需求，同时也促进了文化馆公共文化服务的职能发挥。

四、精准扶贫，才能促进文化脱贫事业发展

近些年，蓟州建设日新月异，不断加大扶贫力度，物质、精神双管齐下，在精准扶贫上做文章，贫困群众逐渐减少。目前已形成了一整套以文化治理为主的脱贫方法措施，从建立公共文化基础设施，如文化广场、公园等公益场所，到培育人们的精神生活，开展各种文化活动，让文化惠及民计民生，渗透到人们的日常生活。

1.旅游文化与扶贫相结合

结合地区旅游资源，在蓟州渔阳镇的西井峪村，打造民风、民俗特色文化，建立精品民宿，在上仓镇程家庄村，将农耕文化纳入其中，建立农具民俗展馆，对传统的农耕生产过程及农民的生活风俗、生活用品等进行集中展示。不仅很好地保留了传统文化，而且还可以供村民观赏回味，增添了旅游特色。在其引领下，一些村庄纷纷走上民俗特色村的旅游之路，形成了一种新的乡村文化。

2.发挥基层服务中心作用

落实专项资金，通过区政府采购，购买专用设备：音响、乐器、服装、健身器材等，发放到各贫困村的综合性文化服务中心，为村里开展各项文体活动提供便利。

3.重视文化遗产的传承与保护

贫困村虽然经济发展比较落后，但不意味着传统文化的缺失。有些民间工艺，经过了几代人传承至今，是一笔极其珍贵的文化资产，尤其是一些与人民群众生产生活密切相关的传统工艺。区政府每年拨专项资金进行挖掘保护，建立非物质文化遗产名录档案。目前为止已经收集的“非遗”项目已经有几十项，有的被充分利用开发成旅游产品，有的建成了手工作坊，带动了贫困地区群众脱贫致富。

除此之外，开展送书下乡、文化送戏下乡、送电影下乡等活动，及时地满足脱贫群众对精神文化方面的需要。不断满足群众对文化生活的追求和渴望，让群众在多姿多彩的文化活动中享受美好生活。

五、蓟州文化馆在文化扶贫中发挥的作用

蓟州文化馆作为基础性的公共文化服务机构，在文化扶贫工作中有着广泛的群众基础。服务对象涉及全区乡镇、社区、学校等各个单位。蓟州区贫困户大多在农村，文化馆常年深入农村与最基层的群众接触，掌握和了解群众对文化生活的需

求,在文化精准扶贫工作中,最能发挥其重要作用。其主要表现在以下几个方面:

1.指导作用

文化馆对农村组织开展各类文化活动,是当地文化部门开展日常群众文化工作、进行政策宣传的主体。党的思想文化宣传教育,明确党的思想和发展方向,统一群众思想,推进和谐社会建设。创作高质量喜闻乐见的文化节目,对下一级的乡镇文化站、文化中心进行培训,抓队伍建设,配送文化资源和文化服务。

文化馆有各艺术门类的专业性辅导老师,在馆内常年开设公益性培训班和下乡指导文化活动。在贫困村培养基层文艺骨干,自创了许多接地气的文艺节目进行演出,不仅起到了娱乐的作用,且在一定程度上提升了群众的文化素养。

2.推动作用

开展好群众文化活动不仅是满足群众精神生活,也是社会发展的需要。文化馆在精准扶贫中,一直发挥着良好的推动作用,持久坚持,做好规划,积极深入基层,在取得阶段性成果上不断创新。在精准上下工夫,办成有特色,深得群众之心的满意活动。在民族特色文化扶贫中,文化馆深入满族乡,挖掘满族特有的传统文化,组建舞蹈队,在文化馆辅导老师不间断的辅导和培训下,这支队伍多次参加区内群众性比赛,成功举办农民春节晚会、满族文化节等活动。

3.激励作用

文化馆每年通过举办戏曲大赛、广场舞大赛、歌曲大赛、美术、摄影展览等活动,对优秀的艺术人才进行奖励、评选文化特色村和文化特色乡镇。例如,每年一届的戏曲大赛,初赛设在乡镇,群众因为在家门口参赛,省去了舟车劳顿之苦,积极性非常高涨,报名参加人数逐年增长。这样的好处是既能实现真正意义上的精准文化扶贫,又能以点带面,帮扶一批群众,带动一批群众,将群众文化活跃起来,形成一种自觉自愿地开展文化活动的良好氛围,起到了文化育民作用的同时又提升了群众文化素质,向扶贫对象输入新的文化、知识和价值观念,增强了他们的文化自信与脱贫信心。

归根结底,文化精准扶贫的主要作用,是激发出贫困地区群众对精神文化需求内在的活力,彻底改变因愚而贫的状况。将自身的资源充分利用起来,借助“外力”的支持和帮扶,实现“实事求是、因地制宜、分类指导、精准扶贫”。让贫困群众切身感受到文化扶贫带给他们的利益和实惠,他们才会拥护并自觉实践,只有这样,实现全面奔小康才会有可靠的保障。

(作者单位:天津市蓟州区文化馆)

群众文化应将关爱退役军人文化生活纳入重点工作

宋　爽

日前,《天津日报》以显著的位置报道了"南开区关心退役军人文化生活"的情况。报道显示,天津市南开区委、区政府在大力推动退役军人创业就业,关心他们物质生活的同时,还特别关心文化生活,以创新的精神在体育中心、水上公园、向阳路等12个街道建立了退役军人之家,在阳光壹佰、昔阳里等171个社区建立了退役军人文化活动站。市有关领导对此予以充分肯定,认为这样的好经验好做法,应当形成模式,在全市推广。通过在退役军人中开展文化活动,增进感情沟通,传递党和政府的关心关爱,有助于在全社会营造关心关爱退役军人的浓厚氛围。

资料显示,这些退役军人之家做到了因地制宜、资源共享,具有8个功能要素,为广大退役军人营造了"家"的氛围,在软件服务上也落实到位。目前,南开区正在按照上级领导的要求,尽量突出"兵味",开始了"退役军人之家"标准化和建设优化的工作,并正在建设"样板站",天津市关爱退役军人协会拟向全市推广。这说明,关心退役军人的文化生活,已经成为政府的常态化工作,应当引起我们群众文化工作者的重视与注意。

一、退役军人是一个特殊的群体,必须关心他们的文化生活

退役军人是一个特殊的群体。他们均有过从军的经历,有的甚至长达几十年,直到退休。即使是仅仅几年的义务兵,也在军队度过了人生最珍贵的时光。这个群体接受过同样的理想和信念教育、经受过同样的军人训练、有着共同的语言基础和军旅情怀。这一群体有着下述三个特点:

1.有着良好素质,在青年时期打下了很好的基础

他们中间的绝大部分人曾经亲历“沙场秋点兵”,今天,和全国人民共同向往“长风破浪会有时”。在部队期间,他们贡献了最美好的青春。如今,在波澜壮阔的改革大潮中,仍在争当“最可爱的人”。党、政府、人民始终关心着他们。

正像“南开区最美退役军人表彰大会”上所说的:有的年少时投身军营,经受了苦与累、生与死的考验,有的回到地方,变换岗位多次,均表现很好。他们是一个光荣的群体。退役不褪志,退伍不褪色,是他们共同的决心。离军不离党,永远跟党走,是他们共同的誓言。不忘初心葆本色,是他们共同的情怀。牢记嘱托再出发,是他们共同的信念。他们的忠诚已经融入灵魂,跟党走的步伐,永远坚强有力。有的,带领一方群众,建设美丽天津、美丽南开、美丽社区。有的,奉献友爱,甘当光荣的志愿者。有的,敬业爱岗,成为本单位的学习榜样。有的,扶危解困,成为社区群体的贴心人。

特别是一些“军休”的老退役军人,有的打过仗,有的救过灾。离退休后,党和国家给了很高的政治生活待遇。他们认为:“不戴领章帽徽,但穿过的军装不能褪色;不在现役岗位,但为人民服务的使命没有完结。”大家没有安享晚年,而是不忘初心,发挥余热,形成一个光荣的群体。

这个群体中的绝大多数,目前在各行各业砥砺奋进,把各自的工作岗位看作军营,活出了精彩璀璨的人生。

2.退役后生活境遇大不相同,容易产生思想波动

激励退役军人献身改革开放,是党和政府的责任,也是维护国家长治久安的实际步骤。但由于每个人的境遇不一样,也有很多退役军人生活并不如意。横向比,有着巨大的反差。退役军人中有任正非、王石这样的商业大亨,也有靠摊煎饼为生的小摊贩。纵向比,反差同样巨大,有的在部队是学雷锋标兵,退伍后单位不景气,身体病了,没有劳保,只好靠部队里学的理发手艺作为谋生手段。有的退役军人,当兵时立功受奖,意气风发,退役后赶上了国企下岗,生活艰难,一切需要从头再来。还有的参军到了工程兵部队,经历了许多苦与险,退伍后,又当了环卫工,清扫马路,清运垃圾,需要从一线干起,仿佛命中注定要与脏和累相伴一生。更有一些部队的中高级军官,退役后工作安排很不如意,思想上很难扭过弯子来,容易形成思想疙瘩。

3.迫切需要人文关怀和心理疏导

这样一个群体,生活境遇大不一样,又有共同的语言和情怀,因此,无论从人文

关怀、心理疏导的角度也好，还是从促进社会稳定、社区和谐的考虑也好，都必须将这一群体作为工作的重点，正确对待，尊重他们、关心他们，给他们以高度的重视与关爱。

对于退役军人“格外重视”，也是国际社会常见的现象。像美国、日本、俄罗斯、英国、德国等发达国家，都成立了“退役军人事务部门”。最近，我国在中央的直接关怀下，成立了“退役军人事务部”，各级政府也成立了相应的机构，并普遍建立了“关爱退役军人协会”，就是为了贯彻中央的精神，不能让英雄流血又流泪，要让军人成为全社会最受尊崇的职业。

专门对一个群体成立专门的政府部门和协会，这一政治待遇，好像新中国成立以来没有过。因此，咱们群众文化工作者一定要认清形势，跟紧形势，把关心、关爱退役军人的文化生活提到议事日程上，对这一群体“高看一眼”，对这项工作“重点对待”。

二、退役军人有较高的素质，具有开展文化活动的基础

在退役军人中开展群众文化活动有三项优势：

1. 受过军营生活的锻炼，参加群众文化活动有基础

退役军人的青年时期是在军营度过的，他们熟悉军营生活，对于包括军营文化在内的群众文化活动有着天生的亲和感。

军营的集体生活造就了他们共同的作息时间和生活习惯，其中也包括他们的文化生活和艺术欣赏习惯。军营生活中的歌咏活动、棋牌活动、游艺活动、集体会操活动等等是他们生活的一部分。观看部队文艺宣传队的演出造就了他们对于自编自演节目的熟悉和喜爱。这些都和我们居民中经常开展的群众文化活动，比如革命歌曲大家唱、广场舞比赛、民间花会活动非常相似。因此，我们策划的群众文化活动可以随时唤起退役军人们对于军营文化的记忆。在实际操作中很容易“投簧”“合拍”。比如，“退役军人事务局”成立才几个月，便迎来了“七一”党的生日，我们按照区委的要求协助“事务局”举办了退役军人歌咏大会，方案制订后，才一个星期便在全区组建了 15 支合唱团。每支合唱团都在 40 人以上，能演唱多首部队歌曲，包括领唱、齐唱、合唱、轮唱都轻车熟路。有的街道合唱团的演唱水平不次于文化馆的“半专业合唱团”。这一支支训练有素的文艺团队，以饱满的精神和高昂的激情，抒发了退役军人“退役不退志，退伍不褪色”的壮志豪情，让我们领略了退役军人的文化素养。

2.有较强的纪律观念,容易接受活动组织者的管理

和一般居民相比,组织退役军人参加群众文化活动要容易不少。他们熟悉大型文化活动的运行模式,了解集体活动的特点,只要向这些参加活动的人员讲清组织者的意图,他们执行力一般都比较强。现场服从命令的意识也较强,因此容易做到整齐划一、令行禁止。像前面说的"七一活动",共有七百多名退役军人参加,他们把歌咏汇活动作为发扬革命传统、争取更大光荣的有效教育形式,每次排练都认真参加。来到剧场,15个合唱团团员既当观众又当演员,按照节目抽签顺序,依次上场,又依次返回观众席,做到了纪律严明,台下不声不响,台上歌声嘹亮,体现出退役军人的素质。

3.有较高的艺术素质

以生命赴使命,用热血写忠诚,退役军人经过人民军队的培养锻炼,成长为党和人民忠诚的卫士,具有忠诚、坚毅、担当、自律、果敢的优秀素质,退役军人在政府机关、事业单位占有很大的比例。他们不仅政治素质较高,而且具有较高的艺术素质,比如,在文化馆系统就有相当数量的退役军人。在社会上的退役军人中,有很多是部队宣传队的演员。在"八一建军节"举办大型活动时,我们请到了从中国人民解放军三军仪仗队退役的小伙子们,在节目开始前表演了升旗仪式,全场为之精神大振!

目前,天津市已经成立了"退役军人文艺宣传队",基本上是由原武警天津总队文工团的演员、196师宣传队的人员构成的,其中包括我们熟悉的万隆、郭金泉、庞晓宁、冯洁、石春英、刘书艳、王景昌等。按照市里的模式,我们各区也可以成立区级的退役军人文艺宣传队,一定会成为群众文化的一个重要方面军。

除了舞台文艺,退役军人在文学、评论、美术、摄影、朗诵、演讲、工艺制作等方面也同样人才济济,具有很好的群众基础。这是群众文化的良田沃土,一定能够开出绚丽的群众文化之花!

三、应当像普及街道文化中心那样普及"退役军人文化中心"

南开区的退役军人之家其实就是"退役军人文化中心",目前已经进入标准化的实施阶段。出于工作的需要,我参观过几个文化中心。按照标准化的要求,"退役军人文化中心"应当具有下述功能:

1.荣誉室

展示人民军队的光荣历程,把我军建军以来的历史,浓缩于现代化手段上,反

映我军发展壮大的历程。革命文物和史料真实、生动地反映了我军从无到有、从小到大、从弱到强的过程。

“光荣榜”上，是中央军委命名的十大英雄人物和南开区退役军人中的英模和先进人物。有国家级的、市级的和区级的。特别受到关切的是文物展示。大部分是20世纪80年代以前，部队的一些装备和设施，包括炮弹壳、军装、钢盔、弹药箱。由于南开区大部分退役军人都是七八十年代服役的，这些展品，他们都穿过、用过。这些物品可以让他们回忆起那激情燃烧的岁月，更加珍惜过去的荣誉，始终保持革命军人的本色。

2.功能室

包括医疗服务室，可以让医疗服务志愿者为退役军人提供医疗咨询、血压测试等服务。法律服务室，熟悉“涉军法律知识”的法律工作者，可以在这里提供服务。“爱心工作室”，采取志愿服务、结对帮扶的方式，为生活困难的退役军人提供帮助服务，把总书记关于“让军人成为全社会最尊崇的事业”的指示落到实处。图书阅览室，有藏书、报纸杂志，分为军事、政治等坚持每天开放。茶聊室，是给退役军人提供谈心、聊天的场所，通过室内布置体现革命元素，用迷彩图案体现军营元素，是开展谈心、交心的地方。文体活动室，开展日常的文体活动，定期举办讲座、歌咏活动等等以及提供理发等服务。

3.党员活动室和红色讲堂

这是给退役军人开展党员活动、进行理论学习的场所，同时还可以举行主题讲座或者播放电影。

综上所述，军人有地位，国家有力量。讲好退役军人故事，激发广大退役军人的荣誉感、自豪感、责任感、使命感，“发扬革命传统，争取更大光荣”是历史赋予我们群众文化工作者的任务，通过我们的工作，让关爱退役军人的文化生活形成一种文化现象。

（作者单位：天津市南开区文化馆）

文化馆的机构改革应重视“数字化”部门的设置

宋　爽

南开区文化馆机构改革之后,各个部室的设置有了很大的变动。原来的业务部室文艺部、美术部、摄影部、培训部、基层辅导部被精简到两个,只设负责大型活动的文艺部和培训辅导部。另设了一个新的部门“数字信息化部”,且编制较大。我认为这样的变动很符合当前形势的需要,这种重视“数字化”的做法应当得到推广。

当代社会依托着网络的兴起和信息化时代的到来,无论在广度和深度上都发生了昔日不可思议的变化,甚至这种变化会影响到许多新兴产业的产生和新的机构出现。像各级政府都设置了级别高、责任重的“网信办”,文化馆的组织机构建设也应当发生变化。过去,文化馆“文艺当家、美影两翼、后勤保障”的机构设置和运行体系应当被打破,数字化管理和运行部门应当站在文化馆的“一线”。

长期以来,我们各级文化馆所做的工作似乎只是文化中的一部分——文艺。延续了几十年的工作,是音乐、舞蹈、戏曲、戏剧、曲艺、美术、摄影、书法、文学等,我们的业务干部的配置基本上是按照各种艺术类别确定的。而面对“数字化、信息化”的大潮,我们必须打破陈规,设立专门部室、专门人员来做专项工作。

一、数字化是新的生产力,群众文化必须受其引导、为其服务

如今社会达成共识,蒸汽机技术与电的技术将人类社会从中世纪状态带到现代文明社会。而互联网的出现正在将人类社会推向高科技文明。数字化是一种新思潮,是新的生产力的体现,作为上层建筑的机构,文化馆必须适应这种生产力,为这种生产力服务。文化馆在新时代要想适应大形势的发展,满足社会的需求,达到普及新思想新知识的目的,就必须反作用于经济基础,通过数字化的工作,甚至以

数字化引领各项工作，构成新的“文化生产关系”。

当今新的科技不断融入百姓生活，许多新的文化现象离不开科技产品和网络，比如微博文化、手机文化、网络文化等，我们要搞好开拓性的文化工作，就一定要利用好数字化这个武器，守住数字化这个阵地，寻找新机遇，散布正能量。文化馆的干部应当成为数字化的行家里手，甚至是IT高手，通过网络、微信、微博等，与“数字化食材”保持零距离，为老百姓当好“数字化食堂”的店小二，这样才可以保证我们文化工作永不落伍，为我们打开大千世界，使我们的工作如虎添翼。

据老一代文化馆人介绍，与形势的发展同步，不断吸收和掌握文化传播的新形式是文化馆的传统。解放初期，文化馆就引进了广播、幻灯等形式。20世纪60年代曾经自己制作广播剧。甚至有的文化馆成立了“幻灯组”，经过研制，将幻灯研制成了“土电影”配以自己录制的音乐，在配合形势宣传方面做了很多工作，很受群众欢迎。改革开放以来，也是文化馆最新引进了卡式录音机，举办了交谊舞学习班，解放思想开办了舞会。80年代，更是文化馆较先装备了摄像设备，拍摄专题片甚至自己创作“微电影”“微电视剧”，领当时风气之先。进入20世纪以来，随着电脑的普及，文化馆无论在硬件上还是在软件上都没有落后。如今面临互联网的普及，文化馆人当然要发扬传统，紧紧跟上。当务之急是顺应事物发展变化的规律，把握时代机遇，运用“数字化”的思维，破解发展困境。这样才能打造适应“大数据时代”的数字文化馆生态服务体系，达成群众文化大繁荣大发展的美好愿景。

随着时间的推移，如果我们此时不能够做到更新知识、改变思维方式、有所作为的话，很快就会被时代无情地抛弃。“数字化”行动计划和智慧城市发展的到来，更昭示着数字文化馆的必然。

二、建立“数字化”的专门机构，是建立数字化文化馆的基础

适应生产力的发展，满足人民群众的文化需求，是文化馆人的天职，为群众推送各种数字化的文化服务是当前文化馆面临的重要任务。文化馆的干部大多来自传统的文化部门，有的毕业于文化院校，有的来自文工团、专业院团等，经营数字化服务毕竟不是他们的专业，因此有必要引进数字化服务的人才，并建立独立的专门部组。这个部组不仅是个技术部门，更是各居于一线的业务部门。它应当是数字化文化馆的一个“奇点”，以此为种子，终将发展成为真正意义上的数字化文化馆。并且加强与网络产业合作，研发具有本地域特点的文化艺术服务软件乃至设备。让研发软件落户到手机、互联网、智能穿戴等移动应用、智能应用设备上，最终延伸

至街道、社区,甚至家庭、个人。让群众文化产品随时可听、可视、可观赏、可学习,最后还要可反馈,以利于更好地服务于广大人民群众。

部门的设置,也是要不断适应形势发展的。有些过去热门的行业现在可能被淘汰,社会上如此,文化界也是这样,电影院中画广告的曾经是紧缺人才,现在早被喷绘代替了。文化馆中,过去布置会场是一件很麻烦的事情,会标是需要经过长期训练的干部将美术字用直尺“打”在美术纸上,然后再将字剪下来,别到横幅上,这需要很多人完成。制作舞台用的幻灯布景更是一门比较高级的技艺,即使到20世纪的90年代,也还需要特殊的“变形镜头”,经过特殊人才在“变形格”上绘制,才能将景色“反打”到幕布上。但是,现在一个大屏幕就解决问题了。所以曾经编制很大的美术组就必然会缩编,主要从事辅导工作。而一些新兴行业也会随着形势的发展不断凸起。

数字化部门就是如此。以南开区委、区政府为例,过去只是行政科后勤人员中的电脑维修人员。后来,这些人调到区科委,扩大了编制成立了专门的网络科,为机关服务,现在已经成为正处级单位,位于全区舆论宣传工作的第一线,由宣传部直接管理。

随着手机终端的普及,世界已经在变小,人与人之间的距离正在接近,过去想象不到的便利就在我们身边发生。数字化极大地改变了人与人、人与社会、人与设备之间的关系,一切都似乎发生在不长的时间内,信息的传递便以几何性增长迅速地拓展开来,信息时代已经从传说变成了现实。这就不得不面对现实,重视数字化、信息化部门,将其升格为一线部门是顺理成章的事情。

三、文化馆的数字化部门工作职责也要不断拓展

作为文化馆负责数字化、信息化的一个部门,不应只将其职能视为技术岗位,应当参照政府机关“网络办”的模式,将其提升为综合管理机构。在管理好、服务好、维护好文化馆内部的电脑硬件和管理系统之外,更多的是做好为民众服务的事情。

首先是转变观念,“端菜上门”。文化馆是为人民服务的公益性文化单位,它的唯一宗旨就是为人民服务。文化馆的干部不能等客上门,而要“端菜上门”,进行个性化服务。现在的形势是,“大众媒体”已经到来。电视、广播、报纸虽然仍是传统媒介,但更如雨后春笋般的是社交网络。电梯、地铁、公交、汽车、商场、饭店甚至医院等,凡有人群的地方,都是“网络”的天下。这是最便捷、最畅通的“为人民服务”,

是践行宗旨的很好途径，这种自然而然的传播方式，我们当然要利用，而且要达到历史上从未有过的高效与便捷。

其次是调研工作。文化馆所提供的满足人们合理、合法需求的公共文化服务是否建立在公众需求为导向的基础上。用户使用公共文化产品的情况反馈、产生的新需求、潜在的新需求、本区域文化资源都需要通过大数据才能实现数据分析、协调、平衡和整合，这种“数字化、信息化”的调研手段更透明、更直接、更真实、更客观，对文化馆发展方向的指导意义可谓是革命性的。在大数据的帮助下，我们可以实现文化馆为群众文化把脉的作用，精准高效地指导新产品、新服务的设计与推送。我们工作的出发点就应当从改变传统的、自上而下的思考方式入手，自下而上地进行决策，让信息双向交流，以人为本确定服务走向。通过大数据提供的基层居民、机构等服务终端传递，汇总的数据作为决策依据的人性化管理，促进文化馆的良性、健康发展。

再次是整合工作。指对文化馆各项工作的协调和整合。通过互联网输送文化馆主导各项工作的推介活动情况，实时进行监控反馈，达成信息双向流通。汇聚线上公共文化培训与辅导、公益演出网上预约与网上订票、艺术展网上浏览、观摩、文化类知识的讲座网上在线视听、网上学习艺术知识等众多服务模式的创新。这种内部建设适应了群众的需求，可以为广大的人民群众提供及时的、即时的、方便的服务，这种服务甚至是超越时空的。不仅实现文化产品的快速送达，方便公众选择人性化的公共服务，更能推动公共文化服务体系的现代化建设，文化馆重视数字化工作标志着创新思维已经渗透于文化馆人的思想深处，可以促进公共文化服务更加亲民近民。

第四是推进总分馆制。和全国各地的文化馆一样，我们文化馆正在建立数字化文化馆的服务网络，特别是在建立总分馆制的要求下，数字化的网络更将总馆和各个街道的分馆以及社区服务点紧密联系在一起。文化馆的业务干部在馆内培训班授课，社区采用定制的方式同步线上视频播放。全区的各个社区都可以收益，一堂课就可以延伸和拓展成几十堂课，受众当然也是几十倍的增长。项目与项目融汇成一个庞大的服务体系，更好地实现人性化服务。

最后是打造文化馆的数字化品牌。“数字化、信息化”时代，如果产品形不成品牌，那么你的推广就不算成功，因为一款定义不明确的产品无法让用户记住，从而养成用户使用的习惯。提到“百度”，大家都会马上想到“搜索”；提到“腾讯”人们马上就会联想到“社交”；“阿里巴巴”一出现，自然而然就会让人们想到“电子商务”。

品牌形成之后,自然而然就会让人们形成使用的习惯。当人们有文化需求的时候,首先让人们想到文化馆,则是我们所期待的。

当然,文化馆"数字化、信息化"部门的发展,也不应急于求成,要有规划。真正好的服务产品应该杜绝冗杂而混乱不清,从上层就构建、规划好服务渠道的走向、文化服务的客户端人群,并使各类产品形成体系化、网络化,终端在选择服务时也会一目了然,方便参与。

综上所述,文化馆建立并强化"数字化、信息化"部门,有助于从思想深处去拥抱"数字化"时代,用"数字化"思维来思考文化事业的方方面面,借助"数字化、信息化"打造全新的服务模式,创新输送更加受到大众欢迎的、丰富多彩的、时尚新颖的、传达时代主旋律的文化产品。便捷、均等、广泛地服务于人民大众,达成我国惠民政策的真正落地、生根、发芽、开花、结果。

(作者单位:天津市南开区文化馆)

群文活动要向年轻人倾斜

——从天津市群艺馆“梦想家”系列活动谈起

高　昆

“梦想家”是天津市群众艺术馆创立的全新品牌公共文化服务项目，该项目为我市在新形势下开展公共文化服务起到了巨大的推动作用。目前，“梦想家”品牌发展势头良好，市群艺馆利用新馆资源优势，着眼于青年人的文化需求，旨在吸引与鼓励更多的青年公众参与群众文化活动，探索适应年轻人口味的公共文化服务发展新模式，连续六届的“梦想家”系列活动，主要包括青年话剧节与大学生音乐节，在活动期间还面向公众发放公益票，举办多场文化惠民专场演出，社会反响十分强烈。2019 年“梦想家”品牌做到了做大做强，陆续推出相声、电子竞技等深受当今广大青年人喜爱门类的赛事及系列活动，充分发挥了公共文化服务的均等化与包容性，将社会中最活跃最具创造性的青年公众纳入服务人群的辐射范畴，提升了公共文化服务的水平。

“梦想家”系列活动之所以引起社会的强烈反响，主要在于它改变了长时期以来各级文化馆文化活动偏重于少儿和老年人的惯性思维，将关注点更多放到青年身上，努力燃起群众文化活动的青春活力，以实际行动落实了中央提倡的“全民艺术普及”的要求。

一、应当充分认识“全民艺术普及”的重要意义

中央现在提出文化馆应当承担“全民艺术普及”的任务，我认为十分正确。“全民”的概念切中要害地提出了当下文化馆普遍存在的问题——文化馆的全民属性正在丧失，有成为少儿艺术学校和老年活动中心的可能。在多年的基层文化活动

中,经常能听到普通群众将文化馆认作老年大学。如果各级文化馆陷于这种年龄层次单一化的陷阱,肯定会阻碍群众文化事业的发展。

因此,必须从思想上予以重视,在活动上予以倾斜,争取更多的青年人参加到文化馆的活动中来,使文化馆充满青春的活力。

"梦想家"系列活动的启动是天津市群艺馆针对上述情况于2014年提出的。而此前群艺馆所举办的活动中,更多地偏向于中老年人,如中老年合唱、中老年广场舞,组织的各类艺术培训也是面向中老年人及儿童,如"中老年摄影培训""中老年书法培训""少儿绘画培训"等等。显然,我们的公共文化粉丝是以中老年人及儿童为主要群体,这是多年来群众文化乃至公共文化的惯性思维造成的。

出现这一现象的原因是多方面的。包括青年家庭负担较重,用于个人休闲娱乐时间较为有限等。但调查显示,青年其实更是文化活动的主力军,他们更愿意到社会上的文化娱乐场所消费。今年全国电影票房突破六百亿,这样一个令人吃惊的数字,青年是主要的贡献者。青年人是当下社会的主要群体,他们从时间上看更愿意到各大剧院、各大影城去欣赏演出及观看电影,从消费上谈更喜欢到量贩式KTV、夜总会、迪厅去花销,到健身房、瑜伽馆、跆拳道馆去运动,到社会办的艺术培训班去接受教育。文化馆主办的以中老年人和少儿为主的演出就很难吸引青年观看,诸如明星演唱会、国内外知名团体演出等,其主要消费者均为青年人。

这就给我们以很大的启示,不是青年不愿意参加群众文化活动,而是我们对于中央提倡的"全民艺术普及"的指示认识不高,措施不力,行动缺招法。因此,从总体来看,群众文化活动存在着"全民艺术普及"不够的问题。长此以往,对于群众文化活动的发展是极其不利的。

二、提高认识,从供给侧发力才能打造"朝阳项目"

文化馆的任务有很多,其中向人民群众进行广泛的辅导,进行全民艺术普及十分重要。应当尽量将"艺术普及"向"全民"延伸,向社会的不同层面深入,让更多的老百姓领略艺术的真谛,通过我们的日常工作,使接受辅导和培训的青年获得娱乐的享受和享受娱乐的能力,并在此基础上从能够"自娱"进而成长为能够"娱人",这需要群众文化工作者付出辛勤的努力。

在任何时代,青年永远是工作的主力与基础,失去了青年就失去了现实和未来。青年是祖国的未来,只有他们身心健康、意志坚强、充满青春活力才可以体现我们民族旺盛的生命力,群众文化活动对青年健康健全人格的影响和形成都具有不可代替的作用。因此，必须坚持面向青年开展形式多样的群众文化活动，这是关系到千秋万代的一项事业，同时还可以对文化馆等群众文化事业单位起到宣传与推广的作用，在很大程度上促进群众文化事业的大发展、大繁荣。

既然公共文化服务提供的形式较为陈旧，不适应青年民众的需求，那么作为公共文化服务产品的提供者就不能怨天尤人甚至置若罔闻，必须转变观念，从自身找原因，为广大青年当好“店小二”，进行“端菜服务”乃至“点菜服务”。

群文活动的繁荣兴盛离不开文化的供给与需求，中央提出“供给侧改革”，点出了文化馆的症结所在。

由于群众文化供需矛盾存在了很长时间，以至于文化供给部门早已适应了旧的文化供给模式。不仅是活动对象影响了供给模式，供给模式也在同时反作用着供给对象。这就要求我们公共文化部门要重新审视和深入挖掘群众的文化需求，找到符合青年群体的文化诉求，充分考虑这个群体在活动内容、活动方式、活动时间、活动场地、活动主题方面的特殊要求，以更具创新性、前瞻性的方法打造全方面、多层次、宽领域的文化供给模式。我们推出“梦想家”系列活动，就是要针对青年的需求和特点开展活动。

经过调查和研判我们将“梦想家”的第一个“圆梦行动”锁定在话剧上。天津是中国近代话剧的发源地。我国著名的话剧奠基人李叔同、著名剧作家曹禺均生长于天津。近年来，一些优秀的话剧作品来到我市进行演出，培育了相当数量的青年话剧爱好者，在我市各大高校中，均有学生话剧社团，话剧在青年群体中有着较高的关注度。2014 年在京津冀协同发展文化先行的大背景下，联合了三地高校青年话剧社的力量，首届梦想家青年话剧节拉开序幕。话剧节致力于扶植与挖掘心怀梦想的青年戏剧人才与戏剧社团，打造交流与展示的平台，丰富充实青年公众的业余文化生活，开拓三地戏剧演出市场。

到 2019 年，“梦想家”京津冀青年话剧节已经举办了六届。今年的戏剧节邀请了 15 个高校学生剧社，甄选受大学生欢迎剧目，鼓励原创及先锋等剧种，以展现当代大学生精神风貌为基本宗旨。并本着创新开拓的原则，特邀了北纬零度戏剧工作室、向下戏剧工作室、果子剧坊、长春市艺术研究所话剧社等民营剧社参与，从而提升了话剧节整体档次与质量。此外，还选择了多个地域位置良好的演出剧场，多点覆盖，随着地域辐射范围与服务半径的扩大，受众人群得以增加，彰显了全民艺术普及的特质。

三、不断创新,才能让文化馆永葆青春

在话剧节取得可喜成绩的基础上,我们又在2019年推出了"首届'梦想家'京津大学生相声展演季"。

相声,在天津发祥、兴盛、传承,近年来天津的相声茶馆近30所、民营相声团体近20支,发展势头良好,同时吸引了全国各地喜欢相声的朋友及广大游客慕名而来、驻足聆听,带动了全国各地相声市场,特别是相声小剧场的发展。据了解,北京、天津绝大部分高校均有相声社团及相应的兴趣小组。他们日常的排练及演出基本上是在自己学校范围内或者校与校之间开展,并没有一个很好的平台把京津部分高校的相声社团及社团中的优秀演员推向社会、推到百姓当中。"梦想家"京津大学生相声展演季应运而生。

由于活动"投簧",参加演出的高校达到了42个,呈现了意想不到的繁荣景象。包括北京大学、北京师范大学、中央财经大学、中国戏曲学院、中国传媒大学、南开大学、天津大学等名牌大学都积极参与。我们举办了"传承经典"传统相声专场、"校园风尚"原创作品专场、"以老带新"名家新秀相声专场、"津京联谊"两地互动相声专场。群艺馆依托数字群艺馆互联网+的平台优势进行了线上、线下宣传,产生了很好的效果。

同时,我们还推出了民谣、摇滚、爵士、评书、Cosplay、电子竞技等一系列深受当下广大青年人喜爱的赛事及演出。艺术馆改变了老态龙钟的现象,开始频繁出现青春的笑脸,洋溢着青春的活力。

总之,青年文化活动涵盖内容很广,今后将采用更加丰富的形式,不断完善面向青年的各项活动,使得文化馆能够充分展示青年的良好风貌。

(作者单位:天津市群众艺术馆)

从"和平杯"曲票赛谈群文品牌的保护与传承

高　昆

"和平杯"曲票赛是"和平杯"曲艺票友邀请赛的简称。从2013年举办第一届开始，到今年已经成功举办了四届。2019年11月6日晚，该项赛事圆满结束，在位于天津的中国大戏院举办了颁奖仪式和汇报演出。主办单位、承办单位和协办单位的领导以及曲艺名家颁发了"和平杯"曲艺"十大名票节目奖""双十佳节目奖"和"优秀票友节目奖"。整场演出亮点频闪、高潮不断，展示了我国曲艺传承有序的盛世景观。天津电视台、天津文艺广播录制播放。津门再次掀起追捧曲艺的热潮。

这样的新闻报道不由得令人联想，这和大家十分熟知的"和平杯"中国京剧票友邀请赛如出一辙。这两者有什么关系？如果有，其缘由又是什么？

作为天津市群众艺术馆的戏曲曲艺干部，对这两项活动都有较深的参与和了解，特别是两项赛事都进行了"天津地区选拔赛"。这两项活动（以下简称"曲票赛、京票赛"）都是面向全国的大型群众文化赛事，都致力于弘扬民族文化、振奋民族精神，都取得了很好的成绩。它们的实施方略和赛程设置，甚至奖项设置也是高度相似。所不同的是"曲票赛"是"京票赛"的传承者，甚至在很大程度上，是"京票赛"的"衍生体"。这里就牵涉到一个群众文化品牌的保护与传承问题，应当引起关注和讨论。

一、"京票赛"这样的群众文化活动应当注重品牌的保护

"和平杯"中国京剧票友邀请赛是文化部（今文化和旅游部）命名的全国群众文化品牌。稍微浏览一下网页，关于这项赛事的资料连篇袭来。资料显示，"和平杯"京剧票友邀请赛是由和平区人民政府于1991年倡导，经过天津市委宣传部同意并参与，天津市文化局（现天津市文化和旅游局）共同参加主办，得到了文化部、中央

电视台大力支持的活动。它享誉全国，波及海外，是中国京剧史上首次由各地政府文化主管部门层层选拔，经权威部门认定，并由国家文化部授予“中国京剧十大名票、十小名票”等荣誉称号的全国性的业余京剧文化活动。已经连续成功举办十四届成人票友赛和七届少儿票友赛，被公认为和平区和天津市的文化品牌，并被文化部命名为全国群众文化活动知名品牌。

像“和平杯”京票赛这样的活动，在将近三十年的历史中能够坚持不辍，保持青春活力，在我国群众文化历史上恐怕是十分罕见的。（这也说明，文化活动的沃土在基层广大群众中。同时，在此基础上举办有组织的、公正严明的、层层选拔的比赛，依靠获奖者的实力与竞赛活动结合予以深化的推进，是群文活动产生广泛影响的重要体现。“和平杯”的成功，对全国而言带了一个好头。）许多媒体和网络都给以相当高的评价，也是理所当然的。

问题在于，由于“京票赛”的巨大影响，也造成了全国范围内对于“和平杯”中国京剧票友赛的模仿甚至复制现象。“百度”一下，叫“和平杯”的活动很多，甚至还有“和平杯”国际青少年足球赛。“和平杯”的重要标志性成果“十大名票”更是遍及评剧、豫剧、越剧、河北梆子、曲艺，甚至还有评选不分剧种的“戏剧十大名票”。这在十分讲究版权意识的文化界应当引起人们的关注。

经过调查和翻阅资料，我了解到，“和平杯”京票赛的实施方案是经过主办单位多名群众文化和专业文化专家反复研究和论证出台的。甚至“‘和平杯’中国京剧票友邀请赛”这十二个字也是逐字推敲产生的，因此，具有独特的知识产权。“京票赛”的核心标志“十大名票”的命名是京剧史上前所未有的，因此具有独创性，其名称和内涵应当受到保护，不应被“克隆”乃至模仿。没有经过“京票赛”组委会的授权，按法理不应当随意使用其标志名称与标志成果。

问题在于，“京票赛”组委会在举办之初并没有进行法律注册，在29年的运行过程中也没有进行追加。这就给上述那些后起者、模仿者以很大的便利。这不能不说是策划上的遗憾，也说明咱们群众文化工作者法律意识的缺失和不足。因此从长远利益来说，建议今后群众文化活动的策划者、主办者应当具有品牌意识，对那些具有独创性、前瞻性的实施方案、标志物进行集成化式的注册，以保证活动的唯一性，在今后的文化市场竞争中占得先机。

最近，北京市高级人民法院特意为“具有代表性的科技文化交流、体育赛事、会议展览等活动的特有名称”等相关问题做出了司法解释，明确提出要解决“各类赛事、展会形成规模和品牌”之后，标志性权益保护方面存在的新问题。这为遏制恶意抢注及相关侵权行为，提供了法律支持。群众文化工作者应当认真学习法律，自觉保护自己。

其次，“和平杯”的比赛活动要把原生和衍生的关系处理好。原生是“流”，衍生是“派”。“流”要突出特色、规律与举办原则；“派”要讲究个性和自身优势，但是要合乎“流”的规制。

二、“曲票赛”是和平区“借势而上”的举措，应当提倡

本文所说的“曲票赛”正是如此。原因很简单，这两者的倡导者、主办单位和承办单位都是和平区人民政府。也就是说这两项大型活动的“版权”同属于一个“法人”，“曲票赛”是经过版权人授权的，这是和平区政府“借势而上”做大做强群众文化品牌的一项举措，是符合法理的一项大型群众文化活动。

在区政府的统一领导下，和平区文化和旅游局很好地做到了“借势而上”。不仅借了“和平杯”中国京剧票友邀请赛在全国群众文化界形成良好形象的“势”，还借了在新闻媒体方面的舆论优势，更借了《“京票赛”实施方案》的“势”。

特别是在比赛名称、参赛范围、报名方法、参赛要求、赛程赛制和评选方法上借鉴的较多。比如，报名方法中主要以“各省、直辖市、自治区及各大系统为单位”为主，对没有做组织选拔工作或没有足额选报节目的地区以及对香港、澳门特别行政区和台湾同胞、海外侨胞、国际友人、外国在华留学生报名参赛的规定，都基本上沿用了“京票赛”的做法，还有评选中的“打分不亮分”的规定等等。因为，这些规定都是“京票赛”在将近三十年的过程中逐步摸索出来的成功经验。特别是沿用了“十大名票”的奖励称号，对全国的曲艺票友具有很大的号召力。

实践证明，这种“借势而上”的做法，对于繁荣群众文化事业具有较好的促进作用。

三、“曲票赛”在传承的基础上有所创新

尽管“曲票赛”在很多方面借鉴了“京票赛”的做法，但到底曲艺和京剧有所不同，面临形势有所不同，仍然在很多方面进行了创新和发展，这是必要的，更是有益的。

1.引进市场机制，进行市场运作

作为邀请赛的倡导者和主办单位，“曲票赛”组委会采取了“招投标方式”进行市场运作，决定由天津广播电视广告传媒有限公司承担具体实施任务。

新时代需要不断地深化改革,由专业传媒公司承接具体实施任务,体现了新闻领域改革创新、开拓进取的精神。这是政府文化部门文化创新的举措,也是天津电视台运行机制对接市场的一个尝试。这种合作搭起了响应中央号召,进行文化产业和文化事业有机融合的很好平台。各单位本着大局意识,抓住机遇,利用这一平台,向社会展示了新时代公共文化服务的风采。

2.“十大名票节目奖”的设置

“曲票赛”沿用了“十大名票”的说法,但在第三届运作时将其改为“十大名票节目奖”。这是根据“曲艺”这一艺术形式的特点而决定的。因为京剧是“角儿的艺术”,全场戏就应当有主人公,就应当有主角。因此,“京票赛”沿用“四大名旦、四大须生”的传统提出“十大名票”是科学的、合理的。但具体到“曲票赛”情况有所不同。有许多节目是共同完成的,最明显的是相声,捧逗二人共同完成“一块活”,不好判定哪位是“十大名票”,于是经过专家研讨,改为了“十大名票节目奖”。

3.举办曲艺理论研讨会

为了推动曲艺事业持续发展,以实际行动落实树立文化自信的指示,组委会采取全国“群星奖”的方式,在宣布评选结果后,举办了“树立文化自信,弘扬民族文化”理论研讨会。

研讨会,主要是点评会。决赛评委面对参赛选手,对决赛节目进行点评。对于决赛过程中的不足毫不回避,点中要害。这样的举措,有益于曲艺事业的发展,更有助于参赛选手今后艺术水平的提高。

综上所述,类似于“京票赛”“曲票赛”这样的全国群众文化活动知名品牌,要有法律护航、规制和制度保驾才能乘风破浪,才能更加开拓一汪广阔的海洋。要界定好原生的“流”及衍生的“派”,让参与比赛的广大票友更加趋于专业化。总而言之,无论是“曲票赛”还是“京票赛”都对传统文化,尤其是票友活动如何树立文化自信,弘扬民族文化,用优秀的作品满足人民群众对美好生活的向往。

(作者单位:天津市群众艺术馆)

让"文化"成为"农家院高端民宿化"的催化剂

赵琳杰

目前,旅游业已成为经济发展的亮点,乡村特色旅游成为打赢脱贫攻坚战的有力抓手,在发展乡村旅游的过程中,"农家院"成为最具活力的一大热点。蓟州区乡村旅游始于20世纪90年代,从农家院的屈指可数到现在的星罗棋布,吸引了万千游客莅临蓟州,农家院已经成为蓟州区增加农民收入的有效手段。如今,传统农家院已经无法满足游客日益增长的物质需求,从"农家院"到"高端民宿"的转变已经成为趋势,在发展"高端民宿"的过程中,文化的"催化剂"作用至关重要。

一、"农家院"到高端民宿的转变是大势所趋

20世纪90年代后,外出旅游观光逐渐兴起并形成时尚,面对都市的琼楼玉宇,人们更希望能回归自然享受恬淡舒心的农家生活、感受乡村文化,从而促进了蓟州区农家院的迅速兴起。

1.国家对于发展"农家院"的政策保障

近年来,国家颁布了一系列的文件支持乡村旅游的开发、建设。2016年,国务院印发《关于加大脱贫攻坚力度支持革命老区开发建设的指导意见》,同年,发改委等七部门联合印发《关于金融助推脱贫攻坚的实施意见》,提出了金融助推脱贫攻坚的细化落实措施,包括休闲农业、传统手工业、乡村旅游等特色产业发展,2019年,国务院颁布中央一号文件《大力发展休闲农业和乡村旅游》,政策的保障为农家院的发展提供了有利条件。

2.蓟州区发展"农家院"的区位优势

任何农家院的兴起都要依托当地的资源优势,蓟州区位于天津市最北部,地处京、津、唐、承的腹心之地,地形多样、风光秀丽、空气清新、气候宜人。境内有国家

重点文物保护单位1处,市级重点文物保护单位5处,国家级自然保护区2个。2019年,蓟州区被国家文化和旅游部列为首批国家全域旅游示范区,丰富的旅游资源为农家院的发展提供了得天独厚的发展条件。

3.蓟州区"农家院"的发展现状

发展之初的农家院只是在原有农民住房的基础上进行了简单改装,呈现的是传统的"农家"风格,泥泞的乡村路面,简单的农家饭菜,洋灰地板,露天蹲坑茅房,缺乏体验感的农家生活反而让游客兴致索然。

在文旅融合的时代背景下,农家院从业者的文化素养和鉴赏水平得到了一定的提升,各种建筑风格的农家院一一呈现,榻榻米风、新中风、复式风、简欧风、时尚个性风体现得淋漓尽致,露天蹲坑已成过去,品牌瓷砖镶嵌的墙面地面、干净整齐舒适的被褥、冷暖两用空调、独立的卫生间安装了国产、进口卫浴,从普通到智能应有尽有,时时冷热水供应,室内装饰的书画,绿植、家具的摆放乃至吃饭的餐具及农家菜的创新摆盘,无不体现了乡村文化的素养提升,有的甚至评上了星级标志。

4.农家院在发展的过程中问题显现亟须转型升级

一是农家院经营者、服务者文化素质偏低。农家院的经营者以及服务者大多是本村的农民,文化水平相对较低,对于农家院的前景缺乏考虑。二是独特农村文化氛围尚未全面形成。在蓟州区农家院的发展过程中形成了一些具有独特文化氛围的农家院(村),如渔阳镇西井峪村,该村就以石头为文化特色,充分挖掘、打造形成一道独特的风景,被称为"石头村"。西井峪村充分挖掘了历史文化资源,体现原汁原味的民俗文化特色,并在此基础上发展农民丰收节,展现了石头村的农民文化魅力。但在众多的农家院发展过程中,如西井峪村这样注重文化氛围打造的少之又少,更多的是以家庭为单位,各自为战,只按照自己的想法发展,导致农家院的经营不规范,随意性很强,文化氛围无法彰显。三是留住游客,需要文化内涵。如今的农家院在吃喝住等方面都得以改善,可是没有更多的文化内涵,没有吸引游客游玩的项目,农家院从业者应该深入挖掘本村、本镇乃至蓟州区的文化内涵,打造具有文化内涵的乡土风情游。

传统农家院已经无法满足游客对于高质量生活的消费需求,从"农家院"到"高端民宿"的转变已是大势所趋。

二、注重文化地位发挥文化作用

在党中央提出的"四个自信"中,"文化自信"是最根本、最深沉的自信。国家的竞争，企业的竞争，最终是软实力的竞争，是文化的竞争，所以，文化，并不是从“农家院”到“高端民宿”的点缀，而是一种推动力，是一种产业的“催化剂”。

农家院不同于其他形式的旅游，我们应更加注重游客的身心感受以及精神享受。然而农家院体现在“农家特色”的一切田园活动、田园风光只能带给游客精神上的放松，却无法吸引游客的兴趣，久而久之，就会产生视觉、心理上的疲劳。若将当地的传统文化引入其中，不仅能从根本上增加游客的旅游内涵，同时还能促进文化交流，更能助力高端民宿的发展。

发展高端民宿要按照保留本地传统建筑风格，突出自然生态的建设要求，在总结推广西井峪旅游特色村、小穿芳峪乡野公园建设经验，探索形成农家院转型升级“蓟州模式”，在“农家院”到“高端民宿”转变过程中应有文化“味道”。

1.坚持政府引导，丰富文化内涵

一是在规划上，实行政府主导。聘请高层次团队进行科学规划，突出文化建设的内涵，以确保旅游精品村建设的高品质，避免千村一面“同质化”现象。二是在推进上，实行典型引路。近几年来，蓟州区积极培育了常州村、毛家峪、郭家沟、小穿芳峪、西井峪等等乡村旅游品牌，要充分发挥他们的带动效应，从文化入手，挖掘内涵。

2.强化产业支撑，提高旅游质量

以资源为依托，以市场为导向，以打造品牌为核心，以“吸引人、留住人、促进消费”为目的，突出特色，狠抓乡村旅游全产业链建设。实施“三个一”，具体讲，就是打造一项拳头产品、推出一个产品系列、构建一条综合产业链，以此来提高游客的旅游质量。

3.开发特色项目，彰显文化魅力

在发展的过程中，应以恬静、优美的田园风光为主，以此为依托，紧密结合本地的特色文化，开发特色项目，使得游客能够在游乐中感受到强烈的农村文化气息，能够通过自己的亲身实践，徜徉于文化氛围之中，使之游有所得，游有所获，既有身心的愉悦，更有精神的提升。

三、文化部门在“高端民宿化”过程中应发挥的作用

1.对文化氛围的形成具有涵养作用

越是富有文化特色的民宿越受游客青睐，将农家院植入文化内涵既是文化自信的彰显，也是旅游产业自信的体现。农家院从业者不要盲目地认为，在家中挂上

几幅字画,添上一些古玩就是高端化了,要善于借鉴马未都的成功之道,使农家院成为一个个的“小观复”。这样才能吸引高端客户,实现“民宿高端化”。文化主管部门要注重整体文化氛围的形成,适时开展文艺演出进农家院,书画摄影展进民宿等活动,大力支持民宿发展,发挥在文化引领上的积极作用,打造特色民宿品牌。

2.对从业者的文化素养强化培养作用

文化主管部门要加强对民宿从业者的文化素养的培养,推进产业融合发展。文化才是高端民宿的活力源泉。没有文化的内在支撑,再好的“农家院”也只会是昙花一现。所以文化部门要在文化的挖掘与从业者文化素养的提升上下工夫。文化馆可以走入乡间地头,利用农闲时间,将中华民族几千年来形成的农耕文化、饮食文化和乡土文化,蓟州独具特色的桃花节、梨花节等田园农趣、婚嫁习俗等打上文化的烙印,以简明扼要、形象生动的方式展现在从业者面前,帮助他们提高文化认识,锤炼文化涵养,使之成为“农家院”的灵魂与品位所在,从而使农家院无论是在物质建设还是在人文内涵上都真正成为人们心向往之、乐意去之的桃源胜境。

3.在品牌形成后注重经常性的养护作用

要在品牌形成后防止滑坡现象的出现。考虑到农家院经营者的文化素质和习惯特点,要想实现“农家院”到“高端民宿”转变的持久发力,就必须进行经常性的培训养护作业,这就犹如草木需要不断地进行浇灌才能茁壮成长一样。文化部门可以通过开展形式多样的学习培训,从农家院行业经营管理的经济规律,到待人接物、迎来送往等方面礼仪的实践操作,使服务更加规范,使管理更上水平。一要精心规划培训内容,注重整体性和连续性,在培训、教育的过程中,突出特点和自身优势。二要持续不断发力,在活动上予以支持和指导,对于农家院的经营者要采取培训学习的经常性,在不断的刺激与强化中增加文化修养,提升文化内涵。文化部门可以通过文化下乡活动,融入农家院特色活动之中,助力农家院文化特色发展。三要在保持农村文化本色的基础上创新融合,要防止经营者盲目跟风,为了吸引游客,在其中添加大量的非本身的东西,诸如开设麻将馆等,从而暗淡了自身的文化,造成“千院一面”,失去竞争力与吸引力。而是要在保持农村文化的淳朴性的前提下,提高其服务素质和水平,提升服务品牌和形象。

(作者单位:天津市蓟州区文化馆)

关于举办群众文学评选活动的收获和思考

郝　宇

一、举办群众文学评选活动的初衷

河东区“家有好故事”征文评选活动已经开展三届，历时五年，在这五年的群众文学评选工作中，我在摸索中学习，遇到不少问题，也积累不少经验。“家有好故事”征文评选活动起步于2015年，起初由中共天津市委宣传部、天津市妇女联合会、天津市文化广播影视局、河东区人民政府联合主办，第三届起由天津市群众艺术馆、河东区文化和旅游局主办，河东区文化馆承办，具体工作事项由我和编辑部同事负责。征文评选活动创立的构想来源于习近平总书记在2015年春节团拜会上的讲话中指出：“家庭是社会的基本细胞，是人生的第一所学校。不论时代发生多大变化，不论生活格局发生多大变化，我们都要重视家庭建设，注重家庭、注重家教、注重家风，发扬光大中华民族传统家庭美德，促进家庭和睦，促进亲人相亲相爱，促进下一代健康成长，促进老年人老有所养，使千千万万个家庭成为国家发展、民族进步、社会和谐的重要基点。”我们察觉到家庭、家教、家风建设将会是今后群众文化工作的主旋律，于是着手举办以弘扬良好家风为切入点的群众文学评奖活动，也将这次文学评选活动主题定为“家有好故事”。

二、举办“家有好故事”征文评选活动的收获

1. 收获大量优秀的家风主题文章

第一届“家有好故事”征文活动收到来自全国各地的有效投稿590篇，数量是三届之最，第一届征文活动对投稿文章类型、体裁把握没设严格要求，所以，第一届入围作品中有小小说、诗歌、剧本，还有快板形式作品、歌谣形式作品，最后获得成

绩也十分不错。第二届征文活动收到有效投稿162篇，入围作品呈现出人物突出、故事动人的特点，在成功举办第一届“家有好故事”征文活动的良好口碑下，收到来自全国道德模范提名奖获得者家人的投稿，更加扩大了征文活动的影响力。第三届征文活动收到有效稿件465篇，特点是本地稿件多，熟悉作者投稿多，很多往届参赛作者甚至获奖作者继续参与今年的征文评选，可见，“家有好故事”得到了写作者们的认可。

2.举办群众文学评选活动是认识新作者的途径

这三届“家有好故事”征文评选活动的举办，使编辑部有机会结识更多的优秀作者，尤其是天津本地作者，甚至就是河东区的作者。这些作者中有常年写作的经验丰富的作者，也有文学新人。通过这次征文活动，有幸认识他们。每次“家有好故事”复赛或者决赛举办文学活动，和入选作者面对面时，很多到场的文学爱好者说通过参加这次好故事征文大赛活动，靠近了文学，觉得写作原来没有想象中的那么难，以后会继续写作。家风主题是一个相对容易入手的写作题目，每人对于自己的家庭都会有说不完的话，父亲、母亲、成长经历、生活变迁、家乡等等，总有一个切入点可以写出自己的故事，我们也通过举办征文活动认识了一些常年写作的文学爱好者，发掘出一批有潜力的文学新人。

3.举办群众文学评选活动是激励河东区作协会员开展创作的机会

近年在经费紧张的情况下，河东区作家协会组织活动的数量在减少，河东区作家协会的活力有所下降的同时，凝聚力也有所减弱。河东区“家有好故事”征文活动的举办，是唤醒河东区作家协会活力的一个契机。激励作协会员们创作作品，参与这次征文活动，并且邀请所有河东作协会员都可以参加征文活动期间举办的各类文学活动，文学沙龙、讲座等，有效增加河东区作家协会的会员归属感，激发会员的创作热情。在“家有好故事” 每一届征文活动中，河东区作协会员创作大量优秀稿件参赛，在每一次征文活动举办的讲座、文学沙龙活动中，都有河东区作协会员参与的身影。

三、通过举办群众文学评选活动积累的几点思考

1.新时代开展宣传，才能保证信息落实到位

在组织第三届“家有好故事”文学沙龙时，有河北区作家协会的会员表示，文学沙龙活动举办得很好，但来参加沙龙才听说河东区举办征文大赛的事情，时间错过了，没有参赛很遗憾。这不禁让我们思考，我们花费大量精力在宣传上，前期活动

预热、征稿、复赛活动举办，征文活动的每一个关键节点都在主流媒体上进行大力宣传报道。但还是没有落实到位，目标投稿作者没有接收到信息。

“家有好故事”三届征文活动，我们一直选择和主流媒体：纸媒、广播电台、门户网站合作，发布征文活动的新闻信息。2015 年，依托《今晚报》、北方网等媒体对“家有好故事”的宣传，我们收到来自全国的 590 篇投稿。2017 年第二届，投稿数量有所减少。2019 年，依托良好的口碑，收到很多往届参赛作者的新作品，以及作协会员间口口相传的邀约的投稿，通过媒体信息参与征文活动的投稿三分天下，但整体稿件数量依旧没有超过第一届。

时代在发展，新媒体慢慢浮出水面成为潮流，纸媒遭遇困境、各大门户网站式微，如何有效宣传是我们要思考的点，不能一直依托于口口相传和老作者的投稿，想要吸引新的作者，尤其是年轻的写作者加入，就需要寻求新媒体的合作，进行有效宣传。

2.“家有好故事”主题征文的优秀文章选拔标准如何界定

在“家有好故事”这个主题下，要对作者写作能力和叙述的家庭故事内容进行权衡，评判标准不仅在于投稿者的写作能力，更重要的还是其描绘的家庭故事是否能打动人心。我们每一届都有写作能力突出的作者，甚至没有入选复赛，因为有更多饱含深情的好故事作品让评委无法放弃，可能有些入选作品的文笔有些许稚嫩，可能作者本人并不从事文字工作，甚至很少写文章，但在对家庭生活的描述，家庭成员的刻画中，抑制不住的深情，感动了评委组。

举办“家有好故事”征文活动的初衷就是传承中华民族传统家庭美德，突出家庭、家教、家风建设，弘扬家和万事兴的正能量。所以，“家有好故事”征文选拔的标准更加看重好家风故事内容这个部分。我们在第一届征文活动时设置了一个“特殊家庭好故事 ”奖项，为在生活中遭遇困境，但自强不息战胜困境的家庭们送去一丝支持鼓励。

3.作为起步阶段的文学评选活动如何办才能精彩

我们一直在摸索，如何才能将群众文学评选活动办得更加精彩。都说故事要讲出来才吸引人，于是第一届、第二届活动期间，我们邀请专业的配音员，朗诵入围复赛的作品，录制音频，真正做到“讲故事”，把故事音频发布到北方网，接受大众网络投票，让广大网友听故事参与评选，选择喜欢听哪个故事，让征文活动更加“有趣”，也更接地气。在第一届征文活动决赛时，我们邀请入选决赛的作者亲自到河东，站到讲台上，讲述自己笔下的“好故事”，真情实感，感人至深，很多文笔并没有很优秀的作者,凭着真实的经历,平凡的生活战胜了很多文笔优美的作者的作品。2019年举办第三届"家有好故事",我们选择举办文学沙龙和邀请评选组专家讲座的形式,为参赛者、文学爱好者和专家评审们搭建面对面沟通的机会,直接提问交流,得到到场各方的好评。

每一届"家有好故事"的筹备期,我们都在思考如何创新,并不断探索,探索新颖有趣的活动形式,并在不断实践中把构思变成可能。也有一些构思当时缺乏客观的实现条件而暂时搁浅的,比如,第一届"家有好故事"时,工作人员就考虑过把入围的好故事文章改写成剧本,拍短片,请演员演绎"家有好故事",但受经费和人员所限,这个计划未能实施。当下正是短视频媒体的爆发期,也许下一届"家有好故事",这个构思会通过抖音等平台实现,为"家有好故事"征文活动吸引关注度,为社会传播正能量。

四、对"家有好故事"征文活动的展望

1.立足时代,借势新媒体,打开新的宣传窗口

结合时代特点,寻求新媒体的合作,为"家有好故事"宣传推广,将征稿消息准确投放给目标受众,利用新媒体平台为"家有好故事"吸引热度、流量,扩大影响力。

2.开放包容,吸引更加丰富多元内容的家风主题文章的投稿

"家有好故事"并不是一个沉重的主题,家也可以是很轻盈活泼的,我甚至相信在"90后""95后""00后"眼中,家就是一个快乐的基地,父母是可以谈心的朋友,家人成为一个更加多元的存在。在他们笔下的"家有好故事"可能是:《我妈要生二胎啦》《重组家庭里的爱》《我的同性爱人》《丁克夫妻的小日子》等等。随着国家政策变化、社会文明程度的进步,家庭的构成方式千变万化,但这三届收到的稿件内容似乎并没有反映如此全面多彩的社会现实,一方面可能是投稿者的年龄偏大,属于老派价值观的,另一方面,可能投稿者对于政府机构主办的活动,抱有一定刻板印象,觉得我们期待的家庭好故事一定是主流的、大多数人认可的家庭生活,这种刻板印象可能短时间内无法消除,需要我们工作人员通过几届活动的努力才能有所改变。期待一个投稿内容丰富多彩、积极向上、多元包容的"家有好故事"征文大赛。

3.向"东丽杯"等成熟的群众文学评选活动学习经验

向成熟、优秀的征文评选活动学习,借鉴经验,我们每年都会组织河东区作协会员参加"东丽杯"征文评选活动,"东丽杯"征文评选活动作为国家级群众文化活

动知名品牌，全国首批公共文化服务体系示范项目，其整个征文活动的专业性、活动的广泛的覆盖面、强大的影响力、奖项的含金量，都是我们努力的方向。

4. 为大量优秀家风主题文学作品寻求发表渠道

“家有好故事”三届收到投稿文章千余篇，其中优秀作品也有百余篇，如何将这些优秀的家风故事发表出来，将蕴含其中的精神力量传达出去是我们接下来的工作重点。目前我们正朝着三个方向努力：一是在河东内部刊物《直沽文化》中开辟一个栏目，刊登获奖的文章；二是在河东区文化馆的微信公众号“河东文化”中，连续推送优秀文章；三是汇总前三届入围获奖作品，结集成册。

作为一个起步中的群众文学评选活动，“家有好故事”还有很长的路要走，我们作为组织者，一定不断提升自身水平、创新工作思路、累积活动经验，为将河东区“家有好故事”征文活动打造成为一个成熟的品牌活动不断努力。

（作者单位：天津市河东区文化馆）

创新文化活动形式
让群众文化活动“年轻”起来

刘海燕

近年来,蓟州区的文化普及工作出现了高速发展的态势,各种形式的文化活动遍地开花,随处可见的广场舞人群,定期举办的戏曲交流、票友大赛,成了人们生活中不可或缺的精神食粮。但是,在此欣欣向荣的文化氛围背后,却有一个不容忽视的问题存在,那就是参与文化活动的人群都是以老年人和孩子为主,中青年参与者寥寥无几,文化活动中心成了名副其实的“养老院和幼儿园”,当然,这和目前年轻人外出务工、老年人负责在家带孩子、闲暇时间相对较多的客观因素分不开,其中也不乏一些主观因素,那就是我们的文化活动的开展出现了发展不均衡的现象,文娱活动相对单一,形式不够新颖。目前文艺类活动主要以戏曲、广场舞、传统乐器为主,美术类以国画、书法、摄影展览类为主,加上部分“非遗”类展览。这些活动吸引到的年轻人少之又少,从而造成了文化受众年龄两极分化的问题出现,这些问题应当引起我们文化工作者的高度重视。

作为文化活动的组织者,我们的服务对象下到几岁的孩子,上到耄耋之年的老人,他们成长于不同的时代,文化背景和成长经历相差巨大,所以,他们的兴趣点也完全不一样,不同时代下成长的人的文化需求不一而同,我们策划和组织各种文化活动需要照顾到全民的需求,在重视老年文化和少年儿童文化的同时,用较多的时间和精力重视年轻人的文化诉求,毕竟青年才是社会的中坚力量,必须重视青年群体的需求,才能弥补群文普及工作的短板,让文化普及工作能够均衡开展。

在工作实践中我们体会到,文化活动的开展要踏准时代的节奏,让群众文化活动年轻化成为主基调。文化活动要在形式上力求创新,与年轻人的文化诉求相契合,让人民群众的文化活动朝着年轻化的方向发展。因此应当从下述四个方面着手，让群众文化活动“年轻起来”！

一、适当增加亲子活动，让年轻的爸爸妈妈们“嗨”起来

文化活动开展要力求多样化，满足不同年龄段的文化需求。尤其就现阶段而言，有针对性地推出适合年轻人参与的文化活动更是重中之重。现在的青年人已经初为人之父母，和孩子参加文化活动应当是他们乐此不疲的事情，因此，增加亲子活动是一个不错的选择。儿童是现阶段文化活动的另一个主流群体，作为他们的父母，也都是亲力亲为地陪伴孩子。但是由于这些活动都是孩子单独参加的，没有与家长互动的环节，作为父母只是起到了接送和陪伴的作用，其间，他们的状态就是在一旁安静地等候或者玩手机，很难和孩子打成一片或者参与其中。究其原因，并不是年轻人不想融入孩子的生活，甚至不屑于参与这些文化活动，相反，他们可能在百忙之中也会抽时间去看场电影，甚至会攒出一年的假期带孩子去旅游观光，所以，他们并不是没有文化需求，而是我们的活动开展的方式不足以吸引他们融入进来。

随着近年来人们对教育的认知逐步提升，各种类型的亲子活动已经遍布社会的各个领域，越来越多的家长参与其中，我们的文化活动也可以开拓一下思路，在假期、周末组织一些生动有趣的文娱类活动，例如“亲子猜谜游戏”“亲子摄影”“亲子剪纸”等，如果条件允许的话，还可以增加一些“亲子对唱”“亲子四手联弹”（器乐）等项目，让父母和孩子共同参与，这样，既能促进孩子与父母的关系，利于他们之间的沟通，又能让孩子的身心健康成长，同时还能让这些年轻的爸爸妈妈在带娃的同时获得文化活动带来的无穷乐趣，慢慢成为群众文化活动的中坚力量。

二、文化的传播要有活力，让民间传说“演”起来

最近，西安大唐不夜城“不倒翁”小姐姐的表演火遍了全国，之所以火爆是因为她的表演赋予了文化以生命，充分展现出了文化的活力。而蓟州区作为天津的后花园，经历了两千多年的历史演变，在这片古老的土地上，曾发生过无数的故事，从“渔阳鼙鼓动地来，惊破霓裳羽衣曲”的“安史之乱”的故事，到乾隆游盘山“早知有盘山，何必下江南”的传说，这些家喻户晓的传说让蓟州区这片文化旅游胜地更增加了一些神秘的色彩，一些诸如“哼哈二将的传说”“梁思成与独乐寺”等民间故事在老百姓当中更是口口相传。而我们的活动开展也需要“不倒翁”表演这种文化的生命力和活力。在后续活动开展中，不妨考虑借鉴一下“不倒翁”小姐姐的经典案

例，挑选蓟州区有代表性的传说进行加工提炼(例如乾隆帝游览盘山的故事或者杨贵妃的传说)，改编成情景剧的形式，挑选适合的年轻人出演剧中人物，让他们成为自己心目中的“紫薇格格”“五阿哥”或者“贵妃娘娘”，打造具有蓟州特色的文化形式。这样既能对文化的传承起到积极的促进作用，又能带动年轻人参与到文化活动中来，这也许才是他们心中文化活动最美的境界。

三、在静态展览的基础上增加动态演出，让“非遗”“动”起来

相对于静态展示而言，年轻人更热衷于参与动态的文化活动，而目前我们的“非遗”类展览基本上都是以静态展出的形式举行，如剪纸、根雕、烫画、皮影展览等，观众也基本是老年人和小孩，即使有一部分年轻观众参与，也只是走马观花地看一下，远没有参与动态文艺演出的热情度高。

2019 年年初，蓟州区文旅局在正月十五庙会期间邀请了其他区的民间艺人举办了一次传统“非遗”项目交流演出，登天梯、空竹、舞龙等表演吸引了大量的年轻人参观。而在蓟州区，散落在民间的传统艺人也有很多，如鞑子摔跤、渔阳花鼓、少林武术等。那么，我们可以加大这些表演类的“非遗”项目的演出频次，这些动态的演出对年轻人充满感召力，能极大提高他们的参与度，同时让他们感受传统文化的博大精深。

另外还可以在手工类的“非遗”项目上开发一些新项目，例如借鉴陶罐制作的模式，把剪纸展示改成动态的活动形式，让爱好者参与其中，从剪一朵梅花、一个“福”字开始，切身投入到剪纸这项文化活动中去；又或者将这种模式运用在根雕艺术上，让年轻爱好者从选材、设计开始，直到根雕的成品制作完成，从而参与到根雕制作的体验、学习中去，因为这些文化形式具有更高的可操作性，他们更乐于参与，从而用传统文化潜移默化地影响年轻人。

四、实现从美拍到专业摄影的升级，让少男少女们“潮”起来

由于近些年互联网的高速发展以及美图秀秀之类 App 的兴起，晒自拍照成了少男少女的一大共同爱好，经过各种滤镜、美颜、修图处理过的照片刷爆了每个人的朋友圈，这些照片美则美矣，但是因为一则画面失真，二则缺少了艺术的味道，看多了反倒让人失去了兴趣。而我们拥有经过培训的摄影家团队、专业的摄影设备以及化妆师，如果把爱好美拍且具备一些特定条件的年轻人组织起来，给他们提供高品质的“服化道”，然后根据不同的题材要求进行专业拍摄，这样不仅能让少男少女的美拍不仅仅停留在自拍照的层面，而且上升到艺术摄影的境界，这样既能及时吸纳年轻人成为文化活动的受益者，同时也可以为我区美术摄影工作的开展提供源源不断的素材。

综上所述，作为文化工作从业者的我们，要学会与时俱进，及时吸收新鲜血液，创新文化活动形式，就像部分学校已经将街舞、鬼步舞代替广播体操，激发了学生的极大兴趣。而我们的文化活动，也可以适时引进电竞、编程、RAP、街舞等青年人喜欢的文化活动形式，又或者是将古风、汉服、COSPLAY的流行元素融入演出、摄影活动中去，让我们的文化活动能够更加契合时代的要求、与时代接轨，吸引更多的年轻人参与。

为了让更多的年轻人参与到群众文化活动中，一定要依托现有资源，发挥各方力量，充分挖掘各种适合年轻人的文化活动形式，实现群文活动年轻化，为他们提供多元化、鲜活有趣的活动项目，在弘扬传统文化的同时，实现全民同乐，让群众文化工作更上一层楼，完成时代赋予我们群文工作者的历史使命。

（作者单位：天津市蓟州区文化馆）

浅谈打造运河武清文化带,推动武清区文化和旅游事业的融合发展

刘永吉

2018年,多位人大代表在全国人大上提议,将“大运河文化带建设纳入国家战略”,这一提议受到了党和政府的高度重视。2019年6月,习近平总书记强调:“大运河是祖先留给我们的宝贵遗产,是流动的文化,要统筹保护好、传承好、利用好。”一条流淌了2500年的大运河,作为活态文化遗产,将焕发出新的生机。新打造的京杭大运河,不仅将成为我国重要的运输带、经济带,还要成为重要的文化带,作为大运河北方一部分的武清区,将在运河文化带上闪耀夺目的光辉。随着国家文化和旅游部的组建成立,各地也组建成立了文化和旅游局(厅),文化和旅游的融合成为大势所趋,武清将在文化旅游融合发展中,在运河文化带的武清节点上展示新的作为。

一、在开发运河文化旅游资源方面,武清具有优良的基础条件

对于武清区而言,发展文化和旅游事业有既有的优势,其中之一就是入选世界文化遗产的京杭大运河流经武清的北运河段,几百年来养育着武清人民,也塑造了武清独特的历史人文。

党和国家非常重视保护和利用好运河文化。2019年2月,中共中央办公厅、国务院办公厅印发了《大运河文化保护传承利用规划纲要》(以下简称《规划纲要》)。2019年12月,中共中央办公厅、国务院办公厅更印发了《长城、大运河、长征国家文化公园建设方案》。通过以上两个文件的解读可以看出,运河文化的保护、传承、利用已经上升到国家战略。这对于地处北运河沿岸,有着上千年历史的文化底蕴的武清来说,在国家战略中明确自身定位,推动运河文化的开发保护利

用，推进文旅融合，加强非物质文化遗产的发展传承和保护，是极为难得的机遇与挑战。

1.得天独厚的区位优势

众所周知，武清区地处北京、天津、河北三地的核心地带，在国家“京津冀协同发展”战略中处于重要的核心区和桥头堡的位置，武清区位于北京、天津两大直辖市之间，有“京津走廊”“京津明珠”的美誉。

2.便捷的交通条件

武清城区距首都国际机场90公里，距大兴国际机场45公里，距天津滨海国际机场35公里，距天津港71公里，具有全国区县级最发达的交通条件。京沪、京津等6条国家级骨干高速公路穿境而过，共有12个高速公路口在全区均匀分布。在武清乘坐京津城际列车到达北京的时间仅需23分钟，到天津只需13分钟。而且，武清是天津市唯一的“公交都市”示范区，有公交线路30余条。

3.现代化的商业和服务业

区内有佛罗伦萨小镇、威尼都、NBA体验中心、万达广场等大型商业综合体20余个，华润万家等大小型生活超市遍布全区，星级酒店、度假村、会议中心、商务宾馆、快捷酒店以及民宿、旅店分布在城区镇街。齐全的商业和服务业设施，可以满足各类群体的购物和休闲需要。

二、武清区文化底蕴深厚、文化资源丰富

1.武清区有着深厚的历史文化积淀

武清区历史悠久，据史书记载，早在新石器时期就有了人类活动。元明清时期，因为大运河漕运而兴旺，南北经济的往来助推了不同文化的交流并且形成了武清深厚的运河文化积淀。清朝康熙、乾隆等帝王和众多官宦、文人在此留下大量诗词墨迹。时至今日，武清民间还流传着很多历代名人的传说和故事。运河的贯通使不同地域的语言、宗教、饮食、习俗等多种文化在此碰撞、相互影响、融合演变，形成了武清独特的人文精神与历史文化积淀。武清区的书画、武术、民间花会、曲艺、杂技、手工技艺等都与运河文化密不可分，有的在全国都有着很大的影响力。

2.武清区有丰富的文化资源和优秀的非物质文化遗产

武清区是文化部命名的“中国民间书画艺术之乡”，20世纪70年代在武清区出土的《鲜于璜碑》，被专家认为是唯一可与明代出土的《张迁碑》相媲美的汉碑。近代以来，武清书画名士辈出，著名的人物有肖心泉、溥心畬、刘继瑛、张慎言等。

新中国成立以来,武清这片运河文化沃土又造就了刘炳森、孙伯翔等书坛巨匠。如今,武清区的书画创作团队与日俱增,创作活动空前繁荣。

另外,武清的戏剧曲艺文化也独树一帜,走出了李金顺、韩少云、崔灵芝、赵燕侠等戏剧代表性人物和朱相臣、师胜杰、李润杰等曲艺界代表人物,是运河文化的这片热土滋养孕育了他们的艺术成就。

武清自古就崇文好武,唐代改县名为武清即取其"武功廓清"之意涵。历史上,也出现过很多侠义之士。在民间流传的武术种类名目繁多。例如作为国家级非物质文化遗产代表性项目的"李氏太极拳";天津市级非物质文化遗产代表性项目的"张策五行通臂拳"、高氏八卦掌等至今依旧在国内外影响很大。

武清的民间手工艺历史悠久,地毯、绢花、编织、刺绣等影响甚广。据传说武清区大宫城村的侯老三,早时曾在京城皇宫内织过地毯,其编织的"百子献寿图"曾得到乾隆皇帝的赏识。改革开放以来,地毯业在武清得到了空前发展,崔黄口镇成为享誉中外的"地毯之乡"。绢花,也叫"京花",起源于清代,发祥于武清区的曹子里镇、梅厂镇一带。现在,曹子里镇已经成了驰名中外的"绢花之乡"。新中国成立50周年、60周年庆典活动和2008年北京奥运会所用的绢花均出自武清区的曹子里镇。另外,武清区大良镇的铁编工艺品,下伍旗镇的花丝镶嵌、景泰蓝工艺品制作等非物质文化遗产项目也都在国内外影响甚广。

京杭大运河的兴盛,让武清成为商贾云集的交通要冲,武清人走南闯北,名声在外。中华老字号"狗不理""内联升""崩豆张",市级非物质文化遗产项目"杨村糕干""城关豆腐丝"等若干知名品牌的创始人均出自武清。

三、武清区文化与旅游的融合发展已经取得一定的成效

近年来,武清区的旅游事业发展较快,围绕着"京津市民近郊休闲目的地"的发展定位,武清区建成了一批重大的旅游项目。打造了佛罗伦萨小镇、凯旋王国主题乐园、威尼都等旅游精品,开发了北运河休闲驿站、津北森林公园休闲驿站等多个精品旅游项目。伴随着大运河开发保护工程的不断推进,尤其是大运河恢复通航,势必给包括武清区在内的大运河沿线地区带来更多的旅游事业的发展机遇。要及时抓住这个难得的机遇,使武清区的旅游事业再发展、再提升,就必须充分依靠武清区的区位优势,进一步深入推动文化与旅游的融合发展,大力挖掘武清运河文化资源,做大做强文化旅游产业,夯实武清区的区域竞争力,提升可持续发展能力。

千年大运河为武清积淀了深厚的文化底蕴,漕运的繁荣使武清形成了独有的

民间特色文化，将包括非物质文化遗产代表性项目在内的特色文化项目融入旅游之中，不但突出了旅游项目的文化特色，而且有利于非物质文化遗产项目的保护传承。

四、武清区文化和旅游融合也面临着一些困难和挑战

当前，武清区在推动运河文化助力文旅融合方面还存在一些困难和挑战。

有关部门对于文化和旅游融合的认识程度不够，存在条块思维，忽视文化资源对于促进旅游事业发展的长期性和基础性作用。比如，武清的李氏太极拳项目应该加大扶持力度，参与国家组织的联合申报“人类口头和非物质文化遗产”工作，如申报成功，对于提高武清的文化影响力具有很大的推动作用。

大运河流经四省二市，武清打好运河文化牌还面临外省市以及本市兄弟区在旅游市场间的竞争，如我市运河沿岸的静海、西青、南开、红桥、北辰等区，西青区已经举办了三届“运河记忆”“非遗”宣传展示活动，红桥区举办了近30届运河桃花文化商贸旅游节等。而武清区针对运河文化开展的主题活动还没形成突出的品牌特色，与外省市的同级行政区相比也有一定差距。

在人才方面，文化和旅游方面的复合型人才还比较缺乏。长期以来，由于体制的原因文化和旅游的关系并不紧密，运作上也有所区别。所以目前，能够兼容这两种运营模式的通才还不多。

五、关于武清区文化和旅游融合发展的几点建议

1.做好顶层设计和科学规划

按照《规划纲要》等文件的要求，做好顶层设计。依托武清区自然生态资源，深入挖掘文化资源，在现有旅游格局的基础上，不盲目大拆大建。严格落实《天津市公共文化服务和保障促进条例》《天津市非物质文化遗产保护条例》《文物保护法》等法律法规。充分利用好武清区创建全国文明城区和全国卫生城市的有利时机，牢牢结合农村振兴建设，在精心调研的前提下，做好科学的设计规划，将武清独特的运河历史文化和自然生态资源与现代城市景观有机融合，形成独具武清特色的地域风貌。

2.选择恰当的融合方式

深化文化与旅游的融合，是现代旅游业发展和升级的必然要求。利用好武清的自然生态环境和运河文化资源，深入挖掘特色文化，强化文化带的武清亮点，推

动文旅融合。一方面依托运河文化打造旅游品牌,根据文化项目优势,打造独具特色的地域形象和精神品格的项目品牌。在进一步推进运河文脉整理与研究的基础上,艺术再现运河文化底蕴,深化现代公共文化服务体系建设,多提供与运河文化有关的公共文化产品,推动本地居民多关注运河、走近运河,积极参加运河沿线文化交流,走出去引进来,吸引更多的游客,加强大运河题材文艺作品规划,扶持具有鲜明武清特点、风格、气派的精品创作,打造一批凸显运河文化特色的节庆、会展、演艺、民俗等品牌活动,让运河文化和沿线相关文化艺术活动充分对接,互相促进。另一方面,通过旅游来激发历史文化的生存活力,从而达到传承和保护历史文化的目的,也就是用产业化的模式使文化资源产生经济价值,通过参观、体验、传承普及,让文化资源转化为文化旅游的产业资源。

3.多角度做好融合工作

在科学规划的前提下,着眼于武清区文化旅游所蕴藏的巨大潜力和广阔前景,加大软件和硬件的投入,加快文化和旅游的融合发展。

一是要依托适宜的文化项目开发特色文化旅游商品。例如,武清区的非物质文化遗产项目中的杨村糕干、城关豆腐丝、东马房豆腐丝等食品类项目;曹子里绢花、杨村六街剪纸、大良铁编、下伍旗的宫廷花丝镶嵌、景泰蓝传统手工艺、终南手工木雕、大孟庄三间房手工盘扣、杜记刻字等手工艺品类项目,在保持传统工艺的基础上,结合现代人的口味习惯、审美情趣等因素,研发生产独具文化特色的旅游食品、旅游纪念品、旅游用品,并形成产品的品牌化、系列化、规模化。与此同时,选择运河沿线的合适区域开设旅游特色商品购物街区。这样,既为旅游注入了运河文化内涵,又同时提升了运河旅游产品的品质,更重要的是为非物质文化遗产的传承保护奠定了稳固的经济基础。

二是进一步拓宽发展模式,创新经营理念,打造集观看、参与、体验为一体的标志性文化创意旅游产业园区。比如,可以借鉴学习其他地区的成功经验,依据历史文献记载,设计打造具有武清历史文化特征的风情小镇,将区内的书画艺术、工艺品制作、传统食品、祖传医药、武术、杂技、民间花会、曲艺等具有代表性的文化项目和项目的传承人引入园区,通过政府补贴扶持的方式,对这些项目进行表演、展示、制作、销售。在强化旅游的文化特色的同时也助推非物质文化遗产项目的传承和发展。

三是依托产业特色,打造特色文化旅游村镇。在武清区,很多非物质文化遗产项目在一些镇村当中具有悠久的生产经营历史。像崔黄口镇的地毯、曹子里镇的绢花、大碱厂镇南辛庄的小磨香油、城关镇东马房村的豆腐丝等都是在很早的年代里起源于当地人家的经营，随着岁月的延伸，手艺的传承，当年一家一户的生产经营不断分化、扩展，到后来逐渐覆盖到一个村甚至一个乡镇，这些生产经营活动在多年的传承发展过程中，又通过不同经营者的创新和改善，使项目产品在口味、花色等方面又各具不同的特点。如果把这样的村、镇纳入全区的文化旅游整体规划之中，在不影响其原有商业经营的基础上，增加旅游体验模式，让这些村、镇具有历史介绍、传统工艺展示、制作体验、品尝、购买等文化旅游特色项目。同时在对外的宣传上加大力度，以文化特色增强项目的旅游吸引力。

四是在文化节庆活动中突出传统文化的特色，以文化节庆活动的形式为文化和旅游融合营造良好的氛围，宣传和推广文化旅游产品。可以结合不同的节日庆祝活动，将特色文化项目的表演、展示、宣传合理纳入其中，借助节庆活动的影响，让人们了解武清的特色文化。可以结合武清区每年一次承办的“天津国际马拉松比赛”“李润杰杯”全国快板书大赛、“鲜于璜碑”全国名家书法展、“文化和自然遗产日”等大型文体活动和国庆、中秋、春节等盛大节日举办不同主题的节庆艺术活动，把这些活动在每年均匀固定下来，延续下去。

五是打破行政区划的限制，融入京津冀协同发展的大格局。北京通州、天津武清、河北廊坊三地被京杭大运河北段串起，如今“通武廊”的叫法已为越来越多的人所熟知。打破“一亩三分地”的思维定式，在各领域与通州、廊坊进行深度对接。共同协力推进“通武廊运河旅游带”建设，携手打造以运河文化为主题的旅游线路，合力做好京津冀文化旅游协同发展的大文章。

4.加强人才队伍建设

我国已经进入大众旅游的时期，旅游经济在国民经济中所占比重越来越大，旅游事业发展的关键在于人才。一是要加强人才队伍建设，在现有的体制内，吸收、容纳知识水平高的复合型青年人才，不拘一格地放手使用人才。二是做好现有人才的培养工作，如加强对传统技艺类“非遗”传承人群的培养、扶持，助力其创业和发展，在“非遗”项目健康、顺利发展的同时带动旅游业的发展。三是培养和引进文化旅游的高端管理人才，通过参观考察、专业进修等多种形式提升他们的专业化、系统化管理水平，满足文化和旅游融合发展的人才需要。四是引进优秀的投资创业人才和专业设计人才，通过合理的优惠政策激励，充分利用他们的资金资源和能力资源，依托武清区良好的自然生态环境和丰富的特色文化资源，打造武清区文化和旅游的新形式、新业态。

综上所述,武清区大运河造就了深厚的文化底蕴和独具特色的地域文化;优良的地理位置使武清占据了得天独厚的区位优势,拥有着良好的自然生态环境。因此,打造好运河武清区的文化带,充分做好文化和旅游的融合发展的各项工作,武清区的文化旅游事业一定会取得更大的飞跃。

(作者单位:天津市武清区文化馆)

浅谈群众文学创作发展的迟滞及对策

——以《海河之北》为例

张有为

群众文化繁荣发展是社会主义文化事业的重要组成部分，而群众文化事业中的群众文学创作又是与人民生活最为息息相关的，所以群众文学创作成为业界关注的焦点。笔者在《海河之北》编辑部工作中，总是因为没有好的作品便退而求其次，了解到群众文学创作的发展迟滞主要现象集中在组织队伍松散、作品质量参差不齐、发表渠道少、传帮带难等方面。据此，希望针对这些困境研究出切实有效的解决方案，以达到推动基层群众文学事业蓬勃发展的最终目标。

一、群众文学创作发展迟滞

近些年组织的大型文化活动中，群众歌咏、群众舞蹈等艺术表现形式是十分常见的，但群众文学创作却看不到什么动静，无论是从作者方面谈起，还是从群文工作者方面出发，均存在着许许多多困境，综合实际情况而论，主要有以下四个方面的困境需要突破。

1. 队伍松散，各自为战

各区群众文学的队伍看似壮大，但实际上队伍是相对松散的。以诗歌、散文、小说三种形式为例，虽然表面上有一定规模，实则作者们也是各有各的路，这就使得文化馆在组织活动时，需要考虑方方面面的问题，致使很多好的活动形式难以开展，即便开展了，在活动中作家们也是各抒己见，难以统一，使得活动难以为继，在这方面以小说作家和诗歌作家最为突出，可谓仅是同舟难以共济。诗歌、散文、小说属于参与人数较多的文学艺术形式,除此之外还有其他文学艺术形式参与人数较少,这也使得文化馆在组织采风活动的时候也因财力和人数有限最终难以成行。

2.好高骛远,质量参差

以天津市河北区文化馆创办的《海河之北》为例,工作人员在文章采编、版面设计、成书装帧等方面颇费心力,但该刊物的知名度依然有限,究其内因在于投稿文章的质量不高。虽然有许许多多的文学爱好者纷纷投稿,但由于其中大部分作者未受过系统的培训,也未经常参加文学讲堂及创作学习活动,仅凭一腔创作热情不断地创作这是远远不够的。虽然艺术源于生活,但它也高于生活,一支笔可以记录身边的点点滴滴,但读者希望看到的不是生活中的琐碎,而是生活中的美好,读者希望看到他们所热爱的东西而不是忧愁和烦恼。故而好高骛远般的闭门造车实不可取,这会使得作品的质量难以提升。

3.发表渠道少,认可度低

文学创作有着十分深厚的群众基础,故而有大量的作品产生,虽然作品质量参差不齐,但也不乏许多高水平的好作品,那么这些好作品在哪发表便成为一个难题。以《海河之北》为例,该刊物虽然是精心打造,但因为是内刊,所以少有知名作者问津,致使刊物的质量提升较慢,正是因为内刊,印刷数量及发行量少,仅仅在本行业本系统内部传阅,而对外宣传扩大力度不够,致使知名度和认可度均上不去,再加上职称杠杆,使得知名刊物大家抢,小刊物难以生存。对于作者而言,谁都想将自己的作品在更高的平台上展示,这又是给小刊物雪上加霜的一个重要方面。长此以往,作者的发表渠道逐渐减少,这也会为创作之路蒙上一丝丝阴霾。

4.主张各异,传帮带难

在文坛中,虽然很多文学家已近暮年,但仍然发挥着光和热,无论在作品的数量还是质量方面均保持着强劲的态势。在谈及传帮带问题时,老先生们表示:"现在的青年人文学功底很深,思路也很敏捷,个性也很鲜明。"虽然话语间充满了肯定,但也含蓄地表明了老先生们的顾忌和难处。据了解,恰恰是青年人鲜明的个性化思维,使得老先生们在传帮带时有了代沟也犯了难。如何既不过分压制那份锐气,又能将好的方式方法传承下去,已然成为一个难以突破的瓶颈。

二、突破基层群众文学创作发展迟滞的对策

面对基层群众文学创作发展迟滞及困境,广大群文工作者群策群力纷纷建言献策,主要体现在以下几个方面:

1.建立基层群众文学创作平台

基于数字信息化的高速发展，可以由市文化与旅游局统筹，市群众艺术馆牵头，各区文化馆配合实施，共同打造基层群众文学创作平台。平台应具备以下几方面功能：

(1)整合基层群众文学作家、爱好者的基础数据，在收集常规的姓名、联系方式等信息外，还应重点收集其创作方向、特长、兴趣爱好等信息，进而形成基层群众文学作者数据库。

(2)在线学习功能。通过平台使基层群众文学作家、爱好者可以在线获取最新的群众文学创作信息，或是学习与创作相关的各方面知识，可以利用碎片化的时间，随时随地地学习，从而告别闭门造车的状态。

(3)全面的统计分析功能。根据基层群众文学作者数据库中的基本信息，以及在线学习功能中基层群众文学作家、爱好者的访问和学习情况，平台经过大数据分析研判，可以全面或分类统计分析出基层群众文学作家、爱好者的偏好和需求，为平台推送信息，以及为日后有针对性地组织活动提供极具价值的参考。

2.组织有针对性的基层群众文学创作采风

在基层群众文学作者数据库基础之上，可以根据某一类创作方向或偏好以及人数情况组织采风活动，因为作者的创作方向相同，兴趣一致，可以达到最大程度上的求同存异，使得群文工作者在采风的组织过程中节省了大量的人力物力，也使得采风活动更具有针对性，所收获的果实也更为丰富。

在采风的方向和地点的选择方面，可以通过基层群众文学创作平台广泛地获取作者们的意见，并由组织方在群众意见的基础上结合该领域专家的意见，初步选定三至五个预选方向和地点，再由作者们投票决定，最终确定后可以通过平台进行报名，这样可以最大范围地听取民意，充分发挥群文作者的积极性，在日后的采风中必将事半功倍。

对于采风的成果，组织方也应有一定的要求。参与采风的作者至少要提交一份心得体会。组织方还应收集心得体会进行专家评定，对于好的思路和好的方向进行创作孵化，对作者的其他体会也应给予意见和建议，进而帮助作者们提高自身素养和专业能力，从而使得广大群众文学作者乐于采风。

3.将基层群众文学创作植根于互联网

随着互联网的高度普及，网络文学兴起，很多畅销小说也被拍成了影视作品。据此，也可以将基层群众文学创作植根于互联网，既可以依托于基层群众文学创作平台,亦可以打造基层群众文学论坛,这样可以最大限度地拓宽作品的发表渠道,作者在相互借鉴吸取养分的同时,也收获到了最广大的读者群,对于读者也能从中获取到多元化的群众文学作品。对于优秀的作品,平台和论坛的管理人员在置顶或推送的同时,可以向杂志、期刊推荐刊登,将推送推荐的方式制度化,这样既可以激励作者不断地提高作品的质量,也可以为基层群众文学事业选拔出更多更优秀的人才。

4.建立导师制与群众文学创作进校园

为了解决传帮带难的问题,一方面可以采用导师制,由文化和旅游局出面聘请区域内知名群众文学作家担任导师,导师根据自己的创作特长在青年作家和爱好者中选拔出佼佼者确立师生关系,开展创作帮扶。为保证效果,该帮扶至少为期三年,帮扶期间文化和旅游局可委托市群众艺术馆,对帮扶效果进行验收,例如可通过青年作家阶段内的作品数量、质量、发表量进行综合评定。另一方面群众文学创作应从小抓起,如何将群众文学创作与日常教学活动相结合便成了群文工作者和教育工作者研究的重点。群众文学的基础在于日常的语文教学,应在日常教学中激发学生对文学的热爱,培养学生用笔记录身边点滴的习惯,在有了一定积累后,可以组织有文学爱好的学生进行有针对性的培训,有条件的情况下可以组织采风。但亦不能急功近利,不能令学生产生抵触情绪,因为群众文学源于作者对生活的热爱,在负面情绪下是不能长久的。

总之,事物的发展并非一帆风顺,但勠力而为势必会突破困境,基层群众文学创作便是如此。这就需要广大群文工作者走向基层,扎根基层,听取基层的意见,群策群力,为群众文学的发展建言献策,从而推动基层群众文学事业的发展,进而将我国的群众文化工作推向新的高度。

(作者单位:天津市河北区文化馆)

如何解决我市社区文化的瓶颈问题

——从河北区开展社区文化工作谈起

张有为

天津市是我国首批开展社区建设的城市之一，对于社区文化治理也是十分重视。河北区以打造文化强区为目标，以社区文化建设作为突破口破解社会文化治理难题。以举办社区文化艺术节为抓手，充分发挥示范引导作用，集聚文化正能量，带动基层社区文化建设发展，社区文化建设工作体现出了多重时代价值和社会价值。但河北区社区文化建设也存在着一些瓶颈问题，需要从多方面入手加以改进，从而推动天津市社区文化建设再上新台阶。本文以天津市河北区的社区文化建设作为剖析对象，在梳理其社区文化开展状况的基础上，揭示存在的问题，并提出解决的对策。

一、近年来河北区社区文化建设状况

近些年来，河北区社区文化建设采取了双管齐下，上下共促的方针。一是从基层着手，立足社区，服务百姓，推动社区文化建设有序发展。河北区下辖10个街道办事处，117个社区居委会。10个街道均都建有街级文化站，街道文化站面积均已达到建设标准。截至2019年底，已建成83个独体面积300平方米建设用房的社区文化中心(综合文化活动室)。各街道、社区均有数目不等的各类业余艺术团。如江都路街隆达金秋合唱团、王串场街红叶艺术团、铁东路街铁东合唱团、月牙河街松鹤艺术团、望海楼街望海楼社区“缘飞舞”舞蹈队、建昌道街的“三和”艺术团等。

二是依托两年一届的“社区文化艺术节”,集中展示全区以及全市社区文化的丰硕成果。天津市社区文化艺术节创办于2005年,每两年一届,至2019年已举办了八届。由河北区政府联合天津市精神文明建设委员会办公室、天津市文化和旅游局、天津市群众艺术馆等单位主办。每届社区艺术节包括有主题晚会、“非遗”展示、文艺巡演、“百姓秀场”等活动,通过形式多样的活动载体,搭建起文化交流与共享的平台。社区艺术节受到了社区群众的普遍欢迎,吸引了社区群众的广泛参与,收获了良好的社会效益,曾被评为“天津市群文十大品牌活动”。河北区作为社区文化艺术节的主办方之一,充分发挥艺术节“借船出海”的功效,以社区为舞台、以群众为主角,有效调动了社区文艺骨干、文艺爱好者的力量,极大提升了参与者的艺术素养。

二、河北区社区文化建设存在的问题

1.管理方式需要进一步整合

目前对社区文化建设有领导、管理功能的部门为区党委、政府,指导部门为文旅系统的群众艺术馆、文化馆,但是由于传统的“条块分割”管理体制,使得两个系统之间的沟通渠道似乎并未有效建立。社区文化建设的主管部门和社区文化发展的长期规划不是一个系统,于是社区文化建设上出现了一些失调之处。一是某些街道、社区片面地认为社区文化建设只是上级部门,或是文旅系统群众文化部门的工作,所以在活动开展中主动性和热情度相对不高,寄希望于自上而下的行政安排。二是某些街道、社区片面地追求硬件设施建设,但不少设施缺乏事先细致的论证及事后的利用规划,造成了使用率较低,效益不高。三是某些街道将社区文化建设工作分派到各个社区居委会,而社区居委会又疲于应付街道的其他任务,难以将社区文化建设提到应有的地位上。所以整体上看,社区文化建设的运转体制与社区建设和管理的发展不相适应,影响了社区文化建设的提高。

2.思想意识需要进一步提升

在当前的社区文化建设中,存在着把社区文化与群众文化活动相等同,将社区文化建设单纯地视为丰富社区成员文化生活的倾向。在某些行政系统的考核中所关注的也多是开展活动的数量,于是一些街道、社区的社会文化建设只是简单停留在一般的社区文艺活动层面,甚至是出现了“以活动代建设”的情况。一方面在活动开展中有时出现了“贪大求全”的状况,书法、剪纸、民乐、声乐、舞蹈、京剧、评剧、乒乓球、棋牌等文化体育活动“一拥而上”,更稀释了原本并不多的参与人群。所以表面上看各项活动紧锣密鼓，但是实际上各项活动的参与人并不多。另一方面文化活动展示又存在形式单一的问题。社区文化的展示活动多以消夏晚会、歌舞为主，难以满足当前社区居民多元化的文化需要。

3.社区居民参与需要进一步调动

社区文化的开展离不开一定群体的参与，其中社区居民是推动社区文化开展的最直接动力。但是许多社区的居民对于社会文化建设的参与意识还比较淡薄，在许多社区中，青年居民较少参与社区文化建设活动，经常参与社区文化建设活动的主要是已退休的老人，特别是老年妇女，也就有了社会文化建设中老年人多的老旧社区比年轻人多的新社区要好的情况发生。

4.社区文化资金需要进一步多元

资金是社区文化发展的关键，是确保城市社区文化活动开展最基本的物质保障。资金来源是否充足，资金渠道是否广泛，决定着社区文化活动的发展及未来走向。但目前看来，支撑社区文化发展的资金来源基本上全是政府投资或者财政拨款。这种资金来源形式过于单一，缺少民间社会资本的注入。这种主观性较强的投资模式不利于文化建设所需要的自主发展。同时，在长期的输血过程中，社区对文化建设所需资金安于现状，也在很大程度上削弱了社区文化建设本身对造血的功能发挥。

5.社区文化人才需要进一步充实

社区文化建设是个系统工程，它需要有一支道德水平高、文化素质强的专业队伍，尤其是社区文化的骨干队伍。但由于多种因素的制约，社区文化建设人才队伍和工作要求不相匹配，呈现出散乱化的特征。一方面，工作者多为兼职，专职从事社区文化建设的人员相对缺少。虽然政策上为每个社区配置1名政府购买的社区文化公益岗位人员，但是这个岗位员工的能力尚未完全满足社区的需要。另一方面，从年龄结构上看，缺少青年人群体，人才梯次断档，而且专业层次偏低，致使文化工作开展底气不足，缺少活力。

三、河北区社区文化工作提升的对策研究

1.加强社区文化建设有效性

地方政府要明确社区文化建设作为公益性文化建设主要部分之一，要将社区文化建设工作纳入本地区的长远规划及目标管理当中来。市、区、街道、社区等各级职能部门要充分重视支持社区文化建设，发挥好区、街、居各个层面的桥梁和连接作用,形成层层重视社区文化建设的管理体系。在社区文化建设中要理顺文旅系统和地方行政部门的关系,理顺行政部门和居委会、业委会的关系。有必要时成立由区政府牵头,文旅局、民政局、社区办等部门参与,吸纳街道主任、社区主任、居民代表等多方代表共同组成社区文化工作委员会,形成一个上下贯通的管理机构。协调好社区文化建设同社区各项建设工作之间的关系,有效促进社区文化建设全面发展。设立社区文化建设考核指标体系,把文化设施的使用和管理、社区文化活动的策划和组织、社区文化志愿者的培训与服务等纳入总体设计和目标考核中,从而使社区文化建设制度化。对于社会文化活动的考核要"重质而不求量",不以应付各类评比、检查、达标、验收等为目的,避免"重形式、轻深度,重过程、轻效果"的发生,追求活动的长期效益,从而推进社区文化建设的可持续发展。

2.充分调动社区居民积极性

社区居民是社区文化建设的基石,所以繁荣社区文化,必须全力依靠社区居民。提升社区居民在社区文化建设中的参与度和获得感,实现社区居民从"让我参加社区文化活动到我要参加社区文化活动"的转变,形成人人参与社区文化的局面,从而营造出社区工作人员和社区居民群策群力,集思广益共促社区文化建设的良好氛围。街道、社区工作人员要深入了解社区成员的文化需求,有针对性地开展多种形式的文化活动。在活动形式上做到大、中、小型兼顾,让社区成员共享社区文化成果。

3.强化社区文化人才建设

社区文化工作者是做好基层社区文化发展的主体力量。要有效调动街道、社区工作者的积极性,充分发挥社区文化公益岗位人员的作用,形成多维度的人才体系。在街道、居委会尽量做到社区文化工作者专人专岗,确保将文化工作放在重要地位。街道和社区要努力发现和培育居民中的文艺骨干,吸引街道、社区所辖企事业单位人员参与,吸纳社会力量,鼓励志愿服务,给他们提供发挥自身才干的平台,让更多市民主动加入文明城区的建设之中。

(作者单位:天津市河北区文化馆)

总结交流票房经验是振兴戏曲的重要举措

——首届“和平杯金牌京剧票房”网上交流带来的启示

张晓倩

“和平杯”京剧票友邀请赛是由和平区人民政府于1991年创意，得到了文化部、中央电视台的大力支持，与中共天津市委宣传部、天津市文广局联合主办的活动。它是中国京剧史上首次由各地政府文化主管部门层层选拔、经权威部门认定、并由国家文化部授予“中国京剧十大名票、十小名票”等荣誉称号的全国性的业余京剧文化活动。已经连续成功举办十四届成人票友赛和六届少儿票友赛，享誉全国，波及海外，公认为和平区、天津市的文化品牌。二十届“和平杯”、历经二十八年，它发动了全国三十个省、自治区、直辖市及台、港、澳地区京剧票友参加活动，同时还吸引了亚洲、欧洲、美洲、澳洲众多外国京剧爱好者参赛。它推出的200位“中国京剧十大名票”“十小名票”“港澳台及海外十大名票”，像一颗颗火种有力地促进着业余京剧活动的开展，为中华民族的伟大复兴增光添彩。

更令我钦佩的是，“和平杯”所具有的与时俱进的精神，首届“和平杯金牌京剧票房”网上交流活动便是它的写照。我通过《经验汇编》这本厚厚的“和平杯专刊”了解这项活动，使我得到了如下启示：

一、振兴京剧需要传统艺术与现代科技的有机结合

在一般人的印象中，戏曲，尤其京剧是属于老古董的东西，似乎和现代科技不容易交集，但“和平杯”做到了。它不仅能够通过央视“空中剧院”播放，还进行了网络直播，通过“爱奇艺”让更多的人一睹风采。首届“和平杯金牌京剧票房”网上交流，便是通过“微信群”进行的一次广泛的票友交流展示活动。

微信，可以说是21世纪人类交际的最重要发明。它的及时性、即时性、互动性使地球在缩小。借助微信这一新生事物，“和平杯”在振兴京剧艺术、促进和平友谊方面又迈出了一大步。

票房，是业余京剧爱好者联谊组织的俗称，在京剧发展史上具有重要地位。进入新时期以来，各地票房开创性地组织策划了京剧交流、比赛、联谊、巡回演出等活动，全心全意促进本地区京剧艺术普及和繁荣，热情推动京剧艺术繁荣发展。积极参加历届“和平杯”京剧票友邀请赛。正是各地票房卓有成效的工作，才使“和平杯”这株民族文化的幼苗，承受着阳光雨露，成为文艺百花园中的参天大树。

“和平杯”京剧票友邀请赛组委会十分了解各地票房起到的重要作用，因此研究决定，在2016年第十三届“和平杯”举办时，在海内外评选命名并表彰“和平杯金牌京剧票房”。首届共有海内外57家京剧票房获此殊荣。可以说，“和平杯金牌票房”共同在中国京剧史上写下了浓重的一笔、留下了光彩的一页！

这么多“金牌票房”，这么丰富的经验，迫切需要交流和展示，并在此基础上总结和提高。应当怎么办？哪种方法既经济又便利，效果还好？“和平杯”组委会办公室敏锐地选取了已经深入千家万户，甚至融入人们生活的微信和微信群。他们首先在技术上做了铺垫，将入选的“金牌票房”建立了微信群，继而订立了“群规”，要求所有入群者只能介绍本地振兴京剧艺术的举措和经验。很快得到了大家的响应。

于是，旨在展示各金牌京剧票房的成果，交流活动经验的“和平杯金牌京剧票房”网上交流活动启动了。在2017年12月4日至2018年4月26日长达150天的时间里，“上线”的金牌票房恰好是56家——56个票房56朵花。一个个金牌票房闪亮登场。这是京剧发展史上首次进行的京剧票房经验大交流、大展示。

毫不夸张地说，这是“和平杯”在发展民族优秀文化方面的又一创举。

二、“金牌票房”网上交流是业余京剧走向成熟的重要标志

网上交流活动以辽宁省沈阳市沈河区茂泉京剧社介绍发展史“打炮”，以天津青年京剧爱好者俱乐部“让京剧艺术走进青年”的经验“压轴”，以黑龙江国际京剧票友活动中心的体会“攒底”，给人们展示了全国各地振兴京剧的绚丽画卷。

江西老干部京剧团在全省最早弘扬业余京剧活动、湖南怀化市京剧联谊会是全市第一个京剧票房、天津河西区文化馆华义京剧团12年走出“金牌路”、内蒙古呼伦贝尔业余京剧协会在草原演绎“非遗”、北京市新农村青年京剧社成为一支弘

扬国粹的劲旅、湖北省武汉市硚口青年业余京剧团是区文化馆的一支生力军、河北省保定竞秀京剧联谊社精心培养打造品牌、广东省中山市京韵京剧社介绍女企业家王涛的善举、山东省潍坊市钟秀京剧团决心创造世界京剧之家、河南省新乡市京剧协会打造“和平杯”人才基地、山西省大同工人文化宫京剧社发扬“大同精神”、云南省老干部局紫薇京剧团被誉为“紫薇花开红艳艳”、重庆市京剧爱好者协会振兴京剧风雨30年不忘初心、陕西省西安市老干部京剧团传承尚派艺术、浙江省温州市京剧票友协会繁荣演出市场、中原油田京剧协会“配合前线与时俱进”、澳大利亚墨尔本好魅力中国京剧协会成为传播京剧的海外大使……

参加交流的票房有精彩的活动经验介绍，也有精美的演出剧照，还有精彩的演唱视频，更有感人的票房负责人的奉献故事，令人感叹和激动。他们为了京剧的推广和传承，捧着一颗心来，不带半根草去，在全国各地扛起了传承和振兴经济的大旗。他们走出了票房，服务到基层，演出与群众。为了传播京剧，他们走进校园，集演出、普及知识和辅导为一体。为了传播京剧，他们举办少儿京剧培训基地。为了更好地继承和发展京剧艺术，他们自编自演自导京剧小品，编创具有京剧元素的扇子舞、长袖舞等。你方唱罢我登台，每一个金牌票房的展示都各具有特色，别有风采，这一切都为新时期的京剧票房注入了新的生机和活力。

难能可贵的是，还有许多有识之士提出了很多具有较高水平的理论思考。如江苏省镇江市康盛剧社吕国泰《浅谈对京剧观众群和票房活动现状的思考》就是一篇很有分量的论文。文中提出振兴京剧要唱好《借东风》和《草船借箭》，开展票房活动要“活动无围墙、排戏有门槛”等观点，发人深省，深有见地！

三、广泛开展票房的交流与互动完全必要、非常及时

以网络形式展开的“和平杯金牌京剧票房”展示与交流工作，是继1991年首届和平杯京剧票友邀请赛之后，又一项利在当代，功在千秋的重大举措。全国各地，及海内外京剧票房的成果展示在人们面前，使人们看到京剧艺术在发展过程中的又一片广阔天地，这是记载和描述新时期全国及海外京剧票房状况的一个缩影，应该是记录和反映京剧票友这个特殊的群体，对于京剧所做贡献的一个光荣榜。它将是政府及有关部门日后在制定振兴京剧措施时最详细的第一手材料，甚至成为续写新时期中国京剧史时最精彩的篇章。

中国京剧在200多年的演变发展过程中，不仅完整地继承和发展了中国戏曲艺术的各种手法，造就和培养了众多杰出的专业人才，创立、形成了独具特色的诸

多流派,而且熏陶着一代又一代的戏迷票友,营造活跃了无数票房。多年来,票友们如醉如痴地沉浸在京剧艺术文中,在自娱自乐中获得精神的愉悦和心理上的满足。难能可贵的是,他们所做的这些工作都是为了珍惜京剧自发而为。

网上交流活动告诉我们,票房不仅仅是票友们唱戏的舞台,而且是票友们心目中一项重要的事业。票友在京剧发展史上一直起着不可低估的作用,是京剧培养了票友,但同时票友也促进了京剧的发展,二者相互促进,相互依存,才使得京剧薪火不断代代相传。

培养与提高票友的水平与票房的组织能力,应该成为振兴京剧艺术的重要环节。票友票房的活动越多,影响面越广,生命力越强,京剧艺术的传播与普及就越红火,和平杯京剧票友邀请赛组委会正是基于此而独具慧眼,三十年来,呕心沥血,为振兴京剧做出了卓越贡献。

四、票房的"网上交流"活动必须有正确的引导

首届"和平杯金牌京剧票房"网上交流活动,乘着党的十九大的东风,以只争朝夕的精神,在全国京剧金牌票房、负责人、各省区市领队的共同努力下,做成了事业,形成了一道亮丽的风景,对于票房之间加深了解,增进友谊,彼此促进,互相鼓舞,推动全国各地的业余京剧活动起到了重要的促进作用。

除了各地票房的支持以外,很重要的一点,就是活动组织者的正确引导。比如,活动一开始,组委会办公室就订立了"群规",要求所有入群者必须传播正能量,只能介绍本地振兴京剧艺术的举措和经验。这对于"微信群"这种开放式的自媒体十分重要,没有规矩不成方圆,在网上盛行"没遮拦"的情况下,正是这一"群规"保证了交流活动的健康发展。

除了订立"群规"并随时注重规范以外,主办者"和平杯京剧票友邀请赛组委会办公室"领导寇援的点评也起到了重要作用。这些点评能够起到激励和引导作用,但要想做到每篇都有一个重点,每篇都有见地和水平,实在是不容易。56 个金牌票房就需要每两天写出一篇高质量的评论,可是个考验。

什么事情都贵在坚持,正所谓打江山不易,守江山更难。江山,如此,事业亦如此。和平杯中国京剧票友邀请赛就是一项堪称事业的事业。它能够有今天的气候,正是坚持的结果,同样,和平杯京剧金牌票房的网上交流能够成功,也是坚持的结果。做一篇文章,尚且"白首搔更短,一吟双泪流",更何况每篇都要有新意、新角度、新的切入点,实属不易。因此,从写评论角度,我们可以看到事业就是在不断提出课题、不断思考、不断解决中前进和进步。

一项事业坚持了三十年，举办了20届，终成“名牌”，可以说是“坚持”的赞歌。人世间还是有公道的，只有付出了，一直坚持了下来，才能有成功的那一天！要想有所成就，就要努力，就必须有为实现自己目标坚持到底的精神。

首先是改革开放以来尤其是党的十八大以来，群众文化蓬勃发展，形成了并催生着包括活动、舆论、政策等诸多方面的大环境。其次，所坚持的必须是有群众基础的。“和平杯”正是植根于群众之中，有着“坚持”下去的意义和价值。除了上述两个条件外，还有第三个与主办单位大有关系。那就是必须有一个常设机构和一批“能人”。

我觉得这才是关键的所在。仍以“和平杯”为例，天津市和平区人民政府为了“坚持”打造这一群众文化品牌，使之越办越好，特意成立了一个社会组织，专门负责“和平杯”京剧票友邀请赛的各项事宜。这个组织，是一个常设的机构，有批文、有编制、有经费、有办公地点。同时聘请多年负责“和平杯”常务事务的寇援来担任法人代表。这样就从制度上保证了“和平杯”能够坚持下去。

总之，这次史无前例的金牌票房网上交流活动，是对弘扬京剧艺术，传承国粹事业大发展大繁荣作出的一次有益尝试，是中国京剧发展的漫漫长河中，走向“中兴”时期的又一个重要标志！

（作者单位：天津市戏剧家协会）

应当注重京剧票房的自身建设

张晓倩

京剧票房是京剧戏迷票友活动组织的俗称。票房历史悠久,据说诞生于清朝初期,皇族的子弟喜欢演唱“子弟书”,朝廷颁发“龙票”作为“演出许可证”,供这些业余爱好者们进行合法活动,这便是票友、票房、“玩儿票”的由来。票友与票房曾经是一种特殊的文化现象。当京剧逐步发展,取代了“子弟书”的地位后,便在京剧发展的历史上起到了重要的推动作用,有着广泛的社会影响。

京剧是国粹,它代表着中华民族的文化精神,改革开放以来,“票友”与“票房”的称呼逐渐为社会所认可,广大京剧爱好者学唱京剧,不仅作为一种爱好和娱乐,更是深深植根在爱国主义情怀里,自觉地和中华民族文化振兴联系起来。在“弘扬民族文化,振兴京剧艺术”的事业中,各地的京剧票房做出了重要贡献。

进入新时期以来,随着民族优秀文化的普及与提高,包括京剧在内的戏曲票房已经成为提高文化自信、弘扬民族文化的重要力量。以天津市为例,戏曲票房在各个区,直至乡镇、街道、村落、社区纷纷成立。据戏剧家协会初步统计,仅正规在国家民政部门注册登记的京剧票房已经达到200多家。这些票房大多依托于文化馆、文化宫、文化站、俱乐部或者街道、社区开展活动,基本上已经形成网络。其中在天津市戏迷票友协会旗下,成为会员单位的京剧票房就达到70多家,他们遍布于全市各个区,包括一些大学和警备区部队,组织机构健全,有固定活动地点。一般每周活动两次以上,大都有自己的文武场,其中五家还有自己齐备的衣箱。这些票房每年组织下基层、进校园、下农村部队、去疗养院等演出达千次以上,在活跃广大群众文化生活中发挥着重要作用。为实现中华民族伟大复兴的中国梦做出新的更大贡献,已经成为广大票友的共同理想和愿景。

但是在充分肯定票友素质的同时,也应注重票房的自身建设,加强对于票房的

"管理与引导",否则,将影响"票房"的健康发展。

一、健全的内部建设是"票房"健康发展的基础

包括京剧票房在内的各种业余文化组织在坚定"文化自信"部署中具有重要的作用,而管理与引导对于这些业余文化组织具有重要的促进作用。理由在于,由人类组织的组织需要管理。票房也不例外。以天津市戏迷票友协会为牵头单位的全市各个票房组织,在本质上属于这样的组织。

各种戏曲票房的出现,是普及中华传统文化,传承非物质文化遗产中非常重要的一环。以往的公共文化服务体系中,提供服务的主力军是图书馆、博物馆、文化馆、文化站等公共文化事业机构中的编制内人员。随着形势的发展,各种社会力量已经成为公共文化服务的重要力量甚至生力军。包括京剧票房在内的各种业余文艺组织,像评剧、河北梆子、越剧的票房,以及各种音乐社团、朗诵社团、舞蹈社团都为满足广大人民群众日益增长的精神需求做出重要贡献。这些票房或曰"社团"的出现,代表着社会力量对公共文化服务体系建设的参与。体制内的文化从业人员,数量终究有限,难以应对社会公众不断增长的文化服务需求。具有较高素质,且日益扩大的票房组织,能够弥补这一不足,扩大公共文化服务的范围,延伸服务触角。同时,票房组织中"互敬互爱、彼此提携、共同提高"的精神有利于社会优良风气的形成,"自娱自乐、各得其乐、大美其乐、寓教于乐"的票房活动宗旨也是实现中国梦重要的道德基石。

不可否认,票房中的每一个活动者作为每一个个体,都具有较高的个人素质、艺术素质、艺术水平和政治修养。然而,个体的素质并不一定就是集体或者"组织"的素质。只要形成组织,就必定有一个内部建设问题,人们常说的"人心齐,泰山移"就是这个道理,内部建设,其本质就是凝聚人心,就是拧成一股劲儿。像华义京剧社的冯树楫先生,不仅自己喜爱京剧创办票房,还积极引导孙子也爱上了京剧,成为花脸名票,并荣获"和平杯"大小名票称号。这样的票房应当更多,才能促进京剧的发展。

二、对票友活动进行引导是票房内部建设的重要内容

对于"京剧票房"等业余文艺组织来说,要致力于"票友"的文化自信、文化自觉与文化自省,而不光是仅仅注重他们的演唱技能与京剧知识的丰富。

首先,应当在票房中强化"文化志愿者意识"。票房是为了票友们"玩儿票"设

立的,但不应当仅仅是"玩儿票","寓教于乐"应当是正确的运行模式。要在自娱的基础上,自觉做到"娱人",在提倡"各美其美,美人之美,美美与共,天下大同"的基础上,自觉担当好"文化志愿者"的角色。

其次,要学习"乌兰牧骑"精神,做京剧普及与提高的铺路石。京剧票房应当贯彻习近平主席提出的要求,在新时代继续发扬"乌兰牧骑"精神。肯于走出去、下基层,不把自己束缚于艺术的"象牙塔"内,让更多的百姓接触到京剧艺术,这样才能达到振兴京剧艺术的目的,在服务社会、贡献社会的同时完成自己的艺术夙愿。随着中国特色社会主义进入新时代,随着人民的需要从物质文化需求发展到美好生活需要,随着中华民族迎来从站起来、富起来到强起来的伟大飞跃,文化建设也要提升至更高层面,肩负更多的使命。京剧票房责无旁贷。

三、继承发扬"票友"的传统,在新时代有所作为

"票友"在京剧发展史上具有较高的地位,有着优秀的传统。

首先,"票友"是京剧发展的推动力之一。京剧已有200多年历史,经历了几个鼎盛时期,18世纪末是京剧发展的第一个鼎盛时期,每天戏曲演出繁盛,宫廷内为京剧表演提供有力的帮助,宫廷与民间的戏曲相互影响,使京剧获得空前发展。20世纪20至40年代是京剧的第二个鼎盛时期,这一时期,京剧繁荣的标志,是诸多流派的产生,流派纷呈,人才济济。这两个发展时期出现了一道风景,就是票友下海推动了京剧的发展,例如张二奎、程长庚、余三胜并立老三鼎甲,孙菊仙与谭鑫培、汪桂芬并立后三鼎甲。言菊朋与马连良、谭富英、高庆奎为前四大须生。奚啸伯与马连良、谭富英、杨宝森并列后四大须生。

历史地看问题,不难得出结论:是京剧培养了票友,但同时票友也促进了京剧的发展,二者相互促进,相互依存,才使得京剧薪火不断代代相传。培养与提高,应该成为振兴京剧艺术的重要环节。票友票房的活动越多,影响面越广,生命力越强,京剧艺术的传播与普及就越红火。

其次,票友由于社会地位的原因,容易创新。历史上,最初的票友"玩儿票"是不允许卖票的,反而他们的演出需要收费。经济基础决定上层建筑,票友在历史上形成的这种"经济独立",反映到艺术上就是艺术上的相对自由,"门户之见"较少。这也是前文所说,票友中"一代宗师"较多的缘由。

我们要发挥前辈票友的传统,在民族复兴的关键时刻发挥作用。要发挥"超脱于各门派之外"的优点,破除门户之见。要敢于学唱那些所谓的"冷门戏",为改变当前京剧演出中“流派多、剧目少”的现状出一把力。倘若我们的票友中能够再出现孙菊仙、言菊朋、奚啸伯那样的“名票”，京剧的振兴不成问题。

再次，票友由于社会联系广泛，易于推动京剧新剧目发展。流派是需要剧目才能形成与发展甚至兴盛的。而推出新剧目需要大批资金，票友在这方面具有“科班界”较少具有的优势。历史上，很多新剧目的出现和流行都借助于社会力量的支持。

当前京剧的发展也有这样的困局出现，所不同的不是新剧目少，而是新剧目往往只演一次或者“一番儿”就偃旗息鼓了，既然我们看到了“新戏多，演出少”的不足，作为票友与其怨天尤人，不如带头学唱新戏，让《曹操与杨修》《于成龙》《郑和》《华子良》这样的优秀剧目不断传承，像《四郎探母》《失空斩》《群借华》那样流传千古。

四、重视自身建设，在培养票友上下工夫

在充分认识到票友在宣传普及带动京剧的同时，还需要在创建票房、培养票友上下工夫。

京剧票房的优势是既能接触专业演员，又能联系戏迷观众。票房要积极发挥这种桥梁纽带作用，要有亲和力，形成磁场效应。一方面为刚入门的票友做好示范，提高他们的艺术水平，另一方面举办京剧知识讲座普及京剧知识，提高一般观众的欣赏水平。

要分层次培养京剧票友，扩大范围增加影响力。对于有一定艺术天分，又具备综合素质的爱好者，应尽量施以专业性的京剧培养，请名师说戏，坚持练功，在掌握京剧基本功的基础上提高综合艺术修养，在较高的平台展示，逐渐成为名票，甚至是京剧名家。而对于一般的票友，自身条件一般，年龄偏大，或年龄较小的票友，可以开展普及性的学唱，并以清唱为主，主要是提高兴趣，成为爱好。

五、练好“内功”，创出京剧票房的“品牌”

票房，应当是优秀的文化志愿者团队，也应当有着自己的品牌。在天津，票友戏迷协会做了很好的工作，创出了“京剧票友大舞台”这样的品牌，值得提倡。他们从 2012 年至今已经进行了 100 多场惠民演出，受到社会各界的关注和好评。

天津市票友戏迷协会会员单位 60 多家。在“京剧票友大舞台”惠民演出的影响下，提出了“改进领导，加强管理，提高艺术水平，扎根基层”的方针，除了平时票社活动和参加票友戏迷协会组织的演出外,大部分时间活跃在机关、学校、军队、企业、社区,为他们送戏,送温暖,宣传党的政策。为了提升服务质量,南薰社、双港海天京剧研习社还专门购置了演出的全套服装。春晖京剧社、滨海新区女企业家艺术团、发改委华义京剧社、国土资源和房屋管理局京剧社常年活跃在社区、老年活动中心、军营等地演出,天津青年京剧爱好者俱乐部每年都下社区,下工地,为社区群众、农民工演出。同时,每年暑期还在天津青年宫举办三场"暑期京剧大家唱",邀请社区群众、农民工进剧场看戏。用演出知识问答互动的方式普及京剧,传播优秀传统美德。据不完全统计,票友戏迷协会会员票社每年为广大人民群众公益演出400余场。

天津市公安局蓝盾京剧社就是其中之一。该社以"和平杯十大名票"郭盛领衔,他们经常利用业余时间深入社区为居民中的京剧爱好者进行义务指导,并在社区举行的群众文化活动中义务演唱。在他们的倡导带动参与下,基层文化建设的水平蒸蒸日上,近年来优秀票友不断涌现,被誉为"蓝盾京剧绽放异彩,蓝盾在京剧票界闪亮"。

总之,"全心全意为人民服务"是共产党的唯一宗旨,各个京剧票房是党领导下的群众组织,应当谨记这一宗旨,在"以人民为中心"的前提下,深入贯彻习近平新时代中国特色社会主义文化思想,将票房活动视为振奋民族精神、弘扬民族文化的实际行动。

(作者单位:天津市戏剧家协会)

浅谈文化扶贫工作的作用与意义

——以甘肃省镇原县为例

祁　丹

笔者于2019年9月至10月期间，作为天津文化系统的工作人员，受命赴甘肃省镇原县进行扶贫工作。其时恰逢我国第六个“扶贫日”，六年前的10月10日，习近平总书记在首个“扶贫日”之际作出的批示说：“我国将每年十月十七日设立为‘扶贫日’，并于今年第一个扶贫日之际表彰社会扶贫先进集体和先进个人，进一步部署社会扶贫工作，对于弘扬中华民族扶贫济困的传统美德，培育和践行社会主义核心价值观，动员社会各方面力量共同向贫困宣战，继续打好扶贫攻坚战，具有重要意义。”

作为扶贫工作的一线文化工作者，能够在这样一个有纪念意义的时间前后，赴甘肃省镇原县执行扶贫任务，内心深感荣幸。这一个月时间内，笔者除了本职工作以外，利用节假日和周末时间，对该地的文化现状进行了一些脚踏实地的考察，对文化扶贫工作的作用与意义有了一些自己的粗浅认识，现整理出来与大家探讨。

一、镇原县的文化现状

镇原县地处西北黄土高原，自然条件相对较差，气候干旱，植被不多。经济以农业为主，缺少工业基础，是国家级贫困县之一。在这样的经济条件下，如何达到较好的物质生活水平依然是当地群众亟待解决的问题，群众的精神文化生活尤其是公共文化生活相对滞后。近年来虽然地方政府在惠民演出、乡镇文化站建设、农家书屋建设上投入了不少资金与人力、物力，但与东、南部沿海城市以及北方较大城市的文化生活比起来，依然颇有不足，全县文化设施相对较少，群众性的演艺活动组织的也不多,边远乡村的群众文化生活依然可以用“贫瘠”来形容。

同时因为长期的交通不便,镇原县受外来文化的影响也相对较少,较好地保存了很多传统民间文化,比如剪纸、刺绣等,秦腔和唢呐在当地依然盛行,是文化部命名的“中国民间文化艺术之乡”,许多人还保持着书法练习的习惯,是有名的“中国书法之乡”。

一方面是深厚的传统文化积淀,一方面是现代文化的相对落后,如何利用现代化的文化管理和推广手段,将当地丰富的民间文化遗产进一步整理和盘活,在丰富群众业余文化生活的基础上,发挥文化在扶贫工作中的特殊作用,为当地人民脱贫致富提供一个新助力,是值得我们文化工作者思考的课题。

二、文化扶贫工作对丰富当地群众业余精神文化生活的作用

笔者在镇原县文化馆工作期间,参与了几项文化活动的组织与实施工作,比如“壮丽七十年 奋进新时代”镇原县业余秦腔大奖赛决赛及颁奖晚会活动,笔者和援甘其他同事尝试将我们在天津举办文化活动时的工作经验与组织方法运用到该项活动中,采取了较为新颖的编排手段,同时进行了必要的宣传和包装。当地演职人员的参与热情普遍较高,并且受到了群众的热烈欢迎。

活动当天,县城广场人山人海,热闹非凡,周边村镇群众不嫌路远,结伴而来。笔者访问了一些观众,皆言此为他们难得一见的文化盛事。不少观众兴起,叫好之余兴致勃勃地吼上几句秦腔以作呼应,散场后,良久不忍离去。显然,此类活动对丰富当地群众的文化生活具有重要的作用。

笔者注意观察当地群众在业余文化生活上的具体表现,发现该地虽为书法之乡,多数群众却缺乏阅读习惯。实地考察了几个乡镇,情况亦是如此。比如离县城不远的屯字镇,户籍人口约5万左右,镇上街道虽然残破,车辆行人缺少秩序,但商品丰富,人气较旺,算得上是个繁华的所在。只是镇上很难找到书店,当地农民阅览室也少见阅读者。这种状况或与文化程度较高的年轻人大量外出就业、中老年人受教育程度普遍不高有关,那么在校学生的课外阅读情况如何呢?笔者走访了几个学生家庭,发现家中除学生课本外,能见到的藏书仅有四大名著中的一两本或其他有限的几本文学著作,这样的阅读量显然没有达到教育部规定的学生阅读标准。即考虑是否可以采取捐赠图书的方式,为当地的阅读氛围的养成做一些促进工作。于是在请示领导获得同意后,联系了在西安的朋友,在他们的帮助、支持下,组织了1366本儿童课外读物,捐献给了太平镇崇老庄小学,获得了非常好的反响。

上述事例是试图通过切身实例，来探讨如何落实总书记的指示，把扶贫工作做到实处，如何在具体工作中，尽可能地为群众办一些实事，一点一滴地累加，终会由量变达到质变。笔者通过在实际的工作中充分认识到文化扶贫的重要性，它在提振当地群众精神面貌，改善和丰富群众文化生活，提高儿童文化素养等方面，有着不可替代的作用。

三、文化如何与经济结合，在扶贫工作上发挥实际的作用

但不管是组织文化演出活动，还是购买书刊、建设学生阅览室（靠公益捐赠显然不能解决根本问题），都需要经济基础来支撑。镇原是国家级贫困县，在这方面的支出不可能太多。那么，能不能考虑让文化参与到经济工作中，发挥作用，为当地的经济建设做一些贡献呢？

镇原县历史悠久，出过一些文化、历史名人，如东汉思想家王符，北魏宣武帝皇后、后来以太后身份摄政多年的胡充华，南宋太尉杨政，晚清书法家张宸枢等人；自然环境虽然相对较差，但亦有秀美的山川，如潜夫山和翟池等；文化古迹遗存，也有可观之处，如北石窟寺、佑德观等。但镇原最大的历史文化名人王符，在全国范围内的知名度并不高。胡充华作为镇原历史上地位最高的政治人物，本多传奇色彩，却因为荒淫无道，导致北魏分裂，在史书上的口碑委实不佳。王符隐居的潜夫山是镇原县最著名的名胜，但并不为甘肃省外的游客所知。位于镇原县太平镇与西峰区董志镇交界处的北石窟寺，虽然作为甘肃省四大石窟之一，是全国重点文物保护单位，也保留了大量的佛教文化遗存，曾是丝绸之路东段的一颗明珠，但知名度与龙门石窟、敦煌石窟等相比也不可同日而语。镇原虽为书法之乡，但没有出现特别知名的书法名家。也就是说镇原缺少叫得响的文化 IP。

这显然是一种略显尴尬的境地，但尽管如此，如经详细谋划，在现有文化遗存的基础上亦可大有作为，关键就看如何利用有效的经营手段与媒介传播来达到盘活文化资产、促进经济建设的目的。在游览北石窟寺时，笔者对第 222 窟的佛像颇有兴趣，因为这座佛窟经研究确定，系盛唐时期开凿而成，这尊佛像被专家们认为是当时的造像者按照武则天的形象雕琢而成。武则天影响力不言自明，所以北石窟寺所在的镇原县和西峰区，或者上级单位庆阳市相关部门，在进行旅游宣传推广时，完全可以抓住这一点，打出“来庆阳看武则天真身佛像”或“来镇原看武则天真身佛像”的口号，再加以适当的宣传推广手段，相信外地的游客以及佛教信徒应该会被此句口号所打动，前来一睹女皇的风采。

如果北石窟寺的旅游资源能够因为武则天而盘活,游客纷至沓来之后,则必将带动当地经济提升一个台阶,工作人员因之而增加,相关土特产品的销售也就有了更大的保障,总而言之,能够极大地带动当地人民的就业。“一人就业,全家脱贫,增加就业是最有效最直接的脱贫方式。”(习近平总书记《在东西部扶贫协作座谈会上的讲话》,2016年7月20日)

四、通过文化创意对当地土特产品进行升级包装

笔者在考察镇原县当地农贸市场的时候,发现当地商户在土特产品的经营方式上同大多数西北县乡一样,多以零散销售为主,缺乏有创意的包装,更谈不上什么品牌和规模。镇原城中有一家手工挂面店,颇具古风,笔者曾建议老板将挂面注册商标,按斤包装,这样能提高售价,卖得较高的利润。或者在本地依然销售散装挂面,以免因价高失去老顾客,包装后的面条可以送到当地超市代销,并通过外出工作的亲友介绍尝试销往外地,以便于扩大生产规模。

相对于南方来说,西北地区商业发展较晚,民众缺乏品牌意识和市场开拓精神,自是正常现象。商业文化的建立非一朝一夕之功,所以政府相关部门在这方面有组织的引导就至关重要。文化部门在此处亦有很多工作可做,如可以考虑将当地的文化与土特产品充分结合,形成一定的地方特色,在提高产品辨识度的同时,也能进一步扩大当地文化的影响力。

最直接的手段就是将当地的文化予以形象化,并与商品包装结合起来。镇原县最有特色的文化,首先当然是剪纸。剪纸是北方地区一种普遍的民间艺术,虽然并非镇原县所特有,但镇原却因为剪纸而被文化部命名为“中国民间文化艺术之乡”。镇原在剪纸艺术上出过很多人才,比如在北京引起轰动的祁秀梅老人,她的传人惠富君被誉为“中国剪纸名家之花”,别的弟子如段彩霞、刘玉英、许军峰等人亦相继获得了“中国民间艺术大师”的称号。这就很有文章可做了。如果镇原县出产的土特产品能统一在外包装上采用剪纸作为图案,比如面条可以采用农民手捧麦穗的剪纸图案,苹果可以采用农民在苹果树旁的剪纸图案,其他杂粮等农副产品以此类推,包装上一律冠以“中国民间艺术之乡”字样,宣以“镇原出产,放心可靠”之类的广告词,既增加了产品的特色,亦宣传了镇原县的文化,两者相得益彰。

五、发挥当地文化人才的积极性,推动扶贫工作的进展

与镇原当地同事交流时得知,镇原作为中国书法家协会命名的中国书法之乡

(2010 年),全县人民爱好书画之风炽盛,书画爱好者数以万计,其中有 20 多人加入了中国书协。这些书法家除在当地具有较高的知名度外,亦有部分人走出镇原,在省内省外具有一定的影响力。此外也有不少从事文学、导演、学术、演艺等工作的优秀人才,如张荣、陈晓龙、佟红梅等人。当地的文化部门是否有可能采取一定的组织方式,将这些具有一定影响力的文化界优秀人才组织起来,充分发挥他们的能量,宣传镇原,推广镇原。在自媒体时代的今天,一些区域文化名人的影响力差不多相当于以前的内刊,个别人甚至能达到地方报纸的程度,或可采取联谊会之类的方式,将这些人才聚集起来,形成合力。

六、利用新媒体宣传地方文化和地方产品

近年来,微信、抖音等新媒体风行一时,方便快捷,为大众所喜闻乐见,在地方文化的推广上,具有不可忽视的作用。2019 年十一期间,笔者在做镇原县秦腔大赛时,拍了一些演出的小视频发到朋友圈,得到的点赞数量达百人之多,浏览量应更以十倍计。事实上不管是地方戏剧,还是剪纸、刺绣等民间艺术形式,都因为浓郁的区域风情而拥有不少受众,如果把他们的演出过程和创作过程拍摄出来,以文化内容的形式发布于上述新媒体,或许会获得不少关注。西安大唐不夜城的不倒翁小姐姐能够获得十几亿点击量的关注度,成为全国瞩目的明星,那么西北黄土高原上一个唱秦腔、跳当地舞蹈、剪纸或刺绣的小姑娘有没有可能获得几百万甚至几千万的点击量呢?若能策划得当,这个可能性当然是有的。一两个地方网红的出现,也许就能带动大量的农副产品的销售。当然,新媒体营销是一门学问,相关部门或者可以考虑把新媒体营销培训作为扶贫工作的一项内容纳入具体工作当中。

总之,文化工作多数情况下只是作为一种经济发展上的助力,扶贫工作更多的时候还是要依靠行之有效的企业经营和商业运营,但无论如何,能时刻考虑将文化和经济充分、有机地结合,不管对于文化,还是扶贫,都是有增益的举动。习近平总书记对扶贫工作的重视和指示,对贫困地区的脱贫致富工作有着非常重要的现实意义。部分受过国家高等教育,视野相对开阔,思维较为活跃的工作人员深入到贫困地区,深入到贫困群众中去,确实能带来一些不一样的扶贫新思路,这些思路也许因为不够契合当地实际情况而难以实施,但能够提出来也是一种收获。外调扶贫是一种非常有益的锻炼方式,提升了对社会的认知,也提高了实际工作能力,于贫困群众、扶贫工作者双方都是一种互相成就的过程。

(作者单位:天津市静海区文化馆)

群文创作应防止“获奖至上”“娱乐至上”等倾向

冯 坤

群众文艺创作在群众文化工作中居于十分重要的地位。它是群众文化活动的重要组成部分,与文艺表演、宣传教育、文化、科技知识普及、群众体育、游艺、游戏等活动一起，共同构成了群众文化的主体与基础。广大人民群众为了满足自身的精神生活需要,在业余时间创作了大量精美的文艺作品,他们过去是、今后也仍然是人类文明宝库的珍宝。创作是一切文化现象的先导,自然也是群众文化工作的先导。作为一名群众文化工作者,必须十分重视群众文艺创作,深刻了解它在我们社会生活中的地位与作用,通晓群众文艺创作的基本内容、基本形式和基本规律,掌握群众文艺创作的基本方法,使具有中国特色的社会主义群众文化工作蓬蓬勃勃地开展起来。

随着形势的不断发展,特别是近三年来,随着迎接党的十九大胜利召开、庆祝改革开放四十周年、新中国成立七十周年活动的开展,群众文艺创作也取得了令人鼓舞的成绩,作为群众文化工作者,我们高兴地看到,一股群众文艺创作的热潮正在兴起,群众文化正向社会展示它那旺盛的生命力。群众文艺作品频仍问世,群众文化活动此起彼伏,为群众文艺的创作提供了广阔的舞台,群众文艺创作正进入历史发展的最好时期之一。

然而,面对这百花齐放的大好形势,我们不能限于盲目的乐观之中,仔细分析一下目前群众文艺创作的态势,有识之士均在欣喜之余掺杂着些许忧虑,这就是,群众文艺的创作质量与数量之间没有达到人们所期望的统一。与数量相比,质量似乎是更应引起人们重视的问题之一。我们能够做到百花齐放,然而出类拔萃的作品却并不是很多。群众文化这片沃土的确是取得了大丰收,然而,为群众提供的高档的精神食粮并没有人们期望的那样多,正所谓“有高原,少高峰”。

一、不忘"让老百姓高兴"的初心，防止"获奖至上"

群众文化的终极目的是什么？当然是"让老百姓高兴"。这就是我们的初心。而"获奖"这一"硬核"的出现。使得我们的群众文化干部走着走着，就忘了出发时定下的目标，形成了心理上的迷茫现象，不少同志只注重个人的创作以及这些作品对个人带来的价值，而忽视了百姓的需求。

有些同志一讲到成绩，经常用获得了多少奖来说明自己做的工作，而没有看自己的作品是否真正创造了精神价值，自己的工作是否真正满足了群众的文化需求。由于缺少高质量的文艺作品，广大群众并没有真正享受到文化的成果，原因就在于"获奖至上"在作怪。这种做法追求的最终目标是以个人利益为中心目的，"获奖至上"盛行必将冲击社会道德价值观念，不良社会现象和观念的影响以及各种物质利益的引诱，必将使得群文工作者态度发生异动，出现情绪浮躁、急功近利的倾向。

造成这种现象的重要原因在于，当前对文化部门的考核，一项重要指标是获奖。这是文化部门领导的政绩所在，群众文化干部的职称评定、个人待遇也都和"奖"挂钩。特别是代表我国业余文艺最高水平的"群星奖"，更使人们趋之若鹜。有的地方的文化部门和文化馆的中心任务已经变成了为"群星奖"服务。为此形成全馆动员，不惜投入重金，动用大量人力物力，甚至请专业演员，对作品进行高档化包装。除了"群星奖"，各种名目的比赛和评比，也是不同的"分中心"。在一些人的观念中，获奖，是硬道理，而"获奖"的决定条件是评委的认可，因此创作出评委喜欢的东西，想方设法取得评委的好感是压倒一切的。

在"获奖"的大棒指挥下，各级文化馆的中心任务几乎就是如何揣摩评委们的心理，怎样获得评委们的好感。不可否认，各种奖项的设立，对于推动社会文化发展、培养优秀人才、推出优秀作品起到了很大的作用，但我们一些干部把主要的精力放在"获奖"上，就必然会忽视老百姓的诉求和期望，造成群众文化工作表面上轰轰烈烈，最后空空如也。

令人遗憾的是，获奖之后，这些作品就成了案头上或者仓库里的收藏品。这种做法显然不符合党中央关于文化大繁荣、大发展的要求。中央现在在经济领域进行"去库存"工作，我认为，在群众文化的创作领域也应当进行相应的"去库存"。把那些历年来的获奖作品进行集中清理，符合老百姓喜怒哀乐的，应当进行复排，经常上演或者展出，达到让老百姓高兴的目的，对那些明显的废品，应当反省创作过程中的种种不妥，今后不再做这种违背老百姓意志的事情，要使国家宝贵的活动经费用到正道上。

防止“获奖至上”,关键在于坚持“以人民为中心”,坚持宗旨意识。群众文化必须坚持“人民性”,只有以人民为中心,投人民之所好,想人民之所想,才能真正创造出属于人民、属于老百姓的文化成果,才能在群众文化工作中不被“获奖至上”所干扰。群文工作者是为群众服务的,我们的成果就是老百姓的精神食粮,我们所做的工作就是为了让老百姓高兴。让更多作品更好地反映人民的精神面貌和他们的现实生活,让群众喜闻乐见成为优秀文艺作品唯一的标准。

二、牢记“为社会主义”的使命,防止“娱乐至上”

创作文艺作品的根本目的,是让老百姓高兴,群众文化的主要功能是娱乐休息,这是正确的,毫无疑义的。但是,在强调娱乐休息的前提下,还应注重坚持“二为方向”,防止“娱乐至上”。

首先应当指出,健康向上的娱乐应当提倡。娱乐本身是人类在劳动中形成的,是人类身体机能的需要。甚至可以说娱乐乃是人的本能,无论是唱歌、跳舞、小品、戏剧、文学作品、影视剧,各种各样不同形式的娱乐,都是因人类的需要而出现的,人类需要娱乐来放松自己,在歌与舞中获得愉悦,在紧张、繁忙的劳动生活当中,松弛一下神经、休息一下身心,娱乐就成为人生的必需品。但是娱乐“至上”就不对了。一个时期以来,在全球的文化娱乐界都出现了片面追求“娱乐”的倾向,以至于走到极端,出现了“娱乐至死”,导致有很多国外学者曾撰文批评这种现象。这种现象也传染至国内。由于“娱乐至上”现象经常在我们身边发生,以至于国家文化部、广电部曾经多次发文批评这种倾向,要求注重把握娱乐的“度”,不能任其泛滥,指出群众的娱乐,必须有一个底线,这就是必须要健康、有益,要做到“寓教于乐”。

遗憾的是,这一底线一次次地被打破。社会上呈现出愈演愈烈的“娱乐至上”的趋势,甚至模仿国外,提出了“娱乐至死”的口号。打开所有的电视频道几乎都被娱乐主宰,演艺圈的绯闻会成为“头条”,更有人为了“上头条”使尽浑身解数。“娱乐”似乎都成了头等大事……一次次都逃脱不了变成“吸睛”的第一主题。这就不仅是娱乐问题了。

反映到群众文艺的创作方面,就不可避免地出现了以“找乐子”“寻包袱”为构思主体,忽视对于人生哲理性、庄重性的思考,更缺乏对于理想、信念、信仰的足够尊重。导致我们创作的作品轻浮、油滑、贫嘴呱舌、思想灰暗。作者总是挖空心思,想尽一切手段让观众笑,哪怕是傻笑。恶搞,竟然成为新潮,在引起全场狂欢的同时“三观”毁尽。甚至在正面歌颂的作品中，也不忘找寻“灰调子”，反而美之曰“新思维”。这种现象不仅不可笑，反而令有识之士们忧心忡忡。

人民生活需要娱乐，但娱乐绝不是文化的全部。文化还肩负着教化的作用，这就是“做文化人，以文化人”。应当坚持“寓教于乐”，不能只娱乐而忘记了教育功能。毕竟人类是在一步步被教化中逐步脱离了野蛮，走向了文明。文化，特别是群众文化是维系社会文明、保证民族生生不息的巨大力量。正因如此，人们才应当从文艺作品中了解到什么是真正的人，才能知道应该过怎样的生活。如果连人都不知道怎么做，那还谈啥人性、民主、科学、自由、法治？尤其是在当下，我们的许多优秀传统文化尚未能真正熏陶到大多数人，忽视对青少年进行人格塑造的时期，我们更应该多依赖优秀的文艺作品去熏陶、培育国民。

三、坚持辩证思维是克服“两种倾向”的有效手段

辩证唯物主义是我们尊崇的正确的思维方式。只要我们能够运用这种科学的理论，指导我们的工作，就一定可以克服上述两种倾向，取得群众文艺创作的佳绩。之所以在群众文艺创作中出现“获奖至上”“娱乐至上”的现象，主要还是没有正确处理好领导、评委与群众以及宣传教育与娱乐休息之间的辩证关系。只要把老百姓的利益放在第一位，就不会偏离方向。

毫无疑义，获奖，十分必要，但要照顾到群众利益，要坚持“群星奖姓群”，不去片面追求“高大上”，片面强调“大制作”，要注意获奖作品的可持续发展，及时做到“去库存”。我们应当坚持，只要是群众喜欢的，即使没有获奖的政绩，我们也应该去干。有政治利益和经济利益的，但群众不喜欢，我们也不要去干。

同时，在反对“娱乐至上”的前提下，也不能再次滑到文艺“为政治服务”那一套上去。任何观点，哪怕是正确的，把它强调过了头，也会失之偏颇。文化的宣传功能很重要，因为一切进步的文化都在于真实地反映人民对社会的深刻认识和对生活的正确态度，表现先进的世界观、道德观，因而能帮助人民推动历史前进。但把群众文化的“教育功能”强调过了头，出现“标语口号式”的作品，也同样阻碍了群众文艺创作质量的提高。

关键还是要贴近时代。例如：在“南开区庆祝新中国成立70周年各界群众文艺汇演”中，我们以创作为主，推出了朗诵《致先辈》、岔曲《长征》、歌曲《壮怀70年》、舞蹈《当我戴上红领巾》、小品《小区聊吧》、歌曲弹唱《写给南开的歌》等，全场节目不请大腕，注重群众创作、群众表演，效果很好。

再比如我们倡议主办了“携手京津冀 共筑中国梦”京津冀同庆新中国成立 70 周年交流活动。活动由南开区文旅局与北京市东城区文旅局、河北省保定市文化广电和旅游局联合主办。在首场演出中,三地群文工作者共同推出了一场创作节目,包括鼓乐表演《战鼓齐鸣赋三都》、音舞快板《喜庆华诞 70 年》、小品《寻路》、舞蹈《秋天的记忆》《少年中国梦》、歌曲《天津好地界儿》、民乐《不染》等,对贯彻京津冀协同发展的总体要求,增进三地文化旅游工作的交流与融合,推动京津冀文化事业的繁荣发展起到了很好的作用。

实践证明,只有摒弃“获奖至上”“娱乐至上”,贴近生活,才能让群众想要的文化生根开花结果,无愧于我们的伟大时代。

(作者单位:天津市南开区文化馆)

浅谈塘沽基层群文人才队伍现状与发展

赵 刚

新时期背景下，专业人才越来越重要，必须构建一支专业稳定、门类齐全、结构合理、梯次分明、素质优良的基层群众文化人才队伍，才能进一步提高公共文化服务效果和水平，文化人才队伍不但决定了群文工作的核心竞争力，而且直接影响到了工作效率的高低，可持续发展就依赖于此。只有不断壮大高素质文化人才队伍，才能切实推动群众文化服务上水平、提影响、得实效。

一、塘沽基层群文人才队伍现状

塘沽现有10个街镇文化站，每站配备1—2名专兼职工作人员，规模较大的配备了2名以上，区政府专门出台了《社区(村)综合文化服务中心管理员聘任管理实施方案》，实现了每个社区(村)均有1名政府补贴的专职文化管理员，共计137人，据不完全统计街镇社区近150名群文工作人员，50岁以上的占50%以上，除此之外还有10%的人员为街道社区人员退休返聘，近60%人员为兼职。

1.着眼基层，注重业余文艺团队建设

地区现有社区艺术团10个，社区剧团5个，民间花会广场舞蹈队伍123支，团(队)员9000余人。近年来，塘沽注重文化队伍建设，积极扶持业余群众文艺团队的发展。塘沽文化馆现有合唱、舞蹈、民乐、京、评、梆等7支馆办团队，团员400余人，以馆办文艺团队带动了社区基层业余群众文艺团队发展，涌现了诸如杭州道街金色港湾舞蹈团、新河街好之声合唱团、滨海雅韵民乐团、渤海评剧社等一批优秀的基层业余群众文艺团队，为塘沽群众文化繁荣发展奠定了基础。

我们建立了文化辅导员制度，实现工作重心下移，为街镇社区提供文化辅导服务，培训文艺骨干，加强社区业余文艺团队建设。馆里业务干部每人每年要保证用不少于两个月的时间,到街镇社区文化阵地进行艺术辅导,帮助组建或提高社区业余团队、打造社区文化活动示范点。同时还面向社区动静态文艺团队(社)举办“百日百团”培训辅导班等各类培训班,加大对优秀文艺团队的扶植力度,在普及推广的基础上,提高全区业余文艺团队创作水平和演出水平。二是区文旅局实施了“群文之星”培养工程,着力培养一批有艺术基础、文艺特长、文艺爱好的社区业余文艺骨干成为文化带头人,进一步推动社区业余文艺团队的发展。三是加强文艺爱好者队伍培训力度。利用社区居村文化设施,组织师资资源,定期对文艺爱好者进行文化艺术专题辅导培训,提高文化艺术爱好者的文艺技能和文艺修养,从而促进业余团队的群文活动水平,让文化艺术融入群众生活,让群众充分享受政府提供的公共文化服务。五是举办各类群众参与度高的展演赛事活动,例如,每年近百支业余群众文艺队伍参加的广场舞大赛、劳动者之歌合唱音乐会等,文化馆的精心组织,群众文艺团队的广泛参与,为新区众多群众业余文艺团队、文艺爱好者搭建了展示才艺平台,提供相互借鉴、互赏交流的机会,引领带动了全区群众文艺团队蓬勃发展,激发了群众参与文化活动的热情,寓教于乐,以文化人,极大地丰富了群众业余文化生活。

2.扶植发展民间特色文化队伍

发挥民间艺人在社区文化生活中的作用,根据自身文化资源特点,形成各具特色、有一定规模的民间文化活动队伍,开展健康有益的文化活动。近年来塘沽文化馆积极挖掘扶植民间艺人,提供经费支持,壮大地方特色文化队伍,如:市级“非遗”项目“大沽龙灯”的两支展示队伍、“非遗”项目“河头落子”展示队伍、北塘高跷队伍、宁车沽武法鼓、新河燕青权等区级“非遗”项目展示团队的不断涌现,极大地促进了地区特色文化队伍建设,让优秀传统文化薪火相传。

二、塘沽基层群文人才队伍存在的问题

塘沽街镇社区文化事业管理人才、高艺术含量的复合型人才、各艺术门类专业人才群体紧缺,社文科和文化站人员老化现象突出,年龄大了大多缺乏工作积极性,主动接受新理念、新知识的意愿很低,从而影响了文化工作的持续开展,由于体制机制的制约,缺乏起用人才的优惠政策和灵活的用人机制等因素,导致街镇社区基层文化队伍中的专业技术人员和工勤、管理人员比例失衡、年龄结构比例失衡,陈旧的管理模式与人才构成是致使群文队伍发展受阻的主要因素。

1. 街镇社区基层文化人员工作缺乏持续性和稳定性

部分街镇社区文化机构存在有编空岗现象，配备的专职文化管理员普遍存在身兼多职的现象，有的文化站长凭着多年的基层文化工作，积累了丰富的工作经验，具备了一定的专业文化素质和组织能力，但随着机构改革岗位调整、新老交替、人员更迭频繁不能保持相对稳定，致使街道社区文化工作的持续性受到了影响，制约了街镇社区群众文化的发展。

2. 专业干部的业务素养差异化，特别是街镇社区文化干部素质有待提高

一是工作人员专业不对口的占大多数，多数是凭着年龄大、工作经验多开展工作，年龄大的思想意识和学习方式同年轻人员有很大差异，思维模式、工作理念、工作方式及专业素养差距大，部分工作人员观念陈旧，缺乏必要的专业知识和创新意识，业务素质有待提高，不能适应新时期基层文化工作的要求。二是由于人员年龄结构不合理，年龄大的接受新理念、新知识意愿不强，接受再培训和继续教育基本是应付差事，从而导致业务理念知识体系更新缓慢，在其位不谋其政制约了群文工作的发展。三是业余群众文化队伍随着广大群众的广泛参与，队伍数量上来了，艺术水平却普遍偏低，还需要进一步培育提升，需要重点针对优秀队伍进行专业化提高，打造群众文化品牌示范队伍。

三、新时期塘沽基层群文人才队伍发展建议

1. 进一步发挥政府主导作用，完善人才建设顶层设计，优化人才引入机制

要进一步搞好街镇社区内部用人制度改革，全面推行聘用制，打破职务身份终身制，实现人事管理由身份管理向岗位管理的转变。要着力解决基层文化人才队伍总量不足、结构不合理等突出问题。加大人才培养和人才引进力度，以人才资源能力建设为核心，抓住培养、引进、使用三个环节，增加人才总量，优化人才结构，提高人才素质。坚持按需引进的原则，积极从社会引进具有实践经验的优秀紧缺人才，稳定、充实和加强基层文化工作力量。完善高层次人才引进政策，构建引得进、用得好、留得住的人才服务体系。为塘沽基层群众文化事业的发展提供坚实的基础。例如：制定《促进人才成长暂行办法》《文学艺术精品奖励办法》，健全促进文化人才创作、成长的激励机制。出台《文化事业高端人才政策》，探索建立文化事业人才，特别是领军人才的培养、引进新机制。

2. 打造高素质基层群文队伍，实现文化人才队伍德艺双馨、可持续发展

(1)提高群众文化队伍战斗力。认真贯彻落实中央、市委和区委关于改进工作

作风、密切联系群众的各项规定,深入开展“走基层、转作风、改文风”活动,群众文化队伍要进一步转变作风、端正学风、改进文风。加强基层群文队伍的思想作风建设,进行革命传统教育和艺德教育,坚持二为方向,鼓励群文工作者深入群众,贴近时代,增强工作激情。不管是哪种类型的人才都需要具备良好品质,比如吃苦耐劳等。群众文化工作者不仅要具备较强的专业技能与综合素养,更应该具备高尚的情操与健全的品格,对艺术有非常浓厚的热情,从而在面对公众时才能将自己最热情的一面展现出来,打造风清气正、团结协作、干事创业的群众文化工作者队伍。

(2)加强基层专业人才队伍建设。一是加强街镇社区工作人员队伍建设。做好社区群众文化相关领域的优秀专业人才引进、整合、培养工作,探索建立有利于优秀群众文化人才健康成长和脱颖而出的体制机制,构建一支结构合理、梯次分明、素质优良的专业人才队伍。街镇社区自身要有一支过硬的服务队伍。这支队伍的领导首先要具备一定的业务素质和工作能力。要有事业心和责任心,其次要懂得开展公共文化服务的方式和方法。还要有领导艺术和尊重艺术规律,这样才能在这支队伍中有号召力和影响力。然后通过认真管理来提高本区域文化的工作氛围,激发业余群文队伍开展活动积极性,这支服务队伍的主力军应该是具有一技之长的业余艺术人才,另外聘请和培养能够独当一面的业务骨干是新时期街镇社区基层文化发展不能缺失的部分,“一专多能”具有较强综合能力的人才,能够帮助街镇社区拓展业务领域,开展高效的活动策划,切实满足社会公众的文化生活。街镇社区工作人员业务水平的强弱,直接反映出一个区域群众文化活动的水平,所以说街镇社区基层文化队伍中专业干部是关键,没有专业技术,你就是想去服务,也是无从下手,难以实现。

二是构建完整的培训制度,发挥文化馆专业优势,面向街镇社区开展“帮、扶、带”,有效促进基层群众文化队伍建设。继续完善文化辅导员下社区、进基层,针对街镇社区业余文艺骨干、业余文艺团队开展常态化辅导培训,提高基层群众文化队伍的专业水平、综合素质。同时关心支持街镇社区文化站开展工作,提供必要的经费支持,帮助街镇分馆组织开展常态化业余文艺团队排练、演出活动,促进业余群众文艺团队建设,吸纳更多的文艺爱好者,壮大基层业余群众文化队伍。

三是健全街道社区基层业余群众文化人才培养体系,创新人才培养模式,实施高端紧缺文化人才培养计划,建立健全在职专业技术人员业务培训和继续教育制度,搭建文化人才终身学习平台,不断提升专业文化队伍的整体素质。推荐优秀文化管理干部和业余优秀文艺人才参加国家级培训、交流活动。

四是构建健全的人才考核机制。新时期背景下的街镇社区文化机构不应再继续养闲人，一定要严格依据有关规定选拔人才并考核，务必聘用满足群众文化发展要求的人才。因此，构建新兴的人才考核机制，实行半年和年度定期考核专业技术人员与管理人员，进一步有效优化文化馆内部工作环境，同时大力施行合理的奖惩机制，构建年度和半年度的考核机制，在优胜劣汰的管理模式下培养出优秀人才，发挥榜样的作用。

五是建立文化成果奖励机制，激发广大群文工作者的创作热情。鼓励和动员广大文化工作者和文艺爱好者创作一批思想性、艺术性、观赏性俱佳的文艺作品参加群星奖及全国各级赛事，组织骨干力量进行艺术创作，打造具有鲜明时代特征、地方特色和艺术感染力，在天津乃至全国产生较大影响的精品力作。

(3)加强基层文化队伍后备力量建设，着力加强青少年文化艺术后备力量的培养，重点扶植优秀的公立学校、社会培训机构的优秀少年文艺团队，提供展示自身才艺的平台，对青少年文化艺术队伍及各类公益性或半公益性培训学习班给予相应政策倾斜。

(4)加强塘沽基层群众文化队伍网络性建设，整合塘沽群众文化人才队伍资源，优势互补、资源共享，实现区域文化联动，对塘沽地区各类民间、企业、社区、驻塘单位和部队的文化业余队伍进行调研归档，纳入统筹管理。定期举办各类群众业余文艺团队参与热情高的展演赛事活动，搭建展示平台，相互促进提高水平。

(5)挖掘区域特色文化，打造特色文艺团队。充分利用街道、社区的文化设施，鼓励各街镇举办丰富多彩、各具特色的为广大辖区居民喜闻乐见的文化活动，推进“一街一品”品牌塑造工程，不断创新文化活动内容及形式。为优秀的群众文艺团队提供必要的经费支持，鼓励优秀群众文艺队伍参加全国、省市级各类展演赛事活动。

总之，文以人兴，事在人为，塘沽基层群众文化事业的发展离不开一批素质过硬的群众文化工作者队伍。人才队伍的建设必须作为基层群众文化工作的头等大事来抓，有效地提高基层文化人才队伍的素质，才能切实推动塘沽公共文化服务水平迈上新台阶，取得新成效。

（作者单位：天津市滨海新区文化馆塘沽馆区）

文化馆文化志愿服务方式创新及发展探索

——以塘沽文化馆为例

赵 刚

随着人民群众的精神文化需求迅速增长,文化需求呈现出多层次、多形式、多样化的特点,拓展文化志愿服务已经成为文化馆有效弥补公共文化服务不足的有效措施手段,同时还能够充分整合社会各类文化资源参与本地区文化建设,是建设特色型文化馆的重要抓手,这就要求文化馆需要从文化志愿服务功能和满足群众对文化的需求出发,不断进行文化志愿服务创新,提升文化志愿服务质量,拓展文化志愿服务方式,扩大文化服务范围,储备更多文化服务专业人才,建立专业文化服务团队,在开展文化志愿服务活动的同时,为社会发展提供更多文化力量,激发出社会建设与文化宣传中文化馆的作用。

一、塘沽文化馆开展文化志愿服务存在的问题

1.文化志愿服务组织体系不健全

塘沽文化馆目前有十余支常年活跃的文化志愿服务队伍,人数将近500人,但没有规章制度,也没有专项经费;有招募志愿者的记录,但多数没有注册,大多数没有经过培训就上岗;还有许多"挂名志愿者"现实中参与意识不强,参与活动较少。一些文化志愿服务活动规范化水平有待提升,缺乏有效的激励机制,内生动力不足。

2.文化志愿服务宣传不够,缺乏自身"传播"话语体系

对于文化志愿服务,社会上很多人有做文化志愿者的意愿,但不知道去哪里服务、服务什么、怎么服务;很多需要志愿者的文化项目,不知道从哪里招募、怎么招

募志愿者、供需双方信息不对称、信息平台建设滞后，等等。这些问题制约了文化志愿服务的发展。

此外在实际工作中，很多文化志愿队伍、文化志愿者等对于文化志愿服务的意义作用、遵循原则、主要目的认识了解不够，从而在开展志愿服务活动中走过场，发挥作用不到位，不能被更多群众熟知与认同。

3.缺少技能型志愿者

文化志愿服务队伍建设中，技能型志愿者一直空缺严重。尤其是大型文化志愿活动，更重视专项服务质量。但是实际这方面缺少专业化、高素质志愿者。当前的志愿者更多体现在暂时性与活动性方面，影响文化馆文化志愿服务质量。

4.志愿服务保障机制缺失

文化志愿服务实际工作中，缺少系统、全面的保障机制加以指导与维护，加上文化志愿服务自我保护意识缺失，导致文化志愿者如果遇到危险，对参与文化志愿服务的积极性逐渐消失，甚至还会遭受到人身伤害，影响文化志愿服务的顺利开展。

二、塘沽文化馆文化志愿服务开展情况

1.拓展文化志愿服务，探索服务方式内容

文化志愿服务必须不断前进，不断拓展服务的深度广度，提升服务效能，这样才能确保文化志愿服务的长远发展，达到文化志愿服务引导人们服务他人、奉献社会，倡导健康文明的生活方式的目的。2019年塘沽文化馆加大文化志愿服务队伍建设力度，探索文化志愿服务方式与内容，以滨海新区创建全国文明城区和国家公共文化服务体系示范区为契机，积极组织地区文化志愿服务队伍和高素质文化志愿者开展惠民演出活动，于每月第二周周六定期组织文化志愿者举办“学雷锋志愿服务日”专场惠民文艺演出，以演出的形式加大“弘扬雷锋精神，志愿服务社会”的宣传覆盖面；组织馆办文化志愿队伍针对服务残疾人、托养机构、未成年人等特殊群体慰问演出全年近20场次，使弱势群体也能充分享受公共文化志愿服务；此外还打造周末文化志愿服务演出品牌“周末滨海秀”，现已成功举办了综艺、戏曲、器乐、舞蹈、合唱、朗诵、儿童剧等门类的公共文化志愿者专场演出64场，一方面让市民在周末、节假日也能免费享受多样的文艺演出，惠及上班族、学生等更多群体，另一方面更加注重提升公共文化志愿者艺术演出水平，为公共文化志愿者团队、高水平文化志愿者搭建平台展示才艺，提供相互借鉴、互赏交流的机会，参演的公共文

化志愿者涵盖未成年人、学生、中老年人、残疾人,他们大多来自文化馆馆办文化志愿者团队以及各街镇社区、学校、社会团体、培训机构的文化志愿服务文艺团队,社会力量的广泛参与,告别了以往文化志愿服务文化馆“单打独斗”的局面,激活了文化志愿服务社会力量共建共享的良好局面,也是文化馆组织引导社会多元化力量参与公共文化志愿服务的探索实践。有利于形成人人可为、处处可为和人人尽力、人人共享的良好局面,促进了公共文化服务的可持续发展。

2.夯实阵地建设,培育文化志愿服务发展沃土

一是利用文化馆阵地免费开放为基础,进一步培育骨干,促进业余群众文艺团队建设,吸收更多的公共文化志愿者。馆里业务干部常年组织馆办业余团队,如:海之韵合唱团、塘沽业余舞蹈团、民乐队、评剧队、梆子队和残疾人声乐队开展常态化辅导排练活动,并不断吸收“新鲜血液”,在团队辅导基础上还定期邀请名家教授举办各门类艺术讲座,有效地促进了文化志愿者队伍的艺术水平提升。

二是在滨海新区塘沽区域10个街镇分别建立分馆,将阵地建设从馆内延伸到街镇、社区,让居民在家门口就能观看文艺演出;接受文化培训,扩大文化志愿服务影响力的同时,吸引更多志愿者加入进来。同时以“文化辅导员进基层”活动为抓手,组织馆里专业干部为社区、学校、部队业余文艺团队辅导培训106次,辅导群众1.5万余人次。有效地促进了社区等业余文艺团队的建设,公共文化志愿者队伍日益壮大,水平明显提高。

三是将文化馆文化志愿服务延伸到偏远地区,加大对偏远地区的文化宣传。首先要了解偏远居村群众的文化需求,为偏远地区提供多元化文化支援。针对偏远地区居村。塘沽文化馆利用流动演出车每月组织文化志愿者赴北塘宁车沽东、南、西、北村以及胡家园八堡村、胡家园河头小学、新城镇紫枫苑社区等多个偏远地区,以弘扬传统文化为主题开展“送戏下乡”志愿演出活动,备受当地村民喜爱,为当地村民自办文艺演出免费提供演出设备和免费艺术指导,提升当地村民文艺活动参与互动。组织书法绘画志愿者为偏远地区“写春联”“送福字”——文化年货带回家;组织流动展览《津沽御侮》专题图片展、《海上国门》专题图片展、《童知天下》大沽口炮台原创绘本展等爱国主义专题展览走进河头小学,普及本土历史文化,弘扬爱国主义教育。

四是挖掘偏远地区非物质文化遗产,传承地区特色文化,塘沽文化馆积极协调促成河头小学与市级“非遗”项目“河头落子”传承人对接,提供经费支持,利用学生课余时间普及“河头落子”,河头小学现已经成为“河头落子”的重要展示队伍,经常

参加各种重大“非遗”展演，小学生们既是文化志愿服务的受益者，同时也是文化志愿服务的提供者，这一文化服务模式，既让孩子们在学习中感受快乐，在快乐中收获知识，也让更多的市民了解、喜爱优秀的地方传统文化，增强文化自信和民族自豪感，使传统文化薪火相传。

三、文化馆文化志愿服务方式创新及发展对策

1. 加大文化馆文化志愿服务重视力度，提高文化志愿服务质量

一是政府提供保障。政府有关部门应全面发挥宏观引导作用，进一步加强文化志愿服务顶层设计，规范文化志愿服务制度，引导其逐渐朝着常态化、机制化方向发展，建立标准化服务体系。推动形成参与广泛、内容丰富、形式多样、机制健全、充满活力的文化志愿服务工作模式；政府财政应给予一定的专项经费支持，文化志愿服务期间文化馆需提供良好的工作条件与环境。结合实际需求与状况优化人才激励体系，对文化志愿服务中优秀个人、团队等给予一定的奖励，促进社会力量广泛参与积极性的提升。

二是当前文化馆应根据实际需求定期开展各种文化志愿者交流活动，不断提出创新想法与方向，学习全新的专业知识，并聘请行业中较为优秀的学者进行定期培训与教学。还可为志愿者提供良好的观摩机会，使其视野得到全面拓展，促进审美能力快速提升。文化馆还应完善官方网站，开展网络培训活动，将各种培训、探讨以及文化志愿实际活动数据视频进行上传，创建文化志愿活动学术交流平台，为文化志愿服务质量的提升提供坚实基础。

三是支持与鼓励志愿者不断参与各种大规模文化活动，促进文化志愿服务品牌的形成。支持与鼓励业余文化团队不断合作、排练、制作具有较强完整性项目。同时还可通过专业人员、骨干人员共同参与节目，以师傅带徒弟方法进行科学的文化辅导与培训，这在促进文化馆骨干人员与业余文化爱好者情感提升的同时，也有效促进业余文化爱好者整体素质的全面提升。文化馆还应为志愿者们创造更多的自我展示机会，即文化馆邀请其参与各种大型文化活动，或在基层单位开展文化活动时邀请志愿者共同出演节目，使文化志愿者有了更好的实践机会，并在一定程度上促进了文化馆工作人员之间、文艺骨干之间艺术情感与社会情感的全面提升。

2. 提高团队文化素养，打造学习型文化馆

当前想要实现文化馆文化志愿服务创新发展需要大量专业人才，相关工作人员在具有丰富文化技能基础上，还需要拥有为文化献身的奉献精神。文化专业团

队的工作思维、素质、理念等对文化馆文化志愿服务质量也有着决定性影响。在现阶段社会环境中,文化馆工作人员利用各种方法与途径不断加强自身业务能力,使团队整体综合素质出现质的飞跃。但在客观因素影响下,文化馆仍然有着专业结构缺乏合理性、志愿服务方式创新缺少动力、团队综合素质发展不明显等较为严重的问题,一些文化馆工作人员在没有进行良好的专业培训及体系因素影响下,自身综合素养、业务能力等提升也较为缓慢,使得与多元化需求之间缺乏科学合理的联系。因此,文化馆想要实现文志愿服务式创新发展,就需要工作人员自主学习专业知识,了解与掌握当前社会形势,促进自身综合素质快速提升,为更好传承传统文化创建基础,主动吸收世界先进的文化服务理念、方式、手段,这样才可以真正实现文化志愿服务方式创新,更好地传承弘扬优秀先进文化。

同时,文化馆文化志愿服务方式创新与发展还需要制定较为良好的人才培养激励体系,根据落实效果实施量化考核工作,最大限度促进文化激励体系作用的全面发挥,进而促进文化志愿服务实现可持续发展。

3.加大宣传力度,做好志愿培训工作

文化馆在文化志愿服务创新中,必须结合文化馆发展要求,因地制宜地进行宣传与培训,增强文化志愿者服务精神,并且帮助社会更多地认识文化志愿服务。塑造优秀的文化志愿服务典型,提高志愿服务团队形象。定期组织文化志愿者进行专业培训,提高文化志愿服务专项能力,同时强化志愿者服务能力,引导文化志愿服务工作逐渐朝着正规化、专业化方向前进。志愿者之间相互沟通学习,加强志愿服务力量,为新时代文化馆建设与创新带来更多力量。在此基础上还应注意文化志愿服务保障体系的完善与优化。保证文化志愿服务人员能够顺利开展文化服务工作,为其提供更多保障优待,比如各种保险以及安全指导等,只有真正保证志愿服务工作者的基本权益,才能实现更好的文化志愿服务活动,将文化馆文化传承与文化帮助理念落实。文化志愿服务未来发展中,一定要坚持做到以安全保障为中心,增加文化志愿者服务过程中的权益保障。

新时代文化馆应着力发挥文化馆意识形态引领的阵地作用,以弘扬时代主旋律、传递社会正能量为主旨,牢固树立以人民为中心的工作导向,把社会主义核心价值观贯穿结合融入文化志愿服务,加大宣传与推广的力度,不断创新文化志愿服务内容,动员更多专业人才参与其中,增加文化志愿服务的专业性,打造多元化志愿服务体系,以更为充分的公共文化志愿服务最大限度地提升地区百姓幸福感!

(作者单位:天津市滨海新区文化馆塘沽馆区)

来自专业院团的干部应当完成向“群文”的转型

井立娜

群众文化工作者的队伍建设是一个基础问题，必须引起各级领导特别是文化馆干部自身的充分重视与注意。特别是进入新时期以来，随着全民素质的提高，文化馆的干部在来源和构成上，较之过去出现了较大的变化。首先是文化素质和专业水平较高，大多数毕业于专业院校，每个人都曾在学校里长期接受某一门专业的教育、熏陶和感染。其次是舞台经验比较丰富，有很大一部分同志来自文工团或者各地剧院、剧团。第三是有很多干部都有自己的师承，在来到文化馆以前，都曾受过名师的指点，甚至就是某一门艺术的传承人，有的在某一领域“辈分”还比较高。这些都是做好群众文化工作的优势，对于开拓群众文化工作的新局面很有好处。

作为专业院团的干部为我从事群众文化工作提供了很好的条件。在群众文化战线工作几年以后，实践使我深深体会到，虽然我来自专业院团，但也必须真心实意地向“群众文化工作者”学习，要将自己掌握的专业文化知识、业务知识，密切联系群众文化工作的实践，尽快完成从“专业演员”向“群文干部”的转型。要从思想深处认识到群众文化是一门专业性很强的工作，和专业演员一样，有着自身的理论指导、运行规律和职业操守。当好一名称职的群众文化干部，甚至成为一位群众文化专家，像成为一名表演艺术家一样，都需要付出心血和汗水，乃至毕生的精力。

一、群众文化本身是一门很“专业”的工作

很多从专业院团转业到文化馆的干部都会怀有一种“专业情节”。由于种种原因，很大一批专业演员来到文化馆，总会认为是从专业到了业余，在艺术上会形成落差。尤其是一些主要演员，从舞台的中心，到幕后英雄，难免有些失落。其实，这是一种对于群众文化缺乏了解的偏见。不错，教科书上告诉我们“群众文化是广大

人民群众利用业余时间开展的社会性文化活动,具有非职业性的基本属性",意即群众文化从事的是业余文化,但群众文化本身却是一门很专业的职业,一点儿都不"业余",更不能"业余"。群众文化的工作内容有一项是"辅导业余文艺骨干",但这是一种"教授行为",教授,也是一门专业甚至职称。我们应当将自己从事的群众文化工作看作是科学的、规律的一门"专业",不应当有意无意地用"专业文化"的思维指导每天所从事的群众文化工作。

群众文化,顾名思义,首先是群众工作。而群众工作就是一门很大的学问。刚开始到文化馆工作时,我往往不自觉地将"专业剧团"的那一套带到工作中,从而在工作中往往找不到自己的位置,面临复杂的群众文化工作反而一点儿都不"专业"。

文化馆的干部应当是一名优秀的群众工作能手,决不能将专业院团的运行规律与文化馆的现实相比较,从而分出高低上下。"群众文化"并不代表低水平、低品位。群众文化是一门科学,群众文化自有一套科学的体系,它是和"专业文化"并驾齐驱的两个轮子,应当共同担负起民族振兴的重任。

从哲学角度来说,"业余"与"专业"是相对的,辩证的。专业演员或许能够在某一门艺术或者行当上是内行、是"专业",但他们在群众文化方面却可能是"业余"的,因为他们不大懂得群众文化工作的门道、方法,更不懂得做好群众工作的规律。我们只有干好群众文化,自己的"专业"才是完美的、高境界的、有前途的。

二、认识到群众文化体系的科学性是"转型"的基础

来自专业院团的干部,必须认识到群众文化本身不仅是一门"专业",更是一门学问,我们之所以要"转型",本质在于群众文化已经形成了体系,具有科学性。

首先,群众文化具有科学的理论。群众文化在振兴中华的事业中十分重要,是因为在长期的发展过程中,它形成了不同于专业文化的属于自己的科学理论。我们应当认真学习。

比如有前辈学者像马畏安等研究编撰的《群众文化学》《群众文化管理学》《群众文化发展史》等。近些年来更有大量群众文化学者像谭祖应撰写、出版了《文化馆学》等著作。这些研究成果对于群众文化的定义、内涵、特点、根本目的、主要功能、主要内容、运作规律都有系统的论述。了解这些,我们才能从群众文化的"门外汉"尽快成为"行内人"。

其次,群众文化有着科学的运行模式。人类社会有着众多的文化形式,其中群众文化对"中国特色社会主义"的构建有着较大的优势,起着基础作用。群众文化

具有公益性、社会性、开放性、亲和性、层次性的特点。特别是,从组织上看,群众文化具有严密的组织性。群众文化的这一组织性,是其有别于其他文化形态的基本属性,更是得以发展并具有强大生命力的关键因素。这些,都是我们学习群众文化的系统科学,向群众文化"转型"的重要内涵。

再次,群众文化有着丰富的实践经验。从人类的历史上来看,群众文化是一切文化形态的母体。无论是鲁迅所说的"杭育、杭育"的劳动号子,还是《诗经》中记叙的"坎坎伐檀"的愤懑歌声,都是群众文化的创作和表演。进入有文明记载的历史阶段以后,群众文化以强大的生命力代代相传,我们现在进行保存和弘扬的"非物质文化遗产"中,就有很多是群众文化的项目,比如各地的社火、民间花会以及大量手工艺品等。中国共产党领导的革命文艺,更注重群众文化的实践。毛主席《讲话》发表后,广泛兴起的"秧歌运动""新民歌运动"开启了红色群众文化的先河。直到今天,群众文化在新时代显现出更加重要的作用。

三、塌下身子,虚心学习,才能真正完成"转型"

群众文化是一门了不起的专业,具有系统性和科学性。因此必须遵循它的运行规律,这样才能成为合格的群众文化工作者。要将过去院校和院团学到的专业知识有机地与工作实践结合起来,才能创造佳绩,为文化振兴做贡献。

作为一名戏曲干部,辅导"票友",提高他们的京剧演唱水平,比自己登台表演要难得多,这就是学习的过程。首先要了解"票友"在京剧历史上的作用与地位,许多票友出身的演员成了一代宗师,创出了自己的流派,足以证明尊重票友的重要性。其次,要看到,比辅导更难的,还是对于"票房"的组织和领导。在京剧专业院团演出不景气的同时,京剧票房却热火朝天,它们承担着弘扬京剧的重任,体现出古老京剧的顽强的生命力。京剧票房的优势是既能接触专业演员,又能联系戏迷观众。票房要积极发挥这种桥梁纽带作用,要有亲和力。一方面为刚入门的票友做好示范,提高他们的艺术水平;另一方面举办京剧知识讲座普及京剧知识,提高一般观众的欣赏水平,这其实就是一门"大学问"。

总之,能够体现群众文化特点的典型就是"文艺轻骑兵"。要发扬群众文化"文艺轻骑兵"的光荣传统,向群众文化的典型代表"乌兰牧骑"学习,与群众始终在一起,接地气,为群众创作优秀的作品,保持发展的生命力。"乌兰牧骑"之所以能够成为一面旗帜,在很大程度上得益于队员的"一专多能"。

(作者单位:天津市红桥区文化馆)

浅谈文化馆馆办刊物的数字化转型及发展

师　文

随着新媒体的迅速发展,全球媒体格局和舆论生态发生了深刻而重大的变化。尤其是互联网的普及,使人们越来越关注电脑、手机、平板电脑等新媒体,传统媒体的地位岌岌可危。因此,文化馆馆办刊物必须“穷则思变”,提高核心竞争力和强劲传播力,找寻一条创新且合适的发展之路。因此,文化馆馆办刊物的数字化转型,是馆办刊物“创新与生存”的必然战略,也顺应了数字文化馆的发展趋势,同时也是巩固馆办刊物地位的必由之路。

一、文化馆馆办刊物的发展瓶颈

1.出版经费紧张

大部分文化馆作为公益性的文化事业单位,承担了政府的公共文化事业、繁荣群众文化等职能,国家拨款是资金的主要来源,不能接受广告商、赞助商等资助。长期以来,可支配资金不足不仅影响了文化事业的发展,也制约了馆办刊物的传播速度,影响刊物组稿、编辑、设计、校对、出版、发行等各项环节,限制刊物质量、刊发数量和传播范围,不利于馆办刊物可持续发展。

2.受众阅读方式改变

随着新媒体的发展,视听阅读和屏幕阅读改变了受众单一的阅读方式。电子媒体的出现,将图像、图片、声音和字幕等信息传递给受众,这不仅使受众阅读和接收更多丰富多彩的生活信息和娱乐信息,还激发了受众的阅读兴趣和阅读欲望,给受众的阅读行为和阅读心理带来了新的变化。馆办刊物以杂志和报纸居多,传统的受众阅读方式已经不能适应新时代了,馆办刊物不再是受众接收文化馆活动信息的唯一方式,他们更愿意在网上阅读信息或者观看短片。

3. 刊物采编排版手段落后

此外，文化馆馆办刊物编辑部的硬件水平也是至关重要的，但是有些编辑部的采编设备不能及时更新，仍然采用传统、过时的采编手段，未广泛引进新设备和新技术，硬件条件不佳，直接导致采编技巧受到制约。而电脑设备系统陈旧，排版软件难以与电脑系统匹配，设计软件的版权无法获取，依旧使用传统排版软件等问题，一直制约刊物排版手段的跟进。

4. 编辑队伍专业化程度不高

文化馆用于从事期刊的专业人才也处于相对缺乏状态，没有专门的文字编辑、网络编辑、美术编辑、摄影记者等职位设置，对于采、写、编、评、摄、录、制、播等技能培训不够，进而使文化馆馆办刊物的提升不能拥有更好的人力资源支撑。此外，馆办刊物人员流动性强，欠缺稳定的工作环境，采编人员不一定有专业资格证，对于期刊整体水平的提升和长远发展都将带来不利的影响。

二、拓展馆办刊物数字化的输出渠道

文化馆馆办刊物的数字化转型需要进一步拓宽传播的媒介渠道，形成文化馆馆办刊物传播媒介融合多元互动的格局。不断创新文化馆馆办刊物的输出方式，实现刊物建立报刊、电子杂志、文化馆官网、官方微博、微信公众号、客户端等全媒体平台。目前，大部分馆办刊物已经实现在官网、微博或微信公众号上，以 PDF 数字版或 JPG 照片版的形式定期更新，这是馆办刊物数字化最普遍的一种方式。比如，天津市群众艺术馆的馆办刊物《天津社会文化》和《海河文化》每一期都会在“天津市群艺馆”的微信公众号上发布。甘肃省张掖市高台县文化馆馆办刊物《高台文艺》利用图文创作分享应用软件“美篇”，将刊物内容转化为图片，在“美篇”排列编辑，最后形成链接在新媒体平台分享。

而电子杂志是刊物数字化转型的另一种有效途径，以 HTML5 技术为依托，通过浏览器在线阅读，能够无障碍地看到原版矢量的杂志内容，不再需要下载和存档，大大提升了电子杂志的阅读体验，未来可移植到平板电脑、PSP、数字电视等多种输出终端进行跨平台阅读。湖南省岳阳市文化馆创办的《艺术岳阳》将每一期的刊物制作成电子杂志，形成 HTML5 链接后分享到各个平台，进行在线阅读。浙江省绍兴市文化馆创办的《青藤》在绍兴市文化馆的网站“群文出版”栏目中也实现了电子杂志的浏览功能。随意点击任意一期《青藤》杂志在线观看，可以进行翻页、放大、缩小、鼠标移动等功能。

利用新媒体平台扩大馆办刊物纸媒的影响力,不仅可以与受众进行网上的交流互动,并且获取受众的文化需求,还可以利用这些平台传达文化馆的办馆理念、惠民的文化活动和国家的文化政策等,用群众喜闻乐见的传播方式巧妙地传播群众文化,推动文化馆馆办刊物更快地数字化转型。

三、采用云计算技术的文化云服务

现在无处不在的"云技术"渗透到当代人的日常生活中,创造了新的信息环境,也塑造了新的思维方式、交往方式以及生活方式。文化云是"互联网+公共文化服务数字化"的服务平台,受众可以通过电脑、手机、电视等渠道进入"云端",实现文化产品和文化服务的选择和消费。目前,北京、天津、上海、重庆、江苏、安徽等多个省份已经陆续建立了各级文化云,将文化资源打包到"云"上,通过网站、App、微信公众号等渠道进行服务。天津市现有两个市区级的文化云:滨海新区的"文化随行"和东丽区的"东丽文化云",这两个文化云都具备图书和报刊在线阅读的功能,但是并没有加入文化馆馆办刊物的电子版本,对于这项文化产品的缺失只能表示遗憾。

因此,天津市应该加紧省级文化云的建立,各区也应建立服务于各区范围内的文化云,将各类文化资源整合,系统管理,分门别类,有效传播。文化馆的馆办刊物应该借着"文化云"的东风,采用内容资源数字化管理系统,利用人工智能、大数据、云计算、云存储等相关技术,集合计算和存储资源,不断提高馆办刊物生产配置效率,逐渐形成与网络密不可分的电子杂志,来推动馆办刊物的数字化发展。同时,文化馆的馆办刊物加入"文化云"服务,刊物生产更加灵活、安全、高效,既节省了刊物出版、运输、发放等环节,又降低了运行成本,提高刊物的效率和存储的安全性。

对文化云而言,选登在馆办刊物上的消息、通讯、评论、散文、小说、诗歌、剧本、歌词歌曲、美术书法摄影、学术论文等新闻和作品,都是经过严格意识形态把关,符合出版物发行管理规定,具有较高的质量和价值。相比于文化云上其他的文化资源或自媒体发布的个人创作,这些新闻和作品更具有合法性和权威性,更能体现党和国家的方针政策,更能满足于人民的文化需求。对馆办刊物而言,文化云无疑是一个更大的传播平台,在刊物上发表的作品可以通过"云端"送到千家万户,提高作品的影响力和知名度,既可以宣传作品或活动,也可以宣传自身,打造品牌活动,树立品牌口碑,实现品牌效益。此外,把本该在报纸和杂志上刊登的内容搬到文化云上,就是满足互联网时代的受众需求,他们可以自由选择想要阅读的内容,进而实现文化馆编辑部与受众的交流互动，进一步了解受众的需求，有针对性地提供文化服务。

由此可见，“馆办刊物 + 文化云”的模式，不仅可以满足馆办刊物在网上整合内容资源、海量数据存储、生产和发布的需求，还可以丰富文化云的资源和信息，提高人民群众在享受文化服务时的获得感和幸福感，从而真正实现文化云的推广使用以及馆办刊物的数字化转型。

四、实现全国各地文化馆馆办刊物的网络共享

全国各地文化馆的馆办刊物应该共建多种网络共享平台，让刊物上的内容由各地文化馆、作者和读者通过网络平台发布并共享，比如微信群、QQ 群、文化云、官网等新媒体渠道。全国各地的馆办刊物每期出版，可以通过多种渠道及时发布到互联网上，推动纸质刊物数字化转换和发展，让读者更方便、快捷地阅读及掌握各地的群众文化的新作品及文化馆活动信息的新动态，共享文化信息资源。中国文化馆协会作为文化馆行业交流的枢纽，应该推动建立全国文化（群艺）馆馆办刊物数字化交流的平台，在协会官方网站上开辟一个电子馆办刊物专栏，集合全国文化馆电子版馆办刊物；在协会微信公众号上定期推介优秀刊物，推送每期电子版刊物的链接，为刊物的数字化搭建一个互通共享的桥梁。

此外，还要增加各省市区县文化馆之间的互动，从而加强各地文化馆馆办刊物的交流学习，取长补短，总结交流各地馆办刊物的办刊经验，提升刊物的整体质量，使馆办刊物更好地为当地文化建设服务。从 2015 年开始由天津市群众艺术馆发起举办了全国文化（群艺）馆期刊交流展示活动，已连续举办三届。在活动中，可以充分感受到各地文化馆馆办刊物的责任担当和生动活泼的发展趋势。通过全国范围的馆办刊物的定期评选，加强各省区市文化馆之间的互动，总结交流各地馆办刊物数字化的办刊经验，提升刊物整体质量，使馆办刊物更好地为当地文化建设服务。

全国各级的文化馆还应该加强合作和沟通，共享公共文化的研究成果、人才、资金等资源，建立专家数据库，实现人才的跨省交流。同时，也可以共享各省的媒体资源，传播各个地区文化馆的历史和特色，提升文化馆及其活动在外省的影响力，在宣传方面互利互惠，在群众文化事业的舞台上同舟共济、共谋发展。

微信、微博等新媒体出现在我们的生活中，它既方便又快捷，更好地实现了人们的沟通，满足了人们的个性心理，因此逐渐成为人们日常生活中不可或缺的交流方式。对于文化馆馆办刊物来说,未来更大的挑战已经不在于内容调整,而是基于竞争环境做出战略上的改变。因此,文化馆馆办刊物不用放弃纸介质版,同时应向电子数字版的方向开拓,让自身的内容可以适应各种手机、各种平板电脑、各种电子阅读器的下载、存储、阅读、视听以及与读者的互动。

(作者单位:天津市群众艺术馆)

如何加强党建在群文工作中的引领作用

师 文

党的十八大以来，在以习近平主席为核心的党中央一系列文艺方针及惠民政策的引领下，我国的群众文化事业进入了历史上最好的发展时期，全国各地群众文化活动高潮迭起，亮点频闪，在普及与提高上呈现出快速发展的新格局、新气象。为贯彻习近平新时代中国特色社会主义思想，深入学习党的十九大以及“不忘初心、牢记使命”主题教育，各地文化馆不断加强党的建设，深入贯彻习近平总书记在文艺工作座谈会上的重要讲话精神，细化群众文化工作，提高群众文化服务能力，注重党建在文化馆工作中的引领作用。坚持党建工作与群文工作同部署、同推进、同落实，以党建促改革、促服务、促创作、促建设，不断开创文化馆发展新局面。

一、紧跟十九届四中全会思想，将主题教育贯彻落实

党的十九届四中全会，创造性提出“坚持以社会主义核心价值观引领文化建设制度”，这充分体现了国家的文化自信和价值观自信，标志着我们党对社会主义文化建设规律的认识达到了新的高度。因此，要繁荣发展社会主义先进文化，建设具有强大凝聚力和引领力的社会主义意识形态，就要更好地保障和推动社会主义先进文化繁荣发展、不断巩固全体人民团结奋斗的共同思想基础，推动理想信念教育常态化、制度化。

文化馆建设要以思想政治理论学习为基础，全面深入推进“不忘初心、牢记使命”主题教育常态化、制度化，把学习教育对象延伸至文化馆的每名党员干部，不断加强党员的理论武装，提高文化馆党员的党性修养。将“不忘初心、牢记使命”主题教育融入群文工作之中，可以保证文化馆的发展方向规范明确，确保文化馆的发展方向与国家文化惠民政策、社会主义先进文化、群众文化事业发展目标相同。引导

群文工作者不忘为人民服务的初心和使命,以提高文化馆的凝聚力和竞争力,优化文化馆的综合服务水平,着眼满足于人民群众精神文化生活的新需求和新期待。

二、将党建融入群文工作,以党建促业务

把党建作为群文工作的重要组成部分,形成党建与业务工作齐抓共管的工作责任机制,为群众文化事业的改革和发展提供坚强的保障。美术、舞蹈、音乐、文学、摄影、戏曲等专业的党员干部更要深入学习党和国家的文化政策和方针,提升建设现代化文化馆的责任和义务,提高自身的业务水平和技能,了解新时代群众的文化需求。同时,在实际培育中,结合培训班、进修等形式,加强所有业务干部的党务学习,不断提升现阶段业务干部的工作素养和专业技能,进而全面调动全体党员的积极性和自主性,促进党务与业务深度有机融合。

天津市群众艺术馆将“不忘初心、牢记使命”主题教育和美术业务工作相结合,举办了“不忘初心、牢记使命”第二届“正气清风礼赞祖国”天津市群众书法优秀作品展。宁河区文化馆也推出廉政文化下乡演出主题教育活动,将小品创作与廉政教育相结合,创作了16部反映廉政题材的优秀作品。西青区文化馆开展“重走长征路”文艺演出,把长征精神和文艺演出结合,让大家重温长征两万五千里的艰辛和所受的磨难。各区文化馆推出这些公益演出或比赛活动,把党建工作与业务工作深度融合,探索出一条全民文化艺术普及的新路,让更多群众接受艺术熏陶。在这些基层的业务工作中,党员同志们充分发挥模范带头作用,活跃在文化惠民第一线,形成与党务工作相互渗透、互相促进的局面。根据群众文化活动的多样性,引导群众独立参与,在丰富艺术的影响下,提高人民的文化素养,为群众文化事业的发展和繁荣奠定坚实的基础。

三、以人民为中心,提高公共文化的服务能力

文化馆开展的各类文艺活动通过“党建+”模式加大向群众倾斜的力度,鼓励更多的群众参与进来,通过专业的舞台和平台向文艺爱好者开放,让普通群众有更多的参与感、获得感、幸福感。天津市群众艺术馆和各区文化馆一直以人民群众的文化需求作为工作动力,尽心尽力为群众提供更优质的文化服务,保证人民享有文化的基本权益,以人民为中心,把加强公共文化服务作为第一要务。

群文工作者服务于基层,为人民群众送去了一场场丰盛的“文化大餐”,让先进文化像种子一样在基层生根、发芽、结果,推动全民艺术普及工作开展。将送欢乐

的文化惠民演出与基层群众的文艺需求深度融合，繁荣群众文化生活，提高群众艺术欣赏品味，秉持全民艺术普及的工作原则，积极开展各类文艺惠民活动，从而提高群众文化活动水平，不断繁荣群众文化事业。以守正创新为重要原则，牢牢把握以人民为中心的正确导向，着眼满足于人民群众精神文化生活的新期待，以高质量的文化服务增强人民群众的获得感和幸福感。

四、发挥党组织在群文工作中的核心作用

第一，加强文化馆党建工作的目标管理和制度保障，形成文化馆党委统一组织领导、各党支部协调配合，层层抓落实的工作格局。文化馆党委采取不定期抽查等方式，对各支部党建工作开展专项督导，充分发挥党支部的战斗堡垒作用，推动文化馆各项工作深入开展。

第二，不断创新党建工作的发展方式和创新方法，结合业务工作，由党员引领带头，不断提升文化馆党建工作科学化水平。探索建立文化馆党员干部工作绩效考核机制，建立目标任务考核制度，激发群文系统党员发挥先锋模范作用的责任感、使命感、荣誉感，充分发挥党员先进性，促进文化馆各项工作的开展。

第三，将党组织向基层延伸，将党建重心放到基层支部，进一步规范党支部的建设，加强基层党支部督导检查，坚持分类指导。在基层文艺团体和公共文化志愿服务团队中建立党支部，定期召开文艺团体党课学习班和交流研讨会。

五、创新党建学习方法，寓教于乐

创新学习方法，强化宣传教育，针对群文系统基层党支部的不同群体，采用具体化、精准化、差异化的学习措施：

第一，由文化馆党委制定学习全年的学习任务和计划，及时下发文件，定期展开支部书记例会，认真落实“三会一课”制度，以支部为单位，固定学习日，每月开展主题党日活动，强化宣传教育。

第二，利用“互联网 + 党建”的创新学习方法，通过开通党委和党支部的微信群或 QQ 群，及时推送学习动态，采取线上与线下相结合，使每个党员及时把握学习重点内容，随时交流经验。

第三，馆班子成员和中层党员干部定期通过理论学习中心组学习、举办读书班等进行集体学习，进一步增强践行宗旨、转变作风、全心全意为人民服务的自觉性。

第四，采取参观展览、观看电影、知识竞赛等多种形式，创新党建学习方法和活动形式，更好地激发党员的参与热情和创造活力，增强学习的互动性和趣味性。

第五，许多文化馆还推出了艺术党课演出活动，将反腐倡廉、先进党员事迹、革命故事、英雄人物等内容用音乐情景党课、微党课宣讲、舞蹈、演唱、朗诵等艺术形式推出并到基层巡演。以艺术与党课结合的形式，使基层党员心灵得到净化、精神得到升华，在群文工作中厚植爱国情怀、提升党性修养。

六、利用多种手段，搭建党建宣传平台。

在群文工作中，要引导党员同志们开展理论读书班、党建研讨班等党的思想宣传教育活动，引导群文工作者树立正确的三观。同时要加强宣传思想工作，及时宣传党的路线、方针、政策，宣传先进典型，树立正能量，文化馆应加大宣传投入力度，充分利用各媒体平台，加强公共文化服务、文化产业发展、群众文艺创作与辅导、优秀传统文化的保护与传承等的宣传，不断提高文化馆的社会影响力和文化传播力，开创文化馆宣传工作的新局面，促进文化馆各项工作的开展。

建立文化馆的微信、微博、QQ等新媒体，利用文化馆官网、报纸、刊物等形式，广泛宣传文化馆党务工作、文化政策、惠民活动等动态，扩大传播力和影响力，营造良好的文化氛围，实现思想教育常态化。从2019年开始，天津市群众艺术馆馆办刊物《海河文化》开辟了一个全新的栏目——"红扬"，主要刊载有关群众文化系统党建工作的活动和文章，推动习近平新时代中国特色社会主义思想在刊物上"天天见""天天新""天天深"。同时，天津市群众艺术馆、津南文化馆、武清文化馆、东丽文化馆、西青文化馆等单位的官方网站和微信公众号有专门的党建栏目，定期更新扫黑除恶知识、"不忘初心、牢记使命"主题教育、支部集体学习讨论、支部主题党日活动等内容，使用新媒体手段传播新思想、新政策、新精神以及文化馆的党务信息，做好党建日常宣传工作，有利于推动党务内容上传下达。

群文工作一定要结合多样化的党建活动，引导全馆党员增强党的意识，牢固树立以人民为中心的服务理念，提高群文工作标准，改进群文工作作风，提高文化服务质量。不断创新党建工作的发展方式和创新方法，结合喜闻乐见的群众文化工作，不断提升党建工作科学化水平，把党要管党、从严治党真正落到实处。在党建工作的指导下，文化馆应该广泛集聚优秀人才，切实履行好群文工作者的岗位职责，达到以党建工作实效去推动群文工作顺利完成的效果，为群众文化事业发展不断打开新的空间。

（作者单位：天津市群众艺术馆）

群众文化应当为促进民族团结发挥作用

赵淄涵

天津市的民族团结工作始终在全国领先，据统计，全市少数民族人口占人口的十分之一，55 个少数民族中，有 51 个居住在天津。南开区也是少数民族较多的区，目前正在进行“建设民族团结进步示范区”工作。南开区文化和旅游局、南开区文化馆按照区委、区政府的要求，在促进民族团结方面做了大量工作，取得了一些成绩，获得了一些经验和体会。

一、必须认清群众文化在民族团结中的责任

民族团结，无疑是一个国家兴旺发达的根本基础。一个国家倘若民族分裂，民心涣散，甚至出现民族割据的现象，不可能强大起来。对于单一民族的国家日本、韩国、朝鲜主要是指民族内部的团结，而对于多民族的国家来说，主要是指各个民族之间的团结。世界上大多数国家都是多民族的，发达国家像美国、英国、法国等都存在民族问题，也都十分重视消除自己国家民族间的隔阂，加强民族团结。

我们国家民族很多，除了少数民族以外，汉族占了绝大部分。中华人民共和国成立以前，国民经济凋敝，民不聊生，民族之间冲突经常发生，历史上发生的多次战争，给社会造成很大的破坏。新中国成立以来，国家十分重视民族团结，取得了很大成就，特别是新时期，提出了“两个谁也离不开谁”的方针，民族团结呈现出“石榴花开分外红”的可喜景象，56 个民族像石榴籽一样紧紧抱在一起，共同实现中华民族的伟大复兴。

在促进民族团结的各种力量中，文化的作用不可忽视。中央提出，搞好民族团结，促进民族进步必须做到“四个认同”。其中，文化认同是基础，因为文化认同是情感上的认同，而情感是从内心涌出的，具有血浓于水的共识。只有这种共识才能

形成“培植石榴树”的一方热土，进而实现对于国家的认同，以及对于中华民族的认同和社会主义制度的认同。根植于这一方热土，“民族团结”的石榴树才会生根、发芽，开放出令人瞩目的花朵，结出丰硕的成果！

作为社会主义文化的重要组成部分，群众文化因其具有民间性、非职业性、社会性、社区性，而具有独特的作用。在当前全面奔小康的形势下，需要认清群众文化在民族团结中的责任，做到不忘初心，牢记使命。

二、充分认识群众文化在促进民族团结中应具的作用

文化的作用不可忽视，它是潜移默化的，又是深入骨髓的。群众文化因其自身特性，又可以发挥其他文化形式所不能发挥的作用，必须引起足够的重视。这些特性和作用主要有：

1.通过“非职业性”，产生融合剂的作用

群众文化最根本的特性就是具有非职业性，这是和“专业文化”相对应的。由于群众文化举办的各项活动都属于业余文化，很容易在各族群众中产生“通识”。大家都是业余爱好，娱乐成分远大于表演成分或者展示成分，这种“通识”可以拉近彼此之间的心灵距离，增加相互了解与相互尊重。参加群众文化活动的人员都是业余爱好者，但又各自有所擅长，因此可以互为师友，达到美美与共的境界，将不同阶层、不同职业、不同年龄的人群联系到一起，其中，不同民族更加重要。这是一种融合，从爱好上的融合，进而发展到艺术上的融合直至心灵上的融合。这是实现文化大家庭的基础。民族团结的最终目的，就是要让我们的社会成为社会主义的大家庭。

2.通过“社区性”，产生稳定剂的作用

群众文化工作是党领导的意识形态工作，具有鲜明的党性，这是不言而喻的。但是，群众文化活动是社区文化活动，社区性可以加深参与者之间的互信与互敬。民族之间应当友好，这是我们共同的期望，但是民族之间终归是有差异的，这也是客观存在。这种差异包括心理上的、习惯上的，甚至是宗教上的。这种差异弄不好很容易产生较大的心理隔阂，形成不安定因素。群众文化可以发挥“植根社区”的优势，通过开展社区文化，达到相互沟通的作用。特别是在社区之中开展的各项邻里亲情活动，可以消弭一些误会，把一些不稳定因素消灭在萌芽状态，为平安社区、平安社会建设尽一份力量。

3.通过“民间性”,产生催化剂的作用

群众文化是一种民间的交往,其民间性避免了“官方”色彩,有助于各个民族之间的相互包容、相互欣赏、相互学习、相互帮助,从而推进区域内的民族团结工作。特别是在节日期间举办的各项文化活动,更能够展示各民族的精神面貌,促进文化交流。在这些民间交往中,各个民族都会将自己最灿烂的文化展示出来,这对于树立民族的文化自信,加强各个民族之间的相互融合起到了重要的催化作用。

三、群众文化促进民族团结的主要方式

南开区在少数民族中开展群众文化活动具有有利的条件,区领导对少数民族工作十分关心和重视。区域内有崇化中学的新疆班和南大附中的西藏班,是群众文化耕耘的沃土。鼓楼街和华苑街长华里社区、学府街西南二村社区都是民族团结的先进单位,开展社区文化有着良好的基础。我们体会到,在“建设民族团结进步示范区”中,群众文化增进民族团结有下述几种方式:

1.在大型群众文化活动中发挥少数民族的独特作用

少数民族同胞大多能歌善舞,在节庆活动中发挥他们的优势不仅可以增强他们的自豪感,还能提高活动的档次,进一步促进区域内的民族团结,这是一举多得的事情,应当得到提倡。

2019年是新中国成立70周年,我们就特别注重发挥少数民族演员的作用。比如,在“南开区政协、统战部庆祝大会”上,崇化中学新疆班成为全场演出的亮点。我们并没有像往常那样让孩子们表演“新疆舞”,而是异军突起,用朗诵课文《开国大典》片段的方式担任了全场节目的开场任务。由于这篇课文被大家熟知,极易引起共鸣。加之这些新疆娃身着民族服饰,用抑扬顿挫的朗诵配以饱满激情的动作,即刻将全场引爆,被公认为全场最具创新的节目。“老课文”引起“新效果”,关键在于这是少数民族孩子发出的心声。

2.在社区文化中注重举办少数民族专题活动

将民族团结工作融入社区文化,体现了南开区注重民族团结的政治高度与政治自觉。这其中有着南开区群众文化工作者的一份功劳。无论是文化馆还是街道文化站都主动将促进民族团结作为自己义不容辞的责任。

比如,鼓楼街是民族团结的先进单位,在国庆活动中,为了体现民族团结,他们举办了“民族团结进步知识竞赛”活动。参加活动的有全体社区工作者、少数民族居民代表和汉族居民代表。比赛以党和国家民族政策、法律法规等民族团结基本知识为重点。采取必答题、抢答题、抽签题、风险题相结合的方式，现场还根据题目设计了情景演出、视频在线等方式，充满兴趣。对宣传《天津市少数民族权益保障规定》起到了促进作用。

3.将培训辅导工作送到少数民族身边

南大附中西藏班是我们培训辅导部的工作重点。这些藏族孩子虽然从小就有跳锅庄的基础，但由于缺乏基本功训练和有序的编排，与在舞台上演出还有一段距离。我们文化馆的舞蹈干部将这些孩子们的动作逐一进行了规范，终于在全区庆祝新中国成立70周年文艺汇演上演出了。他们的节目《再唱山歌给党听》取得了巨大成功，有的观众竟被唱得热泪盈眶。

4.开展“春雨工程”，对少数民族地区进行文化扶贫

“春雨工程”是文化部开展的扶贫对口、送文化到老少边穷地区的重大工程，在区委、区政府统一领导下，文化和旅游局派出干部进行帮扶，在这方面取得了显著成绩。

甘肃省甘南藏族自治州夏河县是我们对口地区，居民以藏族为主，对口村为黑力宁巴村与木道村。我们结合两个村的现状和发展需求，通过提供文旅产业帮扶，助推乡村经济的发展。在进行产业扶贫的同时，作为群众文化，重点谋划藏族舞蹈表演、藏族“非遗”等具有民族文化特色、地域特色的活动，以发展旅游经济，吸引游客，带动当地乡村经济发展。根据“打好脱贫攻坚战，关键在人”的思想，帮助当地的文化工作者提高责任意识，担当脱贫攻坚的先锋。近期还有一名夏河文化馆的干部在我单位进行为期两个月左右的键盘及作曲业务的培训。通过春雨行动许多干部成为懂扶贫、会帮扶、作风硬的文化带头人，致力于齐心合力，共同打赢脱贫攻坚战。

综上所述，文化认同是民族团结的基础性工作，群众文化具有其他文化形式所不具有的功能，因此必须发挥它的优势，利用各种方式促进民族团结，在“建设民族团结进步示范区”工作中，做出贡献。

(作者单位:天津市南开区文化馆)

浅谈故宫博物院的文创之路对群众文化工作的启示

王俊茹

习近平总书记强调:“让收藏在禁宫里的文物、陈列在广阔大地上的遗产、书写在古籍里的文字都活起来。”近年来,北京故宫大力发展文创产品,通过拍摄《上新了·故宫》、开火锅店的形式打造故宫文创品牌,让历史文化亲近百姓,使古老文化“活起来”。虽然都是搞“文化”,但故宫的文创似乎和我们是两个范畴,故宫文创的是历史,我们服务的是现实的人;故宫文创的是静态的遗产,我们是在动态活动中搞创新;故宫文创对接的是产业,我们是搞公益文化服务,故宫文创的是皇帝、嫔妃,我们歌颂的是时代、人民。似乎我们一时难以找到学习借鉴的抓手,但我们应该从故宫文创中得到启示,看到如何让文化“活起来”,看到新时代人民群众的文化新要求,审美的不断提升、注重文化体验以及个性化需求等。本文结合“故宫文创”和群众文化需求的新变化,为文化馆的创新发展探讨可行性路径。

一、从故宫博物院的成功看当下:群众希望历史“活起来”

近些年来,中央电视台推出了“百家讲坛”等讲历史的节目,使举国上下形成了“历史热”,人们热衷历史,故宫就成了绕不过去的重点。学习历史的潮流催生了故宫的文创事业,他们与媒体合作,首推了《我在故宫修文物》系列片一炮打响。互联网的发展,更使故宫不断推出新花样,从 2013 年开始,推出了一系列文创产品,比如“清明上河图”书签、“冷宫”冰箱贴、“御猫”小摆件等,兼具艺术性和实用性。随后,借助互联网,故宫各类周边文化产品迅速走红,从“剪刀手雍正”的表情包、《穿越故宫来看你》的 H5、再到《我在故宫修文物》这一豆瓣评分高达 9.3 的纪录片,如今风靡的《上新了·故宫》等,一度将故宫打造成文化大 IP。2016 年,故宫的文创产品销售额为10亿元，2017年，故宫文创产品达一万种，销售额达15亿元，2018年，故宫的文创产品达一万二千种，2019年，仅故宫郎窑红联名口红在天猫商城月销售就达近3000支。博物馆的IP化，故宫带了个好头。

故宫博物院在流量"鲜肉"盛行的年代走红，广受追捧，其根本原因在于它关注到了当今群众对文化需求的新变化，能够打造贴近群众生活的文化品牌，让文化遗产真正服务群众、传播优秀民族文化，而不是毫无生气的遗产。

1.群众审美要求不断提升

随着社会经济的发展，群众物质生活得到了较大的满足，精神层面的需要也随之增加，各式各样的文化活动异彩纷呈，多样的文化审美体验使得人们的审美意识和审美能力随之提升。互联网时代，3D以及VR技术日渐成熟，艺术设计工业不断发展，都带给了人们不断增强的多感官体验。一方面，这些技术支持下展现的图景更具吸引力；另一方面，群众也可以借助这些技术身临其境地接受各种文化的熏陶。比如，借助VR技术可以足不出户了解敦煌莫高窟，欣赏千年的石窟文化；通过视听软件，可以身临其境般地欣赏音乐会，感受听觉的盛宴。这些全新的体验帮助你不断接触新的审美领域，推动群众审美能力的提升。

2.文化是文创的核心，是文化与群众连接的新的桥梁

文化是文创的核心，文创是文化与群众连接的新的桥梁。故宫博物院成为"网红"的原因，是她将群众带入到故宫的文化环境中，让群众在自由创造中体验故宫文化。故宫文化产业的成就给文博事业的发展带来了良好借鉴，天津民国物语博物馆、星空博物馆等小众博物馆也通过打造店面环境，吸引了大量游客前往拍照，体验穿越、梦幻的风情。除了场馆本身的文化体验，故宫开展的附加活动进一步拉近了人们与故宫的距离，故宫推出的故宫口红等一系列化妆品、在故宫吃火锅等文化体验活动吸引了广大群众。

3.个性化追求明显

不论是故宫推出的表情包、H5，还是推出的中国风化妆品，都极具特色；故宫文化活动宣传的调皮御猫、有个性而不呆板严肃的皇帝，备受追捧的背后是群众对于个性化的追求。除此以外，每个人都可以根据自己的偏好修改制作表情包，也正是因为故宫在引导整个文化创意的同时，努力打造个性文化，让每个群众都能在故宫文化中找到自己的身影，满足了个性化需要及表达。

二、从故宫博物院的成功看当下：成为“网红”的模式

1. 讲好文物故事，让历史鲜活起来

长期以来，故宫给人的印象便是严肃、神秘，和她的名字——“紫禁城”很相符。故宫传统的参观形式是让游客浏览故宫各个文物、建筑来传播故宫历史文化，形式较为单一，自 2016 年《我在故宫修文物》播出以后，故宫的历史故事开始流动起来，不再是一潭死水。该纪录片讲述了在故宫修缮文物的故事，包括一些文物的历史、文物修复师的代代传承、修缮文物的日常工作等，揭开了故宫的神秘面纱。在一个个小故事里讲述一件件文物承载的厚重历史，一位位修复师身上闪耀的匠人精神。故宫的故事不再单板单调，人的加入、精神的融入让历史有了韵味。

2. 拉近群众距离，让文化活泼起来

故宫不断推出各种线上线下文化产品，比如将各种历史人物尤其是冷面的清朝历代皇帝做成表情包，雍正行乐图被做成了洗脚、喂猴子的动图、卖萌的剪刀手、皇帝成了国民表情包新宠……除此以外，故宫还利用 H5 技术，将历史人物做成各种动图特效，皇帝和妃子聊 QQ、发朋友圈、卖萌等，严肃的故宫文化一下子拉近了和群众的距离。10 万多的文章、百万次的播放量表明故宫文化一步步活泼起来，也逐渐被群众喜爱。另外，线下文创产品也受到了广泛欢迎，比如故宫口红、萌萌的摆件、故宫书签……各类有实用价值的文创产品将故宫文化与群众生活紧密联系在了一起，收获了广泛的欢迎。

3. 紧跟时代步伐，让传播生动起来

故宫文化的传播不再是枯燥的讲解式纪录片，而是借助各种互联网平台和技术，让故宫的文化传播生动起来。第一，视频传播＋弹幕形式，增加话题讨论度，自行提升故宫文化热度。《我在故宫修文物》入驻弹幕集结平台——哔哩哔哩，一经播出数十万条弹幕加强了对于故宫文化的讨论，不断吸引各个年龄段的人尤其是青年人加入话题讨论，推进故宫文化深入群众。第二，互动式传播调动了群众参与的积极性，当故宫推出皇帝表情包时，群众可以利用简单的技术进行表情包再制作、P 图等，在参与后会很自然地将自己的创作成果分享给身边的人，进一步扩大了故宫文化的传播效应。

三、故宫博物院文创的成功对群众文化工作的启示

1.丰富文化内涵,讲好文化故事

《上新了·故宫》通过明星讲述许多文物蕴含的故事,这些文物许多人见过,但通过介绍才知道了其背后的海量信息,给我们的启示就是也要讲好每一个作品蕴含的故事。我们搞群文活动,经常面对的是作品,而我们过去对很多作品背后的故事没有讲好,没有让演员和观众知晓和理解作品,致使很多经典作品只是单纯的演绎,失去了进行爱国主义教育的机会。比如我们在排练《毛委员和我们在一起》《抬头望见北斗星》时,应该让演唱者和观众都知道,在红军时期,毛泽东领导的四次"反围剿"都打了胜仗,第五次"反围剿"时,由于王明、博古控制了红军的领导权,致使红军失败,这首歌讲述的就是红军怀念毛主席的那个历史背景。《沁园春·雪》是在红军长征到达陕北清涧县胜利会师前,下了一场大雪,毛泽东登上高山,放眼祖国山河,以革命英雄主义气概写下的磅礴诗篇。不只是这几个作品,像歌曲《不忘初心》《我和我的祖国》、舞蹈《扎西德勒》都是有作者的创作意图的。像天津的泥人张、杨柳青年画,每一个作品的背后都有其历史文化寓意的,都蕴含人们的情感和民族的精神,我们要将这些内容宣传出来,并向广大群众讲解好,不要只完成作品的表面。

2.利用互联网技术,加强文化宣传

互联网的发展,为文化馆建设及各类活动的宣传提供了全新的传播途径和传播方式,也为人们获取相关信息开辟了多样的渠道。我们通过故宫文创得到的启示还有,通过互联网打造新型的文化传播方式。第一,文化馆的融媒体平台可将传统的文化活动宣传方式集中起来,进行整合优化。改变传统分散的传播格局,集中力量打造文化传播最强音。第二,利用新型传播技术开展宣传,例如通过动态特效让群众更为直观地了解文化馆活动,调动多感官增强人们的体验感、收获感、满足感。第三,利用互联网开展互动式宣传,和电视主持人拍起视频博客(vlog),和网友频频互动那样,让优秀群文节目走上弹幕平台,掀起群众评论的浪潮……文化馆也可以利用名师名家和群众加强线上互动,拉近距离的同时增强了群众参与感。在互联网时代,传统的单方面宣传的方式要改变,通过互动的方式引燃一个个话题,良好的参与感不仅提升了文化活动宣传力度,也帮助文化活动更加了解群众,懂得如何深入群众。

3.贴近群众生活，走进群众内心

改进文化馆工作，繁荣社会主义文化，最根本的是依靠群众、深入群众、服务群众。各类文化活动、文创周边、线上文化产品只有多接“地气”，才能有“人气”。第一，文化传播大众化，比如，我们的网站、公众号要成为联系群众的桥梁，走进群众内心，走进群众生活，用群众喜闻乐见的方式去传播文化。第二，文艺创作贴近群众生活，发展群众文化事业，阳春白雪虽然要有，最根本的是创作灵感要从群众生活中汲取，创作作品要充分反映群众生活及其精神面貌。文化馆的创作要倾听群众心声，才能在演出时与群众产生共鸣。在设计线上线下文创产品时，要注重实用性与艺术性并存，才能够受到欢迎。

4.关注不同群体，尊重个性表达

互联网时代，群众的文化需求的个性化、多样性增强，群众文化活动也要积极适应这种变化。不同的年龄、不同性别、不同文化背景等各种差异都影响着群众的文化偏好。第一，确定主要受众群体，提升文化活动质量。比如现代舞蹈主要的参与群体是年轻人，美术展览的欣赏人群是具备一定文化素养的群众，对较为明确的受众群体的文化活动要在专业度方面全力提升，不断带来高质量的文化活动，满足相应群众的文化需求。第二，创新表达方式，吸引年轻群体。只有增强传统文化在青年群体的吸引力，才不至于让优秀的文化断层。在涉及优秀传统文化的活动中，要不断改善表达方式，用年轻人喜闻乐见的方式表达出来，比如在相声、戏曲文化中融入现代元素，贴近年轻人的生活，展现他们的生活特点。

习总书记说：“社会主义文艺是人民的文艺。”发展好群众文化是繁荣社会主义文化，推动社会主义精神文明建设的重要举措。新时代人民群众文化需求发生了新的变化，需要我们关注新特点，推出新举措，深入挖掘文化内涵，讲好文化的故事；需要我们借助互联网创新宣传形式，增强文化活动传播效果；需要我们走进群众生活，围绕群众开展文化活动及各类创作，让群众文化事业生生不息、充满活力。

（作者单位：天津市群众艺术馆）

浅谈推进优秀传统文化与社区文化融合的重要性

王俊茹

党的十八大以来,习近平总书记在多个场合多次谈到要"保护好文化遗产,弘扬传统文化",特别是总书记说的"让城市记得住历史,让人们看得见乡愁"更是搞城市工作和文化工作的指南。笔者认为,保护文化遗产,弘扬传统文化,最好的抓手在社区。社区是社会的细胞,是群众生活的主要场所,发展社区文化事业是推动社会主义文化发展繁荣的重要环节。开展社区文化活动,丰富群众文化生活,需要结合社区的文化资源和群众的需求,在内容、形式上不断创新。目前在祖国各地,社区文化遍地开花,在各个社区文化的内容和形式中,唱响主旋律,唱响时代之声,让居民走向文化新生活是主要内容,声乐、群众歌咏、舞蹈、广场舞是最为普遍的艺术形式。社区也应该是传承中华优秀传统文化的重要平台,因为社区文化的主要参与者多为中老年人,他们身上有着岁月的烙印,是传统文化的亲历者和主要传承者,在社会、在家庭、对儿孙,都是传统文化的主要传承人,所以说,在社区文化中,不能丢弃和减弱传统文化。我们要丰富社区文化的内容和形式,为加强优秀传统文化的保护和传承提供良好平台。

一、老年人是传统文化的"活态"传承人

当前的社区文化中,老年人参与最多的是新式文化,他们乐于跳广场舞、舞台舞、水兵舞,乐于走模特秀、参加诗朗诵,合唱队的成员乐于学习西洋发声方法,总之,他们乐于走向文化新生活,像2019年国庆天安门广场的群众大联欢,数十万人共跳广场舞的欢乐海洋中,多数是北京西城区、东城区的"大爷大妈"们。老年人热

衷现代艺术，参加文化活动使他们幸福获得感大幅提升，但我们不能忽视传统文化在新时代的传承，在他们身上的传承，让传统文化融入社区文化既是社区工作者的任务，也是我们群众文化工作者必须担负起的使命。

在我们社区的文化活动的老年人，他们有的从旧时代过来，有的与新中国同龄同路。他们身上自然而然地有着传统文化基因，对传统文化有经历，有记忆，有感情，几乎没有与传统文化的鸿沟，是传统文化最可靠的传承人。他们在少年时代是跳房子、跳皮筋、滚铁环，玩泥巴，是“姥姥家门口看大戏”，现在这些已经没有了，而曲艺、剪纸、国画、花艺、茶艺、手工制作等活动，老年人比青年人更乐于接受也便于接受，有的老年人本人就是传统文化的懂行人和高手。

我们每一个老年人都有家人和友人，一个人可以影响一群人，他们的喜好足以影响到更多人。特别是在党中央倡导的树立好家风好社风好民风中，老年人更是第一传导人。他们讲起历史故事、英雄故事、中国古老神话传说来，都是如数家珍，绘声绘色的。通过社区搞好传统文化，老年人会自然而然地接受并在更大范围内进行好中华优秀传统文化的宣传。

二、让社区充分认识到文化工作的重要性

我们要搞好社区文化，特别是让传统文化进社区，必须要依靠街道社区党工委，因为社区居民归他们管辖，社区多项工作由他们规划统筹，社区文化由他们投资，所以我们要让社区领导充分认识到社区文化的重要性。进入新时代以来，我国的主要矛盾已经转变为人民日益增长的美好生活需要和不平衡不充分的发展之间的矛盾，要满足人民对美好生活的期待，我们发展社区文化既要平衡又要充分，不能一边倒，不能不兼顾传统文化。习总书记指出，“文化是一个国家、一个民族的灵魂。文化兴国运兴，文化强民族强”。人民和生活中有着传统文化丰厚的底蕴、牢固的根基和取之不尽的源泉。我们要让每一个社区成为传统文化的沃土，我们的城市文化才能获得源源不断的生命力。

传统文化都是来自民间，尤其是天津的各种民俗文化，更是融入了城市的性格中。优秀传统文化的根基在人民，发展它必然需要深入到人民群众中去。首先要充分展现优秀传统文化本身的艺术价值和意蕴内涵，结合相关艺术手法、制作工艺等内容的细致介绍，帮助群众增强文化认同，更为自觉地了解相关文化。其次，挖掘优秀传统文化的历史内涵，讲述好相关文化艺术作品的悠久发展历史。比如“泥人张”在明清时期、革命战争年代的困难条件下如何坚守为人民创作的原则，历经

了怎样的曲折发展过程,在社区文化中讲好这些内容,才能够增加其文化深厚感,彰显文化背后的民族精神。再比如讲述好杨柳青版画美好而朴素的寓意、讲述好中国书法绘画背后的文人气节、讲述各种“非遗”艺术背后蕴含的工匠精神等,都能为优秀传统文化注入灵魂,只有讲述好传统文化背后的故事,才能够在推进于社区文化的融合中与群众产生共鸣。所有这些,在我们的社区都能实现它。

三、目前社区文化的发展还有不平衡不充分的现象

虽然近年来社区文化长足发展,但在一些地方传统的社区文化活动不仅没能提升品位,反而下滑,比如在棋牌桌上“赌桌”隐现,群众文化演出中低俗文化显露等。通过迎合群众猎奇等心理来达到吸引群众的目的,抑或是不加管制,让品位低下的“社区文化”放任自流,最终必然会对社区文化的健康发展危害巨大。

党的十八大以来,社区的变化也是重要变化之一,在我市,许多社区的办公条件和活动阵地的面积大幅增加,在和平、河西、南开等许多区,几乎每个社区都有单独的能容纳几十人活动的文艺活动室,许多社区也非常重视社区文化,搞了合唱团、舞蹈队、朗诵队、英语班等,但是文化工作不是社区唯一的工作,在很多社区,由于“创文”“创卫”“治安巡查”“垃圾分类”“拥军优属”的工作是压倒一切的硬任务,刻不容缓,往往就挤占了社区文化的活动时间或活动场地,致使社区文化活动说停就停,活动地点说挪就挪。还有一些社区,本来参加文化活动的居民在四五十人之间,社区又成立了合唱团、舞蹈队、葫芦丝队、小乐队、评剧班、朗诵班、剪纸班,这么多的班和仅有的人,每个团队也够不上规模,形不成建制,就更别提为传统文化腾出空间了。在我市还有一些社区,缺少相应的文化活动室,有些地方尽管有,但并没有真正得以利用,使得社区文化活动建设的硬件软件都保障得不足。所以我们要让社区领导对文化工作有个统筹考虑。对于长期不参加社区文化活动的居民,我们可以深入到家庭中开展传统文化活动,像天津河东区有着几十年家庭文化的经验,河北区有着十几年搞社区文化的经验,我们可以在这几个区认真布局,努力让传统文化与社区文化深度融合。

经济保持高速增长的环境下,人民群众对于精神文化方面的需求逐渐增大,与此同时,互联网时代信息技术带来了传播领域的全新变革。人们通过互联网每天接收大量的信息,但是过量的信息带来的是过多的选择与迷茫,各种新型媒体技术的进步不断将新颖活泼、充满新意的文化形态呈现在人们眼前,这也就更加挤占了传统文化的生存和发展空间。在抖音、快手、全民K歌等视频音乐平台的冲击之

下，传统文化如果不出新就不能完成时代重任，就不能够满足人民更加多样性的需求，传统文化进社区也只能是走走形式，不能起到深入人心的作用。目前在各个社区存在的群众文化活动主要包括打太极拳、跳广场舞、打牌下棋等传统的形式，娱乐性较强，缺乏对于传统文化内涵的挖掘，希望我们和街道社区共同动动脑筋，让群众在参加传统文化活动时，体验感、获得感也随之增加。

四、积极打造传统文化融入社区文化的空间

优秀传统文化蕴含着丰富的文化内涵和民族精神，传统文化中的思想观念、人文精神、道德规范、意志品质等不仅承载着先辈们的智慧精髓，更是提振当代中国人精神力量的源头活水和不竭动力。在中国优秀文化艺术里，体现着广大劳动人民对于美好生活的追求，比如年画、版画艺术赋予了美好的寓意；风筝魏、老美华等蕴含着诚信品德和精益求精的匠人精神；各种精美的物件、考究的唱词等都体现了中华民族对于技艺的敬畏与尊崇。优秀文化艺术传承了中华民族精神、承载了命运多舛的民族历史。比如“泥人张”“达仁堂”、木雕、石雕、盛锡福毡礼帽制作技艺、玫瑰露酒传统酿造技艺等在多变的历史中坚守传统技艺，让民族文化熠熠生辉，彰显民族气节，我们就应该很好地传承它。推进优秀传统文化和社区文化有效融合，不仅有利于用社会主义核心价值观引导群众文化健康发展，而且有利于优秀传统文化艺术的传承性保护。

天津市是一座文化底蕴丰富的城市，尽管天津走上了现代社会，但传统文化早已融入了城市的根脉里。我们应该积极推进优秀传统文化融入社区文化建设中来，增强社区文化的传承能力。天津市优秀非物质文化遗产大多陈列在名录中、档案馆和展馆内，我们要把它们融合到社区文化中来，就要建设好社区优秀传统文化“活态”传承的场所，比如将传统剪纸艺术、面人技艺、版画技艺等“活态”地融入社区文化，开辟作品展示栏，定期组织对剪纸有兴趣的群众到固定的活动场所进行交流学习。

社区群众积极参与到优秀传统文化的传承中，就能多感知传统文化的魅力，这是增强社区文化吸引力以及提升社区群众文化自觉和自信的良好措施。我们可以将天津的剪纸、版画、彩塑等形式各样的传统文化艺术在社区内组织开展教学，邀请更多居民分享技艺方法、普及相关知识。更多的群众能够有机会在闲暇时间参与到文化艺术创作中来，亲身感受优秀传统文艺的魅力，从而从根本上激发社区文化事业发展的内生动力。同样，传统文化艺术也需要打造优秀品牌，不断增强影响

力。比如可以举办群众性“剪纸”“版画”大赛,推出最具特色艺术作品,再比如,天津的茶馆相声众多,我们可以组织相声团队深入到社区开展惠民巡演活动。

文化自信是一个民族、一个国家以及一个政党对自身文化价值的充分肯定和积极践行,并对其文化的生命力持有的坚定信心。通过在社区文化活动中融入优秀传统文化艺术,可以增进群众对于传统文化的了解,感受传统文化的魅力,增强文化认同感,强化文化自信。

习近平总书记指出:“抛弃传统、丢掉根本,就等于割断了自己的精神命脉。”搞好传统文化融合进社区文化,关键是深刻把握群众对文化需求,开展真正深入人们精神世界的、引起人民思想共鸣的传统文化活动。改进社区文化活动形式、丰富其内涵,推进优秀传统文化艺术与社区文化深度融合,有利于中国特色社会主义文化的繁荣兴盛,有利于增强综合国力、提升国际地位、传播中华文化、彰显中国形象。

(作者单位:天津市群众艺术馆)

如何开展庆祝性文艺活动

——以我市庆祝新中国成立70周年系列演出活动为例

蒋　诚

2019年我们迎来了新中国成立70周年的伟大日子，70年来中华民族风雨砥砺、波澜壮阔、世界瞩目。为充分利用这个重大的历史节点，讴歌新中国的辉煌成就，振奋和激励人民群众的爱国激情，坚定沿中国特色社会主义道路开拓奋进，实现中华民族伟大复兴中国梦的信念。各级宣传文化部门都举办了一系列主题庆祝活动。庆祝活动弘扬了以爱国主义为核心的伟大民族精神，振奋了全市人民在习近平新时代中国特色社会主义思想指引下加快建设“五个现代化天津”的豪情壮志，唱响了昂首向复兴、共筑中国梦的时代主旋律。天津市音乐家协会及下属各专业委员会作为我市宣传系统所属单位也主办了多场以“庆祝新中国成立70周年”为主题的演出活动，作为天津市音乐家协会工作人员，我参与了多个活动的组织与方案策划，也代表音协参加了其他单位同类型的活动，在积累工作经验和感到受益匪浅的同时，也在活动中发现存在着值得注意的倾向，总结了一些相对比较突出的问题，以期对今后的同类工作有所裨益。

一、庆祝性文艺活动应突出政治性和时代性

庆祝性文艺活动大多为政府机关企事业单位在国家具有特殊意义的时间点举办的庆祝性演出活动。（如：庆祝改革开放40周年系列活动、庆祝新中国成立70周年专题演出活动等）庆祝性文艺活动除了营造喜庆热烈的节日气氛之外，更重要的就是让人民群众铭记这段历史进程，感受来之不易的发展成就，坚定“四个自信”，激发奋斗精神，共享祖国荣光。各个单位、组织为了达到活动效果而采取举办

活动的方法是多种多样的,究其根本首先活动是要以紧扣活动主题为大前提的,要明确活动的指导思想和内容主旨,只有这样才能确保活动的目的。但在我参与的活动中就有少数活动没有坚持这一点,整场活动下来和主题相关的元素很少,尤其是演出类活动,造成主题和内容"两张皮"。个别单位片面追求"高端""大气""上档次",为了体现主办单位的艺术修养,甚至在庆祝新中国成立70周年活动的整场演出中都是国外知名的交响乐曲,远离了庆祝新中国成立70周年的时代主题,失去了庆祝演出的政治意义,使演出更像是小规模的维也纳新年音乐会国内版演出。从某种意义上来说,这也是缺乏文化自信的一种表现。有些新创作的高难度曲目,更像是突出作品的复杂的曲式结构和表演者的高超演奏、演唱技巧,虽然活动办得热热闹闹有声有色,但活动后细细品来确不知道整台演出与主题有什么关系。其实在中国的交响乐作品中就有很多既能展现技巧又能凸显主题的优秀作品,如《红旗颂》《黄河》《激情燃烧的岁月》《北京喜讯传边寨》等。

为了突出演出的主题,我们于2019年10月1日在天津市音乐厅举办的"献礼中华人民共和国成立70周年——第二届天韵杯天津古筝艺术节"的闭幕式上,天津市古筝委员会让此次参赛的各奖项获奖选手在演出开场与结尾分别团体演奏了《盛世国乐》和《我和我的祖国》,活动后天津古筝委员会的负责同志接受电视台采访时表示,其实这两首曲目并不像《渔舟唱晚》《高山流水》等古曲那样考验演奏者的技巧与功力,演出的效果也不如那些传统曲目效果好,但是参赛的选手大多都是青少年,甚至有的年纪小的选手对中华人民共和国成立的伟大历史意义还没有概念,之所以在开场和结尾加上这两首曲目,就是在新中国成立70周年的重要节日里,让参赛选手知道他们之所以能够在全国第一座音乐厅的舞台上展现自我除了自己的奋发努力之外,还和先辈们的奉献与付出换来的美好生活是密不可分的。这次活动也让我深切感到庆祝性的演出活动一定要坚持和突出时代性和政治性的主题,只有这样,才能使演出取得预期的效果,落实习近平总书记提出的"讲好中国故事,传播好中国声音"的指示和要求。

二、庆祝性文艺活动应强调社会性和群众性

人民群众是文化艺术的主人、主题、主体和主角,庆祝性文艺演出更是如此。新中国成立70周年本身就是举国同庆、万众欢腾的大事,若果忽视了社会性和群众性,变成关起门来搞庆祝,成为小单位、小集体、小范围的自娱自乐,就失去了庆祝活动的社会意义。有些单位举办的庆祝新中国成立70周年演出活动就是如此。

比如有的单位为了突出本单位的领导或是典型人物，就不顾其演唱水平高低硬性安排这些人作为领唱或是独唱，让群众歌咏队伍和具有较高演唱水平的群众歌手作为陪衬，造成了多数人陪少数人玩的不良后果；有的单位特意安排领导干部组成的歌曲联唱，使演出舞台成了领导班子的卡拉OK；有的单位为了满足领导的欣赏要求，还安排了一些和庆祝演出主题无关的流行歌曲。这种现象不仅偏离了演出的主题，更降低了演出的艺术水平，因此也引起群众的反感和吐槽。没有了广大群众的参与，再好的活动、再高水平的演出也不会收到预期的社会效果。

在各种各样的庆祝演出中，一些党政宣传所属机构也出现过这样的问题。众所周知要举办庆祝演出活动就必须有必要的资金。为了筹措资金，一些单位组织在未向上级主管部门进行申报申请经费拨付或寻求具有相关资质单位合作的情况下，擅自以庆祝演出选拔演员的名义举办了各种形式的比赛。尽管没有将报名费、培训费、证书费等收入中饱私囊，但是却违反了党政宣传单位不能从事对外经营活动的有关规定。更要注意的是，尽管比赛过程中参与的群众较多，最后的演出却成了少数获奖选手的才艺展示，降低了自己艺术专业委员会的社会公信力，挫伤了广大群众参与庆祝新中国成立70周年演出的积极性，甚至引发了很多不应有的社会争议。

市委宣传部和市文旅局主办的天津市庆祝新中国成立70周年群众大会就很好地解决了这一问题。9月29日上午我市在奥体中心体育馆举办了新中国成立70周年庆祝大会。会上来自全市的群众合唱团既是演员也是观众，大家共同参加了这场盛大的演出，组成了万人大合唱的热烈场面，收到了很好的社会效果。市音协合唱专业委员会的很多群众合唱队伍都参加了这场演出。大家一致表示参加这场活动很受教育，很受鼓舞，既充分展示了各个合唱队伍的艺术水平，也抒发了热爱祖国的赤子之情。和平区举办的“砥砺奋进新时代·歌飞和平赤子情——庆祝中华人民共和国成立70周年群众交响合唱音乐会”也是如此。他们把全区不同行业、不同社区的群众合唱团组织到一起，请天津歌舞剧院交响乐队担任伴奏，不仅充分调动了基层群众合唱队伍的积极性，也通过邀请专业艺术院团的高水平伴奏，提高了群众歌咏活动的艺术质量，得到了参演队伍和全场观众的一致好评。

三、庆祝性文艺活动应注重艺术性和欣赏性

习近平总书记在北京文艺座谈会上的重要讲话指出：随着人民生活水平不断提高，人民对包括文艺作品在内的文化产品的质量、品位、风格等的要求也更高了。

因此我们的文艺创作和演出活动也要跟上时代发展、把握人民需求,以充沛的激情、生动的笔触、优美的旋律、感人的形象创作生产出人民喜闻乐见的优秀作品,让人民精神文化生活不断迈上新台阶。同样,庆祝性演出活动也要有精品意识,也就是要坚持思想精深、艺术精湛、制作精良。否则就难以满足群众的欣赏要求,也难以收到演出活动的预期效果。随着文化传播手段的电子化普及,电视、网络和各种新型媒体、娱乐渠道的不断涌现,人们的欣赏水平在不断提高。习近平总书记强调指出:创新是引领发展的第一动力。抓创新就是抓发展,谋创新就是谋未来。创新不只局限在科技领域,文艺工作也是如此。如何提高我们庆祝性演出的艺术性和欣赏性,努力实现传统文化的创造性转化、创新性发展,吸引广大群众的关注和参与,成为宣传文化系统面对的一个重要问题。纵观我市各种庆祝新中国成立70周年的演出,很多场演出就强调了政治性、时代性、群众性而忽视了艺术性和欣赏性,更没有自己的独创性和唯一性。打开各单位演出的节目单,我们演出的曲目几乎是千篇一律,演出的形式更是高度重复,既没有原创的优秀作品,更缺乏令人耳目一新的艺术形式。这种情况的出现使群众产生了审美疲劳,时间长了自然感到乏味。

在进行庆祝新中国成立70周年系列演出活动的总结时,我更感到这一问题的普遍存在和急需解决。笔者所在部门就存在这一问题。作为负责活动宣传工作的干部,每次活动过后只要将相关宣传报道报送相关部门、上传相关媒介就意味活动已经结束了,直到前不久出版单位相关书籍时才意识到这个问题。那就是我们的很多演出活动总结除时间、地点有所区别之外,主要内容大致相同,尤其是关于演出活动的艺术性和欣赏性,演出曲目的首创性和唯一性几乎为零。习近平总书记强调指出:"优秀文艺作品反映着一个国家、一个民族的文化创造能力和水平。吸引、引导、启迪人们必须有好的作品,推动中华文化走出去也必须有好的作品。所以,我们必须把创作生产优秀作品作为文艺工作的中心环节,努力创作生产更多传播当代中国价值观念、体现中华文化精神、反映中国人审美追求,思想性、艺术性、观赏性有机统一的优秀作品。"而在我们举办的庆祝新中国成立70周年的各种演出中最缺乏的正是这种三性统一的原创作品。为此市音协主席、著名女中音歌唱家关牧村老师,就在参加天津市庆祝新中国成立70周年大会的演出后专门向有关领导提出了这一问题。

综上所述,庆祝性文艺活动的成功举办看似简单,实则不易,现阶段存在的问题还有很多,是摆在我们文艺工作者面前的重要课题,需要我们认真分析,加以解决。2020 年是全面建成小康社会的决战决胜之年，明年还要迎来中国共产党建党一百周年，我们还会举办各种庆祝性文艺活动。作为文艺工作者我们要时刻做好准备发现问题，解决问题。如果将文艺发展看成一部史诗巨著，上面不一定会有我们的名字，但今天的历史是由我们来书写的，我们既然是历史的书写者，就要通过自己的努力在这幅巨著中留下有声有色的一笔，成为它浓墨重彩中入木三分的一滴。

（作者单位：天津市音乐家协会）

如何开展自由职业青年群众文化工作

王　婵

据统计，2017年我国新的社会阶层人士群体规模已经达到7200万人，成为社会转型时期一支不容忽视的社会力量，其规模不断扩大、影响不断加深、力量不断增强。自由职业人员作为新的社会阶层人士的重要组成部分，是构建和谐社会的主力军和关键性力量，是我们可以吸收和吸纳的活跃群体。作为群众文化工作者，我们有责任并且有义务，关注并研究他们的需要和诉求，有针对性地开展好群众文化服务工作。2017年底天津市自由职业人员"青春筑梦"统战工作实践创新示范基地成立并落户天津青年宫，按照"找得到、联系紧、服务实、引导好"的工作思路，通过人才挖掘、思想引领、专业培养、产业扶持，更广泛地联系社会组织，有重点地发现培养自由职业者骨干。

一、自由职业者的发展现状

自由职业者作为新的社会阶层群体的一员是游离在组织之外的社会群体，其发展良莠不齐，对其属性特点、生存发展的状况、发挥的作用、存在和面临的问题、需要处理的关系，以及整合的路径建议等也伴随着其"规模大、行业广、无组织、无监管"的特点亟待解决。从目前掌握的情况看，自由职业人员有着群体广、行业分散、自主性强等特点，因此通过聚集领头人，形成以点带面，扩大辐射范围的方式汇聚自由职业青年，而这其中影视类、书画类、舞蹈类自由职业青年占有相当大比重，由于长期缺乏平台，使其行业特征表露不充分，不足以形成规模，在一定程度上限制了其专业的产业化发展。在深入了解的过程中，发掘他们通常有一定的"手艺"或特长，却缺乏组织的归属感，基于这类情况，从思想引领和专业服务上着手双管齐下，作为打通其工作的渠道和突破口。自由职业者苦于缺乏政策的引导和支持使自己一直处于“边缘化”的状态，帮助其及时精准地掌握利好政策，了解党和国家的关心和帮扶政策，传达党政资讯，是做好其思想引领工作的重点方向。因此需要为新的社会阶层人士做好政策解读和经验分享工作，提升其凝聚力与向心力，为自由职业人员创新创业提供精准帮扶。

二、多条渠道打通自由职业者群众文化工作

1.“找抓手+聚核心”汇聚自由职业青年

通过发挥业内“大腕”“大咖”“大神”级领头人的带动作用，先后组建了自由职业青年较集中的书画类、舞蹈类、影视类、文学类、模型类联盟组织，通过其专属联盟渠道深入发掘青年。已掌握天津高校书画联盟、天津街舞联盟、天津影视社团联盟、天津诗歌联盟、天津模型专委会等团体发起的30余个联盟组织。

对自由职业人员的吸纳、登记和管理工作着重依靠组织联盟渠道的发动推荐并定期举办专业活动。

(1)与天津高校书画联盟联合每月定期举办书画笔会活动，目前15所高校加入天津高校书画联盟，涵盖1200余名书画爱好者。沙龙活动为广大书画爱好者普及书画知识，加强天津市各高校的书画交流，弘扬民族传统艺术，陶冶情操，活跃各高校的书画社团。

(2)成立天津诗歌联盟，目前十余个诗社组织加入联盟，已涵盖天津青年诗社、七月诗社、红烛诗社、南开项玉戏剧诗社、海河文学社、静海诗人诗社、黑色海诗社、桃花堤诗社等，定期举办诗歌创作交流、诗歌采风和读书会等主题沙龙活动。

(3)与天津市街舞社团联盟联合，通过各高校社团之间的活动以青年舞者的影响力和号召力传播新时代青年的活力与正能量，为二十余所高校的青年舞者搭建市级和全国级的平台支持青年街舞工作，涵盖歌舞青春俱乐部、T649热舞社、零一舞社。

2.打造个性化模式服务自由职业者文化需求

为了纵向延伸服务范围，形成层次特征鲜明的阶梯状服务构架，打造了分站基地+创业导师+签约单位合作的多效联动模式，为自由职业者提供多方位、高质量的服务。

自由职业者基地从青联委员、文化创意类企业负责人中选择专业素质高、有影响力、社会责任感强的专家作为创业导师，组织他们和自由职业人员结对，帮助自由职业青年挖掘自身潜力、找准业务定位、规划职业方向。

街舞导师全年进入到各中小学义务为同学们培训《霍元甲》街舞舞段,展示中国风原创街舞的魅力;文学创作导师通过编剧及网络作家培训活动发现、挖掘、培养有天赋、有能力的青年编剧,为其提供创业机会和平台;书画导师落成 Art and life 大学生艺术文创基地,通过艺术品展示售卖、艺术人才的培养、小艺术家培训等模式结合当代艺术发展趋势为艺术类大学生创业进行指导和帮助。

为不断拓宽自由职业群体群众文化的蓬勃发展,延伸辐射面与覆盖面,在天津青年宫设立自由职业者基地外还创立了 6 个分站,通过线下实体和线上平台,灵活立体开展工作。如分站基地通过举办读书会、音乐、骑行活动,累计服务 1000 余名自由职业人员。

自由职业者的群众文化发展的重要一环是“输出”,如何将其包装输出使其专业领域文化得以传播和发展是做好其工作的重中之重,因此自由职业者基地和 6 家单位签署合作协议,每年为自由职业人员提供一定数量的培训、演出、巡展、比赛机会。如 2018 年与天津街舞联盟承办的天津 IPTV 街舞大赛,共有三千多名津门街舞从业者和爱好者参加,同时积极开展街舞进校园、街舞大师班活动。在“五四”前夕,一百余名青年舞者在天津地标建筑和平路大铜钱、民园体育场、津湾广场、古文化街等地录制街舞快闪节目,向社会传播青春正能量。

3.“思想引领 + 专业服务”打通自由职业者工作渠道

2019 年 9 月 25 日结合“不忘初心・牢记使命”主题教育活动,基地举办了“不忘初心・牢记使命”天津市自由职业人员庆祝中华人民共和国成立 70 周年培训活动,共有 150 余名青年参与,通过加强自由职业代表人士的队伍建设使其更好发挥在中国特色社会主义事业中的重要作用。同时举办街舞行业分享沙龙和心理团辅,提升街舞从业人员凝聚力和团队管理能力。

通过成立青春 + 品牌活动,服务各行业自由职业者。涵盖读书分享交流、舞蹈展示展演、书画交流展览、诗歌创作分享、音乐演出交流、影视制作赏析等专项主题活动,2019 年已开展活动如下:5 月 20 日举办青春+读书分享沙龙,一百余名书友一同感受读书的魅力;9 月 25 日开展青春 + 街舞行业分享沙龙,一百五十余名街舞从业者参加;11 月 2 日举办青春 + 时尚分享沙龙,三十余名时尚界人士参加;11 月 26 日举办青春+诗歌采风活动,二十余名青年诗人赴小站镇采风交流诗歌创作;12 月 1 日举办青春+影视赏析活动,一百余名影视从业者交流影视创作和技法。

4.“聚焦行业 + 整合资源”为自由职业者搭建专业文化平台

通过分析新的社会阶层人士的特点和需求，整合资源汇聚大平台，着重打造天津青年美展及天津青年体育嘉年华等活动扶持其产业链发展，影响覆盖各类人群数万人。其中天津青年美展通过“境象 · 十二家”京津冀三地青年艺术精品推荐展及论坛、青年艺术项目申报活动、青年艺术设计大赛等多个子项，引领艺术青年创新创意、传播优秀艺术文化，一千余名书画从业者参与活动。为推动天津青年文化艺术事业发展，提升文化自信和文化担当，2019 年举办庆祝新中国成立 70 周年“津彩丹青天津青年美术书法作品展。为美术从业者搭建展示平台，青年艺术家通过国画、油画、水彩、雕塑、书法等艺术形式创作的一百五十余幅作品，以艺术精品奉献人民，奉献伟大时代。

2018 年和 2019 年连续两年举办天津青年体育嘉年华，设立竞技体育、趣味体育、文化体育、科技体育等板块，通过野战比赛(真人 CS)、亲子趣味运动会、冬季滑雪比赛、跆拳道邀请赛、定向运动赛、校园培训、棋类比赛等项目使京津冀三地万余名体育从业者及爱好者共享体育文化盛会，展现青春魅力，释放激情活力。

5.搭建对话平台问询自由职业者需求

群众文化的发展离不开青年心声的呼唤，只有走进自由职业者人群中，倾听、了解、问需才能以更加优质的服务满足其不断发展的群众文化需求。

(1)提高民主观念，对涉及自由职业人员切身利益的问题积极开展民主协商。努力搭建平等的对话平台，引导青年群众参与问需献计；加强交流与沟通，促进理解和信任，不同行业群体未能充分表达的诉求通过对话平台公开透明地表达出来，最后达成合理合法，且为基层群众乐于接受的问题解决办法。

(2)形成系统化服务机制，加强监督与管理。对自由职业者的服务既有身份认同，更有价值认同、生活帮助、舆情认同，将从吸纳自由职业人员方式方法、制度建设、集中式培训和行业定制类活动等形式形成制度化、系统化的服务机制，同时加强分站基地管理监督和奖励机制，形成一整套完备的服务系统。

(作者单位：天津市青年发展促进中心)

"快闪热"中的"冷"思考
——兼谈群众文化活动同样需要高质量发展

赵华岚

为热烈庆祝新中国成立70周年,展示全国人民在党的领导下自力更生、艰苦奋斗所取得的辉煌成绩,讴歌中华民族从站起来、富起来走向强起来的历史奇迹,振奋和激励中华儿女万众一心,众志成城,在以习近平同志为核心的党中央领导下,决胜全面建成小康社会,夺取新时代中国特色社会主义伟大胜利。在举办国庆大阅兵、群众游行、联欢晚会和焰火表演的同时,全国城乡各地、各行各业都举办了丰富多彩的群众文化活动。这些活动极大地振奋了民族精神,抒发了爱国情怀,凝聚了前进力量。正如习近平总书记在听取国庆活动总结时指出的:庆祝活动是在第一个百年即将到来之际,全党全军全国各族人民万众一心,朝着全面建成小康社会目标奋进的一次伟力凝聚;是在实现中华民族伟大复兴中国梦的征程上,全体中华儿女对共同理想所作的一次豪迈宣示;是在当今世界正经历百年未有之大变局的形势下,中华人民共和国始终巍然屹立于世界东方,并且愈发蓬勃、愈发健强的一次盛大亮相。

作为河西区文化馆的一名工作人员,我有幸参加了"歌声穿越70年西岸欢歌"广场演出季,"歌唱祖国·赞美家乡"曲艺综合晚会,"普天同庆、西岸欢歌"综合文艺演出,"奋进70年全民赞祖国""歌声穿越70年文化惠民大舞台""难忘70年深情唱祖国"等14场以庆祝新中华人民共和国成立70周年为主题的文艺演出活动。活动中群众所表现出来的喜庆欢乐的心情、昂扬振奋的情绪、自信豪迈的精神,都深深地打动着我、感染着我,也激发了我通过文化活动增添节日欢乐氛围、共享祖国伟大荣光的力量。与此同时,活动中一些不尽如人意的地方,也应引发了我们的一点思考。

思考之一:“快闪”形式的被滥用和被用烂

最先由少数大学校园中发起的用“快闪”的形式来演唱爱国主义歌曲,用以抒发和寄托对祖国母亲的赤子情怀,收到了很好的社会效果。中央电视台播出这一新颖的演唱活动视频和消息后,“快闪”便立即风靡全国。一时间,从机关、校园、车间、商场到社区、工地、军营、病房……各地各级的宣传和文化部门纷纷效仿,千姿百态的快闪比比皆是。电视上各种各样的“快闪”轮番登场,手机中五花八门的“快闪”应接不暇。好像非“快闪”无以表达爱国之心,非“快闪”难以表现“保持一致”。于是,被滥用的“快闪”就引发了一些观众的吐槽和逆反。人们不是在吐槽《我和我的祖国》这首被“快闪”频繁使用的歌曲,而是觉得这首饱含深情的爱国主义歌曲被庸俗、被亵渎,“快闪”这种外来的艺术形式被滥用与过度消费。《我和我的祖国》这首歌曲的歌词真挚地表明了个人和祖国的关系。“我的祖国和我,像海和浪花一朵。浪是那海的赤子,海是那浪的依托。每当大海在微笑,我就是笑的漩涡。我分担着海的忧愁,分享海的欢乐。”正如习近平总书记视察南开大学时对莘莘学子真切寄语强调的:只有把小我融入大我,才会有海一样的胸怀,山一样的崇高。我们每个人只有和祖国在一起,为祖国的发展强大做出贡献才能实现自己的价值,成就出彩的人生。这首歌曲应该引发每个人的思考,那就是:我为祖国贡献了什么,要怎样才不辜负这个伟大的时代,要如何才无愧中华儿女这个响亮的名字。而在一些被滥用的“快闪”中,却没能传达出这首歌曲的本意。比如有些幼儿园孩子们把“快闪”当成一种经过排练的游戏;有些地方“快闪”视频的背景选取的是当地的旅游景点,成为用《我和我的祖国》配乐的旅游风光片;有些生产车间的“快闪”工人身着崭新的工装、画着舞台演出的妆容,成为集体的作秀;有些社区的居民“快闪”由于很多大妈不熟悉歌词,只是跟着音乐的韵律扭动,成了另一种广场舞和健身活动;有的传媒小公司的员工甚至把自拍的“快闪”当成了一种娱乐。更需要引起注意的是,“快闪”活动时,主办者会向观众发放一些小国旗以烘托气氛,壮大场面。而快闪之后,这些小国旗就不再是表达心情的道具,有很多家长把小国旗随手给了孩子,成了他们手中的玩具,玩够了就随手一丢,甚至被无心的行人踩在脚下。还有些参与“快闪”活动的年轻人脸上贴的国旗图案,“快闪”之后就被摘下来随意地贴在现场的座椅、墙壁和灯杆上,有些人甚至把小国旗随手丢到草地和树丛中,任由清洁工清扫垃圾时将这些小国旗和其他垃圾一起清理走,更让人觉得心中不快,感情上难以接受。

为了增加“快闪”视频的收视率和社会影响,很多“快闪”活动的组织者往往会邀请社会知名人士和著名艺术家参加“快闪”的演出。于是围观“快闪”的观众就把注意力自然集中在这些社会名流和著名艺术家身上。人们簇拥在这些知名人士周围,希望能够借助他们的画面登上视频,甚至拿出自拍神器合影留念,除了给著名艺术家提供了接近群众机会以外,一定程度上影响了“快闪”活动的社会效果。

为了引起更广泛的社会关注,很多“快闪”的组织者都把地点选在大型广场、公园、甚至是人流密集度较高的商业中心和机场、码头、车站。这些地点为表演者与围观者的交流互动提供了便利条件,打破了传统舞台和观众席之间的隔阂,拉近了人与人之间的距离。与此同时,也影响了正常的交通秩序和经营活动,既给交管部门增加了工作压力,也给购物和出行的群众增加了些许不便。

伴随着新中国成立70周年大型群众新文化活动的结束,“快闪”活动也日趋平静。但是,这其中出现的一些不尽如人意的地方仍然需要主办者加以注意和重视,以期在今后的类似活动中不断加以改进。

思考之二:群众文化活动同样需要高质量发展

党的十八大以来,以习近平同志为核心的党中央确定了“五大发展理念”,提出了要实现高质量发展的总体要求。我们在实现经济建设高质量发展的同时,也必须重视和加强群众文化活动的高质量发展。

五年前,习近平总书记在文艺座谈会上发表重要讲话强调:“改革开放以来,我国文艺创作迎来了新的春天,产生了大量脍炙人口的优秀作品。同时,也不能否认,在文艺创作方面,也存在着有数量缺质量、有‘高原’缺‘高峰’的现象,存在着抄袭模仿、千篇一律的问题,存在着机械化生产、快餐式消费的问题。”纵观我们庆祝新中国成立70周年的群众文化活动,这种现象不仅依然存在,而且表现得更加突出。

首先是庆祝活动在演唱曲目上的高度重合,基本上都是那十几首歌曲,很少听到原创的作品。其次是表演形式上的完全雷同,几乎都是大型歌舞表演的开场和结束,舞台上下的群众合唱、歌曲联唱、歌舞表演等等,连器乐演奏都难得一见,形成了一个固定的模式。再次是有些单位的演出活动,为了反映本单位的工作成绩创作了一些有本单位色彩的朗诵节目,但是这些朗诵作品却缺乏诗意,几乎成了工作报告的缩写本和政治口号的大集成,很难引起观众的心理共鸣。很多单位甚至连节目单的印制都不约而同的是统一的色调、版面和格式。于是一支合唱队排练了几首歌曲就可以在不同的单位和地点进行多次演出。有些单位的演出活动为了保证效果采用了先期录音的方法，这样一来，合唱队员只需穿上演出服，跟着音响播出的效果进行配合表演就是了。唯一能够体现观赏性的只剩了大屏幕视频画面的五彩缤纷和眼花缭乱。这种低水平的重复尽管满足了主办单位举办活动、完成任务的需要，对于观众而言就毫无新意，实际上是一种文化资源的浪费和人力物力的消耗。

党的十八大以来，以习近平同志为核心的党中央高度重视文化建设，习近平总书记不仅在文艺工作座谈会和全国文代会上发表了重要讲话，而且在庆祝中国共产党成立 95 周年大会上明确提出：中国共产党人就要坚持“四个自信”，即“中国特色社会主义道路自信、理论自信、制度自信、文化自信”。他还强调指出：“文化自信，是更基础、更广泛、更深厚的自信。”文化自信不但阐释了中国特色社会主义的文化根基、文化本质和文化理念，也标志着我们党对中国特色社会主义有了更加明确而开阔的文化建构，更为全体文化工作者指明了前进的方向，提出了更高的要求。当前，在经济建设方面，党中央提出了供给侧改革的总思路和大战略，在文化建设中同样存在这一问题。作为公共文化的供需双方来说，我们群文工作者正处在公共文化的供给侧。我们实施文化惠民工程，建设公共文化服务体系，丰富群众文化活动，就是要尽可能地满足广大人民群众日益增长的精神文化需求，也正是公共文化供给侧改革的实际行动。因此，推动公共文化的高质量发展，避免群众文化活动的低水平重复，就成为每个群文工作者不能回避的现实问题。

工作实践让我逐步认识到，要实现公共文化的高质量发展，必须注意解决以下几个问题：

一是活动主题要立意高远，活动策划要高端明确。我们在 2019 年的消夏文化活动中虽然也标明了庆祝新中国成立 70 周年的主题，但是在实际活动中却更多地照顾了群众的自娱自乐，没能坚持时代主题的要求，尤其是深入社区的一些活动中甚至出现了偏离主题的倾向。因此在活动的组织中就特别要坚持鲜明准确的时代主题和政治方向。不仅可以对基层单位现有的节目进行必要的充实调整和修改提高，也应该围绕主题进行必要的艺术创作，使之既具有群众基础又符合时代主题。

二是表演形式要高档多样，活动内容要高雅丰富。人民群众对文化的需求是与时俱进的，因此我们在举办活动时必须跟上时代的脚步，不断地有所创新，有所突破。随着人民物质生活的改善，群众的文艺欣赏水平和艺术修养也在不断提高。

而有些文艺小分队在下基层演出中却是一个节目单演到底,表演形式不够丰富,自然无法满足百姓的需求,难以达到群众的满意。因此要尽可能地增加演出的艺术形式和艺术品种,既让观众喜闻乐见,又能起到引领和推进的作用。

三是活动品位要向善健康,审美取向要纯洁高尚。我们的文化活动不但满足着百姓的精神生活需求,也引领着社会的审美追求,更体现着党对文艺工作的主张和要求,肩负着重要的社会责任。活动的品位一定要健康向上,体现新时代的审美取向。因此在活动中就要注意克服单纯追求娱乐效果,或者是只顾名人效应,产生低俗、消极的负面影响。要结合中国特色社会主义新时代的新特点对中华传统文化进行创造性转化和创新性发展。

综上所述,群众文化的高质量发展是我们每个群文工作者必须解决的时代课题。对此,我们不但还有很大的提升空间,而且任重道远。认真地总结、思考和分析国庆系列活动的有益经验和存在的问题,我们才能真正地补短板、强弱项,使群文工作不断进步,真正承担起“举旗帜、聚民心、育新人、兴文化、展形象”的历史使命,在推进社会主义文化大繁荣大发展的舞台上发挥我们应有的作用,真正用中华文化的繁荣昌盛促进实现中华民族的伟大复兴。

(作者单位:天津市河西区文化馆)

开展文化助残活动,发挥文化阵地作用

赵华岚

国家发改委、中宣部、文化和旅游部等18个部门联合印发了《加大力度推动社会领域公共服务补短板强弱项提质量,促进形成强大国内市场的行动方案》。《行动方案》不仅要求推动公共文化服务的均等化,更提出到2020年现代公共文化服务体系基本建成的目标。习近平总书记强调指出:全面建成小康,一个残疾人也不能少。因此,发挥文化阵地作用,开展文化助残活动,满足残疾人群体精神文化需求,让他们共享改革开放的巨大成果,不仅是全面建成小康社会的应有之意,也是公共文化服务均等化的内在要求。

河西区文化馆作为公共文化服务的主要阵地,如何在向大众免费开放的同时,更好地为残障人士提供文化服务,成为全体群文人必须面对和解决好的问题。

一、助力“小海豚”,唱响新生活,增强自信心,圆梦大舞台

小海豚听障儿童合唱团是我馆进行文化助残的一个重点团队。这是由29名佩戴人工耳蜗的极重度听力障碍儿童组成的合唱团。这些听障儿童通过人工耳蜗聆听声音,感知世界,通过志愿者的爱心扶助、执着努力,由自卑、胆怯、闭塞、羞涩到敞开心扉、放声歌唱,不仅融入了正常的社会生活,而且走上了中央电视台的演播厅,登上了全国残运会的大舞台,在国际性合唱比赛的赛场上圆了为国增光的梦想。

“天津小海豚听障儿童合唱团”成立于2014年11月8日,是全球第一支全部由听障儿童组成的合唱团。发起人肖玲是天津市残联的一位聋儿语言训练师,同时,也是一位听障儿童的母亲。参与合唱团排练及辅导的老师均为爱心人士及志愿者。成立之初,由8名团员,4名志愿者老师组成。每个团员都需要佩戴人工耳

蜗才能听到周边的声音,刚组团的时候,别说唱歌、演戏,连说话都很困难,见到陌生人也很害羞,不敢发声,更没有音节的概念。在志愿者的帮助下,孩子们从一个字、一个词、一句话开始,反复练习,不断进步,终于可以演唱歌曲。巨大的进步和变化增强了孩子们的自信心,合唱活动中所需要的整齐协调和相互配合,也使孩子们增长了团结、互助、耐心、执着、友爱、顽强等非智力因素,为他们的健康成长、全面发展,自强自立、融入社会提供了精神支撑,奠定了情商基础。

“小海豚”建团初期,由于没有固定的活动场地,志愿者们只能带着孩子们“打游击”。随着合唱团逐步发展,团员和志愿者们越来越多,排练场地成了制约团队发展的巨大难题。2015年末,作为关爱特殊人群文化权益的一个公益项目,得知合唱团困境的河西区文化馆主动为“小海豚”提供长期的场地及文化资源的支持,启动了“天津小海豚听障儿童合唱团”志愿服务。活动阵地的解决既方便了活动的开展,也扩大了活动的影响,更促进了越来越多的志愿者加入进来,作曲家、媒体人、白领、学生热情加入,志愿者从最初的4人发展到46人,这其中既有西青区文化馆副馆长唐小娟、天津交响乐团中提琴演奏家杨小双、国家一级作曲家张如昕等专业人员,也有社会各界的企业家和爱心人士,志愿者们无私奉献,各尽所能,为孩子们成长提供了巨大的帮助。天津市妇联于2017年在市妇女儿童发展基金会专门设立了“小海豚听障儿童合唱团专项基金”,面向社会各界,招募爱心单位和个人,为“小海豚”争取了更多的关注和支持。小海豚艺术团还与小金马艺术团牵手,传播“小海豚”的小伙伴们勇于战胜听障困难,认真学习音乐的精神,并举办了联谊会,相互学习,共同进步。著名歌唱家汪峰曾经带着他资助的听障儿童来到小海豚听障儿童合唱团的活动现场,观看他们的演出,参与他们的排练,请教如何帮助听障儿童自如地歌唱。

五年来,小海豚艺术团的足迹不仅活跃在海河两岸,也走出津门,走向全国,甚至登上了国际舞台。小海豚艺术团演唱的曲目也不只是停留在简单的儿童歌曲,而是扩大到艺术歌曲、戏曲、曲艺、舞台剧和原创歌曲等更广阔的艺术领域。2015年,他们参加了中国北京亚太地区耳蜗大会表演等公益演出;参加了中央电视台《梦想星搭档》的专题录制。2016年,他们参加了在俄罗斯索契举行的第九届世界合唱比赛,由本市作曲家、小海豚合唱团艺术总监张如昕创作的带有表演形式的民谣合唱曲目《小鲤鱼跳龙门》,获得了该组别的银奖,并得到了组委会颁发的“和平友谊特别奖”,并赴德国参加了第十届约翰·勃拉姆斯国际合唱比赛。2018年,他们参加了2018香港“一带一路”世界合唱节,2019年他们又参加了全国第十届残运会暨第七届特奥会开幕式。28 位"小海豚"和志愿者一起演唱了《天之大》和原创歌曲《我行！你也行!》,赢得了全场观众热烈的掌声和广泛的社会好评。

前不久,在河西区文化中心剧场举行了小海豚听障儿童合唱团成立五周年音乐会,孩子们演唱了《自由卡农》《小小歌唱家》《露露》《我行！你也行!》《为你喝彩》等音乐作品,原创舞台剧《哪吒闹海》,更是赢得了最热烈的掌声。孩子们的自强不息、家长们的呕心沥血、志愿者们的倾情奉献,共同唱响了一曲爱的赞歌,使小海豚艺术团不断地发展壮大。

五年来,通过为小海豚艺术团提供活动阵地,助力听障儿童的茁壮成长,也使我进一步认识到公共文化服务阵地为残疾人群体提供文化服务的重要作用。正如习近平总书记指出的:残疾人是社会大家庭的平等成员,也是人类文明发展的一支重要力量。而在为残疾人提供文化服务的过程中我也强烈地感觉到他们自强不息,身残志坚,敢于向命运挑战的顽强精神。这种精神不仅是中华传统美德的重要组成部分,也是我们的民族精神、时代精神和社会主义核心价值观的重要内容。我相信有了小海豚艺术团的学习生活和成长经历,这些听障儿童一定可以在更广阔的生活海洋中,搏击风浪、畅游驰骋。

二、盲人合唱团,放歌新时代,角逐群星奖,歌声传真情

为了扩大文化助残的社会覆盖,给更多的残障群体提供文化服务和活动阵地。我馆在为小海豚艺术团提供活动阵地的基础上,于 2018 年组建了盲人合唱团。盲人合唱团由 14 位视障人员组成,其中有天津首位青年盲人歌唱家、中国残障人士中民族声乐专业大学本科生第一人刘宝萍,也有曾经接受过习近平总书记接见的盲人企业家蔡诚。这些盲人朋友虽然看不到五彩缤纷的世界,却同样拥有热爱生活,希望通过歌曲演唱的艺术形式抒发感情,赞颂新时代的强烈愿望。习近平总书记指出:人民对美好生活的向往是我们的奋斗目标。同样,满足残疾人士对精神文化生活的需求,就是我们文化馆人义不容辞的责任。

盲人合唱团的视障人士和小海豚听障儿童艺术团的孩子们正好相反。他们具有独特的听觉能力,却无法通过正常的视觉系统感受到世界的五彩缤纷,因此,他们所面临的生活困境和所承受的心理压力远远超过健全人。健全人在学习音乐和演唱时都需要付出艰苦的努力,而对于视障者来说,更是难上加难。他们看不见歌词,无法识谱,只能通过老师的演唱,一遍遍地加深听觉记忆,一句句地学会演唱旋律。合唱团中的多数人没有接受过正规的音乐学习。但是,他们同样渴望通过演唱歌曲放飞满腔的豪情,渴望通过奋斗实现幸福的憧憬,更渴望通过自己的努力打造出彩的人生。为了帮助他们实现梦想,我馆不仅为他们提供了活动阵地和音响设施,还为他们专门聘请了天津歌舞剧院一级演员、著名歌唱家吕宝荣给他们进行专业辅导。尽管他们看不到吕宝荣老师的指挥动作和表情,但是他们可以听到吕宝荣老师声情并茂的示范演唱和节奏鲜明的击掌节奏。合唱队员们凭借着顽强的毅力,反复听、重复练,在专业老师的辅导下,终于以一曲原创作品混声小合唱《祖国·亲娘》,通过了全市群星奖的选拔比赛,参加了全国第十八届群星奖声乐类比赛,在全国群众文化的大舞台上充分展示了我市残障儿女对祖国母亲的赤子之情,彰显了身残志坚、昂扬向上的精神状态和努力为实现中国梦奉献力量的雄心壮志。

《祖国·亲娘》是一首具有天津特色的原创歌曲,它以京韵大鼓为素材,与钢琴合奏、曲艺说唱相融合的作品,伴有天津方言和美声花腔的唱法,难度非常大,而且在演出中,还要有位置变化和简单的肢体表演,这种巨大的挑战对视障者而言,是前所未有的。为了帮助盲人合唱团演唱好这首难度很大的歌曲,文化馆除了为他们提供场地进行排练之外,我们还专门带领盲人合唱团的全体队员来到了天安门广场,向他们讲解国旗升旗仪式的盛况,让他们亲身感受升国旗的场景。当国歌响起时,他们用心感受到祖国的繁荣昌盛,工作人员全方位照顾他们的起居生活,也使视障者们感受到社会对残疾人的关爱与帮助。在作品排练中,专业老师从简单的发声运用、动作表演、舞台行走,到演唱状态、歌唱支点、气息使用等歌唱技巧,在无数次摸索中学习,一次次鼓励,一次次耐心地辅导,他们在心里打着节拍,数着步数,参加了全国决赛,取得了全国第十八届"群星奖"天津地区音乐类比赛的金奖,成功地登上了全国复赛的舞台。每个合唱团员溢于言表的喜悦不仅表达了他们的获得感、幸福感和荣誉感,也折射出我们的成就感、价值感和光荣感。俗话说,台上一分钟,台下十年功。盲人合唱团的成功演唱,凝聚了全体合唱团员的心血和汗水,饱含着他们超出常人的付出和艰辛。与此同时,他们身上体现的敢于挑战自我,不向命运低头的顽强精神,也给我做好文化助残工作增添了强大的精神动力。

习近平总书记指出:改革开放以来,在党和国家关心重视下,在社会各界支持帮助下,我国广大残疾人和残疾人工作者,高举中国特色社会主义伟大旗帜,积极投身改革开放伟大事业,坚持弘扬人道主义精神,推动我国残疾人事业上了一个大台阶、开创了一个蓬蓬勃勃的局面。现实社会生活中不可能没有残障人士。作为社会的弱势群体,他们不只是我们帮扶的对象,同时也通过自身的努力为我们树立了自强不息的榜样。他们自强不息的精神,正是民族精神和时代精神的具体体现。

我们虽然不是专业的残疾人工作者，却同样肩负着为残疾人事业发展提供文化服务的光荣使命。

随着时代的发展，文化生活的内容和形式日益丰富多彩，人们对文化生活的需求越来越高，残疾人由于其特殊性对精神文化生活的需求则更加迫切、更加强烈。这就需要我们在提供公共文化服务的过程中，不断探索新形式、开辟新途径。在文化助残活动中，我们没有满足于开办盲人影院，让盲人去听电影，提供机会让盲人去享受文化服务，而是成立盲人合唱团，让他们登上舞台，成为文化艺术活动的主人、主体、主角。我们没有止步于帮助听障者戴着人工耳蜗，停留在听别人唱歌，看别人表演，而是通过提供文化阵地，让听障儿童登上属于自己的舞台，唱出自己的心声。文化助残活动使我进一步认识到，让残障人士通过他们残缺不全的肢体展示了自己健全的生命和心灵。可以说，文化助残改变了残疾人的生活，创造了残疾人事业发展的奇迹。俗话说：予人玫瑰，手有余香。文化助残也是同样，在为残疾人提供文化服务的同时，我们也分享了精神的愉悦，得到了心灵的洗礼，收获了感情的升华。通过提供文化服务阵地开展文化助残活动，不仅使文化场所发挥了自身的价值，也满足了残疾群体的文化需求，更为文化活动本身增加了内涵，确实收到了一种互补、共享、协作、共赢的社会效果。

综上所述，发挥文化阵地作用，开展文化助残活动是文化馆对社会免费开放和提供公共文化服务的重要内容，更是我们文化馆人通过自身的努力推进社会主义文化大发展、大繁荣的时代责任。五年前，习近平总书记在文艺座谈会上的重要讲话指出："实现中华民族伟大复兴需要中华文化繁荣兴盛。"而中华文化的繁荣兴盛自然包括为残疾人服务的各种文化活动。因此可以说，在实现中华民族伟大复兴中国梦的历史征程中，文化助残不仅必不可少，而且大有可为。我将在这一新的文化服务岗位上努力工作、不断探索，为推进社会主义文化的发展繁荣贡献自己的力量。

（作者单位：天津市河西区文化馆）

网上群众文化也应该“科学发展、和谐发展”

刘允平

文化馆在地方文化的建设中占据着重要地位,发挥着重要作用。

文化馆大多设在市区、县城的中心位置,经常举行各式文化活动,对提高群众的思想文化水平、培养良好的文化氛围、提高公众文化素质具有一定的意义。如今,借助计算机技术、信息技术、新型传媒技术为一体的数字传媒技术对于文化馆的发展大有助益,一方面计算机的数据存储功能与数据库的建设可以为文化馆保存文化资源提供方便,另一方面,多媒体技术的发展可以为文化馆的文化宣传、传播和开展文化活动、文艺培训提供新型方式。近些年来,各地群艺、文化馆都建立了网站,网上群众文化已经成为我们开展文化服务的又一个重要形式,但按笔者观察,我们的网上群文的许多活动反响不大,收效不尽如人意。

一、数字媒体在文化馆中应用的重要性

当今大数据时代的发展为文化馆的建设提供了良好的契机,数字文化馆的建设也成为文化馆建设中的重要步骤。借助网络信息技术,打造网络信息平台,实现文化馆的数字化,有利于满足公众的文化需求,提供各式文化产品与服务方式。例如,文化馆微信公众号、微博等数字媒体终端的建设有利于公众及时了解文化馆的文化信息、新型服务功能等,满足人们日益增长的文化需求。数字文化馆的建设也使得乡村居民即使交通不便也可以在网络平台上进行文化学习,极大方便了村民的文化生活,这对统筹城乡规划,实现城乡一体发展有极大助益。数字文化馆不同于实体文化馆,它不需要举办现场活动、展览或者亲自参与,民众可以自由徜徉在自己钟情的项目上学习知识。而大众在学习文化的同时,也可以分享网络时代的实惠,分享学习经验。

目前，文化馆进行数字化建设的力度不可谓不大，而数字文化馆的出现与发展使得文化传播突破了时间与空间的限制，文化宣传的力度越来越高，使得先进文化得以迅速传播。事实上，文化馆的数字化建设也是对馆内资源重新组合和统筹的过程，可以根据大众信息将知识整合为喜闻乐见且有利于培养良好的文化氛围的文化，并将先进文化通过网络传播给大众，实现资源共享。例如微信、微博、QQ等形式建立与公众交流的平台，与大众进行互动，在平台上发布消息，观众可以不拘时间、地点地关注文化馆的最新信息，及时反馈信息，既方便又有助于良好的互动。

二、当前有些数字文化馆的活动事与愿违

1.目前有些网上群文活动反响不够好

在网上举办活动，不用经费，审批环节少，举手之劳就容易开展，而且网上活动流传得快流传得广，又常常是一个人或少数人负责管理，所以目前网上群文活动很多，以致过滥。在目前各行各业都通过网上发布消息、举办活动的形势下，我们的网上群文活动不像“拼多多”等那样有辅助经济活动，也不像有些青年网上活动那样“撒得开”，更不像有些“骗子”公司搞活动，冠一个所谓“国家级”声乐展演的帽子，骗取声乐爱好者掏钱参加。所以我们中规中矩的活动很少吸引眼球，很多活动响应者并不很多。这说明我们开展网上活动设想得不够细，质量还不够好，办法还不算多。

2.线下线上活动结合得不够充分

在积极建立网上文化馆的同时，我们的许多线下活动依然积极开展着，许多活动线下活动也与线上能够结合，但目前看，许多活动线下与线上结合得不够好，不够充分，很多线下的群文活动只是在开始阶段在网上发个消息，或辅助报名，在活动结束时上线发一个演出视频，网上的配合也只是像一个传统媒介的新闻报道那样在一前一后才会出现。以致出现点击率不高，关注度不够。

3.有些线上文化活动在策划、创意、跟踪、完善上还有欠缺

我们的很多网上文化活动，如摄影大赛、诗歌大赛、文化大讲堂、“非遗”专栏、艺术培训等也出现了一些问题，如聘请的老师专业水平有限，不够权威，说服能力差，有些比赛靠网上投票决出名次，而网上投票又是早已被证明不公正不公平的，很多活动参与者动员亲戚朋友、动员好友群的人参与投票，而这些投票的人根本不看你的作品和别人的作品。这样的活动搞一两次还有响应，再搞下去就拥趸越来越少了。我们的很多文化馆的、部室的“公众号”其实就是一个活动报道，很少有其

他内容,而且设计得也不好,创意也不新颖,即使经常发布,也被淹没在浩如烟海的网上信息中了。

三、网上群文活动也应该"科学发展和谐发展"

多年来我们各个文化馆开展的网上活动虽然都在进步,也都取得了一些效果,但我们不能不看见目前的不足,不足的地方还有很多。为此,我们的网上群文活动也应该"科学发展和谐发展"。全市群文是一家,我们的有些活动,如"文化大讲堂"就可以成为全市性的行为,不一定每个区级文化馆都要办,都经常办。我们可以在全市范围内进行分工,由一家网上文化馆办,这个"大讲堂"讲什么,请什么人讲,讲多少次,教案和讲义需不需要内部征求意见?这些都需要周密策划,以致减少没有权威性的老师上来就讲,或信口开河。其他的活动也可以全市统筹,不要各自为战。

我们的线上活动如果要配合线下活动,一定不能只是单纯的一前一后的报道,一定要全程跟踪,时时发布活动进展消息、活动花絮、人物采访,对一些参与团队进行报道,只有这样,我们的文化活动才会产生影响。

文化馆对于馆内文化资源的数字整合除却文字资源外,还可以包括许多非物质文化遗产项目。这些非物质文化遗产的推介还包括民间手工艺传承、当地民俗风情、民间文化成果等。这些非物质文化遗产的整合在数字平台上的展示有利于加大保护力度。具体而言,可以体现在非物质遗产普查、保护、传承、研究、展览、传承人口述历史等各个方面,尤其是每年主办网上"非物质遗产日"活动,将展品进行展览,交流展示。我们可以建立网上展示厅,将非物质文化遗产成果展示给大众,让民众对待非物质文化遗产得以理解、热爱,加强了非物质遗产的保护。

在这一过程中,我们可以使用大数据、云平台、云计算等技术,在技术的支撑下,构成新的媒体空间,真正实现文化事业的现代化,突出文化馆的主导地位,实现文化馆文化共享,惠及全民的目标,打造公共文化服务的良好平台。

结合科学技术与文化传播方式,创新文化馆文化宣传与传播模式,数字媒体艺术突破了传统的观念与方式,在展示设计上有着自己独特的呈现方式,具体表现在数字技术可以使静态图片立体化,真实还原物品的各个角度,这对于文化馆而言非常有帮助,因为在文化馆中有许多藏品属于保护行列,无法在文化馆中展出供大众全方位观赏,也有些民间技艺无法以实物的方式展出,而这些都可以通过数字技术进行还原,使得人们能够了解更多知识,而数字技术因为调动了人们大部分感官,也使得人们能够有一种身临其境般的感觉，获得更好的体验。除此之外，数字媒体艺术中还有一种叫虚拟现实技术，可以让人们对于藏品的感受更为直观，因为虚拟现实技术可以让大众与物品之间产生一种互动，得到一种感官上的体验，尤其是触觉。对于文化馆珍惜物品的展览往往需要耗费大量的人力、物力，甚至还需要动用安保措施，而通过数字媒体技术虚拟藏品与情景则可以让大众直接在网络平台上进行观赏，无须耗费时间精力到实地，文化馆也可节省成本与资源。

文化馆利用互联网平台可以与用户进行有效的互动，了解用户需求，这当然也为用户提供了一个反馈平台，用户如有不满可以投诉、吐槽、反映，有任何建议也可在平台中反映。文化馆在吸收群众的建议和意见后可以及时改正，改正后再通过此平台反馈改正进度，建设有效的沟通平台，减少摩擦，提高服务质量。

四、关于2020年网上文化馆开展活动的设想

2021年是中国共产党的百年诞辰，这两个庆典都是我们国家和每个人的大事要事。而处在两个“大庆之年”的2020年怎么搞活动，当然会有上级的统一部署，在完成上级统一部署的前提下，笔者也对2020年的线上线下群文活动有些设想。

2020年是农历庚子年，落后就会挨打，120年前的庚子年、辛丑年是我们民族惨痛的记忆，我们不能忘记这些。没有对比就没有珍惜，为了在庆祝建党百年的欢庆中让人们更知道中国共产党的丰功伟绩，我们应该在纪念“庚子国变”中做文章，让“国难”“国耻”铭记人们心中，并用各种文化活动和线上群文告诉人们，落后挨打的日子一去不复返了，我们祖国的繁荣发展令炎黄子孙扬眉吐气。新中国成立70年来，中华儿女迎来了一个又一个胜利，祖国发生了翻天覆地的变化，一个真正的巨人屹立在世界的东方。纪念“庚子国变”可以开展各种线下活动，但线上活动更有优势也更有气势。我们可以通过网上文化馆、公众号搞歌曲征集、诗歌活动、征文活动、小学生作文活动，我们可以通过“文化大讲堂”讲述120年前中国屈辱挨打的故事，大众在网络信息平台中进行历史学习，不但方便人们获取文化信息，也可以让文化馆线上线下的消息及时通知大众，使得民族正气得以宣传，得到大众的支持与参与。这对即将到来的建党百年的庆典，是一个对比，一个烘托，一个反弹。

无论是“庚子国变”还是“辛丑条约”，120年前的天津都是重灾区，结合“庚子国变”的宣传，我们可以通过网络对历史藏品、藏书以及历史的天津进行数字化征集和处理，而数字化处理工作使得珍贵的历史藏品不需“上门”也可在网络公共平台上公开。而在数字化处理过程中，专家对于藏品、藏书也有一定的整理与统筹。

在网络平台上进行检索与查阅文化,不仅方便了大众的文化学习,更重要的是可以使大众不断温故知新,便于大众吸收与消化知识。

每个区都有文化馆,区级文化馆最主要的工作就是守土尽责,服务好本地区的文化事业,我们开展网上文化馆应该首先立足于本区,不要好高骛远。网上文化馆的建立虽然为我们更好地开展公共文化服务和各种文化活动、文艺培训提供了更宽广的平台,但我们应该发挥好利用好网上文化馆,不应过多过滥,不应脑子一热就匆匆开辟一项活动,应该注意网上群文活动也应科学发展、和谐发展。在“头条”“西瓜视频”“拼多多”争夺了众多网民的形势下,我们应该学习他们的长处,凡是网上活动一经推出,一定有质量、有分量、有水平、有特色。

(作者单位:天津市河东区文化馆)

文化馆应当注重艺术普及的均衡、全面发展

魏力鹏

进入新时代以来，各行各业都面临着新的形势和新的任务，对于群众文化工作来说，同样要转变观念，不断跟上党中央制定的方针政策，完成相关的工作任务。文化馆的工作人员一定要认清自己的任务，做到无愧于面临的时代，无愧于公共文化的职责，在全面奔小康的路上，交出自己令人满意的答卷。

文化馆的任务有很多，其中向人民群众进行广泛的辅导，达到艺术的普及十分重要。应当在条件许可的情况下，将“艺术普及”向社会各个阶层延伸，向社会的不同层面深入，让更多的老百姓领略艺术的真谛，通过我们的日常工作，使接受辅导和培训的居民群众获得娱乐的享受和享受娱乐的能力，并在此基础上从能够“自娱”进而成长为能够“娱人”，需要群众文化工作者付出辛勤的努力和心血与汗水。

一、进行“艺术普及”是解决社会“主要矛盾”的重要举措

在群众文化工作当中，我们应当根据中央对于当前形势的判断和政策引导，来决定工作的重点和主攻的方向。从哲学的角度来说，主要矛盾是牛鼻子，只有牵住牛鼻子，解决好社会的主要矛盾，才能为解决非主要矛盾打下良好基础，让人民群众的生活不断得到改善。在当前，各项工作都应当服从于解决“充分与均衡问题”。从经济生活到文化生活动应当予以充分的考虑。让党的惠民政策落到实处。

人民群众的生活面临“不平衡不充分的发展”，这种“主要矛盾”的提法具有战略性，要得到“均衡和充分发展”是很长时期内各项工作的首要任务，这是我们公共文化服务方面当前的基本任务。

艺术普及的“均衡”问题。

每一个人都有受教育的权利，这是一个社会是否发达和是否具有生机与活力

的基础。原则上来说,只要愿意,任何人都应当具有条件去学习某一种艺术或者每一门知识。然而由于家庭原因、经济条件等的制约,有些人不能实现自己的追求。这就造成在当今的社会大环境中,不同程度的“文化的贫富差距”。均衡、全面的“艺术普及”,就是要消灭这种“差距”。

“全民艺术普及”的任务之所以艰巨,就在于我们的“文化扶贫”还远没有完成。“充分与均衡问题”不光反映在社会生活的各个方面,更反映在不同的阶层和人群,其中弱势群体是更应当关注的。这些人由于他们的生理因素和心理因素造成了社会地位、经济地位的相对弱势,随之而产生的则是他们对于精神文化的需求,也存在着“如何让他们得到均衡与充分的服务”这一问题。我们必须关怀文化弱势群体,比如说残疾人、孤儿、留守家庭的子女和老人。甚至在外打工的农民工、离异家庭失足少年、敬老院里的孤寡老人等。举办各种群众文化活动,特别是“艺术普及”工作必须向他们予以照顾和政策倾斜。

文化馆解决“均衡与全面问题”,应当把文化馆的艺术资源,适当地向弱势群体进行倾斜,逐步把短板补齐,否则就会进一步加剧人民群众之间的艺术贫富差距,从而失去了“群众文化”的那份初心和意义。

二、“艺术普及”必须进行“全面”的文化服务

“艺术普及”的均衡性体现在,所有的国民不管贫富差距和地域差别,都能受到艺术的惠及,要通过培训具备对艺术的鉴赏能力,要了解艺术精品精在何处、妙在何方,有可能的情况下,还要成为艺术的创造者,在尽量多参加艺术活动的过程中,努力进而提升民族的文化素质和艺术素质。

艺术普及的“全面”问题。

作为一名音乐干部,我从事的是“作曲专业”。对于“作曲”,很多人会感到十分神秘,甚至有人认为,文化馆不适于开展这方面的“艺术普及”。我却不这么认为。我认为,“艺术普及”不仅要均衡,要面向“全民”,而且要承载“全面”的任务。不能认为,群众文化就总是扭大秧歌、跳广场舞、画农民画、说“三句半”、写顺口溜,他们也有权利涉足文化的各个领域。在完成“艺术普及”历史任务方面,应当把“普及”的面覆盖得尽量广。

文化馆的基本职能本身就是普及群众文化、研究文艺创作、组织公益培训,那么,培养群众的作曲技能,也应该是“全民艺术普及”的一项重要任务。

很多群众反映希望自己也能写歌,也能唱自己的音乐作品,但是又苦于自己自

身能力有限，不敢尝试。那么我们群众文化工作者就要根据群众的需要，做出相应的群众文化工作。我们可以挖掘群众自身的潜力，让他们知道自己是可以创作出音乐作品的。“作曲”是一门技术，是可以通过后期学习掌握的。只要勤于学习音乐方面的知识，一定能有所成就。实践证明，只要我们会说话、会唱歌，能表达自己的想法，有一颗创作的心，掌握很少的技能和知识就一定能写歌，掌握作曲的方法。通过群众文化公益的写作课学习一些知识，利用好现代化的先进科学技术来弥补音乐基础不足的缺陷。相信我们一定能够繁荣群众文化的音乐创作。

三、“艺术普及”向全面均衡发展必须方式多元化

文化馆在“艺术普及”过程中不能单纯、孤立地去做工作，必须注重方式的多元化。

1.注重发挥专业人士的作用

还是从哲学的观点来看，在艺术普及过程中，专业人士无疑是解决主要矛盾的“主要方面”。没有专业人士，所谓的艺术普及就是一句空话。要抓住这一矛盾的主要方面，充分发挥他们的优势。专业人士德高望重，许多专家学者教授都很乐于参加社会活动，在必要的时候请出这些人来，可以提高辅导的层次性和号召性。有利于打造文化馆艺术辅导的品牌效应。当然，不见得每一次辅导活动都要请这些名家。一些专业人士可能没有很大的名声，但是他们在群众文化的辅导方面却比名家们经验丰富，这些人是我们的主要辅导力量，应当成为群众文化辅导的主力军。

2.文化馆的专业干部要站在第一线

向社会聘请专业人士进行艺术辅导，无疑是正确的，但对于文化馆来说，具有专业基础的文化馆干部也应站在这项工作的第一线。虽然文化馆的干部也是基层工作人员，但是与群众接触较多，更是他们的优势。做群众工作实际也是一门艺术，因此，这支队伍也是艺术普及工作的主力军。当然，文化馆的干部还应当注重工作方法问题。要在工作实践中不断打磨自己，学会群众文化领域进行艺术辅导的一般规律，以此来指导自己的工作。我在实际工作中深深体会到，仅仅有专业院校学来的那些专业知识，完成均衡、充分、全面的艺术普及远远不够。这里面当然有一个政治素质问题，要解决为什么人服务的问题，要有爱心、耐心和恒心，这是必需的。除此之外，“艺术普及”的方法很重要。要通过我们的辅导让受教育者学会怎样掌握某一门艺术的有效方法。简言之，是让学员“学会”怎样“学会”，即把教学

的目的放在教会的“方法”上。

3.发挥文化志愿者的作用

同时还要在艺术普及的过程中注重发动群众,充分发挥好社区艺术爱好者和文化志愿者的作用。比如,培养一些艺术普及的小助手,让他们在各个社区的舞台上展示自己的艺术才能,从而带动社区群众参加艺术培训,提高水平和能力。

4.联合其他一些社会力量

包括比如与学校的联合、与剧院的联合、与大学联合、与所在地区弱势群体较多的单位比如敬老院、孤儿院、残疾人康复中心、外来务工人员工作单位、外来务工人员子弟学校等联合,达到扩大和普及全民艺术的目的。

5.进行线上普及

现在已经是网络时代,利用先进的科学技术进行艺术普及是必经之路、必由之路。通过网络教学的方法非常方便,并且不受到地域的限制和约束,还可以达到受众面广的目的。在实际运作当中,网络教学的最大优势是节约资源,只有这样,才能做好“艺术普及”的带头人,让更多的老百姓享受艺术。

(作者单位:天津市南开区文化馆)

浅谈科普活动对群众文化的作用

陈意明

当今时代，科学技术已成为推动国家发展和社会进步的重要引擎之一。我们对“有文化”的理解已不再只是停留在是否识字，而是拓展到能否掌握基本的科学知识、能否摒弃封建迷信、能否科学健康地生活。新时代背景下，“科学”拓宽了“文化”的定义，而群众科学素养也成为群众文化素养的重要组成部分。为此，天津开始大力推进全域科普，倡导各组织广泛开展科普活动，务必将科学普及下沉到基层，最终实现科普服务全覆盖。习近平总书记指出，科技创新、科学普及是实现创新发展的两翼，要把科学普及放在与科技创新同等重要的位置。在全民科普的大环境下，我们要充分认识到科普活动对群众文化发展的重要作用，借助群众文化阵地广泛组织开展多种形式和不同内容的科普活动，让科普活动的效能进一步推进群众文化不断向前发展。

一、科普活动与群众文化之间的关系

科普活动的目的是普及科学知识、弘扬科学精神；发展群众文化的最终目的是丰富群众的精神生活、传播先进知识文化、促进社会精神文明创建工作的顺利推进。从这一点来看，两者的核心目的趋同，两者之间关系密切，相辅相成。群众文化蓬勃发展的大环境可以为科学普及提供丰厚的土壤、广阔的天地，利于营造全民学科学、爱科学的良好科普氛围，有助于科普活动的广泛开展。同时，科普活动是群众文化活动中不可或缺的重要组成部分，丰富了群众文化内容，为群众文化注入新鲜元素、提供崭新动能，有助于推动群众文化持续向好发展。

二、科普活动对群众文化的作用

群众文化要想保持其内容的先进性,就需要顺应时代发展,与社会进步和群众实际生活紧密相连。如今,科学技术的发展使百姓生活发生了巨大转变,科普活动也因此成为群众喜闻乐见的文化活动之一,为群众文化发展注入新鲜活力。天津市青年发展促进中心(天津青年宫)作为传播先进群众文化的重要阵地,积极将科普活动纳入群众文化活动中去,为群众文化的良性发展助力。

1.“科普 + 体验”可以提高群众参与文化活动的积极性

现如今,群众文化蓬勃发展,艺术、文学等传统的文化内容依旧受到群众的喜爱,构成了群众文化的主要内容分支。不过随着时代发展,科学技术革新在一定程度上转变了人们的思维模式和行为方式,可以说,人们的生活离不开科技,在这样的背景下,传统的群众文化内容难免会引起部分人群的倦怠,尤其是青年群体普遍参与群众文化意愿不高,这就对新时代下的群众文化活动内容提出了新的要求,科普活动应运而生。

采用流动大篷车的形式走进学校、广场、企业、科技园区等地开展科普活动,将 VR 眼镜、3D 笔、无人机、智能机器人等前沿科技产品送到基层群众的身边。大家可以亲自戴上 VR 眼镜,沉浸在虚拟世界中,亲身体验何为虚拟现实技术;可以手握 3D 笔搭建巴黎埃菲尔铁塔,体验 3D 打印技术带来的新革命;可以亲自操纵无人机体会这项技术的应用价值;可以与智能机器人互动,畅想人工智能技术带来的变革。“科普 + 体验”让虚拟现实技术、3D 打印、无人机和人工智能等这些原本看似高深莫测的前沿科技走下“神坛”,拉近了群众与科技的距离,群众通过亲自体验可以更好地掌握科学文化知识。科技的神秘未知使群众对其充满好奇,渴望一探究竟,这就为参与活动提供了最初原动力;体验式的活动形式降低了参与活动、学习知识的门槛,使群众产生一种主人翁心理,全方位的感官刺激较其他活动形式更具有吸引力。“科普 + 体验”通过轻松有趣的体验方式吸引各年龄层群众广泛参与,不论是年轻人还是年长者,前沿科技带来的新鲜感和趣味性都具有无穷的吸引力。

2.“科普 + 艺术”能够使群众文化内容焕发新生机

科普活动和艺术活动都属于群众文化活动的组成部分,相比传统经典的各种艺术活动,近几年越发受到广泛重视的科普活动为群众文化提供了崭新的内容,庞大的科学知识体系和细致的专业分类促进群众文化内容的逐步丰富。其实,科普带给群众文化内容体系的变革还远不止于此。科普与艺术的跨界融合使群众文化内容焕发出新的生机。

天津美术学院移动媒体艺术系的师生们在陈塘科技商务区楼宇的共享大厅中举行过一场名为“代码·叙事”的交互艺术作品展。他们用代码的形式来叙事，用科技语言来展现艺术。参观者在了解各种传感器交互原理的同时也能在声、光、电的奇妙变幻中体会交互装置背后所蕴含的艺术内涵。比如，一个名为“Light +”的互动灯光装置通过音乐与LED的交互将灯光、音乐和环境完美融合，借此展现平面思维和立体空间撞击所产生的视觉效果。科普为艺术创作提供新的表现形式，科技与艺术的结合为艺术家们带来更多艺术灵感，促进文化艺术繁荣，进而推动群众文化内容的更新迭代。科普活动为艺术家们传达自己的艺术思想提供了更接地气的平台，艺术文化思想以科普为媒介在这里交流、碰撞，激励艺术家的艺术创作，有利于创造出更多的优质艺术文化内容。

3.“科普+爱国”为深化群众文化内涵提供新途径

群众文化不只是群众工作学习之余的自娱自乐，也是推进精神文明建设的重要阵地。弘扬爱国主义一直以来都是精神文明创建工作的重中之重。借助群众文化平台对优秀中华传统文化进行传播，进而增强群众文化自信，激发爱国热情，是群众文化工作的重要内涵。随着时代更迭，科技发展水平越来越成为衡量一个国家综合国力的重要标准，近年来，我国科技事业突飞猛进，涌现出一批国之重器，这就为国家自豪感的产生创造了新来源。

用流动科普展牌的形式推出“中国前沿科技成果展”，将“蛟龙”“天眼”“悟空”“墨子”等大国重器用最浅显易懂的语言向群众进行介绍，增强他们的民族自信心和自豪感，不需要过多抒情的话语，爱国之情便油然而生。邀请国内一线科学家、科普中国形象大使张双南和徐颖分别就“慧眼”卫星和“北斗”导航系统这两个国之重器向大家开展科普分享，深入浅出地讲述国家引以为豪的自主科技研发成果，增强群众的科技自信和文化自信，激发当代青年科技报国的爱国热情。

用科普的方式进行爱国主义教育，深刻且有说服力，新颖而又不失严肃，群众由衷产生的科技文化自信会成为其爱国之心的源泉。“科普+爱国”为文化自信的产生途径提供了新思路，是对群众文化以传统文化为主要载体进行精神文明创建的重要补充。

4.“科普+教育”为强化群众文化的教育功能创造新方式

开展科普活动的重要目的之一就是向公众传播科学文化知识，提高科学素养，这就是科普活动本身所具有的教育属性。同样,群众文化是丰富群众精神世界的手段,精神世界的充盈本就需要依靠强大的文化知识储备和较高的文化素养,这就是群众文化的教育功能。在教育层面,两者具有较大共性。

教育资源匮乏的贫困地区一直以来都是群众文化发展的薄弱环节,其中,科学知识的欠缺尤为突出。通过开展科普活动可以弥补教育资源不足,充分发挥群众文化的教育功能,打破群众文化发展的地域桎梏,使其走向全面均衡。近年来兴起的 STEAM 教育和创客教育注重培养孩子的科技创新能力和综合素质。借助"流动科技课堂"将这种新的教育模式送到偏远地区的学校,让贫困地区的孩子接触到新颖的科技课和前沿的科技知识,强化群众文化的教育功能。

其实,在这个倡导"终身学习"的时代,"科普 + 教育"不仅可以作用于在校学生,还可以作用于已走上工作岗位的青年。为提高机关干部科学素养,开设为期一整天的无人机课程,内容涵盖无人机知识讲解、多旋翼组装、电脑模拟飞行和户外无人机试飞等,让机关干部通过学习科学知识来掌握科学思考方法,进而培养他们科学决策的能力。利用青年干部工作之余时间集中开展科普活动,实现群众文化的教育目的,这也是用"科普+教育"新方式加强群众文化教育功能的一个例证。

三、结语

就像科技与文化之间密切的关系一样,科普活动和群众文化亦联系紧密。在新时代发展要求下,群众文化的持续蓬勃发展已离不开科普活动的高歌猛进。科普活动为群众文化发展开辟新思路、提供新路径,群众文化要想时刻保持其先进性和活力,永远受到群众喜爱,就必须紧跟时代步伐、顺应时代潮流,就不能忽视科普活动带来的文化革新。在内容层面,科普活动为群众文化带来新的吸引力和新的内容;在内涵层面,科普活动为提高群众文化效能创造新的载体。科普活动的发展会推动群众文化的进步,有利于满足群众日益增长的文化需要。如今,全社会大力倡导"全域科普",这不仅是科普事业发展的重要契机,也是群众文化发展的潜在增长点。

(作者单位:天津市青年发展促进中心)

对体育教育扶贫工作的实践和思考

——以“爱心牵手 共享阳光”公益互助系列活动为例

陈意明

积极打赢脱贫攻坚战是全面建成小康社会的三大攻坚战之一，对实现“两个一百年”的伟大战略目标具有重要意义。党中央提出“精准扶贫”政策就是要求扶贫工作紧贴实际脱贫需要，深挖导致贫困的主要原因，从根本解决贫困问题。给贫困家庭、困难群众每月发放生活补贴，推出一系列有针对性的帮扶计划，或许可以帮助他们渡过难关、早日脱贫。但其实，除了一些直接导致贫困的外在客观原因外，人的内在因素才是能否成功且持续脱贫的关键，因此，扶贫还要和扶志扶智相结合。这一点对贫困家庭青少年尤为重要。

体育教育不仅可以塑造青少年健康的体魄，还可以培养他们坚韧的意志力，从根本上为摆脱贫困打下坚实的基础。作为脱贫攻坚战略任务的有机组成部分，体育教育扶贫将作为经济扶贫工作的重要补充。为此，天津市青少年体育协会在市财政资金的支持下设立“爱心牵手 共享阳光”公益互助系列活动项目，为天津市贫困家庭青少年提供公益体育拓展培训，做出对体育教育扶贫工作的有力实践。

一、对体育教育扶贫工作的实践

“爱心牵手 共享阳光”公益互助系列活动项目为在津就读的贫困家庭青少年免费提供公益体育培训。系统的培训可以让贫困家庭青少年掌握特定体育技能，强健体魄、提高身体素质，培养他们不屈不挠的精神，帮助他们树立脱贫志气，进而真正激发出贫困家庭青少年自我发展的内生动力和持久的脱贫勇气。

1.精心设置培训内容,保障扶贫工作效果

贫困家庭的青少年由于家庭经济条件的制约,平时接受校外培训的机会较少,即使参与培训,往往也会因家里经济条件有限而只参加文化课培训,因此,他们通常无法掌握学校教育之外的其他特定艺术或体育技能。与其他同学相比,单调学习生活和他们稚嫩的虚荣心相互作用,或许会让这部分青少年产生自卑感,进而影响他们健康成长。该项目的基本目的就是免费提供贫困家庭青少年参与校外体育培训的机会,让他们掌握某项体育技能。为此,除了篮球、跆拳道、武术等较为经典的体育培训课程外,项目组还紧跟时代潮流、结合青少年的身心特点开设了街舞和健美操等课程,在编写授课内容时也充分考虑课程趣味性和青少年偏好,选定流行音乐作为配套曲目,提高孩子们学习的积极性。此外,在筛选受助青少年和安排课程时,要求孩子们根据自身兴趣填写志愿书,每人可从近十门课程中按个人喜好依次填写第一志愿、第二志愿和第三志愿,选报三门自己喜欢的体育课程。最终按照志愿优先原则安排课表,切实做到让贫困家庭青少年学到感兴趣的体育项目,确保扶贫工作的实际有效。

2.提供展示成果平台,使扶贫工作落到实处

考虑到只一味提供培训而不提供培训成果的出口会降低授课教师和学员的积极性,使体育培训流于形式,影响本项扶贫工作的实际成效。本着让贫困家庭青少年学会一项体育技能、让体育培训切实有效的原则,在教学大纲编写时注重课程内容安排的系统性和完整性,并将结课后的培训成果汇报展示纳入整个项目设置。以街舞、健美操和传统武术为例,在课程结束后,每位学员都掌握了至少一套完整的可展示成品。在结课后的汇报演出中,学员们可以在所有师生面前展示自己的培训成果,让他们充分享受对选择的体育项目从陌生到熟悉所收获到的喜悦感和满足感,增强自信心,使他们相信自己也可以和其他同龄人一样在舞台上散发光彩。成果展示不仅是对扶贫工作效果的检验,也是对扶贫工作内涵的进一步升华。体育教育扶贫工作不只是教会贫困家庭青少年具体的体育项目,更重要的是提醒他们不要因为家庭贫困的现状而失去追求精彩人生的勇气,扶贫先扶志,对他们的内心世界进行疏导和激励才是扶贫工作更深层次的目的。

3.深入基层贫困地区,扩大扶贫辐射范围

“爱心牵手 共享阳光”公益互助系列活动项目不仅服务市内六区贫困家庭青少年,还将触手伸及相对偏远的远郊区。天津市中心城区的教育资源较为丰富,且地域范围跨度较小,因此可将市内六区的贫困家庭青少年集中到市内特定培训场

地接受培训，充分发挥场地优势和设备优势，保证课程质量。与中心城区相比，环城郊区经济发展相对缓慢，贫困人口较多，是体育教育扶贫工作需重点关注的地区。蓟州区邦均镇是天津市重点对口帮扶点，那里的孩子们平时接触校外体育艺术课程的机会较少。考虑到蓟州区距离市区较远，为了不耽误孩子们正常的学校学习安排，项目组特意将街舞课程直接送到他们身边，聘请专业街舞老师利用每天放学前的一到两个小时在学校操场上教授专业街舞课程，让孩子们接受时下新潮的体育教育，弥补由于地域和家庭原因造成的教育资源缺乏问题。体育教育扶贫工作可以将优质教育资源向基层贫困地区辐射，帮助基层贫困家庭青少年努力摘掉“精神的穷帽子”。只有根据实际情况将“请进来”和“走出去”相结合才能不断扩大受助人群规模，让更多贫困家庭青少年受益。

4.开展素质拓展培训，提高受助人综合素质

对受助青少年的资料进行收集整理后发现他们的家庭大多收入微薄，有些人成长在单亲家庭，甚至父母残疾或患有精神疾病。面对这样贫苦的成长环境，青少年往往需要具有更强的意志力和健康强大的心理。因此，为了更好地培养贫困家庭青少年面对现实生活的勇气，本扶贫项目不只提供传统的课程培训，还安排了一次为期两天的全封闭式公益体育拓展训练营。孩子们来到天津团泊体育中心参观现代化体育场馆并与运动员们交流、体验射击等体育项目，到天津光合谷素质拓展中心参加真人CS、定向越野等体育综合素质拓展训练。封闭式的集中素质拓展培训注重对受助青少年进行综合素质提升，助力他们坚强乐观地面对困难，勇于脚踏实地改变家庭贫困现状，迎接美好未来。开展素质拓展培训是对体育教育扶贫工作内容的一次有力新尝试，对受助青少年的知识、心理、技能进行全方位的培养，使他们在多彩的体育活动中实现身体和心理素质的综合提升。

二、体育教育扶贫工作面临的问题

本次体育教育扶贫工作实践累计帮扶天津市贫困家庭青少年两百余人次，受到学生及家长的一致好评和社会的认可，但在工作推进过程中仍发现一些问题值得归纳探讨。

首先是“招募难”。贫困家庭青少年由于受到家庭影响，往往会产生自卑心理，心灵较为敏感，害怕因参加扶贫活动而被贴上“贫困”的标签，因此参与意愿不高。同时，他们的家长也通常根深蒂固地认为学习最重要，忽略了孩子体育综合素质的培养。的确知识可以改变命运无可厚非，但只有拥有强健的体魄和健康乐观的生

活态度,才能勇敢打破困境迎接多彩的明天。其次是"沟通难"。贫困家庭中家长的文化水平往往不高,甚至有些人丧失劳动能力常年在家,长期与社会脱节,缺乏人际沟通能力。在与这些家长的联系过程中往往会遇到沟通不畅的问题,需要扶贫工作者反复讲解,选择恰当的交流方式才能达到预期的沟通目的。最后是"实施难"。贫困家庭青少年的身体素质普遍不高,且性格内向,存在一定心理壁垒。在某些技能难度较大的体育项目培训过程中,一些孩子较难跟上授课进度且排斥同学和老师的帮助,缺乏自信,容易自暴自弃,影响扶贫工作效果。这就对扶贫工作者的亲和力、循循善诱的耐心和专业的工作能力提出了挑战。

三、推进体育教育扶贫工作的建议

体育教育扶贫工作是一项复杂的工程,积极实践、善于总结经验并不断改进才能更好地帮扶贫困家庭青少年,阻断贫困代际传递。

一是要提高扶贫工作者的专业服务水平。定期组织工作人员参加未成年人心理健康知识和特殊人群沟通技巧等相关培训,学习成功案例中的优秀工作方法,在工作中不断磨炼他们的工作能力,建立专业高效的体育教育扶贫队伍。二是要创建优秀体育教育扶贫模式并形成常态。努力实践、大胆创新、积极完善、不断改进,努力形成实际有效且有序的扶贫模式,并以点带面形成合力,整合多方资源,打造体育教育扶贫新常态。三是要注重受助青少年的心理疏导和精神关爱。在推行工作时要注意对贫困家庭青少年进行心理抚慰和心理引导,帮助他们消解错误情绪、养成积极乐观的生活态度。四是要保障扶贫工作的精准性和普惠性。既要深入调研,把握受助人群的真实需求,制定差异化的帮扶措施,又要扩大扶贫工作的辐射范围,让更多人享受到帮扶关爱。五是要注重保护受助青少年的隐私。注意扶贫工作的宣发渠道、方式和力度,保护受助人隐私,打消他们的顾虑,努力营造互助、关爱、尊重的和谐帮扶氛围。

(作者单位:天津市青年发展促进中心)

必须满足老年人充分、均衡的精神文化需求

——连续十六年举办天津市老年文化艺术节的启示

李 振

在群众文化工作当中，我们应当根据中央对于当前形势的判断和政策引导，来决定工作的重点和主攻的方向。其中确定并且解决社会的主要矛盾应当摆在第一等的位置。因为，只有解决好社会的主要矛盾，再确定工作的主要对象和工作的主要内容，把握好一个较长时期的中心任务，才能更好地完成历史赋予我们的任务。应当看到，在当前各项工作都应当服从于解决“充分与均衡问题”。从经济生活到文化生活动应当予以充分的考虑。

“充分与均衡问题”不光反映在社会生活的各个方面，更反映在不同的年龄阶段，而老年人由于他们的生理因素和心理因素造成了社会地位、经济地位的相对弱势，更应当引起群众文化工作者的格外重视。随之而产生的则是他们对于精神文化的需求，也存在着“如何让他们得到均衡与充分的服务”这一问题。举办各种群众文化活动，要对老年群体“高看一眼”，予以特殊的照顾和政策倾斜。能够解决老年人对于文化生活的向往与追求，对于全体人民全面奔小康具有重要意义。

一、“老年文化艺术节”产生的历史背景

对于老龄化社会的认定，无论是国际上和国内都有政策依据的界定。不同年龄段在整个社会人口中所占的比例不同，达到了一定值，就可以称之为老年社会。我国的老年人口无论是从绝对数字来看还是相对比例，乃至从每年的递增人数来看，都处于高位运行。总体来说，进入老龄化社会是一个面临的重要问题。

人们经常用夕阳来形容老年人，的确是这样。在艺术作品中作者可以用诗一

样的语言来歌唱老年，甚至把“夕阳红”歌颂为最美的景象，更有艺术作品渲染老年人比青年人更具有值得庆幸的内涵和外延。好像老年是人生中最为光彩的、幸福的时段。但艺术终归是艺术，老年说到底仍是人生的无奈。谁也不希望衰老过早地降临到自己身上，各种抗衰老药剂、保健品、健身方法乃至理论的诞生和忽悠就是明证。老就是老了，这是客观规律，老年人的弱势，和他们正在走向人生的尽头，准备人生的谢幕密不可分。

尊老敬老在中国这个古老的国度中，受到几千年的重视。从古至今有着许多这方面的故事与传说。可是，不可讳言的是，社会上对于老年人也存在着言不由衷的现象。表面上在歌颂老年，歌颂夕阳要比朝霞好，但实际上这不过是对于老年人的安慰而已。而从思想深处却对老年人有着或多或少的歧视或者偏见。老年人自己也存在着悲观失望的情绪。随着退休的到来，一种被社会舍弃的感觉会逐渐加深。他们对于正常的社交和社会生活虽然恋恋不舍，但又无可奈何地被疏远，心理上产生各种不平与愤懑是很正常的，这种不停地反复刺激，就会形成一种恶性循环，导致老年人精神生活的“马太效应”。老年人与正常的社会生活本来是应当一体化的，但是实际上由于上述种种原因，造成分化严重。社会上本来就存在一些不平等与不公正的现象，在青壮年眼中可能不会这么严重，但在老年人眼中就会不断放大化，形成反作用和离心力。

这些社会生活、经济生活与家庭生活中不断产生的烦恼让许多老人对正常生活失去了信心，有的甚至产生悲观厌世情绪。

当然也有许多能够正常对待老之将至的老年朋友，他们的精神生活相对好一些。但是，也存在着精神文化生活单一、贫乏等现象。现代生活的一些娱乐活动离他们较远。毫不夸张地说，我们这个社会的老年人精神方面属于亚健康的居多。

不可否认，相对于青年人和壮年人来说，老年人的物质生活可能会好些，社会保障可能会多些，但，老年人并不是只要吃好喝好住好就行了，他们的精神需求甚至会比青年人更多一些，因为随着退休不可避免的到来，曾经忙碌的工作突然停止了运动，精神上会突然出现空白，孤寂的生活会让他们很不适应，越是在这种情况下，越需要充实的精神文化生活，群众文化工作者应当为他们创造更好的社会环境。

天津市老年文化艺术节正是在这一背景下诞生的。多年来，天津市红桥区委和政府均十分重视老年文化生活，连续举办了“红桥区社区老年文化周”。进入新世纪，老年问题更加突出，在市老龄委和市文广局的支持下，发展成为“天津市老年文化艺术节”。特别是2017年第八届天津市老年文化艺术节正逢迎接党的十九大胜利召开，本市各项老年文化活动赛事和演出遍布基层社区，受到广大群众特别是老年朋友的大力支持和热烈欢迎，尊老敬老的社会时尚正在通过文艺活动的形式得到加强。从2003年开始，艺术节按照每两年举办一届的模式，为老年朋友营造欢乐的气氛，不仅受到老年朋友的欢迎，而且广大的人民群众也十分支持，因为，让整个社会形成尊老、爱老、敬老的氛围，也会惠及每一个家庭，是每一个社会成员所期望的。坚持的结果便是老年艺术节形成了品牌。每一届“艺术节”均历时半年左右，十五年来至今已经举办了八届。《天津日报》《今晚报》《中老年时报》以及电视媒体、网络媒体都对老年艺术节的内容、方式、项目、活动的热烈氛围进行了全方位的报道。

二、具有坚实的社会基础才能办好老年艺术节

“天津市老年文化艺术节”能够坚持十五年，不断发展，除了党和政府的支持以外，社会基础占有重要地位。

“天津市老年文化艺术节”能够健康发展，关键在于老年朋友们的大力支持，这种支持来源于他们素质较高，有参加老年活动的积极性。老年艺术节缺乏老年人的支持是不可想象的。没有他们的参加，老年文化艺术节就失去了群众基础，就不可能越办越好。

衰老是不可避免的，任何人都会随着年龄的增长，在各方面出现能力的退化，这是合乎常理的。但这并不是应当对他们歧视的理由。谁都有老的时候，但老并不是无用的代名词。不应当认为老年人不喜欢参加群众文化活动，其实他们一直有着参加文化活动的愿望和积极性。不能认为他们只能在家里待着看电视剧、读读孔夫子、听听老戏曲，或者到公园打打太极拳，对于家庭来说，顶多能够含饴弄孙，这些认识是错误的，这是一种歧视，应当摒弃。

其实老年人并不像人们所想象的那样懦弱无用，他们具有青壮年所不具有的许多优势。比如，在一些靠体力取胜的工作上也许稍逊一筹，但是脑力劳动方面却往往好于青壮年。有时在一般的工作上或许不如年轻人效率高，但由于经验比较丰富，相对来说，他们工作的安全性比较高，不会让雇佣者过于担心。因此有一些行业，特别是在外国，他们往往更喜欢雇佣老年人，热捧的“空姐”岗位，也会被大嫂、大娘、奶奶级的人物所代替。

历经岁月沧桑，老年人已经有了对人生更为深刻的理解，所以比青壮年更加持

重视的态度。比如更为守时,排练更为尊重导演,比较能够接受意见,在表演方面比较认真和投入。这反映了老年人对于社会认可的期盼。这种精神让我们感动。

坦率地讲,老年人在体力方面可能有衰退,但相对来说脑力的衰退要慢很多。老年人可能在接受新事物方面迟钝一些,但是他们的文化积淀却比青壮年厚重。老年人的体力肯定比不上青壮年,但社会阅历造成他们的适应能力可能更强一些。老年人生活积累丰富,经过近乎一辈子的不断学习,他们的学习经验和学习方法都值得青壮年效仿。

老人并不缺乏学习新生事物的好奇心和掌握新技术的愿景。老年人并没有因为年纪大了就失去了这种动力和能力。特别是到了老年由于时间上比较充裕,更能够将过去学习的愿望得以实现,学习积极性向反而更加高涨。

应当认识到,老年人的文化需求一点儿也不过分,我们要尽量让老年人得到精神的愉悦和满足,让他们的人生更加丰富,因为全面奔小康的路上,一个人也不能少!

三、举办"老年文化艺术节"可以带动公共文化服务

连续十五年举办的"天津市老年文化艺术节"不仅取得了很好的成绩,更重要的在于,通过"办节"对于发展日常的老年文化起到了促进作用,进一步带动了公共文化服务。

1.带动老年题材文艺作品的创作

两年一届举办老年文化艺术节,就必然要求全市各老龄委、文化馆注重文艺创作。

以第八届"天津市老年文化艺术节"为例,在"放飞艺术　绽放光彩"中老年合唱比赛、"中塘杯"天津市第六届中老年演唱比赛、"翰墨传情　夕阳璀璨"中老年书画大赛中,都强调了重视创作,有的项目提出"创作加分"。"迎全运　读诗书　写情怀"中老年读书征文大赛更是全部要求创作作品,体裁为诗歌、散文、读后感、观后感、心得体会等,展现当代中老年人热爱生活、追求美好、乐观向上的良好精神风貌。

2.带动老年艺术培训活动

老年文化艺术节使许多老年人告别了孤独与寂寞,重新投身于丰富多彩的集体生活中去,参加自己喜欢的各种群众文化活动,在丰富精神生活的同时,体现自己的人生价值。鉴于这种状况,成立老年业余艺术培训学校便成为老年人的希冀。

红桥区文化馆就是基于以上思路成立了老年群众艺术培训学校，受到了欢迎和支持，近500名老人报名参加了学习。

3.带动老年艺术团队

举办老年文化艺术节需要很多艺术作品，包括静态的和动态的。和书画、工艺制作等“个体劳动”的艺术活动相比，动态艺术活动更需要很多老年艺术团队。根据这种需求，老年艺术团便应运而生。老年人参加艺术团，既可以使艺术节形式多样更加热闹，又可以让老年人更多接触社会。按照艺术节的统一安排，艺术团到敬老院演出，把党的温暖和关怀、社会的体贴和关注、老年人自强不息的精神送到他们的心坎儿上，丰富他们的精神生活。

老年艺术团的演出，充分展示了老年人老骥伏枥、壮心不已的精神面貌。第八届“天津市老年文化艺术节”中的“天津市首届中老年模特秀比赛”，围绕“坚定文化自信，走向美好生活”主题，通过模特秀为老年人提供了用武之地，充分体现了他们的自身价值，老人们在舞台上的激情表演，令观众感动不已。

总之，我国正向着全面建设小康社会迈进，必须重视老年人的精神文化生活，群众文化工作者应该特别重视这一问题。应当吸取“天津市老年文化艺术节”的经验，重点关注老年群体，在奔向全面小康的道路上，让老年人的精神生活更加充实，更加充满阳光。

（作者单位：天津市红桥区文化馆）

为社区群众书画活动助力搭台之浅见

田　月

习近平总书记在谈及中国梦时强调:“实现中国梦是物质文明和精神文明均衡发展、相互促进的结果。没有文明的继承和发展,没有文化的弘扬和繁荣,就没有中国梦的实现。”具有中国特色的文化建设坚持以人民为中心,人民群众是文化建设的主力军,文化发展的推动者。而艺术,包括书画艺术是文化的重要组成部分,是文化发展的重要的、鲜活的标志。当然也必须要有广大群众来参与。因此,积极、主动地为群众书画艺术创作活动助力搭台就成为我们基层文化部门广大干部义不容辞的责任。

一、助力搭台是群众书画创作活动的现状和未来形势发展的需要

改革开放,特别是党的十九大以来,在党的新时期文艺方针指引下,群众的文化创作活动开展得如火如荼,方兴未艾。透过笔者所在的河西区群众书画社团创作活动的开展情况,不难管窥全豹。

1.河西区群众书画社团的分布和活动情况

我区有常住人口 99.25 万人(摘自 2017 年《天津市统计年鉴》),下辖 14 个街道,142 个社区。其中 55 个社区建立了书画社团,占社区总数的 38.7%,建立书画社团 63 个,成员 1223 名。其中,有 5 个社区 6 个群众书画社团在全市有较大的影响。它们分别是:天塔街紫金南里的天塔书画院、大营门街三义大厦的三义书画社、尖山街瑞江花园的瑞江书画院、柳林街园丁公寓的柳林书画院、柳林街景雅里的柳林书画研究会和柳林街关爱退役军人书画院。6 个社区书画社团共有会员 430 名,其中书法爱好者 202 名,美术爱好者 228 名。各社区书画社团均在所在街道办事处的领导和区文化部门的指导下从事书画艺术研究、创作和开展联谊活动。

自成立以来他们认真贯彻党在新时期的文艺工作方针，广泛团结和联系社区广大书画艺术爱好者，与社区内外著名的书画家建立联系，积极开展形式多样的书画创作交流活动，据不完全统计，三年来多达222次，针对广大群众的需求，举办书画作品展72次，开展书画进楼院、进门户、进部队、进校园的送春联、送年画活动75次，赠送书画作品2960件。其中柳林书画院还在每年正月初二和园丁公寓社区共同举办新老姑爷节笔会活动，以“新老姑爷书画传家风”为主题，“以岳母下厨款儿女，泰山宴请迎家婿”新老姑爷现场创编书写对联的方式欢度初二姑爷节。瑞江书画院自2011年开展爱心公益助学活动，8年来通过书画义卖累计捐款40余万元，用书画表达了对莘莘学子的爱心。这样的活动丰富了社区群众的文化生活，增添了节日的喜庆氛围，弘扬了中华民族乐善好施、扶危济困的传统美德，深受社区广大群众的欢迎。

为了彰显我市的文化魅力和我区靓丽风采，检阅全区群众书画创作队伍的整体水平，2017年在党的九十六岁生日到来前夕，我区文联与区文化馆共同举办了全区各社区书画优秀作品联展，共展出书画精品150余幅，吸引参观者多达1000余人次，不仅扩大了影响也极大地激发了群众的创作热情，全区群众书画创作活动显现出了可喜的态势。

2.河西区未来群众书画创作活动的展望

(1)要进一步扩大社区群众书画创作队伍。目前我区群众书画创作活动开展得比较好的社区虽然与日俱增，但尚为数不多，今后的工作重点要放在增加数量、扩大规模上。现有的55个社区书画社团要不断巩固和扩大，没有书画社团的社区要尽快抓紧建立。条件不具备的社区，可以和其他社区联办，力争在两三年的时间里，使我区的群众书画社团在全区联网、成片，成员有较大幅度的增加。

(2)将全区群众书画优秀作品联展活动持续开展下去，培育成为我区文化建设有代表性的品牌。过往联展活动已经举办过了两届，今后要每年举办一届，形成制度。

(3)普及和提高并重，在抓紧扩大群众书画队伍的同时，抓好骨干队伍的建设。不断提高书画骨干成员的艺术品位和修养，力争多出精品、力作，在全市书画大展中摘金夺银。

群众书画创作活动当前的发展态势和未来发展愿景，都让我们工作在基层文化部门的干部感到任重道远，困难和挑战并存，风险和机遇同在。

二、为群众书画创作活动助力搭台的几个途径

作为基层文化部门的一名美术工作者，解决助力搭台的问题，是应该经常认真思考和积极探索的课题。笔者认为当下应该从以下几个方面入手：

1.深入社区，建立联系

(1)建立和街道、社区干部的联系。开展社区群众书画创作活动要紧紧依靠街道社区干部。这是因为一是摸清社区书画爱好者的分布情况，把分散的人员组织起来，要靠街道社区干部的帮助。二是开展书画创作活动要靠街道社区干部的支持和帮助，比如提供必要的活动空间、下拨适当的活动经费等等。三是建立起书画社团要由街道社区来领导。因此，要开展好群众书画活动就必须和街道社区干部建立长久的紧密的联系。

(2)要建立和社区广大的书画艺术爱好者的联系。基层文化部门的同志要经常深入社区，协助街道社区干部把分散的书画爱好者组织起来建立书画社团，帮助他们推荐和选举负责人，制定社团章程和活动计划。要经常参加他们的活动，了解他们的书画风格和水平，保证有针对性地进行指导。社团成员大多是老同志，要了解每个成员的身体健康情况，做到量力而行，健康快乐。

2.了解诉求、解难排忧

书画社团的活动难免遇到这样、那样的难题，比如活动需要一定的空间，有时也需要或多或少的人力、物力、财力的支持，如果我们出面为他们向街道社区或区文化部门反映，会有助于问题的解决。再如各社区间开展联谊活动，有我们出面协调统筹，也会顺利、方便得多。

书画社团的老同志们大都受到过良好的传统教育，思想觉悟高、自律意识强，有些本来是合理的诉求，他们也会因为担心给组织增添麻烦而难于启齿，这就需要我们耐心细致地观察，热心地倾听呼声，积极主动地反映他们的诉求，进而激发他们参加活动的热情，保持社团的巩固、稳定和发展，把书画社建设成落实文化养老，促进个人身心健康，发挥正能余热的精神家园。

3.搞好普及、扩大队伍

社区中爱好书画的群众很多，尤其是老年朋友们赋闲在家，很想通过参加书画活动来丰富自己的老年生活。但有些老人碍于自己的书画基础比较薄弱，缺乏参与活动的勇气。因此，如何增加他们的书画素养，提高他们的书画技艺就成为急需解决的问题。近几年的时间证明，定期开展不同层次的书画大课堂活动是十分有

效的方法。自2016年4月至今，我区文化馆已成功举办100余场讲座，聘请全市著名书画家授课，深受人们的欢迎。街道、社区也纷纷效法，请出本街、区的书画名家登上讲台。如三义大厦社区就聘请了本社区的著名书法家董嘉田先生每周三为大家授课。本社区居民三义书画社名誉社长、八十七岁高龄的贾铁藩先生为大家讲授魏碑习练方法。柳林书画研究会的负责人樊兰华老师作为社区志愿者，从2006年开始就担任了街区市民学校国画义务教师，至今已达13年之久，他将自己多年来的绘画经验总结整理成教材，印刷出版，供学员们学习。街区书画大课堂让书画爱好者不出社区大门就可以听到精彩的书画讲座，方便了群众，活跃了生活，人们因此受益匪浅，参加活动的积极性大大增强。不少书画大课堂的学员书画水平进步神速，三义书画社社员胡炳华女士的作品就多次入选市区级书画展并获奖，作品还刊登在我区《西岸风》杂志上，她的书画成就在三义大厦社区被传为佳话。

4.强化提高、抓好骨干

社区群众书画创作活动不能仅仅流于一般化。要出精品、上台阶、创品牌、树形象，就必须抓骨干。书画社团中有不少书画素养较高、技艺较强、经验丰富、作品精湛、富于热心、威信较高的成员，他们无疑就是我们开展群众书画活动的中坚力量。对他们我们必须在参与正常活动的同时为他们多开小灶。一是定期组织他们进行作品点评，邀请专家一对一、面对面地点评。二是组织笔会现场交流。三是组织他们参观国家和省市级重要书画展览。四是每年春、秋组织他们外出采风写生。这些活动可以在有条件的社区单独进行，更多的是几个社区联动，可以有效地节约资源。

5.依托院校、展开互动

我市有南开大学、天津大学、天津美术学院等十几所高等院校，有着较丰富的书画教育资源，是我们开展群众书画创作活动的坚强、有力保障。近年来，我们坚持和高校建立紧密的联系，注重发掘和利用这一资源优势，较好地弥补了基层文化部门书画师资力量不足的短板，推动了社区群众书画创作活动的开展。我区柳林书画院濒临天津财经大学，我们将财大艺术设计学院的优秀学生引入社区，担当文化服务志愿者。邀请天津师范大学中国画艺术研究所的老师们到瑞江书画院指导。先后邀请过天津师范大学、天津商业大学十几位老师深入我区书画大课堂举办讲座，老师们深入浅出的讲解，现场泼墨挥毫的示范，耐心、细致的答疑，深受广大书画爱好者的欢迎，听众多达3000余人次。

6.展示成果、扩大影响

蓬勃开展的群众书画活动必然会结出丰硕的果实。不失时机地把成果展示出去,不仅可以扩大社区书画社团的影响力,吸引更多的书画爱好者加入社区书画社团中来,还可以提高群众书画爱好者的成就感。社区书画展示活动一般要利用重要的节假日举办,以方便人们参观。有条件的社区可以独立举办,条件不充分的可以几个社区联办然后巡回展览。基层文化部门要积极主动地做好指导和协调工作,在人力、物力和财力上给予一定的支持和帮助。对群众创作出的精品力作要及时地推荐到区、市参展,力争在区、市级书画大展中有所斩获。

7.走出社区、拓宽眼界

外面的世界很精彩。精彩是大家共同创造的,也应该由大家共同分享。我们绝不能夜郎自大、闭目塞听、做井底之蛙,必须不断地吸收和借鉴别人创造的先进经验,才会丰富自己,获得提高,进而创造出新的、更好的经验来。

近年来我们尝试了以下几种做法:

(1)走出去,请进来。区文化和旅游局先后多次组织局机关、街道和社区干部到北京、河北、上海、青海和西藏等地参观学习。同时也多次邀请河北、广州、北京、甘肃等文化部门的同志到我区传经送宝。

(2)适时组织干部、群众参观重要的书画展览,比如第十三届全国美展,我市举办的第二届青年书法篆刻展览、京津冀三地优秀书画作品展以开拓我们的视野。

(3)走进大学校园,接受校园艺术文化的熏陶。我们多次组织社区群众书画骨干到天津财经大学艺术设计学院参观学习,该校也真诚地聘请柳林书画院的骨干成员走进大学讲堂和同学们交流创作体会。

(4)每年举办两到三次全区群众书画骨干成员的联谊活动,交流社区书画社团活动开展情况,相互借鉴、取长补短。

(5)组织社区书画社成员外出采风写生。走出社区需要有一定的经济支持,我们采取积极争取政府拨款,争取辖区内企业的支持,组织社区书画作品义卖活动,以及由群众书画骨干们自筹一小部分的方法加以解决。有了经济来源,走出街道社区才能有所保障。

总之,河西区文化建设的发展进程日新月异,社区群众书画创作活动蓬勃兴起、蒸蒸日上,这正是我们基层文化部门的同志们大显身手、有所作为的时候。机不可失,失不再来,我们一定要深入群众、有的放矢,乘势而上,积极主动地为群众书画创作活动助力搭台,贡献我们的智慧和力量。

(作者单位:天津市河西区文化馆)

发扬“南开精神”，做好群众文化工作

张　瑞

2019年，在新中国成立70周年的喜庆气氛中，南开大学成立100周年的活动也在如火如荼地进行着。由于南开学校(包括南开中学)的悠久历史，和抗战时期的“西南联大”在民族危亡时的大义凛然、坚忍不拔，以及在国民教育中的重要地位，故而引起了强烈反响。全国各地，甚至世界各地的南开学子都在为母校的诞辰欢欣鼓舞。“南开精神”也成为曝光率最高的名词，见之于报端、电视、广播、网络。然而，到底什么是“南开精神”也有着不同的答案。有的认为应当是张伯苓先生提出的校训“允公允能，日新月异”，有的认为应当是张伯苓先生提出的“爱国三问”，更有的认为应当是周恩来总理提出的“为中华之崛起而读书”。笔者认为，“南开精神”就是“允公厚德、创新包容、团结实干、勤奋争先”。

一、“南开精神”是先贤教诲与群众实践的综合体

经过长期的历史积淀，“南开精神”绝不是单一的，或者一句话就可以概括的，应该是众多先贤、几代南开学子、南开人民和天津人民共同创造的。应当是中华民族民族精神的很好概括，能够反映出我们中华民族的精神面貌。

在众多的提法中，我认为张伯苓先生的“爱国三问”即“你是中国人吗？你爱中国吗？你愿意中国好吗？”和周恩来总理的“为中华之崛起而读书”应当居于首要地位。其中心思想就是“爱国”。它概括了中国人基本的道德追求和价值取向。“我是爱南开的”与“允公允能，日新月异”的南开校训则构成了实现崇高理想的伟大情怀和必要途径。而“允公厚德、创新包容、团结实干、勤奋争先”的新“南开精神”是完成“中华崛起”应具有的作风和方法。

“南开精神”反映了南开人鲜明的意志品质和精神气质。体现了天津人甚至中

国人民博大的气魄和胸襟。它实际上就是“社会主义核心价值观”的具体化和具象化。综合了上述三方面的“南开精神”,是在历史发展形成中的文化特质和精神品格,充分体现了新时期以来我们这个民族积累的宝贵精神财富,应当成为引领今后发展的精神力量。

宣传“南开精神”,落实“南开精神”,在南开人和天津人中推广“南开精神”,需要我们群众文化工作者不懈努力的宣传,以及以身作则的表率。我们群众文化工作者必须领悟“南开精神”这三层表述中的含义,丰富全面地围绕这个主题策划组织活动,方能将“南开精神”的精髓贯彻到群众文化的各项工作之中。

群众文化是公共文化服务的主力军,是整个文化中的主阵地。比起专业文化来,无论是参与人数之多、活动范围之广、活动内容之丰富,群众文化都是遥遥领先的。因此,有义务把积极的指导思想,包括“南开精神”,注入群众各种文娱活动中去,正确引导群众把握发展趋向,激发广大人民群众的精神风貌,达到革命文化团结人民、教育人民的作用。

二、用群众文化回答“爱国三问”,呼唤“中华之崛起”

“爱国三问”诞生于中华民族的危亡时刻,代表了全中国人民的共同呼声。而“中华之崛起”更是一百多年来多少仁人义士为之孜孜以求甚至舍生取义的目标。在当前,实现中华民族伟大复兴更是14亿中国人民的“中国梦”。不论在任何时候、任何国家、任何历史条件下,爱国主义永远是不倒的旗帜,是永远的时代主旋律。

张伯苓先生的“爱国三问”具有很强的号召力。国庆节前,南开大学举行开学典礼,当校长向全场提出这“三问”后,全场集体回答“是”“爱”“愿意”!它与周恩来总理的塑像遥相呼应,令人热泪盈眶,深深感到爱国是最大的磁场,具有凝聚人心的独特力量。

社会主义核心价值体系在个人层面最重要的就是“爱国”,在爱国的旗帜下团结起来,是建设中国特色社会主义的基本条件。作为群文工作者用中国特色社会主义理想凝聚力量,必须以爱国主义为核心,用这样的民族精神推进改革开放,走进新时代。这种共识是巩固全国人民团结的思想基础。“爱国”概括了几千年来中国人基本的道德追求和价值取向。

因此,我们应利用一切群众文化的手段,策划相关的各种文化活动,在群众中广泛宣传,带动群众积极参与,激发群众的爱国情怀。今年是新中国成立70周年,我们南开区文化馆把庆祝活动作为有利的契机，从年初就开始策划组织“南开区庆祝中华人民共和国成立 70 周年系列活动”。包括动态活动和静态活动。如群众歌咏大会、朗诵演讲比赛、民间花会展演、广场舞比赛、大型美术书法作品展等，使广大业余文艺爱好者和社区群众能够通过各种艺术表现形式，表达对祖国的爱，为祖国献礼。我们鼓励每位参演的演员认真排练，调动每位创作者的艺术灵感，最大限度激发爱国情怀，只有这样才能创作出感人的艺术作品。南开区所有街道的街道文化站、社区文化活动室以及学校、机关、企业等单位也都组织相应的活动，有的活动规模能够达到数千人。虽然从开始的策划到创作、组织排练，再到完成演出或者展览的每一个细节，都非常复杂和辛苦，但通过我们的努力，能够在庆祝新中国生日的活动中发出自己的声音、演奏出自己生命的音符，同时积极影响群众，使众多群众的爱国心声得到抒发，不断强化爱国主义精神，我们觉得尽到了一些群文工作者的义务，付出再多都是值得的。

三、以“允公允能”的精神，做到克己奉公、恪尽职守

张伯苓先生对“允公允能”进行过精辟的解读，中心要义就是要出以公心、克己奉公，在振兴中华的伟大实践中，尽自己的所能，同时在参与的过程中不断提高自己的能力。

出以公心、克己奉公是一个道德范畴，是对“天下为公”的忠诚和对人民利益高度负责的统一。这里包括对于理想、信仰、信念的“不忘初心”，包括日常工作中对人民群众的信任与尊重，同时包括处理人与人之间关系的平等博爱，还有人与团体、与企业、与社会之间的精诚团结。群众文化工作在这方面体现得最为突出，我们首先要与群众之间建立基本的信任，给群众信任感、依靠感，最终让他们有归属感，使更多的人愿意参与进来，最终达到社会和谐进步的发展。每一个文化活动都需要在“出以公心”的基础上，用我们实实在在为他们服务的真诚态度去感染每一个人，才能得到他们的信任及积极配合。每一个群文工作者最起码的思想美德就是克己奉公，出以公心是推动群众文化壮大、进步的前提。

在克己奉公的前提下，更要恪尽职守，这就是“允能”。要努力发挥个人和部门的能力，做到夯实基础，发挥职能。

以我所在的文艺部为例。我们担负着公共文化服务体系考核业务 4 项指标、文化馆等级评估业务 10 项指标、南开区创文工作全部业务工作指标等任务。尽管任务多、任务重，我们做到了紧紧围绕各项任务，夯实基础性工作，按照执行力建设年任务清单,依照时间节点全面推动,做到了工作落实。

包括深入推进文化惠民工程,发挥新时代“红色文艺轻骑兵”作用,大力宣传贯彻党的十九大精神,宣传新中国成立以来的伟大成就。举办了文化惠民、创文、文化志愿、文化进校园、我们的节日等系列活动。巩固去年“结对子 种文化”成果,继续开展“百场戏曲送社区”活动,通过演与教的结合,将传统文化的种子播撒到南开区的各个社区。为特殊群体开展了系列慰问活动。为助力南开区争创全国双拥模范城,开展了多场慰问现役部队、退役军人和消防救援队公益演出。以“中国梦·爱国情”庆祝新中国成立 70 周年为主题开展了南开区群众文艺展演。

“允公允能”的结果,扩大了南开区文化馆在基层群众的影响力,丰富了全区居民文化生活,提升了区域文化的品位,尽到了我们的职能作用。

四、追求“日新月异”,做到继承传统,开拓创新

开拓创新是一切事业发展的动力,创新可以使工作更上一个台阶。为了发展群众文化事业,方便群众参加各种文化活动,我们群文工作者必须在不断创新中前进。要通过举办各种活动,增强群众对中国特色社会主义文化的理解与接受,从而引起群众的兴趣与关注,让群众有想要研究与学习的心理,这样更能助推新观念、新思想、新事物,更有助于先进文化在群众中浸润与影响。

在总结上一年公共文化考核的基础上,我们文艺部的干部们不断深挖传统活动品牌的价值。“南开之夏”这一品牌活动已是第 30 个年头,怎样继承发扬好前辈群文人留下的文化品牌并有所创新,是我们年轻干部们新的课题。我们认为,紧紧围绕文化惠民、文化为民这一主旨,为南开区广大文艺爱好者搭建舞台,真正实现群众演、演群众、群众看,丰富居民的文化生活,是我们的使命所在。于是我们以南开百姓熟知的这一传统品牌为依托,通过海选、遴选等环节,选拔出优秀的群众文化团队和节目,开展了一系列以庆祝新中国成立 70 周年为主题的群众性文艺展演,冒酷暑、战高温,使得来自社区的“草根”文化反哺于社区百姓。活动以文化助推“创新南开”,营造了全民迎庆新中国成立 70 周年喜庆祥和的文化氛围。

追求“日新月异”的“南开精神”使我们的工作不断前进与进步,做到了与时俱进。

五、坚持“团结实干、勤奋争先”,撸起袖子加油干

实现“中华之崛起”,实现“中国梦”,关键还是要“干”,要保持“勤奋争先”的那

么一股子劲,用实干实践“南开精神”。

文艺部的青年干部们积极组织参与市、区各种活动。包括天津市市民艺术节,“南开杯”天津市新广场舞大赛,天津市社区艺术节南开专场,“携手京津冀、共筑中国梦”京津冀同庆新中国成立 70 周年文旅交流活动,献礼 70 年——海晏河清·创新南开廉洁文化“专场”演出,“共庆华诞、共享荣光、不忘初心、砥砺奋进‘我的祖国·我的天津’群众游园会”系列活动等。一年来,我们看到了大型市、区级活动亮点不断,“南开文化”的亮点活动一次次出现在各大新闻媒体上,受到了群众的热烈欢迎和高度好评。

总之,秉承宣传“南开精神”,是每一个群众文化工作者义不容辞的职责。我们要以“为中华之崛起”作为工作的指导思想,回答好“南开三问”,坚持“允公允能、日新月异”,做到“团结实干、勤奋争先”,更好地为群众服务。

(作者单位:天津市南开区文化馆)

室内乐公益演出是满足群众文化生活的好形式

丁　珊

为贯彻落实习近平总书记给内蒙古自治区苏尼特右旗乌兰牧骑的重要指示精神,发挥市音协的组织优势,深入基层,服务群众。市音协在成立红色文艺轻骑兵小分队开展下基层演出的同时,开创性地举办了室内乐公益系列演出活动。将室内乐这一外来的传统艺术形式和公益性这一具有时代特色的演出形式结合到一起,产生了很好的社会影响,受到了群众的广泛欢迎。作为市音协的工作人员,我参与了室内乐公益演出的组织工作,并切身体会到室内乐公益演出是满足群众文化生活切实有效的一种好形式。

一、室内乐公益演出的初衷、原则和基本情况

室内乐原指西方在室内演奏的宫廷音乐,后引申为在比较小的场所演奏的音乐。现在,人们所说的室内乐常常是指由单件乐器担任独立声部的器乐重奏和声乐曲中的浪漫曲以及带伴奏的独唱、重唱等演奏、演唱形式。

公益活动是现代社会条件下的产物,是志愿服务精神的体现。公益活动要生产出有利于提升公共安全,有利于增加社会福利,有利于改善百姓生活的公共产品和社会功能。

为更好地组织全市音乐家深入到基层一线,通过小型多样、方便灵活、内容丰富的艺术形式为广大群众提供文化服务,市音协创造性地举办了室内乐公益系列演出,不断满足人民日益增长的精神文化生活需要。

从 2018 年年初开始,天津市音乐家协会利用和平文化宫、河西区文化中心等群文阵地每月面向社会举办室内乐公益惠民演出,并组织音乐家小分队深入到康

宁津园、宁河、蓟州等地以及大专院校进行演出。例如2019年9月16日和21日，为活跃人民群众精神文化生活，积极营造迎庆新中国成立70周年的良好文化氛围，市音协在国庆前夕组织了“我和我的祖国”庆祝中华人民共和国成立70周年天津市文联红色文艺轻骑兵小分队走进宁河、蓟州的演出活动。又如2019年12月13日在天津师范大学举办的“室内乐系列公益演出第53场——天津市‘金钟之星’专场音乐会”，参与演出的是第十二届中国音乐“金钟奖”天津赛区声乐选拔赛及入围中国音乐“金钟奖”的选手们。这场演出展示了我市音乐家的艺术实力和演唱水平，得到了全校师生的广泛好评。

为确保室内乐公益演出取得预期的效果，市音协确定了室内乐公益演出的原则：

1.室内乐公益性演出要成为群众文化服务的重要抓手

室内乐公益演出是弘扬先进文化，提升群众文化品位，提高公众文化素质的重要载体。室内乐公益演出的创建与完善，对加快公共文化事业发展，优化人文环境，建设社会主义核心价值体系必将起到积极促进作用。近年来，随着我市经济文化的发展，天津已经陆续创建一批知名的公益性文化项目，成为展示先进文化的平台，成为群众文化服务的重要抓手。室内乐公益演出应该成为各种大型文艺演出活动的延伸和补充，依托音协联系全市各界音乐家的渠道，组织开展小型多样、方便灵活的公益演出活动，将室内乐艺术直接送到群众之中，满足群众的欣赏需求，推动音乐表演舞台的繁荣发展。截至2019年年底，共举办室内乐公益演出五十余场，受益人数达万余人。

2.以与时俱进的室内乐公益演出展现时代文化

习近平总书记指出：“文化是一个国家、一个民族的灵魂。文化兴国运兴，文化强民族强。”文化能为人民提供坚强的思想保证、强大的精神力量、丰润的道德滋养，必须加强文化建设来不断满足人民日益增长的美好生活需要。

群众的文化需求是不断发展变化的，音协室内乐系列公益演出也要与之相应，不断创新。市音协需要牢牢把握时代脉搏，从多元化发展的文化需求中做好定位，把握时势，贴近群众，做好室内乐系列公益演出，在满足群众音乐欣赏需求的同时，引领群众提升审美情趣，使群众通过欣赏室内乐的公益演出心智得到启迪，情操得到陶冶，思想道德、文化素质得到提高，不断推进群众文化创新。

音协组织举办的五十多场室内乐公益演出风格广泛，包括古典音乐、民族音乐、通俗音乐等，演出形式包括独唱、合唱、弦乐重奏、管乐重奏、钢琴三重奏、独奏、小合奏等等。不同于专业性质的音乐会,室内乐公益演出是一台丰富多彩、形式多样的演出,既能在剧场的舞台上演出,也适合在社区、学校等地演出,受到了广大人民群众的欢迎。

3.以思想先进的室内乐公益演出品牌推进社会文化

室内乐公益演出需要坚持新时代中国特色社会主义的文艺方向,坚持共产党的领导,牢牢把握文化建设的先进方向。它应该体现社会主义核心价值观,为党的路线方针政策服务,推进社会主义精神文明建设。

天津市音协为积极响应习近平总书记给内蒙古自治区苏尼特右旗乌兰牧骑回信的重要指示精神,组织各艺术院团、文艺家协会等,成立了“天津市音协红色文艺轻骑兵小分队”,深入到各区文化馆、学校、养老机构举办室内乐公益演出,以十九大精神为指引,大力弘扬乌兰牧骑的优良传统,坚持扎根基层、服务群众,尽可能地丰富人民群众文化生活,不断满足人民日益增长的美好生活的需要。

“天津市音协红色文艺轻骑兵小分队”室内乐系列公益演出,紧紧围绕建设社会主义核心价值观这个根本,弘扬主旋律,让人民群众在观看演出中受到教育与启发,在潜移默化中培养社会主义核心价值体系的价值认同。

组建一支室内乐公益演出文化艺术轻骑兵队伍,为推进社会主义精神文明建设,推动群众文化发展,提供了主要载体。用饱含爱国主义、集体主义,用时代的、新颖的、进步的、人民群众喜闻乐见的先进文化活动形式,吸引人民群众的广泛参与,使广大人民群众心智得到启迪,情操得到陶冶,思想道德、文化素质得到提高,对我市推动群众文化繁荣发展,加快公共文化事业发展,推进公共文化服务体系必将起到积极的促进作用。

二、室内乐公益演出是满足群众文化生活的一种好形式

1.展示了室内乐的艺术之美和丰富多彩

室内乐是一种外来的艺术形式,很多群众对这种艺术形式比较陌生,甚至从未欣赏过室内乐的演出。音协组织举办的50多场室内乐公益演出风格广泛,包括古典音乐、民族音乐、通俗音乐等,演出形式包括独唱、合唱、弦乐重奏、管乐重奏、钢琴三重奏、独奏、小合奏等。多种多样的演出形式,让群众领略了室内乐的艺术之美。与此同时,室内乐公益演出的曲目更是涵盖了古今中外、内容丰富。既有著名音乐家的代表作,也有歌剧选曲和咏叹调;既有广为传唱的世界名曲,也有现代原创的主旋律歌曲;既有中外乐器的独奏、重奏,也有电声乐队的摇滚音乐;既有铜

管、木管、弦乐四重奏等不同乐器的专场演奏，也有美声、民族、通俗等不同风格的独唱、重唱、小合唱等各种演唱形式。让观众通过我们的演出了解了室内乐的艺术之美和丰富多彩，扩大了艺术欣赏的视野，提高了音乐审美的情趣。

2.提供了艺术新人展示才华和积累经验的舞台

参加室内乐公益演出的演员既包含德高望重的音乐界前辈，也有各领域中颇有建树的中青年骨干、专业院校莘莘学子，更有初登舞台的琴童少年。对于年轻的音乐家来说，他们需要实践锻炼的机会，需要才艺展示的舞台，需要互相间的磨合与交流，更需要社会的肯定和掌声的。而每一场室内乐公益演出正好给他们提供了这一平台。每一次演出都是不同的团队，这就要求团队内的队员在每次排练过程中相互磨合，帮助业务较差的队员提高演奏水平，使节目在正式演出中完美呈现。与此同时，每次的登台正式演出，对个人演奏水平的提高、舞台经验的积累、表演信心的增强等都起到了很好的促进作用。

3.体现了文化惠民的原则和时代要求

文化为民、文化惠民是党的文艺方向，也是市委市政府的工作部署，更是文艺工作者的社会责任。“努力推进文化惠民工程”，既是每年民心工程的重要内容，也充分彰显了党和政府以人为本、重视民生、服务民众、亲民爱民的惠民政策。市音协组织的室内乐公益演出就恰恰契合了这一点。我们不仅采取自愿领票、免费观看的最低门槛，让群众得到实惠，同时坚持选取优秀的演出曲目，将健康向上的文化种子播撒到各个角落，将先进文化的理念普及到百姓的脑海中，提高百姓对文化的鉴赏力和审美情趣，提高百姓的文化素质，为民族复兴大业做好服务。

4.方便了群众观看音乐演出的需求

室内乐公益演出不同于大型的交响乐和歌剧、舞剧的演出，不需要大型的演出场地和豪华的灯光音响设备，不需要更高端的舞台装置和设施，不需要复杂的化妆、服装和舞台美术道具以及大屏幕等设备的支撑。只要具备简单的演出条件和音响设施的场地都能进行。这就使室内乐演出的场地可以走进社区、走进校园、走进乡村、走进军营，极大地方便了广大群众就近欣赏室内乐演出的需求。与此同时，由于室内乐顾名思义是在室内演出，因此也就不受阴雨风雪、严寒酷暑等恶劣气候的限制，为群众提供了较好的艺术欣赏环境。

5.繁荣了天津的音乐表演舞台

室内乐公益演出通过演出场次的不断积累，广泛地听取民意，逐步增加演出的曲目，不断扩大演出的队伍，以及开辟新的演出阵地，使室内乐公益演出、红色文艺轻骑兵小分队下基层演出和大型的商业性的艺术演出形成了相互补充、共同发展的社会文化氛围,繁荣了全市的音乐艺术舞台。今后,室内乐公益演出也要继续依托天津市音协、各文艺团体、各音乐创作者的帮助与扶持,在文艺舞台百花齐放的大背景下顺应人民群众的需求,繁荣天津音乐表演舞台,实现室内乐公益演出更好的发展。

三、室内乐公益演出存在的问题和发展建议

我们举办室内乐公益演出已经两年了。两年来,室内乐公益演出的阵地在不断扩大,演出队伍在不断增加,观众群体在不断形成,取得了一些成效,但是,也存在一些不容回避和必须面对的问题。

1.演出水平参差不齐

参加室内乐公益演出的演员以天津市音乐家协会各专业委员会会员为主,其中不乏各专委会主任、秘书长、理事等职务。既包含德高望重的音乐界前辈,例如天津歌舞剧院著名女高音歌唱家、国家一级演员李瑛老师,国家一级演员、天津歌舞剧院青年男高音歌唱家、中国音乐最高奖金钟奖获得者王泽南等,也有各领域中颇有建树的中青年骨干,有活跃在舞台一线的职业演奏家,也有奉献在音乐教育事业的专家教授,也有部分专业院校学生,包括有音乐爱好和一般演唱、演奏基础的业余演员和文艺青年。他们的演唱、演奏艺术水平参差不齐,难以保证每一场的艺术质量,因此需要我们努力工作,调动更多艺术家的积极性,吸引更多的著名艺术家和一线演员登上室内乐公益演出的舞台。

2.社会宣传力度不够,需做到公共文化共享

音协组织开展的室内乐公益演出,在社会上得到了广泛参与和群众回响,但是在主流媒体中并未得到广泛宣传。仅有的几次新闻报道也是因为有著名艺术家的参与而引起媒体的注意和报道。社会知晓率较低的现状,致使部分群众并未走进室内乐公益演出的现场,没能享受到应有的文化惠民红利。这一情况应当引起我们足够的重视。有关领导应该在引导扶持文化工作当中,制定倾斜性的政策,社会媒体也应该把关注的焦点从大型商演转移到公益文化活动中来。

3.受众群体不够广泛,高雅音乐要符合中国国情

由于室内乐公益演出多安排在工作日的晚上,因此很多上班族和学生群体难以参加,观看演出的多为老年人,而且是具有一定艺术修养和音乐兴趣的老年群体。如果演唱、演奏的不是他们熟悉的经典名曲而是青年音乐家原创的摇滚乐曲,

就难以引起他们的心灵共鸣，甚至会产生逆反。因此需要我们调整演出时间，尽量扩大观看室内乐公益演出群体的年龄覆盖。可以适当增加在专业院校等场地演出，提高年轻人的音乐欣赏品位，培养青年学生中室内乐欣赏和爱好群体。要充分利用网站、公众号等媒体平台进行问卷调查，了解群众对室内乐的欣赏需求，把有什么演什么的“端菜”式服务，改为群众想听什么就演什么的“点菜”式服务，这不仅是供给侧改革的要求，也能适应群众不断增长的精神文化需求。

综上所述，市音协组织室内乐系列公益演出既是丰富人民群众文化生活和保障人民基本文化权益以及需求的民心工程，也是市音协认真履行部门职责、全面加强文化建设的重大举措，更是满足广大群众文化生活需求的好形式之一。“人民需要艺术、艺术也需要人民。”接下来，我们还会继续开展各种文化惠民活动，不断补短板、强弱项，将丰富的精神食粮送到老百姓家门口，活跃基层群众的文化生活，切实增进广大群众的幸福感和获得感，既求“高大上”更求“接地气”，做专业与百姓的桥梁，真正做到用文化艺术的发展繁荣助推中华民族的伟大复兴。

（作者单位：天津市文学艺术界联合会）

群众文化活动品牌的培育与探索

——以天津市主持人大赛为例

薛　珍

中国特色社会主义进入新时代,要求我们群文工作者要精心打造和涵养群众喜闻乐见的文化品牌,以高质量的文化供给保障人民群众的获得感、幸福感、安全感持续增强。笔者因主要负责天津市主持人大赛的组织策划工作,故以天津市主持人大赛为例,通过总结经验和发现问题探讨如何扩大群众文化活动品牌的影响力和生命力,从而进一步探索群众文化活动品牌的发展之路。

一、"天津市主持人大赛"的发展历程

天津市主持人大赛创立于 2009 年,每两年一届,至 2019 年已成功举办了 6 届,是天津市重点打造的群众性文化活动品牌。十年间累计共有 3000 多名选手参赛,惠及群众 6 万多人次,力求为天津市选拔有梦想、讲格调、讲使命的优秀主持人才,为广大市民提供连续性、高品质、精彩纷呈的文化体验。

1. 赛事规模逐年扩大

一是参赛选手年龄限制的扩大。天津市首届主持人大赛的参赛年龄要求为 18 岁至 45 岁之间。随着第一、第二届大赛的成功举办,许多热爱播音主持的青少年儿童也表达了参赛的愿望,希望能在舞台上展示和挑战自我。因此,第三届主持人大赛将参赛年龄限制扩大为 6 周岁以上,将此项赛事活动的针对人群扩展为全年龄段。二是建立初赛分赛场制度。为真正做到公共文化惠民、为民,从群众中来、到群众中去,大赛逐步将初赛延伸向各区分赛区。第三届大赛首次设立分赛场,共在宁河分赛区开展了 2 场初赛,共 71 名选手参赛。第四届大赛进一步将宁河分赛区初赛扩大为5场，同时除市内六区外，还通过各区文化馆广泛吸收宝坻区、津南区、滨海新区大港、静海区的优秀选手参赛。第五届大赛将分赛区增设为5个，分别为滨海新区分赛区、宁河分赛区、东丽分赛区、北辰分赛区、静海分赛区，超过半数的选手在分赛区参加了初赛。2019年第六届又新增了西青分赛区，进一步扩展了分赛区的覆盖面，力争打通文化惠民的最后一公里。

2.选拔出了众多优秀主持人才

从2009年至今，六届主持人大赛发现并选拔出了众多优秀主持人才，为天津市主持人队伍输入了新鲜血液。天津电视台文艺频道节目主持人王子骞、天津滨海广播电视台主持人郑贺阳、武清区新闻中心主持人王继恒都为历届主持人大赛选手。大赛也为各区文化馆培养了许多服务于群文活动的主持人骨干，如：滨海新区大港文化馆郭珊、河东区文化馆葛士龙、河北区文化馆李超、武清区文化馆王卷明、天津市第二工人文化宫魏莉莉等都在大赛中取得了优异的成绩。他们从基层走来，接地气、有亲和力，接手主持人岗位后，获得了大众的普遍认可。

二、“天津市主持人大赛”的经验总结

天津市主持人大赛至今已取得了一定的社会反响和经验，在群众中逐渐形成了口碑效应，其优势主要表现在：

1.以群众为基础

习总书记在十九大报告中指出：“以人民为中心，就是要把满足人民精神文化需求作为文艺和文艺工作的出发点和落脚点。”人民群众是群文活动的主体，群文活动品牌的建设也与人民群众密不可分。

天津市主持人大赛为扩大群众参与度，一是将初赛延伸向各区分赛区，每场比赛长达5个小时左右，尽可能为更多的播音主持爱好者提供展示的舞台。二是鼓励社会各界人士报名参赛。大赛不设专业限制，凡满六周岁以上人群均可报名，历届比赛的参赛选手有来自院校及团体的专业人士、奋斗在群文活动一线的工作者、播音主持艺术的业余爱好者和来自少儿口才培训学校的优秀学生。三是所有比赛场次均免费开放，鼓励广大市民朋友现场感受比赛氛围和播音主持艺术，丰富了群众生活和文化体验。

以群众为基础还体现在群众对大赛的认可度。认可度主要体现在群众从积极参加活动，到乐于向他人推广，到愿意再次参与的过程，从而达成文化共享，实现文化品牌的社会价值。往届主持人大赛的选手会自发为大赛做宣传，积极推荐自己

的同学朋友参赛。有的选手参加过三届比赛,就是为了不断地提高自己,取得更好的成绩。一些观众也被大赛的气氛感染,频频向组委会表达参加下一届比赛的愿望。同时大赛也积极听取群众的意见,不断改进,力争以群众的满意度作为检验我们活动成功与否的"试金石"。

2.以品质为保障

高质量、规范化的组织运作是一个群众文化活动品牌成功举办的保障。天津市主持人大赛运作严谨、运行高效、执行到位,从赛制策划、参赛报名、评委选定、现场秩序到颁奖环节均做到定岗、定员、定时无缝对接,赢得了广大群众的认可和好评。

为保证大赛品质,天津市主持人大赛在赛制方面不断改革创新。大赛不设置专业限制,但细分组别,按年龄分设了少儿组、少年组、成人组三个组别,其中成人组按主持类别又分为电视节目主持人、舞台演出主持人、文化活动主持人,有效地保障了比赛科学公正地进行。比赛共分为三个环节:自我介绍、才艺展示和模拟主持。其中决赛的模拟主持环节为即兴主持,成为比赛的亮点,选手们现场抽取比赛题目,充分展示出临场发挥能力和平时的积累,让优秀的选手脱颖而出。才艺展示环节彰显了选手的个人魅力,声乐、器乐、配音、舞蹈、武术、曲艺、魔术等形式多样的才艺也使每场比赛更有看点。同时大赛还具备较高的专业度,每届大赛都邀请来自天津广播电视台一级导演、电台电视台资深优秀主持人、"金话筒"获得者等业内专家担任大赛评委。评委老师们从朗诵技巧、表现形式、难易程度等方面对选手们的表现进行公正、合理、科学地评分。

3.与时代同步伐

"坚定文化自信、把握时代脉搏、聆听时代声音,坚持与时代同步伐"是一个群众文化活动品牌保持旺盛生命力的重要方法。

为迎庆新中国成立 70 周年,天津市第六届主持人大赛特别设置了"梦想中国说"的主题,鼓励新时代主持人要践行社会主义核心价值观,讲好中国故事,传播中国声音,彰显中国形象。在这个主题下,本届选手在参赛作品的选题上立足中国现实,植根中国大地,展示了当代中国的发展进步和当代中国人的精彩生活。创建文明城市、垃圾分类、文旅融合等众多时代热点都成了选手们模拟主持的内容,例如《玩儿转天津》《伊诺带你看中国》《大国工匠》《滨海生态行》等。

大赛还新设辩论环节,以时政热点为辩题,倡导主持人积极关注社会时政,着重考察主持人的价值观以及对时代脉搏和主流思想的把握。例如"高铁霸座应不应该进一步加重处罚”“年轻人该找到还是该跳出‘舒适圈’”等。在现代媒体传播平台中，主持人被赋予了更多的公众话语权，就需要主动承担更多的社会责任，带头倡导良好社会风气。

三、对“天津市主持人大赛”的进一步思考

随着自媒体时代的到来，各种新闻信息更替频繁、内容雷同，受众不再满足主持人仅仅充当“报幕员”的角色，更希望听到有思想、有温度、有特色的声音。这也鞭策着天津市主持人大赛适应新的时代特点，不断朝受众需求的方向进行探索。

1.突出培养具备文化特质的主持人才

中华优秀传统文化蕴含的思想观念、人文精神、道德规范是我们中国人思想和精神的内核。天津市主持人大赛作为群文活动品牌有宣传中华优秀文化的责任，这就要求我们提质扩容，培养具备文化特质的主持人才。

近年来，大赛的评判标准已不仅仅拘泥于字正腔圆的基本功，更多的是考核选手的综合能力和文化修养。因此，我们在比赛过程中发现了一个问题，部分选手的自备稿件选材单调、重复率高。这些选手选取网络上现成的稿件模板，既不能展现自身特色也无法投入真情实感。相反，介绍家乡民俗文化、传统“非遗”文化、当代城市文化的稿件大受评委老师的好评。例如：《我爱我家乡》《环境保护书画联谊会》《巴渝“非遗”擂台赛》《都市老照片》《中国记忆》等。这类稿件有一个共同的特点，就是贴近生活和大众实践，弘扬了中华优秀传统文化和社会主义先进文化。优秀的中华文化加上主持人富有感染力的语言表达，赢得了现场观众和评委的共鸣，这就要求主持人既要在专业上深打基础，又要拥抱生活，让主持人成为连接观众、沟通社会的情感纽带。

2.打造服务于群众文化活动的主持队伍

随着群众文化事业的不断壮大，丰富多彩的群众文化活动对主持人的要求也越来越高，迫切需要一支能够专门服务于群文活动的主持队伍。由于天津市各文化馆并没有设置主持人专岗，天津市主持人大赛则充分发挥了比赛的选拔培育效应，既为群众文化活动选拔出了一批主持人骨干，同时也为他们提供了锻炼和展示的平台。

播音主持是一个重视实践的专业，参加专业赛事对群文主持人骨干专业能力的提高有着极为重要的作用。近年来，群众文化活动丰富多样，这就要求群文主持人不仅要具备扎实的基本功，还要精通某一专业领域。“专业化”高的主持人，可以将本专业的相关信息与有声语言表达相结合,充分发挥自身优势,不但能够更好地服务于整场群众文化活动,还能给受众带来更专业的体验。目前而言,天津市群文主持队伍中许多主持人都是由各区文化馆业务干部担任,这就要求主持人大赛充分利用这一优势,将优秀的群文主持人骨干进行人才储备和分类,充分发挥他们自身的专业特色,既能为他们提供合适的主持平台,同时也能为各类群众文化活动增添不一样的色彩。

同时,将非群文干部的获奖选手推向更大的群文舞台,不但可以加大比赛的后续影响力和品牌效应,还能激发群众对大赛的认可度和持续参与的热忱。例如在少儿春晚、少儿画展、京剧小票友等少儿活动中积极起用主持人大赛中优秀的小主持人,在中老年模特秀、中老年歌唱比赛等中老年朋友的活动中加入中老年主持人。这样既能体现这些活动的特色,也能更好地将受众和文化活动连接起来。这就要求我们大赛组委会和各群众文化单位形成联动机制,及时了解各个文化活动的需求,并向他们推送主持人大赛中优秀的获奖选手。

总之,为进一步扩大群众文化活动品牌的影响力和生命力,天津市主持人大赛会继续以人民群众为依托,融入时代,创新发展,努力成为新时代优秀群众文化活动品牌,为人民群众提供更高质量的文化体验,为群文事业输出更优质的主持人才。

(作者单位:天津市群众艺术馆)

新时代文化志愿服务应有新理念、新举措、新发展

吴树超

进入新时代以来，为满足广大人民群众的精神文化需求，全国广泛开展了文化志愿者活动，对于提高人民生活质量起到了重要的作用。在推动社会主义文化大繁荣大发展方面，文化志愿者队伍本来是包括艺术馆、图书馆、博物馆、美术馆在内的文化馆等文化事业单位的辅助力量，但目前越来越显现出主力军的作用。

从 2012 年 11 月成立到现在志愿者的注册人数已经达到七千余人。许多志愿者服务项目已经深入社会、深入基层、深入社区、深入乡村、深入人心。一些品牌活动比如“春雨行动”“扶贫解困走边疆”“艺术帮扶结对子”系列活动、“文化志愿服务千场公益讲座”活动获得文化部的奖励。

津南区的文化志愿者活动也出现如火如荼的现象。其中由我负责的“笑一笑”曲艺相声队成立至今，成为津南区公共文化志愿分队的主要力量。每年下基层、下社区演出 40 余场。每场 200 余名观众，共计 8000 余人。就像团队的名字一样，笑一笑，让笑声洒遍津南，百姓对曲艺爱不释手，流连忘返。

然而，随着形势的发展，文化志愿者活动也应当做到与时俱进。2017 年以来，随着中国特色社会主义不断发展，新时代的文化志愿者活动也应当做到创新和出新，在工作方面应具有新理念。要从实际出发，坚持实事求是的思想路线，针对文化志愿服务中有关文化志愿服务的内容、文化志愿者的界定、文化志愿服务的运行规律等进行探讨，使文化志愿者活动达到新发展，跃上新水平。

对于文化志愿者活动如何发展，有很多问题需要探讨。包括理念问题、举措问题等。根据我们津南区乃至天津市的发展状况，笔者认为，首先应当从下述几个方面进行研讨：

一、在文化志愿者队伍的建设方面必须注重要“姓文”

开展文化志愿服务活动,必须要有一支特别能战斗的志愿者队伍,这是不言而喻的。这支队伍,应当具有共同的价值观念,这就是奉献和服务,必须具有一种对于社会的责任心。这种奉献和服务的前提是不求回报。正像很多志愿者表示的,在奉献和索取两方面,其实奉献是幸福的,索取反而并不是一种幸福,甚至往往会成为一种精神上的负担。追根溯源,这种思想的基础可以从“老祖宗”关于人的全面发展的理念上找到答案。然而,对于文化志愿者队伍来说,仅仅具有奉献精神和服务的意识还不够,文化志愿服务,主要以精神产品作为服务工具,因此必须注重保持他的精神与文化的属性。

讲通俗一点,文化志愿服务是一种有身份认定的服务,是有别于社会上普遍可以看到的“学雷锋、做好事”的一种有“准入标准”的服务。文化志愿者首先是道德高尚、具有爱心和愿意奉献的人,但又不能仅仅具有这种精神。要在这个前提下注重筛选那些有文化素养、文化身份、文化水平和普及文化能力的人。同时,还要兼顾这一人群的社会活动能力和影响力。

在实践中,如果不注意这种对于文化志愿者队伍的身份要求,往往会达不到预期的效果。这些成员往往具有较高的思想觉悟,懂得精诚团结、互助互利,有着高尚的“人生价值”追求,有着对于“社会主义核心价值观”的认同和对于社会权利与义务的承诺,但如果缺乏相应的“文化身份”则很难在实践中达到提高受助者文化素质。

因此,文化志愿者必须是在热心公益文化事业,自觉为他人提供文化服务的前提下,具备较高的文化艺术专长。只有具备一定的文化专业知识和文化素养才能承载起文化志愿者的“自娱与人相结合”的功能。这样才有益于文化活动的开展,有益于公共文化服务的推进。

对此,津南区文化馆有较为明确的认识。为了提高文化志愿者的专业水平,我们十分注重队伍的建设和素质的提高,加强对文化志愿者的培训。比如,请刘炳山馆长主讲“京东大鼓系列讲座”,培训现场教、学、练相结合,互动活跃,情绪高涨,获得积极反响。聘请津南民俗专家“三刘”即刘景周、刘虎臣、刘国华三位老先生分别以“津南历史文化系列讲座——小站练兵”“文化名人在津南”“周汝昌与《红楼梦》”等为专题进行讲座,使文化志愿者在了解津南历史的同时,增强了热爱家乡的自豪感,为建设美丽津南起到了推动作用。

二、应当注重文化志愿活动的“政治导向”

我们党对于意识形态向来十分重视，“文化志愿者活动”是群众文化工作的一项重要内容，它属于上层建筑，因此对于“文化志愿者”的各项活动必须在习近平新时代中国特色社会主义思想指导下进行，必须有利于社会的和谐与国家的稳定，这是毫无疑义的。

首先，这种文化活动必须要把宣传党的方针路线政策作为重要内容。虽然这种服务应当以“寓教于乐”为载体，但也应当克服“只娱不教”乃至“娱乐至上”的倾向。文化馆等公益性文化事业单位是党和政府设立的宣传文化部门，应当将这种工作视为自己的历史使命。我们反复宣传的“不忘初心、牢记使命”应当将这一观念包括在内。

其次，要紧贴“社会主义核心价值观”。文化关乎价值观的意义和情感。社会主义核心价值观全面反映了我们整个民族的认同，是我们应当共同遵守的准则。文化志愿者所进行的各种文化活动应当符合这一总体导向。要坚持以中国特色社会主义文化价值为导向，将社会主义核心价值观与民族性、时代性结合起来，营造一种奉献友爱的社会氛围。

再次，要警惕并反对敌对势力打着“文化志愿”的旗号，以“爱心慈善”等为名进行的文化渗透行为。必要时予以打击。

三、志愿文化活动的“自身形象宣传”十分重要，应当予以重视

正由于文化志愿者的各项活动具有很强的政治性，所以，我们要在开展文化志愿行动的同时，十分注重“宣传工作”。要摈弃“做好事、少宣传，甚至不宣传”的传统观念，以强烈的文化使命感，大张旗鼓地宣传我们的活动和成绩，以此来改变整个社会的精神面貌。

文化志愿者每一次活动，每一项服务都是对民族优秀传统文化的一种传承、传递，同时也包含着社会主义文化价值观的表达。相比其他文化活动，文化志愿者服务更容易激发广大人民群众的情感共鸣和价值认同。因此更应注重宣传工作。包括搭建宣传平台，利用各种载体。除做好日常宣传外，还应利用微信公众号以及网络、电视、报纸等媒介手段，积极开展宣传报道，让志愿者的精神和志愿者文化广泛传播。

四、应当注重建立对于文化志愿者的“激励机制”

开展文化志愿者活动应当处理好个人利益与集体利益的关系。志愿服务的本质和前提是不求回报,但是“不求回报”并不等于是“不应当要回报”。社会对志愿者的行为有所回报也是应该和可能的。社会越是回报个人的奉献,个人就越是自愿地为社会和他人再作奉献。不追求“高大全”,不强迫做不愿做的事,树立可亲、可信、可学的生动形象。在物质上给送温暖的人送温暖。同时也呼吁政府加大对有突出贡献的志愿者的褒奖,并出台相关的鼓励政策。凡此种种,目的只有一个,就是使他们感到奉献者高尚,奉献者光荣,奉献者大有可为,形成对奉献者的激励机制。

比如:天津市精神文明办公室向全市 150 万名志愿者每人发放一本志愿服务存折。这个存折存取和支出的都是志愿服务。“志愿服务存折”通过手机客户端、云计算等新媒体技术,对志愿者进行星级认定,相关部门设置了“志愿服务”的回馈机制,凭借“存折”在自己需要的时候可以享受到相应的服务,甚至可以领取现金兑换券,到签约的服装店、西餐厅、美发店、KTV 等接受服务。

总之,要让整个社会形成共识:参加文化志愿服务并非一定要牺牲个人利益。文化志愿服务应以不损害个人利益为前提,强调每个人尽力而为,量力而行,做一些只要你愿意做就能做好的事。对于志愿者个人来说,任何奉献都是个人价值的自我实现。

(作者单位:天津市津南区文化馆)

涉农地区文化馆应当把“乡村文化”作为重点

吴树超

习近平总书记指出:“没有农业农村现代化,就没有整个国家现代化。”中国共产党历来十分重视农村工作,早在革命战争年代,毛泽东同志就提出“农村包围城市”的战略决策,中华人民共和国成立以后,历代中央领导核心都把农村工作放在重要位置。改革开放的号角从农村吹起,中共中央在1982年至1986年连续五年发布以农业、农村和农民为主题的中央一号文件,对农村改革和农业发展做出具体部署。2004年至2018年又连续十五年发布以“三农”(农业、农村、农民)为主题的中央一号文件,强调了“三农”问题在中国的社会主义现代化时期“重中之重”的地位。党的十八大以来,以习近平同志为核心的党中央将农村、农业、农民工作视为全面奔小康的前提和基础,提出没有农民的小康就不可能有全国人民的小康。农业丰,则基础牢;农村稳,则社会安;农民富,则国家昌。

中央如此重视农村工作,作为公共文化事业更应把农村文化放在重要位置。除了大城市的中心区以外,我国各地的文化馆大部分和农民紧密相关,我们称之为“涉农地区文化馆”,必须开展乡村文化以满足农民精神文化需求。

天津市共有十六个行政区,其中,除和平、南开、河西、红桥、河北、河东六区外,其余十个区(尚不包括滨海新区下辖的塘沽、汉沽、大港三个功能区)都属于涉农区,因此,必须把文化馆建成农民心目中的乐园,把“乡村文化”作为工作的重点。

一、应当格外重视乡村在民族文化继承和发展中的作用

中华民族优秀传统文化,来源于悠久的农业文明。无论是中国古代的神话传说,还是延续三千年来的文字记载,农耕文明一直是中华民族文化的根基。在民间传说中,男耕女织始终是理想的家园生活。诸多的战争描写,大部分都发生在农耕

文明与游牧文明之间。因此,中国广大乡村中蕴含着许许多多中华民族优秀文化的元素,他们形成了华夏民族的基因和血脉。传统文化始终和乡音、乡情、乡土、乡村紧密相关,在乡村世代相传的文化中,蕴含着中华民族的精神价值、思维方式、想象力、生命力和创造力。因此,必须重视乡村文化在群众文化发展中的作用。长期以来乡村文化都为世世代代的人民群众提供了良好的精神食粮。乡村文化哺育了超过百分之九十的华夏民族的人口。同时,从农村走出了众多读书人成为士大夫,这些文人创造的文化与文明,又反哺于乡村文化本身。这种良性循环,使得中华民族的优秀文化绵延不绝,生生不息。

进入近现代以来,从事文化的许多学者同样重视乡村文化。无论是鲁迅、郭沫若,还是徐志摩、陆小曼,都很重视到农村去"采矿"。打开文学史和文艺史,许多优秀的作品都带着乡村文化的明显基因。一直到新时期以来,乡村文化都是文化发展的催化剂。著名的作家如莫言、路遥、陈忠实等,他们的代表作都是乡村题材的。因此有远见的文学家、文艺家们都把目光投向乡村。

同时,随着乡村文化建设力度弱化、传统文化记忆不断衰弱和消亡、文化生态环境不断水土流失,民族民间文化正在面临前所未有的危机,有历史责任感的文化学者们也在大声疾呼拯救乡村文化,因为,广大乡村蕴含着丰富的文化资源,有待于下力气去认识研究和发掘。重视乡村文化,无疑对维护延续本民族独有的文化基因、体现民族文化个性、彰显文化价值具有重要意义。

二、必须重视乡村公共文化服务基础薄弱的现象

改革开放以来,党和政府加大了对于乡村文化的投入,随着总体形势的发展,乡村的文化状况也有了很大的改观,乡村级文化建设已经有了很大的改善,有些地方甚至有了翻天覆地的变化。但是,不容忽视的是,仍然存在着组织不健全、设施不完善、内容不丰富、投入不充足、服务水平不高、社会参与不畅等问题。即使是在乡村文化建设中投入较多的地方,也存在着设施建好后,如何管好用好存在问题。

比如,有的乡村文化站由于规划不科学,尽管建设投入比较大,甚至在场地建设和设施装备上比较讲究,但远离村民传统的生活区,建起来的文化设施成了空架子、空壳子。还有的设施建设存在着形式主义的现象,建设的规划中存在着追求高大上的现象,对于如何满足本村本乡农民群众的需求考虑较少。特别是由于调查研究做得不够,对于如何发展有特色的乡土文化缺乏规划,造成植根于深厚乡间土壤的民族民间文化,缺少深耕与培植。用形式主义、官僚主义对待乡村文化,必然

造成中华文化的传统基因逐渐衰落，人才队伍大面积流失，传承发展民族优秀文化的能力弱化，特色文化元素消解。这些都应当引起深思。

更为严重的是，随着时代的进步、经济的发展、城市化建设步伐加快，大批农村人口向城市流动，使农村人口规模、数量、人口结构失去平衡。这种情况使培育乡村农村文化人才的土壤逐渐稀薄，从而导致了农村的文化传承、文化创造、文化建设整体性萎缩，广大农民享受精神食粮的资源匮乏，甚至枯竭。以上现象，关系到我们开展公共文化服务的初心，坚决不能忽视！

三、津南区重视乡村文化的可喜尝试

天津市津南区就是一个农村人口占大多数的市辖区。全区 45 万人口，29 万为农民。十个行政建制中，有八个属于乡镇。多年来的实践使区委、区政府领导十分重视乡村文化。2014 年，便在全市率先进行了“津南区农村人口基础数据库建设”，要求全区各行各业都要把农村人口（农民）的生活放在重要位置，担负起深入农村、直接为农民服务的重要任务。

作为政府开办的文化事业单位，我们体会到涉农地区的文化馆应当格外重视“乡村文化”。应当改变一个时期以来文化馆把工作的着眼点过多放在“城区”的现象，塌下心来，深入基层，到乡村去，到农民身边去，开展各种群众文化活动。

党的十八大以来，特别是十九大闭幕后，我们从思想上到工作上努力实现工作重心的转移、转身、转型、转变。在馆办活动坚持免费开放的基础上，通过公共文化志愿服务深入基层，并保持常态化，让更多的农民兄弟提高精神文明的获得感和文化生活带来的幸福感。津南区文化馆京剧团、群乐艺术团、银达子艺术研习社、“笑一笑”曲艺相声团、“春之声”歌唱团等五个团队，为农民兄弟带去了戏曲、歌曲、舞蹈、曲艺、器乐等。仅 2018 年便深入乡村，组织动、静态展演、展示活动一百余场次，观众 10 余万人次。

在深入农村，为农村人口服务的过程中，文化志愿者小分队做到了为农民服务不忘初心、不讲价钱。特别是到偏远的乡村，队长冲锋在前，党员一马当先，全体队员全力以赴。无私奉献，无怨无悔，正像他们说的：“当把欢乐送到津南百姓面前时，当掌声、喝彩声连绵不断响起时，苦和累又算什么？”在坚持下乡演出的同时，我们还十分注重对于基层文化专业人才的辅导，以提高他们的素质，更好地为农民服务。培训有计划、有安排，队员间既有分工又有合作，培训专业涉及声乐、器乐、舞蹈、美术、书画、曲艺、戏曲等多个门类。培训课程 376 场次，受益群众一万余人次。

实践使我们体会到,只要我们不忘初心,牢记使命,重视“乡村文化”,始终把群众,特别是农民的利益放在首位,以公共文化建设为依托,以农村群众为主体,开展具有鲜明特色的民族民间文化活动,就一定能够复兴乡村文化事业,传承并弘扬含带中华传统文化基因图谱的文化资源,培育中华文化传承发展的生态土壤,为中华民族伟大复兴做出应有的贡献。

(作者单位:天津市津南区文化馆)

市文联应该对青年书法家给予更多的关怀和扶持

李 翌

为迎庆中华人民共和国成立70周年，2019年，由天津市文联、天津市书法家协会主办的天津市第二届青年书法篆刻展与广大书法爱好者见面了，这是文联时隔八年再次举办的青年展。自从征稿启事发布之初，得到了年轻作者的广泛响应，投稿踊跃，共收到来稿869件。此次参展人数多，参展的作品多，行草隶篆楷五体兼备。很多作品颇具传统功力，不乏精彩之作。同时从这个展览中也看到了一些不足和隐患。

一、我市青年书法家是一批优秀的青年书法骨干群体

时隔八年再次举办青年展，是对近年来我市青年书法家队伍与创作水平的又一次集体检阅与集中展示。并涌现出一批优秀的青年书法骨干群体，为天津市的书法事业提供了深厚的人才储备，表现出强劲的发展动力。行草隶篆楷皆有佳作涌现。目前市书协有市级会员1934名，其中50岁以下的青年会员620名，体制外的独立书法家50名，自办书院、工作室的有30人，在全国获过等级奖的有50名。特别是为贯彻习近平总书记文艺座谈会的精神，本次展览也吸收了多位“新文艺群体”的青年书法家参展。

1.此次青年展崭露头角的新人

陈捷的楷书作品比较有代表性，其作品也入展了十二届国展，作品形式很古雅，有复古风范。效仿古代的法贴、拓片的形式，一页一页儿的，纸张外框的背景颜色搭配很好，下边刺青纸，然后用金字书写，形式感很强。作品一共有十几页，字的取法主要是晋唐小楷。有王羲之的《乐毅论》《黄庭经》、钟繇的《宣示表》的影子，看

起来含蓄、静谧。取法的路子很正,显得比较高古,学的不是今人,而是经典。章法上疏密得当,尤其是第一页,字很小可以说是微书,但是格局不小,整体的气韵流畅生动。可见作者在小楷上下了多年的工夫,体现出了他的沉稳与自信。此作品可谓是不多的精品。

李振敏的章草千字文,字形很小,用的纸也比较粗糙,类似于魏晋残纸,字不大,点画很硬朗、厚实,整体书风较粗犷。在取法上是以上海的一位老书法家王渠成的千字文为底本。在笔墨的浓淡、干湿、枯润上,把握得非常好,使整个作品焕发了更强的生命力。他所使用粗糙的纸也能够体现出笔法的苍劲有力,可以说材料和他整个作品的风格能够互为促进。枯笔飞白表现得淋漓尽致,如果用一般的纸是体现不出来的。行间留出大量空白,用印章去补空是做一个颜色的调整。总体来讲作品很高古,让人眼前一亮。

刘双的隶书作品,实际并不是书写水平有多么高,而是她的取法比较独特,也入了十二届国展。大部分人一般取法汉碑、汉简,或是当代名家。但她的作品取法清代南京的郑簠,这个人名气并不大,成就亦比不上后世的邓世如、赵之谦,往往容易被大众所忽视,因此取法此人的作品很容易引起内行人的关注。整个作品分为四条屏,较素雅,没有大的纰漏,感觉很好。强调了百家争鸣,避免了审美趋同。

刘舒扬的篆书,金石气足,空间上不紧不慢。整篇三四百字,但是全篇书写状态很好,很连贯、很投入,做到了游刃有余,书写感很强,而不是在描画。能够比较好地把这个吴昌硕的感觉写出来,作为一个二十岁出头的年轻人,这一点是很不容易的。他的作品很古朴,形式上并不花哨,虽然水准不低,但整个作品缺乏亮点高潮,可能与其年龄和阅历有关。

2.参展的体制外的独立书法家

刘斌:西泠印社会员,擅篆刻,天津书协篆刻委员会委员。全国第四届百家精品展、全国第六届篆刻展、全国第二届青年展、全国首届大字展、全国首届西部书法篆刻展、西泠印社第六届篆刻展入展,西泠印社第七届篆刻展获奖,天津市第四、五、六、七届书法篆刻展获奖,天津市首届青年展获奖。

史东:天津书协青少年工作委员会委员,创办天津行朗斋文化传播有限公司至今。2015年荣获中国书协书法培训中心教学成果优秀作品奖。2016年通过中国书协书法考级中心首届最高级专业三级考试。2017年入展全国第八届楹联书法作品展。

3.参展的获过全国等级奖的青年书法家

杨国欣:入展首届中国书法“兰亭奖”书法篆刻展,全国第三届正书大展,全国首届、二届青年书法篆刻展,全国第五、六届楹联书法大展,天津市四、五、六、七、八、九届书法篆刻展,为天津市“十佳青年书法家”;第十四、十五、十六届“群星奖”书法作品展天津金奖、天津市第九届“文艺新星”;入展当代书坛名家系统工程·全国千人千作书法大展,当代书坛名家系统工程·全国五百家书法精品展;天津市宣传文化“五个一批”文艺人才。2016 年出版《杨国欣书法集》。

王智忠:天津理工大学副教授,从事书法创作和文艺理论研究工作。师从曹柏昆学习书法。书法作品入展第九届全国书法篆刻展,全国第四、五届书法百家精品展等。2010 年被评为“天津市十佳青年书法家”。多篇论文发表于《美术观察》《艺术评论》《中国书法》《古籍整理研究学刊》等刊物。主持天津市文化艺术规划项目两项。

赵云龙:入展全国首届篆书作品展、第三届中国书法兰亭奖尧山杯新人展、天津市第三届书坛新人作品展,天津市第六届书法篆刻展览中其作品被评为获奖提名作品,第十五届“群星奖”天津市美术书法摄影作品展入展。

刘磊:入展全国第七届楹联展、全国第三届隶书大展、全国第二届和谐社区书法展(一等奖)、“向上向善”全国青年书法大赛(二等奖)、天津市青年书法篆刻展(最高奖)、天津精神书法大赛(最高奖)等展览 30 余次。

程从礼:入展首届王羲之奖全国书法作品展览、第二届“平复帖杯”全国书法篆刻大展、天津市第七届书法篆刻展览 、天津市篆刻提名展、北兰亭首届篆刻艺术展、天津市第二届临书大展、第二届“陈介祺奖”万印楼篆刻艺术大展。

吕铁元:天津美院教授。全国第五届刻字艺术展全国奖 ,全国第三届、五届兰亭奖佳作奖,入展全国第四届楹联书法展,全国首届、二届(特邀)青年书法篆刻展,全国第四届正书大展,全国首届篆书作品展,全国首届手卷书法展(特邀),中国书协会员优秀作品展等。

二、我市青年书法家中存在的一些不足

如上所述,此次展览佳作频出、精彩纷呈,50 岁以下青年书法家中既有功成名就、身背奖项的,又有小荷才露尖尖角的后起之秀。但同时也暴露出在青年书法家中普遍存在的一些问题。最明显的问题就是几乎所有作品的内容均取自古代诗词、经文。鲜有自作诗和自作楹联。这在年轻书法家当中是一个通病,反映出他们

几个方面的问题:

(1)青年书法家的文学功底还不够扎实,不能够写出来对仗工整的、符合诗词格律的自作楹联和诗词,这与他们目前没有这种文学功底和文学修养不够充分,并很少涉猎诗词领域有关。

(2)青年书法家正处在十字路口。他们都是上边有老一辈的名家、专家,因此他们不敢越雷池一步,他们想出名又怕过于露头,不敢在书法道路上走得太远、太急、太快,他们都还处于那种毁誉参半的阶段,不敢冒进,难以诗书并举。

(3)青年书法家比较重视技法而轻视理论。只是在展示表面的东西而不太注重内心的修为,长此以往就只能是个写字匠,有着难以超越的局限性。

(4)中国书法蕴含着丰富的中华文化。青年书法家对中华文化知识的积累还比较欠缺,然而知识的积累并不是一朝一夕的事,所谓活到老学到老。

(5)浮躁。在青年书法家中浮躁也是一种较为普遍的现象,我国书法字体多、流派多、名家多,青年书法人往往这山望着那山高,举棋不定,把持不住自己的书法道路,有的人换了多种字体,多种流派,但至今一事无成。

虽然存在上述的这些问题,但并不是说我们举办青年书法展是错误的,更不能成为我们不举办青年书法展览的理由。相反,正是由于存在这样那样的问题,我们才更应该重视,多举办青年书法展,从而加速他们对传统文化知识的学习,最终能起到传承接班的作用。

三、解决青年书法家问题瓶颈的途径及办法

既然如此,我们要积极地面对当前存在的问题,采取措施去解决。

(1)要建立正当、和谐的文艺批评的气氛,使得学者和专家敢于对青年书法家进行批评和指引。可以针对青年展所反映出来的问题,大家畅所欲言,推心置腹,本着更好地推动天津市书法事业的发展为宗旨,营造美好和谐的交流氛围,取长补短,敢于正视问题,明确前进的方向。要在青年书法家中呼吁重视中华美学精神传统,文艺审美,促进他们攀登高远的人生境界。

(2)要多举办青年书法家的展览交流活动。针对年轻人这个群体,组织些形式多样,区域性强或是行业性强的展览。天津时隔八年举办青年书法展显得很不够,天津要经常性地举办针对青年的作品展览,争取每年举办一次,为年轻人搭建一个认识、交流、提高的平台,让他们展示自己,与同行相互切磋技艺,共同进步。我们还可以让青年书法人自己去策展,或者请专业策展人策展,在展览外,我们可以搞

衍生产品，如现场售卖、现场订购、现场辅导培训等。

（3）市文联、市书协要为青年书法家搭建为社区社会服务的平台。鼓励他们深入社区，服务基层。通过进入社区举办研讨、培训等活动，让他们了解人民的心声，树立为人民服务的为民情怀。

（4）要对青年书法家多进行宣传。发挥具有较高精神高度、文化内涵、艺术价值的优秀文艺作品对培养时代新人发挥正向作用；加大对这一群体的宣传力度，提升年轻人在书法圈的影响力，从而使他们坚定信心，能在书法的道路上越走越远。

（5）2018年，市书协曾与天津市楹联协会合作举办了天津市首届楹联展，分为楹联部分和书法部分。先征集自作楹联并组织专家进行评审，获奖楹联作为书法部分的指定书写内容，广大诗词楹联爱好者和书法爱好者踊跃投稿。但这个展览中，联墨都能入选的作者少之甚少。今后，我们要定期邀请我市乃至全国知名的诗词楹联专家举行面向青年书法家的公益讲座，传授诗词格律的相关知识，补短板、找差距。与市楹联协会共同主办诗词大会，进行自作诗词、楹联的评选。进而推动促进青年书法家对诗词歌赋的重视与喜爱，争做符合新时代、新文艺要求的“联墨双修”的合格人才。

总之，担当民族复兴大任的时代新人，正是我们要全力培养的新时代社会主义新人。青年书法家承担着将书法这一中华传统文化传承并发扬光大的重要历史使命，是我们书法事业的后备力量和强大后盾，对他们的关怀和扶持是市文联、书协当前和未来相当长一段时期的工作重点和方向。

（作者单位：天津市文学艺术界联合会）

团结引领新文艺群体
是文联、书协不可忽视的重要工作

李　翌

改革开放四十多年来,特别是党的十八大以来,我国的文艺形势一片大好,其文艺创作成果丰硕,文化服务成效显著,文艺队伍不断壮大,文艺交流越来越广,文艺阵地更加巩固,特别是新文艺群体的诞生和活跃,为我国的文艺队伍增添了新的力量,为我国的文艺事业的繁荣发展注入了新的活力。

在2014年10月习近平总书记参加的文艺座谈会上,中国文联在参会人员中推荐了两名独立舞蹈人和独立音乐人。习总书记在座谈会上说:"近些年来,民营文化工作室、民营文化经纪机构、网络文艺社群等新的文艺组织大量涌现,网络作家、签约作家、自由撰稿人、独立制片人、独立演员歌手、自由美术工作者等新的文艺群体十分活跃。这些人中很有可能产生文艺名家,古今中外很多文艺名家都是从社会和人民中产生的。我们要扩大工作覆盖面,延伸联系手臂,用全新的眼光看待他们,用全新的政策和方法团结、吸引他们,引导他们成为繁荣社会主义文艺的有生力量。"党中央认可和重视新文艺现象和体制外的新文艺群体,为各地文联工作提出了新课题,统筹协调解决新文艺组织和新文艺群体发展中若干重要问题,促进新文艺组织和新文艺群体健康发展,开创我国社会主义文艺事业发展繁荣的新局面,是我们必须完成好的工作。

一、新文艺群体的诞生是中国改革开放文艺繁荣发展的产物

习近平总书记在文艺座谈会上说:"互联网技术和新媒体改变了文艺形态,催生了一大批新的文艺类型,也带来文艺观念和文艺实践的深刻变化。由于文字数码化、书籍图像化、阅读网络化等发展,文艺乃至社会文化面临着重大变革。要适

应形势发展，抓好网络文艺创作生产，加强正面引导力度。”

新文艺群体的出现是在20世纪八九十年代，那时，改革开放，万象更新，文艺百花齐放，一批非专业歌手（也称职业歌手）、独立书画人、独立文艺经纪人、独立影视演员、独立撰稿人等像雨后春笋般涌现出来。他们不依赖财政拨款，不占用行政和事业编制和公有办公、业务用地，以市场认可和人民群众满意为标准，以自身的艺术创作和文化服务活跃在社会空间，大多自生自灭。他们的特点是创作手法新、创作思路广、推广渠道多、拼搏能力强。在流行音乐界、书画界、舞蹈界、影视界、文艺经纪界几乎占据了半壁江山。他们的缺点就是几乎很少参加有组织的政治学习，对于为国家服务的概念不强，还只是停留在个人打拼的这个层面上。由于这个群体没有正式的组织，他们没有规章、制度和纪律的约束，任其自我完善，自我发展，在信息的传递上也是非传统的、相对闭塞的。

二、多年来我们对新文艺群体的管理有所缺失

新文艺群体是我国文艺大家庭的重要成员，是我国文艺繁荣发展的重要力量，经过各省市文联的初步统计，新文艺群体的从业人员大概占20%左右。这一统计数字说明新文艺群体的队伍正处于日益壮大中。但是多年来，我们对新文艺群体的管理是有所缺失的，是“管”多于“帮”的。比如在20世纪90年代初，许多城市建立了文艺稽查队，对歌厅的驻唱歌手和演出实行了登记制度，随后对一些文化经纪人发放了经纪人证，这些都是“管”，当然，如果新文艺个体如果有嫖娼、吸毒、侵犯著作权，自有法律管他们，总之，过去对这些人和他们的言论行为多是“管理”，而独立书画人、独立撰稿人，由于他们难以成为公众人物，对他们的管理也是缺失和空白的。

任何新生事物的发展都要经历发现问题和解决问题的过程，新文艺群体从产生到发展，再到走向成熟，需要解决现实存在的问题，以实现不断完善和壮大。对于新文艺群体来说，在发生发展过程中存在的主要问题有以下几个方面：

首先，新文艺群体中绝大多数人是自由从业者，这部分自由从业者的数量在不断扩大，且较为分散，这在一定程度上给管理和组织工作带来了相当大的难度。从管理的实际情况出发，目前缺乏完善、有效的新文艺群体组织和管理机制、管理机构和管理办法，这使得针对新文艺群体的引导、管理等工作效果不高。原本其能够发挥出更大的作用，但实际却并非如此，因为管理体制的缺乏导致新文艺群体无法发挥出真正力量。

其次,新文艺群体是在时代发展过程中产生的新兴事物,无论是行业标准、从业规范抑或是政策法规,都缺乏对这一新兴群体的约束,这直接导致了这个群体中个人的合法权益、自身利益得不到保护。

最后,要想更充分地发挥出新文艺群体在社会发展中的作用,就必须解决这个群体中存在的基本问题,比如个体的收入问题,他们没有固定的收入来源,无法充分地利用各种公共服务资源,因此在发挥作用的过程中受到了限制,这使得个体的文艺创造能力、创造积极性有所降低,缺少沟通、交流和展示的机会。

三、团结引领好新文艺群体是文联不可忽视的重要工作

有人形容新文艺群体"聚是一团火,散是满天星"。作为文联,是党联系广大文艺工作者的桥梁和纽带,针对这一新生群体,我们应针对相应的问题,采取相对的措施,从而保障这部分从业者的合法权益,使他们紧紧地团结在党的周围,发挥出应有的积极作用。

1.各级文联要做好新文艺群体的"娘家人儿"

新文艺群体是文艺大家庭的重要成员,各级文联要做好新文艺群体的"娘家人儿"。要当好这个"娘家人儿"就是说,要成为他们的知心人、贴心人,不能把他们区别对待,另眼相看,要把这个群体当成自己家人一样一视同仁。要为他们协调国有文艺场馆闲置时段的使用;为他们和政府购买文化服务之间牵线搭桥;让他们在文联和各个协会,找到认同感和归属感,协会就是他们的家;把他们列入"文艺人才""文艺大师""人才智库"的培养计划;安排他们参加文联举办的一切政治和艺术活动;努力为他们树立正确的政治方向和正确的文艺观,使他们尽快走向政治与艺术的上升通道;争取对那些还没有什么作为的新文艺群体新成员,要努力帮助他们掘到"第一桶金"等。

2.要为新文艺群体找好"婆家"

我们不仅要当好新文艺群体的"娘家人儿",还要积极为他们找到好"婆家"。新文艺群体急需社会的支持和承认。我们各级文联要为他们找"婆家"就是指,凡是需要企业赞助的、和企业签约为企业代言的歌手、书画家,只要是能够跟企业挂钩的,我们一定要为他们搭好这个桥(如文联每年的签约作家等,也一定不能忽视独立作家)。

3. 如今许多社会公益组织把服务伸展进社会的各个层面

比如在“政府购买公共文化服务”中，许多行业、街道向公益组织购买的文化服务，我们要帮助这些新文艺群体找到一个公益组织，让他们与公益组织合作，投身到为企业、为社区、为社会服务中去，在努力开展艺术培训、在为社会的服务工作中展露自己的才华，开辟施展才华的天地。

4. 对体制外的民营文艺社团加大关注和帮扶

民营文化工作室、民营文化经纪机构、网络文艺社群、民营文艺院团是文艺“个体户”的小家，我们文联是他们的“大家”，除了对新文艺个体的关怀以外，我们还要对民营文化工作室、民营文化经纪机构、网络文艺社群、民营文艺院团加大关注和帮扶，把他们看作发展繁荣文化事业的重要力量，我们要放宽他们的市场准入，支持民营表演团体改善演出、排练条件，定期组织展示代表性演出剧目。在政府购买公共文化服务，搭建商演平台、公益演出平台等方面给予支持，我们还要积极培育新的文艺业态、文艺群落，形成百花齐放，万马奔腾的局面。

四、天津市书法家协会针对新文艺群体人员做了以下工作

我在市文联书法家协会工作，近年来我们书协对新文艺群体做了以下工作：

1. 建立党支部、定期讲党课

市书协近年来对于我市“独立书法人”，特别是青年书法家按照居住地、年龄建立了若干党支部，党务工作由文联和书协党委统一管理，我们定期开展讲党课，宣讲新时代党的文艺方针和政府的文艺政策，宣讲十九大精神、学习十九大报告，把党的方针政策和党对新时代文艺工作者的要求及时地传达到他们中间，使这个群体能够统一思想、提高政治站位，并贯彻到行动当中去。

2. 实行“层层管理”

我们书法家协会已将全体会员中，属于新文艺群体的人员筛选出来，进行统计，并上报市委宣传部。今后考虑联合市人社局为他们按学历、业绩、从业经历进行业务考核、职称评定、级别认证，使其在专业技术层面上被认可、被承认。我们还要帮助市文联在每年的“天津市文艺新星”评选中，在市委宣传部的“天津市青年文艺人才推广计划”中积极推举新文艺群体，让他们感受到社会主义文艺大家庭的温暖。

3. 开展培训

协会每年都会举办艺文兼备培训班，至今为止已经举办了四期，针对书法创作

骨干、书法个体从业者进行集中统一的免费培训,着重在书法从业者的职业道德修养、文化水平和专业知识等方面进行辅导,使其提升综合素质水平,丰富中华文化内涵,提升弘扬中华文化的自信和自觉。

4.组织丰富活动,加大宣传力度

2019 年市文联、书协举办的天津市第二届青年书法篆刻展览就吸纳了众多体制外的青年书法家参展,显示了我们对他们的一视同仁。我们还要适时地将他们组织起来,深入基层、企业、公司、学校、街道、社区给广大群众进行书法公益讲座、书法知识普及、书法创作辅导等活动,帮助他们在所居住社区,与居民和辖区单位共同举办书法作品展览。同时加大宣传力度,扩大他们的影响,提升知名度。通过不定期的活动,让他们找到归属感,增强信心,在书法道路上越走越带劲儿。尽管市书协对新文艺群体做了很多工作,但我们依旧还有工作的拓展空间,需要我们更进一步、大幅提升对这一群体的关怀。

新文艺群体是我们文艺队伍中不可或缺的重要组成部分,是改革开放的产物。他们活跃、不僵化,他们勇于作为,敢于创新,善于开拓自己的创业之路,他们的艺术创作水平和创造能力相对较高较强,艺术生命力很顽强,实力雄厚,潜力巨大。因此,团结并引领好这一群体对于发展繁荣社会主义文化就显得相当的重要,同时也是我们工作的重中之重。

(作者单位:天津市文学艺术界联合会)

油画团队的建设对于群文美术发展的意义

刘　晴

为促进西青文化多样性发展，展现广大西青画家高雅健康的艺术才华和用心向上的精神面貌，西青区文化馆馆办团队“印象·杨柳青油画家联盟”将西青区优秀的油画家及爱好者组织到一起开展写生活动。2019年联盟共组织活动15场，创作写生作品百余张。画家们每隔周一次，深入到田间地头，走街串巷，实地创作。不论刮风下雨，风雨无阻。作为西青文化馆的一名美术干部，从油画团队建立之初直至今天，从写生活动策划到具体实施，亲身经历了油画联盟团队的建设和发展，深切感受到了油画团队的建设对于群文美术团队发展的重要意义。

一、群文美术团队的建设是做好群众美术工作的重点

群文美术队伍是群众美术工作的主体。建立群文美术团队一是便于群众美术的普及，群文美术团队的建立，依托群众文化在普及中提升的重要特点，从根本上为美术活动提供着良好的人员基础；二是能更好地组织各类美术爱好者开展不同类型的美术活动。不断地发展壮大丰富了群文美术团队，能更好地开展群文美术工作。文化馆的群众美术工作面向的是普通老百姓，这其中既有绘画专业高手，也有无绘画基础的爱好者，如何能平衡两者，团队的建设就显得尤为重要了。一个好的群文美术团队，能将两者有机结合，打造和谐的美术学习环境。

二、油画团队在群文美术中的地位和影响

油画作为美术中的一个大项，具有很现实的意义。“文运同国运相牵，文脉同国脉相连。”习近平总书记指出，广大文艺工作者要坚持以人民为中心的创作导向，坚持为人民服务、为社会主义服务，坚持百花齐放、百家争鸣。油画是世界性的绘

画艺术,如今的中国油画更是具有了民族精神及本土文化的艺术。油画团队的建设在整个群文美术团队建设中起到了不可小觑的作用。我们以人民群众的需求为出发点,因此群文美术包罗万象。文化馆承担着群众美术普及和提高的工作,同时也承担着各类美术团队的建设工作。

另一方面,作为一种外来的美术形式,油画在创作视角、创作技法中与土生土长的国画有很多不同。对于普通美术爱好者,通常的学习和研究途径是专注研究某一种绘画形式,笔耕不辍、乐此不疲,但就个人美术审美而言,这只能是以一种单一的培养和提升。特别是在西青区这样一个有着浓厚年画氛围的千年古镇,国画的创作和审美很大程度上占据着美术爱好者的半边天,在弘扬传统文化的同时,实则也制约着年画形式的推陈出新。长时间以来,与年画创作最为融洽的创新途径无非是为其赋予更具时代感、更符合当今社会审美的主体和内容,而就创作技法本身很少能有突破性创新。鉴于此,笔者认为油画团队在群文美术中,特别是在有着一定国画创作氛围的地域内,有其一定的推崇发展意义。其目的不是要着力发展西方美术,而是通过对油画的分析和研究,尝试性探寻可能适合年画、国画等创作更为新颖的技法和角度,从而在艺术生产中搜寻更为全面更为客观的创作手法。

三、西青油画团队的建设

杨柳青是西青区的政治文化中心,自古便是人杰地灵之地。这里有南北文化之交融,更有中外文明之碰撞。“印象·杨柳青油画家联盟”就是这样一支队伍。联盟成立于2011年3月,是西青文化馆的馆办团队,成立至今已有8年。联盟成员是由西青区的美术老师、自由画家以及天津美院、师范大学艺术系的学生以及美术爱好者组成。杨柳青古镇、京杭大运河享誉中外的民族元素,都为油画的创作开辟了肥沃的土地。八年来,团队一直秉承发扬油画精神,创立本土效应的理念。先后举办过联盟创作展、油画双年展、艺术节油画展、写生作品展等展览。2019年3月“印象·杨柳青油画家联盟”开始组织我区油画家及绘画爱好者在杨柳青及其周边开展户外写生活动。画家们隔周一次,深入到田间地头,走街串巷,实地创作。不论刮风下雨,风雨无阻。这就是写生的精神,这就是油画人的精神!写生活动是一项长久的坚持,当画家与自然融合,才能忘我地创作。团队的建设,不仅包括展览、写生,同时我们还定期组织画家及爱好者听讲座、参观展览。大家的绘画技法和思维视角在一次次的交流、观摩中得到升华。

四、油画团队对群文美术发展的影响

作为群文美术的重要组成部分，油画团队建设自然影响着整个群文美术的发展。但这只是整体与局部之间的组成关系。从油画的手法和特点上说，笔者认为油画团队建设还在以下几个方面对群文美术的发展有着更为长远、更为无声的积极意义。

1.油画团队亦是本土文化的发掘者和传承者

杨柳青古镇历史悠久，文化多元。杨柳青年画更是享誉中外。在运河之畔，古宅之院、田间之陇……无时无处不体现出文化的溯源。就美术审美而言，不同种类的画作有着不同的审美观念。对于现代人而言，生活节奏的不断加快，生活压力的不断放大，年画的概念往往停留在一代或几代人的记忆中，而对于记忆又只好怀念。如果让一种美术形式成为人们情感载体未尝不可。但美术终究是一种审美、一种态度，从某种意义上说，年画审美本身已经很难在基层群众中得到真正意义上的推广和普及。

但油画不同。改革开放后，随着西方文化的不断涌入和多元影响，人们思想观念、生活方式也发生着潜移默化的改变。人们习惯会把审美注意力放在新生事物上，并不由自主地与相对熟悉的形式进行比较，而这就是发掘和传承本土文化的途径和契机。油画团队的组建和发展，一方面是探寻和创作本形式内的更强技法和更高追求，另一方面也在不由自主地对比本土文化，延展传统美术的覆盖面，让艺术在对比中闪光，在融合中吐露更为夺目的时代色彩。

油画这个舶来画种，对于海纳百川的中国，对于喜爱多元文化的古镇来说，更加的珍贵。西青的本土画家秉承这个理念，正是对我们文化的高度自觉与高度自信。而也只有坚定中国特色社会主义文化自信，才能充分吸收中华民族优秀传统文化的丰厚养料，创造出具有鲜明民族地域特色，反映西青崭新风貌，体现人民心声的丰富多彩的艺术作品。

2.油画团队是群文美术的拥护者和生力军

随着人们生活方式的不断更新，油画因其更为鲜艳的色彩渲染和更为立体的颜料堆积，备受广大群众特别是少年儿童的青睐。抽象的自由创作思维，和孩子天马行空的想象总会碰撞出许多火花，也在不经意间留下了许多为人称道的美术作品。不仅如此，油画的延展还在建筑、服饰、工艺品等多个领域占据一席之地，并对孩子思维方式的开发，以及表达方式的多元有着更为独到的启迪。油画团队的存在,不仅在形式上给予群文美术更为多样的选择、更为宽广的发展平台,也在文化馆功能实践的进程内,吸引着更多的新生代力量加入,让其成为群文美术的拥护者和生力军,充实着源源不断的新生血液。

从另一个角度讲,油画研习本身又是一种平面美术向立体美术的技法蜕变。通过最为直接的视觉体验,提供了另一种维度的美术呈现和审美表达,这更加符合当今群众多元的文化需求,让美术从平面延伸至空间。从某种意义上说,对于习惯传统意义上平面美术存在形式的人们,这更是一种美术表达途径的创新者和生力军。

3.油画团队是群众美术的传播者和助推力

以西青区"印象·杨柳青油画家联盟"为例,定期和不定期开展的采风创作活动从不同侧面反映着西青区各个角落的微妙变化。文艺创作是文化发展的生产力,而油画的表现手法又能很大程度上赋予画作更多的作品态度和情感表达,寄情于景,触景生情,处处是景,处处有情。这是油画写生的审美特点,更是先进文化更为准确、更有力道的传播途径。

用合适的方式表达情感,以独特的形式积蓄能量。"印象·杨柳青油画家联盟"写生活动一方面在于练习和提升画作水平,另一方面也在文化馆美术干部的组织和引领下推动着西青文化创作的繁荣和发展。在这过程中,油画创作是形式,也是内容;是主题,也是介质。画幅跃然的色彩是特定环境中情感的描摹,画幅反映的微小更是庞大的文化生态中一个或几个微小生命的积极向上,欣欣向荣。这是油画写生在群众美术生活中的推动力,更是文化实践引领风尚、服务社会、推动发展、教育人民功能的真实写照。

五、西青油画团队未来的发展方向

"印象·杨柳青油画家联盟"在西青区已经存在8年之久。依托文化馆优质的公共文化资源和较为宽阔的展现平台,现已取得了一定的团队成绩和社会认知。未来,"印象·杨柳青油画家联盟"将从以下几个层面开始多点发力,为油画团队制造更为广阔的创作视野和更为详尽的发展机制。

1.以点带面,横向铺开

群文美术不是少数人的美术,油画团队存在的意义也不仅仅是少数人的自娱或能力上的不断提升。未来一段时间内,油画团队将尝试性减少团队形式的存在,从组织上打散,分散到各个镇街和各个社区当中,发动和影响一批对油画感兴趣的普通爱好者。以点带面，横向铺开。以油画研习为切入点，吸引更多的普通群众加入其中，完成群众美术中“群”的要义。

2.注重特色，纵向提升

西青区地域文化厚重，地因画而名，画因人而兴。在这片土地上，既要接受新生，又要发扬传统；既要创新发展，又要守住根基。这是西青美术的发展特色。在此基础上，油画团队的建设也要实现走出去、请进来的研习模式，将团队人员按不同年龄、不同造诣进行分类化调整，制定和搭建与之更为匹配的培养方式和展示平台，激发团队活力，创新发展引擎，为团队创造更为有机的提升途径。

3.健全机制，保障加固

“印象·杨柳青油画家联盟”虽然有多年活动经验，团队的管理机制、运行机制相对完善，但人员的流动性依然较大，创作水平也在一定程度上参差不齐，活动保障也存在不同程度的乏力。下一步，团队组织者将从团队成长入手，建立健全团队成员守则、活动要求、主题创作机制、安全保障机制、画展评选机制、作品研讨制度等多项针对性保障制度，让互动的开展有法可依，有据可循，最大限度地保障油画团队的积极健康发展。

综上，油画团队的建设虽然不等于群文美术团队建设，但却因其有较为广泛的群众基础和较为明朗的社会认知，在多个侧面、多个角度和群文美术团队有着千丝万缕的联系。作为一名基层的群文油画干部，沉浸在油画创作中是业务的提升。但走出油画，探寻和发现更多与油画相关，有群众相关，与文化相关的人和事更是群文工作者不可推卸的责任与担当。“文化是民族的血脉，是人民的精神家园。”也只有牢记群文工作的初心，才能在我们各自不同的门类中真正做到“从群众中来，到群众中去”。

（作者单位：天津市西青区文化馆）

浅谈数字文化馆连接万户千家

陈　莹

当前,数字文化馆的发展如日中天,各地广泛探索建设模式,涌现出了大量的成功建设案例。从数量上看,随着国家支持力度的加大,已经有越来越多的文化馆完成了自身的数字化建设,整体上看文化馆的公共文化服务方式已经发生了很大的变化。但数字化建设本身不是目的,建设完成之后的实际应用和百姓利用才是更为重要和根本的,一套完整的高质量数字化软硬件,没有广大百姓的参与就没有实际意义。从这个角度上看,数字文化馆的发展还远远没有最终完成,如何让文化馆的数字化真正与千家万户形成连接还有很长一段路要走。

一、"应用难、普及难"成数字文化馆发力阻碍

首先,文化馆"数字化服务模式"建立耗时长。对于大多数文化馆来说,其服务方式已经在长期的公共文化供给中基本形成,数字文化馆的建设完成之后,突然需要改变自身已经熟悉的服务模式,这是一个不小的挑战。要实现从"传统服务模式"到"数字服务模式"的转型,不仅仅需要打破原来与群众的互动连接方式,更需要形成一个全新的工作流程和工作习惯,而这些都是需要相对长的时间来建立和完善的。

其次,数字文化馆建设内容全面均衡难以兼顾。数字文化馆从开始建设到小有规模,积累了不少成功的经验,同时也提供了不少失败的教训,受"智能化""科技化"等力量裹挟,文化馆在最初进行数字化建设的时候对于高科技、智能化的线下建设投入很多,线下体验区的规模大、耗资多,但却不是所有文化馆都能够恰当地将这些科技化的体验设备与文化因素进行有机结合。随着各方面认知越来越到位,当前数字文化馆的建设已经开始由"重视线下"向"线上线下相结合"方面转变,

由“注重平台”向“平台资源相结合”方面转变。在资金、时间、群体体验等综合因素的影响下，数字文化馆要做到平台、资源、线上、线下均衡建设协调发展确实是面临非常大的挑战。

再次，数字文化馆成果应用与运营能力弱。由于历史和经济等方面的客观原因，文化馆的从业人员相对来说还是以传统人才为主，数字化方面的人比较少，也就造成门户网站、微信、App等数字化平台应用难，普遍出现维护困难、更新慢、内容少等问题。无法有效将数字化建设成果应用到具体工作中，就必然会影响到数字文化馆在加强全民艺术普及方面的作用，造成投入了资金却没有利用率这一困境。由于数字文化馆是一个非常复杂庞大的体系，需要配套的运营服务才能够发挥最大作用，良好的运营服务是增加文化馆和群众黏性的必要条件，尤其是在文化馆完成一系列数字化建设之后，必须要依托后期运营推广让百姓了解、认识、熟悉，才能进一步提高百姓利用数字化建设成果的概率。但从当前情况看，有相当一部分文化馆还仅仅停留在以建设本身为目的的阶段，没有足够的后期运营推广能力。

最后，数字文化馆在群众中普及推广难度大。从我国文化馆服务人群分布情况来看，文化馆更多的还是服务于老年群体和少儿群体，对于中青年人群吸引力相对较低。“两头多，中间少”的人群特质给文化馆数字化建设推广利用提出了很多难题，一方面老年人受当年教育和经济等综合因素影响，普遍呈现知识水平不高、智能终端利用水平不高等现象，在农村地区这种问题更加突出。这样一来，老年人就无法与文化馆的数字化服务模式完全契合，他们更多的还是更适应或者更需要传统的服务模式。同样的情况也适用于少儿群体，少儿群体终端持有量低、文化水平等还未达到标准，这些都影响了数字文化馆的普及推广。

综上所述，数字文化馆的建设从实际效果来说还并未发挥最大作用，在大多数百姓日常生活中并没有成为习惯性内容。这一问题不解决，将会影响数字文化馆的进一步发展，文化馆的数字化必须要与千家万户的百姓密切相关才能够落到实处。

二、数字文化馆可借鉴的成功案例

“数字文化馆”的建设是需要因地制宜的，它不是“一刀切”工程，是需要各地根据自身情况采取相适应的措施和手段的。从全国范围内来看，数字文化馆的建设已经基本呈现出了多样化、个性化的建设模式，也涌现出了一些对其他地区有参考借鉴价值的成功案例。

1.东莞市文化馆数字化建设

东莞市文化馆是全国第一批数字文化馆建设试点单位,线上重点建设"文化莞家",它实际包括了网络(网站)和手机终端(微信公众号、东莞文化网络电视 App)两个平台 。利用这两个平台,东莞市文化馆广泛开展了线上场馆预定、活动开展、信息发布等业务,大大方便了群众,让百姓在家就可以享受远程的公共文化服务。除线上平台建设之外,东莞市文化馆还打造了一个非常具有吸引力的线下体验区,体验区以文化元素为核心,打造影像化、互动化的沉浸式体验空间,同时建设了自主摄影体验室、书法互动体验室、数字钢琴楼道和音乐视听空间等,通过线下体验吸引更多的百姓到馆参与活动、体验文化。

东莞市文化馆是将线上线下建设都做得比较好的单位,一方面得益于其建设资金的支持,另一方面也充分说明东莞市文化馆在进行数字化建设时将网络与实体进行了高度结合,体验空间不脱离文化因素是东莞市文化馆具有先见之明之处。

2.安徽省文化馆地方数字文化资源建设

2018 年,安徽省文化馆在"中央补助地方公共数字文化资源建设项目"中获批五个资源库建设,包括艺术慕课、音频等多个类型。以"欢乐少儿·听遍安徽"特色音频资源库为例,"听遍中国"特色音频是深入发掘本省(区、市)具有地域特色的说唱艺术、文化旅游等适合用音频表达的内容,结合音频资源服务便捷的特点,开展原创音频资源建设,形成文化共享工程特色音频,优秀的建设成果都将纳入"心声·音频馆"平台在全国进行宣传推广。安徽省文化馆"欢乐少儿·听遍安徽"主要采用向民众征集文本资源和音频的方式进行,从 2018 年 7 月 28 日至 2018 年 9 月 15 日,该项目参与民众多达几千人,提供成熟作品人数达一千多人。

在数字资源建设过程中,安徽省文化馆的这种做法充分调动了百姓的积极性,他们没有将自身的数字化建设与群众割裂开来,而是让群众参与、共同建设,这种做法大大促进了艺术普及的程度,远比资源库建设完成后再推给百姓要好得多。

3.宁波市文化馆运营服务建设

2018 年,宁波市文化馆发起"艺 + 堂"计划,预计在宁波市象山县墙头镇开展试点工作,该项目"以农村文化礼堂为工作平台,以全民艺术普及工程深度融合为创新抓手,在深入挖掘'一人一艺'全民艺术普及核心资源的基础上,通过设备进场、资源注入、艺培推动、展陈升级、展演创意等手段,同时有效带动乡村文化旅游联动发展,将农村文化礼堂升级打造为乡村文化聚合地、乡村艺术集散地和乡村文旅创新地" 。为达到这一目的,宁波市文化馆打造了该地区的文旅地图,将所建设村庄的各个文化点纳入地图,形成数字化文旅平台。

建设完成后,宁波市文化馆并没有满足于此,而是结合该地图进行了一系列运营策划。2018 年 11 月 25 日,宁波市文化馆在墙头镇溪里方村开展"'一人一艺'乡村计划·宁波首个乡村文旅中心成立暨 2018 乡野艺术节",通过诗歌会、摇滚乐、寻宝打卡等各项文化活动吸引大量的群众来参加。包括《人民日报》《经济日报》《中国文化报》《浙江日报》光明网等众多媒体都纷纷对其进行重点报道。大力度的运营工作使得"艺+堂"项目迅速打开了知名度,所建设的数字化平台和资源都在第一时间高频度、密集性地传递给了广大群众,同时也保障了群众在这个过程中的体验感和参与感,可以说是多方受益。

4. 砀山县文化馆总分馆建设

2018 年安徽省下发《安徽省县级文化馆总分馆制建设实施方案》,其中提出"到 2018 年底,全省基本建立以县(市、区)文化馆为总馆,以乡镇(街道)综合文化站等文化活动场所为分馆、村(社区)综合性文化服务中心为基层点的县级文化馆总分馆体系"。在此情况下,砀山县文化馆建设了一套数字文化馆总分馆体系,主要内容包括总分管理平台、微信端、App 端、大数据分析展示,并且配套建设了大数据屏、文化一体机等。为了让这些建设内容能够切实发挥作用,砀山县文化馆在建设完成之后,统一组织各街道、乡镇文化站站长进行集中学习,把数字平台的操作方式和工作流程全方面细致地讲解给大家,确保砀山县文化馆各分馆可以充分参与进当地的各项服务当中,只有这样才可以形成砀山县文化馆总分馆之间的整体联动,形成合力服务百姓。

三、数字文化馆更好连接万户千家的建议

通过以上分析可以看到虽然数字文化馆的应用与普及存在着多种多样的问题和难处,但仍然具有无限的活力与生机,从大量成功经验来看,各建设单位只要找到切实适合自身的建设内容和建设方式,仍然是可以将数字文化馆的功效发挥出来的。为更好地促进数字文化馆与万户千家之间的连接,本文在此提出若干建议:

1. 数字平台建设保障群众使用方便

目前,文化馆的数字化平台建设种类繁多、类型多样,包含网站、微信、App 等多种终端样式,对于建设单位来说,在选择数字平台类型和具体内容的时候要充分考虑群众使用的便捷性。

2.平台建设要兼顾电脑端和手机端

网站建设多在电脑端实现,一来平台功能可以更加全面丰富,二来电脑端的操作和管理都比较便捷。不过随着信息技术的发展,手机功能也开始可以媲美电脑,据《中国互联网发展报告2018》显示,“2017年手机上网人群占比由2016年的95.1%提升至97.5%……手机成为应用最广泛的个人上网设备”。因此在这种情况下,数字文化馆的建设不仅需要做好电脑端的建设,也应该切实做好手机端的各项建设,例如微信、App等,将PC网站与手机端相结合,共同形成数字文化服务平台,这样才可以确保我们的建设可以覆盖最广大的群众,才能首先打破数字化建设与百姓之间的渠道屏障。

3.资源建设要兼顾艺术性与趣味性

文化馆数字资源建设比较容易陷入的困境是资源建设完成后被束之高阁,无法与大多数百姓产生关联,出现这种现象很大程度上是因为这些资源在建设过程中更多地侧重了其艺术性的一面,对于普通民众来说趣味性和可欣赏性不够。以“非遗”资源为例,当前很多文化馆是兼具“非遗”保护中心职责的,在对“非遗”资源进行数字化建设的时候,受制于“非遗”资源的自身特征很容易就将其打造成为相对比较学术、严肃的资源类型。但从作为接收者的民众角度来看,这些艺术性太高的资源作品是超出了生活的,他们接受起来也相对困难。因此,数字文化馆要想与百姓之间真正实现无障碍的连接,在资源建设方面就需要兼顾其艺术性与趣味性,要能够对原有资源进行内容和形式创新,让百姓能够对其产生兴趣,从而吸引他们去了解关注。

4.长期发展要兼顾建设与运营

数字文化馆的建设与发展不是一蹴而就的事情,它与万户千家之间的关联也不是可以一步到位的,让群众能够在数字文化的大环境下受益还需要文化馆进行长期艰苦的努力和工作。应该充分认识到,数字文化馆的建设内容本身不是目的,将这些建设内容利用好才是目的,不仅馆方需要利用,群众也需要利用,因此在长期发展中要兼顾好建设与运营。通过各项文化活动、特色文化赛事、媒体宣传渠道等手段,加强数字文化馆的运营与宣传,把文化融入,让数字化建设成为文化馆连接万户千家的手段,真正促进全民艺术普及。运营推广是一项长期工作,应该结合当地群众的实际情况,从基层出发、从一线出发,策划适合基层群众的各项文化活动,让最多数的百姓能够运用数字化平台、利用数字化资源,能够在这个过程中反向促进数字文化馆的更好发展。

数字文化馆的建设与发展应该以应用和服务为目的，它是与千家万户的百姓切实产生联系的工具和手段，而不是被束之高阁的观赏物。在加强全民艺术普及方面，文化馆一直是中坚力量，随着时代的发展，数字化程度也必然会越来越加深，文化馆与数字化的融合也会更深入。当前，数字文化馆已经在全国范围内成为趋势，在很多地区产生良好的应用效果，可以成为我们进行数字文化馆建设的参考经验。从未来发展的角度看，我们有理由相信，当数字文化馆的建设能够做好因地制宜的时候，文化馆也必将在与群众建立更深联系方面有更大突破，数字文化馆连接万户千家是挑战更是机遇。

（作者单位：天津市东丽区文化馆）

新形势下做好文化馆培训与辅导工作的思考

刘　峥

党的十八大以来,中国特色社会主义进入新时代。在以习近平同志为核心的党中央领导下,滨海新区广大群众文化工作者自觉担负起新的文化使命,紧紧围绕坚定文化自信、建设社会主义文化强区这一重大任务目标,以高度的文化自信、文化自觉与文化担当,不断激发文化工作创新活力,满足人民群众精神文化需求,在滨海新区群众文化工作实践中,丰富和发展了中国特色社会主义文化。在新的历史条件下,滨海新区文化馆肩负着社会公共文化服务的重要职责,通过组织开展群众文化活动,开展社会文化教育培训和基层群众文化辅导,丰富人民群众文化生活,通过自身专业能力和各类社会文化资源的整合利用,为满足人民群众基本文化需求提供服务,包括组织群众文化活动、普及文化艺术知识、辅导基层文化艺术骨干、开展社会文化教育培训以及非物质文化遗产保护等工作,是广大群众进行文化艺术活动的重要场所。从文化馆众多职能中我们发现,开展文化艺术培训和辅导工作是文化馆十分重要的基本职能,特别是在社会发展新的历史时期,广大人民群众对精神文化生活需求发生了新的变化,这就要求群众文化工作者要积极适应滨海新区开发开放、改革发展新形势,与时俱进,锐意进取,以开拓创新的精神面貌和扎实苦干的务实工作态度推进文化馆培训辅导工作向前发展。

一、新形势下对文化馆培训辅导工作的再认识

1.天津滨海新区的成立,引起原来各区文化馆的深刻变革

2009年,经党中央、国务院批准,天津滨海新区正式成立,原塘沽、汉沽和大港三区撤销,合并为统一的滨海新区。2013年,滨海新区进一步深化体制机制改革,

形成了统一管理的行政建制区。原来三个行政区的文化馆也在改革大潮中经历了工作内容、工作要求和体制机制的不断变化，目前成立的滨海新区文化馆，分别由塘沽馆区、汉沽馆区和大港馆区组成。地域扩大、人员增加和工作对象的改变是显而易见的，但是思想观念上的改变是潜移默化的。现在开展的文化活动，也包括培训辅导工作，需要站在滨海新区的高度来设计、组织和安排，活动内容要求更高，表现形式要新，原来的思维方式和工作方法要随之改变，这正是滨海新区社会发展新格局带来的新要求。

2.党中央举旗定向，为群众文化工作者指明新方向、提出新要求

党的十八大以来，以习近平同志为核心的党中央举旗定向，正本清源，使思想文化领域形势发生了全局性、根本性的转变。滨海新区文化馆成立之后，由于新的形势发展要求，对全馆干部职工思想和业务等多方面都提出了新的要求，从政治思想层面来说，必须牢固树立“四个意识”、坚定“四个自信”、坚决做到“两个维护”，不断提高思想水平和适应滨海新区机制体制变化的能力；从业务能力方面来说，要求以积极向上、奋发有为的精神面貌，积极做好群众文化各项工作，要充分利用现有文化条件，在培训辅导工作中，宣传群众，凝聚民心，大力培育“开发开放、引领未来”的新区精神，紧密围绕党委和政府中心工作，充分发挥群众文化的精神鼓舞和行为导向作用，为建设繁荣宜居智慧的现代化海滨城市营造良好环境。

3.社会生活的不断变化，影响到群众文化参与对象、活动形式和活动内容的不断改变

2019年是新中国成立70周年。中国共产党领导全国人民经过不懈奋斗，取得了举世瞩目的伟大成就，人民生活发生了翻天覆地的变化。40年改革开放，深刻的社会变革在社会各界造成了深远影响，其中群众文化工作也不例外，总结归纳起来主要包括这样几个方面。一是随着人民生活水平的不断提高，一大批有钱、有闲、有健康的中老年人参与到群众文化活动当中，成为一支不容忽视的庞大队伍。对这支队伍的组织、培训和辅导，达到不断提高文化活动质量的目的，成为新的课题。二是为丰富进城务工人员的业余文化生活，加强文化艺术培训和辅导已经成为实现文化服务均等化的重要工作内容。三是如何对年轻一代文化流行思潮进行审美引导；如何发挥现代科技手段的作用，不断提高文化艺术培训辅导质量等，都是摆在群众文化工作者面前新的课题和任务。

二、如何搞好新形势下的培训辅导工作

滨海新区文化馆成立时间虽然不长，但在全区群众文化事业发展中的地位和作用是显而易见的，所肩负的责任和使命是繁重而艰巨的。要搞好新形势下的培训辅导工作，应当从以下几个方面做出努力：

1.加强业务干部队伍建设，不断提高业务能力和水平

做好新形势下的培训辅导工作，关键在人。文化馆业务干部是搞好培训辅导工作的主体，面对日新月异的形势发展，要从思想上严格要求，业务上不断提高，大力践行社会主义核心价值观，努力做到政治过硬、本领高强、求实创新、能打胜仗，造就一支有责任、有担当的群众文化工作者队伍。另一方面，按照关于加快构建现代公共文化服务体系建设的相关要求，积极加强各基层单位文化管理干部队伍建设，通过强化管理和大胆使用，力争实现基层群众文化工作"有人干事"和"有干事的人"，逐步完善街镇公共文化服务工作体系。同时，还要把基层文化站，特别是农村和社区文化活动中心、农家书屋、市民书屋等负责人管理好、使用好，让基层文化阵地切实发挥作用。

2.加强阵地建设，为搞好培训辅导打造良好平台

群众文化阵地是搞好培训辅导的必要条件。滨海新区文化馆的文化阵地目前呈现发展不够平衡的状态，特别是基层文化设施建设参差不齐。对此，一是要加强基层文化站等公共文化设施建设，对老旧社区文化设施进行改造提升，更新换代，以适应当今人民群众文化活动需要。二是要加快文化广场、文化街道、文化路段建设，不断打造社会生活的"文化圈"，方便广大群众在一定范围之内集中参与文化培训辅导活动。三是利用文化馆现有活动阵地，与街镇文化站建设公共电子阅览室，为群众提供无线WIFI服务，市民群众可通过手机上网，学习文化知识，接受文化信息，同时享受多项文化设施带来的惠民服务，通过文化阵地的改造和利用，切实提升文化馆培训辅导的实际效果。

3.坚持以人民为中心，不断扩大培训辅导覆盖面

做好群众文化的培训辅导工作，要坚持以人民为中心的价值取向，要满足人民群众日益增长的精神文化需求，要保障公民的基本文化权益，要促进人的全面发展。一是坚持开展送文化下乡，重点深入到边远农村社区开展戏曲、歌舞表演、摄影艺术创作等培训辅导，促进城乡培训辅导活动均衡发展。二是建立基层群众文化需求询问和反馈制度。定期深入到基层群众当中，面对面听取他们对文化培训

辅导方面的诉求，有针对性地调整和充实培训辅导内容。三是加大对业余文艺团队的培训辅导力度。采取定期辅导和提供表演机会等措施，促进团队不断保持凝聚力，并通过参与多种形式的现场表演，锻炼队伍，增加活动热情，提高艺术水平。四是积极落实《滨海新区文化服务外来建设者十大举措》，文化馆要围绕滨海新区外来建设者艺术节、才艺大赛、艺术作品展览、滨海应知百题知识竞赛等活动内容，及时开展好培训辅导各项工作，让外来建设者与新区市民一样享有均等化的文化服务，充分享受滨海新区文化发展成果。

（四）适应互联网发展趋势，努力实现培训辅导现代化

随着现代科技的发展，互联网技术应用突飞猛进，带动了社会极大的进步和发展。文化培训辅导工作也要紧密结合互联网技术的发展，插上腾飞的翅膀。

首先，积极适应网络对人们生活与思维方式的深刻影响，把“互联网+”技术与文化艺术培训辅导相结合，这既是时代需要，也是群众需求。利用网络技术应用App，兼顾不同年龄、不同人群的文化需求，开展“名师公开课”“一对多视频直播”“一对多直播分享”“一对一远程陪练”“一对一视频在线课程”等多种形式的培训辅导服务，相当于为千家万户安装了“千里眼”和“顺风耳”，足不出户就可以得到优质的文化艺术培训辅导服务。

其次，充分利用“智慧滨海”的成熟技术和已有平台，把智能互联网、新一代计算机技术系统和培训辅导创新理念结合起来，建立更加便捷高效的服务体系，让新区居民体验到数字服务平台带来的各项实惠。比如，利用这个平台了解文化信息、参与文化活动，像网上购物一样随时随地、简便易行，为群众提供参与和享受文化生活的全新体验。

再次，充分利用数字文化服务平台，积极主动与相关单位、相关渠道和相关领域对接，例如“滨海文化365”信息手册、“滨海文化广场”网站、文图博各单位和社会文化组织等服务网络，把新区现有多个文化单位和社会文化组织网络不断加以整合，形成一个多平台互动对接、立体化文化服务体系。在这个体系之内，把文化艺术培训辅导的管理者、服务者和服务对象紧密连接起来，把培训辅导工作中的有关信息、项目内容全部做到线上推送。然后，关于培训质量评估和人员管理等内容也都实现在网上进行，让现代科技与培训辅导及其管理工作紧密结合，相得益彰，让群众文化培训辅导工作在新的历史时期发挥更大的作用。

（作者单位：天津市滨海新区文化馆塘沽馆区）

浅析如何让高雅艺术更"亲民化"

王卉蕊

近年来,伴随人们艺术欣赏水平的不断提升,交响乐、芭蕾舞剧、歌剧、音乐剧、室内乐等高雅艺术越来越频繁地走进大众生活当中。不仅对人们的精神世界和艺术欣赏水平产生诸多影响,更推动了整个文化产业的快速发展。现如今,高雅艺术与群众文化之间的关系愈来愈密切,"雅俗"之间的界限也逐渐消融。各地政府和艺术文化产业机构还应该针对高雅艺术"亲民化"策略进行深层次的探索与研究,在政府相关部门的积极引导之下,使高雅艺术走进了社区、学校和各类工业园区当中,进一步实现了高雅艺术向群众文化当中的渗透,使其向大众文化持续靠拢。

一、"雅、俗"的概念

1. 高雅艺术

高雅艺术一般都具有很强的专业性,例如芭蕾舞剧《天鹅湖》《胡桃夹子》,交响乐《命运》《自新大陆》,歌剧《图兰朵》《魔笛》等。这些作品在其进行艺术表演的过程中都包含着相当丰富的专业知识和专业水准,同时对欣赏者的理解能力、审美水平和艺术鉴赏能力都具有相当高的要求。因此,在国内很多高雅艺术只备受艺术熏陶较深的家庭以及这一专业领域内的人所接受和喜爱。

2. 群众文化

群众文化是指人民群众以自娱自乐为主要目的,以自教自学为发展途径,吸引社会大众广泛参与的一种社会文化娱乐活动。例如我们日常生活当中经常看到的广场舞、太极拳、健美操等活动都隶属于群众文化的范畴。而且这种社会文化娱乐活动没有什么固定形式,只要满足参与者自身的精神文化需求即可,有些活动还带有一定的游戏性质,没有太多理论上的束缚,使之成为一种普及度高且深受老百姓喜爱的文化表现形式。

3.群众文化与高雅艺术的关系

从某种层面上看，高雅艺术与群众文化是相对立的，如果说群众文化倡导是大众化与民间化，那么高雅艺术追求的则是专业和精湛的艺术表现水平。但事实上，群众文化与高雅艺术之间的雅俗区分会因人、因时、因地而发生一些转化。以地方戏曲为例，曾经在一段时期“天津快书”“京韵大鼓”“太平歌词”“二人转”等多在民间演出的民俗小调，由于内容过于接近老百姓日常生活，被人们视为低俗且比较平民化的艺术种类，甚至一度面临着失传危机。时至今日，地方戏曲却成了我国传统艺术形式之一，被国家和政府保护起来。再比如意大利歌剧，包括我国在内的很多国家都将其定义为高雅艺术，但在意大利本土它却是一种大众文化。由此看来，不能简单地通过“雅俗”对某种艺术表现形式进行归结与判断。相信只要方法得当，形式合理，高雅艺术同样可以“亲民化”。

二、高雅艺术需要“亲民化”

1.高雅艺术“亲民化”的现状

(1)宣传渠道存在局限性。即便在当前的信息化时代，人们每天被各种广告信息所包围，但普通市民要想及时获取高雅艺术演出信息依然存在较大的难度。很多时候，人们只能通过官方网站获取相关信息。如天津大剧院的演出门票只能到天津大剧院官网或大麦网购买，而天津演艺网上却没有演出相关的信息。其他的一些第三方网站上虚假信息、无关广告、甚至是恶意欺骗的不良信息比比皆是，线下“黄牛”泛滥。由此看来，高雅艺术的宣传手段还不够完善，无法满足普通观众的观看需求，导致老百姓对高雅艺术“望而却步”。

(2)“亲民化”缺少平衡点。高雅艺术是不同时期艺术发展精华的集中体现，需要通过作品本身的存在价值和审美价值对其进行衡量；而群众文化则是一种普及度非常高的存在，人们可以因其较低的门槛而进行无限复制。这就需要在高雅艺术“亲民化”的过程中，在二者之间找到一个平衡点，将那些高雅艺术元素转化成为老百姓容易接受的东西。

(3)欣赏高雅艺术成本过高。目前，要想欣赏到一场高水平的歌剧、交响乐或者芭蕾舞演出，需要人们支付高昂的票价。即便是中高等收入的人群也会考虑再三，甚至望而却步，更谈不上普通百姓。人们要想观看高雅艺术，大多是通过电视转播或者网络视频等途径。但是，真正的高雅艺术更适合在现场观摩感受，其他观看方式势必会导致在视听感受方面大打折扣,非常不利于高雅艺术的“亲民化”推广。

2.亲民化的现实需要

(1)国家政策需要。通过欣赏高雅艺术,可以使人们获得较高的思想道德情操和内在品格,促进学习成效和工作效率的提升,从而促进社会发展水平的整体提升。我国现在正处在一个综合国力稳步上升的阶段,大力发展经济的同时,文化也要同时发展。习近平总书记在十九大报告中指出:“文化是一个国家、一个民族的灵魂。文化兴国运兴,文化强民族强。没有高度的文化自信,没有文化的繁荣兴盛,就没有中华民族伟大复兴。”这就说明加强精神文明建设是政府主要工作内容之一。而通过高雅艺术的推广与发展,正是推动精神文明建设水平的重要途径和有效手段。

(2)天津市城市发展需要。天津市作为文化重镇、曲艺之乡,推动高雅艺术“亲民化”对于天津市的文化发展,也是至关重要的一步。近年来,天津市创作出很多优秀的文化作品,如天津人民艺术剧院排演了《蛐蛐四爷》《望天吼》《相士无非子》等优秀剧目;天津歌舞剧院上演了《春天的故事》《精卫填海》等大型舞剧。这些作品屡获国家级奖项。但是,由于受到高端剧目整体票房不佳的影响,存在大量赠票的现象,导致这些优秀剧目“叫好不叫座”,这也从某个侧面反映出了天津市对于高雅艺术“亲民化”需求的必要性与紧迫性。

(3)群众需要。伴随着网络化时代的来临,有些粗制滥造、内容浮浅甚至流于低俗的网络歌曲和流行音乐充斥在人们的生活当中,“抖音”“快手”等短视频媒体的出现,让一些五音不全的跑调“歌手”以及身体不协调的搞笑“舞蹈家”在网络上比比皆是,甚至都拥有了超高流量,很多不能登上大雅之堂的内容给老百姓的思想带来很多的负能量,尤其对于青少年一代思想观念和价值取向的形成构成诸多不利影响。而高雅艺术凭借其高雅的格调、积极向上的内容以及较高的艺术价值,如近代歌剧《党的女儿》《江姐》等作品都展现了人物高尚的品格,对人们的思想产生积极正面的影响,让人们感受到生活的美好,也更加热爱生活,传递正能量。

三、群众文化背景下如何让高雅艺术“亲民化”

1.政府

(1)降低高雅艺术的消费门槛。要想让高雅艺术成为提高大众艺术品位以及国家文明程度的工具,就必须使高昂的票价变得“平民化”,使其不再成为阻碍大众欣赏高雅艺术的绊脚石。对此，政府可以通过多种手段达到降低高雅艺术消费门槛的目的，例如面向高雅艺术演出团队发放经济补贴；鼓励天津市各大企业承包演出等。天津市推出的"文化惠民卡"的政策，就是一项政府对市民开展的福利项目，很多市民都愿意通过办理"文化惠民卡"，让家里的老人、孩子走进剧场，在享受票价大幅优惠的同时，让更多的人有机会近距离地接触高雅艺术，感受其独特的艺术魅力。

(2)引导高雅艺术内容和形式的变革。高雅艺术不能一味地追求"原汁原味"和"理想状态"，那样只会给人一种脱离现实之感，反而拉大了与大众之间的距离。这就需要对高雅艺术逐渐向生活化、大众化方向转型，为自己开创一个更加广阔的生存空间。通常在大众的意识中对于欣赏一场交响音乐首先会想到贝多芬、德沃夏克、柴可夫斯基，这些距离大众生活比较遥远的代名词，近几年，文艺工作者们通过对高雅艺术演奏形式、内容的创新，秉承使高雅艺术亲民化的宗旨，院团们开始排演更接"地气儿"的作品，如近几年天津市将意大利歌剧《茶花女》改编成了天津版的《茶花女》。将原版的故事内容，放到了天津的民国时期，用中国的故事配上意大利文的唱段，将高雅的艺术表现形式与老百姓更容易接受的故事相结合，把高雅艺术"亲民化"落到了实处。

(3)培养群众的艺术修养。在提高大众文化艺术品位的过程中，切忌不顾大众的真实需求，而陷入盲目发展高雅艺术的误区当中。否则，高雅艺术就成了"为了高雅而高雅"，与"亲民化"的初衷背道而驰；另外，提高民众的艺术修养，无疑是一个漫长的过程，也许需要几代人的努力才能逐渐见到成效。天津市高雅艺术重要的演出场所，如天津音乐厅、天津大剧院、中华大戏院等，每年都会定期推出"市民音乐节""暑期艺术节""室内音乐节""中外戏剧节"等系列演出活动，已经为音乐爱好者献上了几千场高水平、高质量的文艺演出，为高雅艺术在当地的宣传推广做出了巨大的贡献。

2.文化馆

(1)进行高雅艺术的形式创新。天津市各区文化馆的所有高雅艺术编创人员要本着与时俱进的理念原则，对表演内容和表演形式进行持续不断的创新。只有让大家在观赏高雅艺术的过程中体会到时代的特色以及贴近现实生活的元素，观众才愿意再次走进剧场，欣赏更多的高雅艺术，同时带动自己的亲朋好友一起走进剧场，扩大高雅艺术的影响力。当一场演出结束后，文化馆工作人员可以给观众发放一份调查问卷，收集观众对本场演出的意见与评价，从而更加及时地了解观众的兴趣喜好和心中所盼,对于那些合理化建议,不论是剧场、编创人员还是演出团队,都要积极予以采纳,对自身工作进行优化改革。让大家见识到高雅艺术“平易近人”的一面,使其成为大家文化生活当中的首选。

(2)使高雅艺术走进群众。首先是高雅艺术进社区。高雅艺走进社区,可以让社区居民在家门口就享受到高雅艺术所带来的视听盛宴。同时,还可以以社区为载体,由天津市各区文化馆相关部门牵头,组织知名文艺表演团体、表演艺术家亲临社区,定期举办高雅艺术普及培训和知识讲座,将高雅艺术的触角最大限度地伸向基层群众当中。在这个过程当中,天津市各区文化馆相关部门要积极配合高雅艺术市场开展问卷调查、网络点评以及各种渠道的宣传推介,借助政府的宣传优势拉近高雅艺术与普通大众之间的距离。政府、文化馆、社区三者之间形成合力,本着“政府主导,公益服务,群众受益”的原则,真正将高雅艺术送到百姓身边。其次是高雅艺术进校园。高雅艺术进校园不仅仅是为了达到宣传推广的目的,更是为了提高青少年一代的艺术欣赏能力和审美水平,从根本上提高民众的艺术文化修养。在这个过程当中,天津市各区文化馆不妨从娃娃开始抓起,将高雅艺术赏析课程纳入孩子们的课余生活当中,让学生从小就步入高雅艺术的殿堂,同时将高雅艺术的相关理念深深根植在青少年儿童心目当中。通过调研,目前天津市各区中、小学大多数都成立了学生管弦乐队、合唱团,开设了京剧课程,这都体现了各区文化馆为促进学生全面发展,提高学生的文艺素养做出的贡献。

为了进一步提高高雅艺术进校园的感召力与影响力,天津市各区文化馆可以和各大高等院校合作,结合本校现实情况成立艺术社团,同时构建起学生自主管理社团的运行机制,全面提高学生的综合实践能力;此外,学校还可以充分利用文化馆在社会上的便利条件,针对高雅艺术进校园建立一个专题网站,随时发布相关知识及校园活动信息,学生们可以围绕着高雅艺术进行在线交流,或者针对某一场演出进行在线点评,以便于演出团体及时了解观众反响,对今后的演出质量进行改进与提升。

最后是高雅艺术进园区(各种文化产业园区等)。都市白领一直都是高雅艺术的主要受众群体,而各大产业园区作为都市白领的集聚地,势必要成为高雅艺术“亲民化”的主要阵地。高雅艺术进园区,可以由天津市各区文化馆负责牵头,各产业园区管委会与各大演出机构之间建立起联络机制,定期在园区当中举办话剧、音乐剧等高雅艺术演出;同时,文化馆和园区管委会还要协助开展问卷调查、宣传推广、演出场地、票务服务等各项相关工作,实现高雅艺术进园区形成常态化、规范化和优质化。

总之，时代呼唤高雅艺术，大众需要高雅艺术，而高雅艺术也不可能离开观众而独立生存。这就需要由政府有关部门牵头，各区文化馆、演出单位、学校、企业等一齐努力，为高雅艺术开拓出一条“亲民化”路线，使高雅艺术走进社区、校园、文化产业园区当中，将文化强国的时代精神通过高雅艺术传递给人民群众，使高雅艺术在构建和谐社会的过程中发挥出积极的推动作用。

（作者单位：天津市东丽区文化馆）

浅谈贯彻十九届四中全会精神，大力进行文化方面的“治理”

王 淮

党的十八大以来,以习近平同志为核心的党中央对我国许多领域进行了强力“治理”,取得了非常好的效果,但把“治理”作为一个时期的核心的全面的工作还是在党的十九届四中全会上。党的十九届四中全会最核心的一个词是“治理”。全会通过的《中共中央关于坚持和完善中国特色社会主义制度、推进国家治理体系和治理能力现代化若干重大问题的决定》,着眼于我国各项事业的全面治理。十九届四中全会后,习近平又到上海调研,继在天津调研期间来到和平区朝阳里社区后,总书记在上海又调研了两个社区,进一步强调了“治理”。“全会公报”在文化方面的表述在靠前的位置,公报说,“要坚持和完善繁荣发展社会主义先进文化的制度,巩固全体人民团结奋斗的共同思想基础。”“发展社会主义先进文化、广泛凝聚人民精神力量,是国家治理体系和治理能力现代化的深厚支撑。必须坚定文化自信,牢牢把握社会主义先进文化前进方向,激发全民族文化创造活力,更好构筑中国精神、中国价值、中国力量。要坚持马克思主义在意识形态领域指导地位的根本制度,坚持以社会主义核心价值观引领文化建设制度,健全人民文化权益保障制度,完善坚持正确导向的舆论引导工作机制,建立健全把社会效益放在首位、社会效益和经济效益相统一的文化创作生产体制机制。”笔者认为,作为群众文化工作者,我们要深入理解、坚决贯彻执行四中全会精神,努力搞好文化方面的治理。全会精神在文化工作治理方面指出了大方向,部署了大战略,我们要坚定不移地执行。

一、对文化界尚存一些乱象要进行治理

近些年来,我国群众文化事业又好又快发展,党中央、国务院发布的一系列文

艺政策、方针得到了落实，见到了成效。但不是一片大好就无须治理，形势越好越需要进一步治理，对有些地方有一些乱象的发生更应该去治理。

乱象一：很多热爱声乐的人，非常珍惜每一次能登场亮相的机会，也热心搜集这方面的信息。最近有个人就转来一条信息：在北京有一场活动，通知告知是“凡参加者每个人可以在中央电视台演播厅录制六首歌曲；可以在抖音视频中播放；可以在密云大剧院有一次面见国家级歌唱家的机会；可以在密云大剧院有一次聆听歌唱家讲课的机会；在北京 3 天，食宿主办方提供；每个人的费用为两万元”。这个信息中没有注明主办单位，只有个“庆祝新中国成立 70 周年全国声乐展演活动”的标题和联系人电话。其实谁都知道，这样的活动其实就是某个公司或者某几个人以国家级活动为名义攒起来的，其主要目的是为了挣钱，他们可以用赚来的钱租个场地，请些演员，录个视频，在自媒体播放，但总体收入远高于支出。可有些业余声乐爱好者太喜欢展示了，即使一个愿打一个愿挨，花冤枉钱也不想放弃这个机会。像这样的活动不仅北京经常有，咱们天津也有，在群众文化界，一些没有主办单位的不靠谱的文艺比赛、文艺展演其实也有很多。有的比赛要高收报名费，有的比赛需要参赛者往他们的基金里存几万元钱，有的要买保险、买商品，其主要目的就是赚钱。笔者认为，对一些不靠谱的主办单位进行非政府的文化活动，应该去治理。治理不是取消或取缔，而是进行监管，看看他们的比赛是社会效益高于经济效益还是反之；比赛有没有不公平、不公正的可能；比赛能不能达到允诺的益处。

乱象二：近些年来，时常传出一些演艺界人士或成名演员吸毒、嫖娼的新闻，他们违反法律的行为有的被依法处置了，有的由社区进行监管，被处分以后也是在社区接受监管。既然这样，为什么不能让他们事先在社区服务，成为社区文化志愿者呢？像这样的演员，一般没有其他工作，可以说是一些社会流散人员，他们除了晚上到歌厅驻唱或者有片约以外，其他时间无所事事，容易交往一些闲杂人员，而且又没有人监管，就养成了吸毒的坏毛病。据《钱江晚报》的消息，浙江省临海市警方在浙江省台州市警方的协助下，成功捣毁了一个吸贩毒团伙，抓获了涉毒嫌疑人 18 人。让人感到不可思议的，是这 18 个人的身份。他们中的大多数家庭特别富裕，有出国留学的经历，爱好音乐，回国后相继组建、参加乐队，经常到全国各地演出。就是这么一群令多少年轻人羡慕的“骄子”，踏足音乐圈，闯出一片天地的时候，就因为沾染了毒品而使自己从人生的“天堂”坠入了“地狱”，锦绣前程就这样被自己、被毒品给毁掉了。另据报道，2018 年 11 月 26 日，石景山公安分局根据群众举报，在北京市某小区抓获 2 名涉毒违法人员陈某和何某某，现场起获冰毒、大麻。

经尿检,陈某呈冰毒类和大麻类阳性,何某某呈大麻类阳性。目前,陈某因吸毒、非法持有毒品,何某某因吸毒均被行政拘留。这个陈某,就是“羽泉组合”的陈羽凡。笔者认为,像一些社会流散的职业演员,往往是众多青年人的粉丝,特别应该对他们实行事先治理,以所在社区对他们实行监管,避免他们走入歧途。而一些大牌的、著名的歌唱家、艺术家、作家,我们不能总是敬而仰之,仍需要像西方一些国家的“议员”、大学生那样,制度性地安排他们每年要到所辖社区去做文化志愿服务。虽然艺术家中很多人德艺双馨,乐于到群众中去,是我们的榜样,但我们还是应该形成一种制度,让文艺工作者服务社区、服务群众制度化。我们还可以像过去部队文工团的“铁律”治理那样,要求每位演员必须跟随演出队每年下部队、到边防哨所演出100场。这样既可以拉近文艺工作者与社会生活和人民群众的距离,也可以对他们的品行加以管控。

乱象三:崔永元爆料阴阳合同问题后,国内不少影视艺人牵涉其中。随后中央五部门联合发文,要求控制不合理片酬。所谓“阴阳合同”实际上就是“大小合同”,影视明星与制片方签订金额不同的两份合同,“阳合同”金额较少,用于向主管机关备案登记纳税;“阴合同”金额较高,签“阴阳合同”的演艺人员实际获得的报酬为大小合同两者之和。像这样的乱象以及其他还没有被揭开爆料的乱象,不能完全靠几个部门采用亡羊补牢、事后治理的办法,而是应该随着落实四中全会精神,依靠我们的制度优势,从根本上彻底治理。

二、对正在进行,发展向好的群众文化工作也需要治理

治理,本应是政府的行为,十九届四中全会也强调了“国家治理体系和治理能力”,但多年来在我国各地的文明城市、平安城市、绿色城市、文化城区建设中,各级政府依靠广大群众参与了治理工作,取得了很好的成绩。所以说,贯彻落实党的十九届四中全会精神,促进提高治理能力和治理水平现代化方面,需要全体人民的参与。在群众文化工作方面,落实四中全会精神需要我们对群众文化工作进行全面审视,不仅对乱象要治理,对正在进行的,发展向好的群文工作也需要全面审视和治理。我们要看到,党的十八大以来,我国的、我市的群众文化事业飞速发展,文化战线和各条战线一道,取得了历史性的成就,但群文工作距离党中央的要求,对实现文化强国的发展战略目标还是有差距的,还有亟待改进的。有些地方在落实党的决策和方针方面还有“慢半拍”“看不齐”的,在满足人民群众对幸福生活的向往方面还有不平衡、不充分的,在弘扬优秀传统文化方面还有差距的,在人民群众文

化权益的保障方面还有漏洞的，在坚持正确导向的舆论引导工作方面还需要加强的，在筑牢制度根基方面还有所欠缺的，在形成一整套更加成熟、更加定型制度方面还需要提速的，在推进治理体系和治理能力现代化方面还需要强化的，这些我们都需要去治理。

首先我们要在党建工作方面进行治理，让全体党员时刻不忘初心，忠于使命，牢牢树立以人民为中心的思想，牢记两个维护、增强四个意识、坚持四个自信，确保各级领导干部政治上过得硬、靠得住，切实担负起党和人民赋予的政治责任，确保每一个党委支部坚持推进国家治理现代化和增强文化软实力相结合，在落实习近平总书记对文艺工作的系列讲话精神方面，在推进文化强国战略方面，在满足人民对美好生活的向往方面，在总览全局、协调各方面，在提升治理能力和治理水平方面起堡垒作用和带头作用。

近些年来的公共文化服务体系建设特别强调文化服务的“均等化”和“标准化”，在这两方面群众文化部门做了很多工作。我们通过送文化、“种”文化、组织乌兰牧骑文化慰问活动、组织文化进基层等工作，让众多群众共享了文化建设的成果，我们还通过组织群文活动，组织培训，让越来越多的群众参与到文化活动中来。但与真正实现文化服务“均等化”和“标准化”我们还有一定的距离，在这方面我们要找出短板，找到治理的办法，看看哪些居民还不能敞开心胸，走出家门，融入群众文化的热潮中去，看看哪一个环节我们还做得形式主义，让党的政策没有入脑入心。

我们国家在全社会大力倡导文明新风，特别是在农村地区倡导移风易俗、倡树文明新风方面做了很多工作，在倡导文明祭祀方面，在婚丧嫁娶反对大操大办方面，在破除封建迷信方面，在治理燃放烟花爆竹等方面开展群众联防工作，筑起了“防火墙”，取得了明显成效。但有些农村地区陋习仍未根除。农村婚丧嫁娶标准规模与当地经济水平不相匹配的；在农村殡葬改革后，农村火化已经比较普遍，但是火化后再次装棺土葬的现象仍然存在；坟头占用耕地，规模依然不减的；一些村民虽然搬进了楼房，但把小区绿地改成小菜园、在楼道里放鸡笼的，甚至还有人沉迷赌博、因赌致贫；少数地区农民依然“信巫不信医”，在医疗健康方面，让“大神”、假保健品占了上风。这些精神扶贫工作没有落地的事情有赖于政府多作为，有赖于群众的联防联治，也要靠群众文化利用文化站、黑板报、文艺作品、文化活动等推动婚事新办、丧事简办，倡树文明新风。

近年来我市许多文化馆大力兴办网上文化馆，开展了许多青年人乐于参与的线上文化活动,其主要目的是吸引青年人参加到文化活动中来,这是非常正确的。从几个月来我国香港“暴力乱港”中许多青年人卷进去的痛心事件看,坚持正确导向、弘扬爱国主义精神的群众文化活动不能让青年人缺席。但我们过去的群众文化活动、社区文化活动、阵地文艺培训等多为中老年人参与,这一点确实是我们的短板,要通过治理寻求改变。我们要增加一些适合青年人的活动,线上的线下的活动都要增强,想方设法吸引青年人参加,特别要注重吸引社会流散的青年人、外地来津务工人员中的青年人、残疾人中的青年人参加,通过活动宣传社会主义核心价值观,宣传民族精神和时代精神,宣传新中国成立 70 年来的伟大成就。让青年人在参与文化活动中树立国家意识、底线意识,规划好自己的未来,在为实现中国梦的伟大事业中贡献出青春和智慧,青年人的广泛参与也能使我们的群众文化活动更加生机勃勃。

文化与科技的深度融合不断出现亮点,不仅北京故宫博物院实行影响全国的全方位创意创新战略,让故宫的景观、文物藏品和典藏里面的文字“活起来”“走出来”“火起来”,全国各地也出现了“数字音乐”,有些展览馆还利用数字技术,把美术展览办成了有视觉、听觉、嗅觉、味觉、触觉的最受欢迎的展览。习近平总书记在谈到文化工作的时候也多次提到文化创新与科技创新融合的思路,但我们群众文化在文化事业与文化产业、文化与科技融合方面还是迈步不大的,文化与科技融合会产生新产品、新业态、新技术,这些都是对今后群众文化的发展有好处的。我们应尽快补齐这个短板,使文化和科技融合成为文化高质量发展的重要引擎。现在我们的文物、博物馆和“非遗”活态传承等方面,在群众文化的线上融合、媒体传播等方面还没有加满油,蓄满力。在当今新媒体新技术日新月异的形势下,我们不进则退,这是可以预言的事实。在 5G 时代已经来临的时代背景下,我们群众文化工作者一定要对故步自封、夜郎自大的思想进行强力治理,要敢于创新、勇于创新,让群众文化短期内以新的风貌惠及更多群众。

当今的群众文化工作者处于伟大的时代,变革的时代,追逐梦想的时代,为时代有所作为是光荣的使命,要想担负好这个使命,必须通过治理使我们的思想境界、艺术境界、大局意识、服务意识更上一层楼。当前贯彻落实党的十九届四中全会精神是我们群众文化工作者的政治责任,我们要深刻认识四中全会的重大意义,从政治上、战略上、全局上思考搞好文化工作全面治理这个时代任务,我们要按照十九届四中全会提出的“固根基、扬优势、补短板、强弱项”的要求,认真梳理体制上的“瓶颈”,查找工作上的“弱项”,检视能力上的“短板”,深挖管理中的“漏洞”,要为祖国的文化强国战略建设良好的文化生态,把握好先进文化的前进方向,建设更好更快发展的制度、体系,为实现中国梦建立好坚实的文明基础和文化支撑。

(作者单位:天津市河西区文化馆)

浅谈让群众文化走上“跨界”“联姻”发展的双赢之路

王　淮

党的十八大以来,我国的群众文化事业又好又快发展,无论是参与群众文化的群众,还是新建的群众文艺团队,新颖的文艺形式,都在质和量方面有极大的提高,群众文化的繁荣发展使人民群众的获得感和幸福指数方面都有着极大的提升。其标志之一就是“跨地区”文化合作联动已经相当普遍了。在我市,除了原有的市级全国性艺术大赛,如“和平杯”“宝坻杯”“宜兴埠杯”艺术大赛,跨地区的文化合作,如京津冀广场舞展演以外,许多区级举办的艺术节和文化活动也经常邀请京津冀和其他省市的文艺团队、文艺专家来津助演和指导。除了“跨地区”的文化合作与联动,全国范围内多种艺术形式的“跨界”和联姻也呈上升势头。新媒体融入百姓生活,极大地推动了跨地区文化合作和艺术形式的跨界联姻。这两个“跨”,也预示着今后群众文化发展的势头。

一、跨地区的文化联动是一条双赢之路

近几年来,国家级、省市级、区县级都实行了文化和旅游部门的合并,国家级、省市级、区县级文化和旅游局相继挂牌成立。文化和旅游过去是两个领域,两个主体,并不相干,如今的合并本身就是跨界、合作、联姻的产物,标志着文化和旅游的跨界融合进入了新时代,成为今后的发展方向。笔者认为,新挂牌的文化和旅游局应该有文化和旅游融合发展的新动作、大动作。比如说,全国各地的专业文艺院团都是经常在外地演出的,我市如河北梆子剧院、评剧院、京剧院等文艺院团为完成演出任务,争取剧院效益,都是常年在外地演出的,而且他们有专门在外地跑业务的班子和若干名业务人员常年在外地,叫作“打台口”。那么既然专业院团能在全

国各地演出，为什么群众业余文艺团队不能在外地商演呢？关键是专业文艺院团有演出执照，那么为什么不能给业余文艺队伍发演出执照呢？我们可率先为我市多年来精心孵化的民营剧团、有商演能力的业余团队发放演出执照，让他们也可以把好的节目带到外地去，这样既实现了文化交流，取得了经济社会双效益，又带动和促进了旅游。另外，近些年来在旅游事业快速发展的背景下，我市群众文化跨地区的合作和联动成为一道经常出现的美丽风景。早先的我市品牌活动如"和平杯"全国京剧票友大赛、"宜兴埠杯"全国农村小品大赛、"宝坻杯"全国评剧大赛、"东丽杯"全国文学评奖活动等已经持续了多年，已经形成了品牌效应。近年的活动有京津冀广场舞展演，京津沪渝四直辖市钢琴大赛，京津沪渝四直辖市主持人大赛，全国群文期刊评选活动，天津、内蒙古、青海、宁夏、贵州五省区市群众美术书法摄影优秀作品巡回展等也成为常设的文化活动。许多区级的文化艺术节，如河西区的西岸艺术节、河北区的社区艺术节的开幕式和闭幕式也多次邀请外地的团队和节目来交流助演。跨地区的文化合作为我市群众文化带来了活力，也让天津的观众开了眼界，这确实是一件双赢的事情。既然是跨地区的文化合作，就一定有外地的群文工作者到天津来，就一定有天津的群文工作者到外地去，这样不就实践、贯彻和促进了文化和旅游的融合发展吗？作为新挂牌的文化和旅游局，应该大力采取措施，全力扶持和促进我市专业和业余文艺团队积极走出去、请进来，促进文化和旅游的融合或联合发展多方面开花结果。另外，还要鼓励我市现有的群众文艺团队践行习近平总书记《给乌兰牧骑一封信》的精神，组织、动员我市专业、业余文艺团队经常到基层去，到偏远的地方去送文化或者种文化，践行习近平总书记对乌兰牧骑和文艺工作者的指示，"乌兰牧骑这个形式，就是真正为我们的老百姓服务，为基层服务的文艺。这是我们党和政府提倡的，支持和扶持的，而且应该把它推广开来。""这种形式确实很接地气，老百姓喜闻乐见，而且这里边传承了我们很多传统优秀的文化。"

跨地区文化联动可以极大地促进我市群众文化水平的提高，我市举办的京津冀广场舞大赛上，河北省带来的几个广场舞就让我们的编导有了深刻的启示。比如太行山区井陉县带来的广场舞《拉花新韵》。拉花，原是对中青年妇女角色的称谓。在古代兵荒马乱时，人们结伴逃难，由于古代女人多是小脚，出走需男人搀扶，从此形成了独特的音乐和舞蹈，拉花，是古代"拉荒"的谐音演变而来。新中国成立以后，随着农民的翻身做主，井陉拉花在风格上也发生了变化，如今这种舞蹈有多种表演方式，一种是行进中表演，叫作"过街"，还有一种是在广场或街头、院落表演,叫作“打场子”。这个广场舞也被舞蹈界誉为河北省最有代表性的四大舞种之一。再如张家口市群众艺术馆舞蹈队带来的广场舞《拨吊儿扭扭》。所谓“拨吊儿”,其实就是一个捻线用的工具。用它可以把棉花捻成线,用来做灯芯;可以把羊毛捻成线,用来织袜子和手套;但更多时候是把麻捻成线,用来纳鞋底、做布鞋。当一个农家女人在认真纺线的时候,她其实是在认真地对待着这个家,当一根一根棉线在女人们的手里成形时,她们也把家的温暖拧在了一起。

2008年,在文化部社文司的倡导下,京津沪渝四直辖市群众艺术馆达成《加强城市公共文化发展重庆共识》,商定联合举办“都市风采”——四直辖市系列文化活动,确定“飞扬的旋律”四直辖市钢琴大赛于2009年起在天津举办。2011年,四直辖市主持人大赛也在天津举办。举办跨地区文化合作交流活动,不仅对本地群众文化活动是个再推动,这在当时全国的群众文化工作中,也是一个热点、亮点和新的着力点。此两项大赛是在原有华北五省市、京津冀联动之后更大范围的文化联动。四直辖市各有文化基因和文化特色,大赛可以整合不同的文化资源,还能充分发挥各群众艺术馆在城市公共文化服务中的主导和引领作用,促进携手打造文化品牌。特别是主持人大赛,每次大赛后,很多优胜者都找到了在本地或异地作专职或兼职主持人的机会。通过比赛,各城市也发现了一批综合素质高,形象气质佳的主持人才,为四直辖市的电视媒体、文艺晚会、群众文化活动建立了主持人才通道和人才储备。

跨地区文化合作的好处是显而易见的,一是带来了本地难得一见的精彩演出,丰富了当地百姓的文化生活;二是通过交流促进带动了双方艺术水平的提高;三是促进了旅游,提高了百姓的幸福感和获得感。为此我们应该把文化和旅游合作作为文化和旅游部门的重点,市级、区级文化和旅游局,以及文化馆、社区街道这些拥有和培育专业、业余的艺术团队,都要制定措施,增加跨地区合作的文化项目,增加走出去请进来的频次,搞活本地文化工作一盘棋。

我们正在实行文化强国战略,不断提升文化软实力,在大力弘扬中华民族优秀传统文化,不断吸收外来优秀文化的基础上,我们的文化事业必定越来越繁荣发展,到那时,不但祖国各地各种样式的跨地区联动会成为常态,我们还会经常到“一带一路”沿线国家去实现文化和旅游,到更远的地方用中国文化讲好中国故事,讲好世界和平友谊经济发展共赢的故事。

二、“跨界”已经成为文化的常态

过去有一种表演叫反串，如京剧演员改唱京韵大鼓，影视演员演唱戏曲，这其实就是跨界。如今，无论在文化界还是其他领域，跨界现象已经十分普遍。跨界就是甲和乙的合作，可以是联合，任何一方主体不变，可以是融合或结合，即黑加白等于灰，这要看跨界的目的了。如今进入了互联网时代，人们有了更多的信息链接，每个行业甚至个人，都在通过自己的方式，演绎不同的跨界故事。北京电视台推出了文艺栏目“跨界歌王”，就是让众多影星、笑星跨界出圈到歌坛亮嗓，这个节目很受欢迎，也开办了很多年，收视率居高不下，这是跨界成功的一个生动的例子。

1. 音乐与舞蹈的联姻是一条双赢之路

中央电视台音乐频道有个节目叫“合唱先锋”，这是一个合唱与舞蹈相融合的节目，节目里每个合唱团队都要与当红歌唱明星合作，明星领唱时，合唱队做出各种动作，为明星助演。天津和平青少年宫的小白鸽合唱团在参加了一期节目后，接受了他们的理念，以后的合唱节目都是有许多动作编排的，这其实就是音乐与舞蹈的融合。音乐与舞蹈的合作可以为两者增分，当年美国歌星杰克逊、如今的青春歌唱组合“快乐宝贝”“小虎队”“小野猫组合”“RTA 少年组”等等都是满场的歌舞，他们的歌舞像清纯亮丽的风，又像热情奔放的火，虽然每个演员都不是大腕，但他们的演出也有大腕出场的效果。

2. 摄影与文学的联姻是一条双赢之路

如今已进入了“读图时代”，现在的报纸、杂志相比二三十年前，其照片的登载量已大幅提高了，不仅是报纸杂志，我们的书籍也早已是图文并茂。文学与摄影的联姻使刊物更加好看了，阅读更方便了。其实文学与摄影的联姻早有历史。早在 20 世纪 80 年代初期，有几位青年诗人经常出没于北京的几所高等学府和文化院所，他们就是舒婷、北岛、杨炼、顾城等被称为“朦胧诗派”的诗人。当时他们的朦胧诗在社会上引起了强烈的反响同时也引起了巨大的争议，处于存亡之间的朦胧诗和处于毁誉之间的朦胧诗人们，开始把他们创作的田园短诗与摄影师拍摄的田园摄影作品和朗诵、配乐结合起来，到各所高校放映他们的摄影、朗诵、诗歌、配乐新作的幻灯片，一时在北京引起轰动，一首首优美的诗歌与优秀的摄影作品融合，让喜爱艺术的人们陶醉不已。摄影、诗歌、朗诵，本是人们司空见惯的独立艺术形式，但当三者的佳品合为一体时，便给人耳目一新的感觉和震撼的艺术感受。也可以说，三者的结合把诗歌、摄影和朗诵都提升到了新的境界。诗歌为摄影加分，摄影为诗歌加分,再加上美妙配乐和朗诵,为人们奉献出的是综合艺术精品。

摄影与文学的结合我们早就熟悉,过去的人们见过很多的电影连环画,像《霓虹灯下的哨兵》《永不消逝的电波》等就是摄影与文学联姻的佳作。我国还曾出版过丛书《黑镜头》《红镜头》,每部十册,里边不仅有历史上的大事件和大人物的照片,还有丰富的文字说明,每一幅照片和文字占一页就是一个史实,使读者图文并茂地了解历史和历史人物,很受读者的欢迎。其实摄影是离不开文学的,我们很多摄影爱好者完成了一件得意之作时,总是冥思苦想地给作品起一个名字,往往一件摄影作品的名字是非常重要的。比如展现汶川地震时数十名战士从废墟中救出一个生命的场景取名《托举生命》;比如记录耶路撒冷城墙下的追思、仇恨和忧患取名《哭墙记忆》;比如《同床异梦》展现夫妻二人虽然入睡之前都在床上,但都各自扭过脸去看各自的手机;比如《恩爱一生》记录了一对相濡以沫的老夫妻恩恩爱爱,露出甜蜜幸福的笑容;比如《无人喝彩》展现的是桥头边一个孤独的拉二胡者,他本人陶醉其中,但路过的行人却无人欣赏,甚至面部转向别处。这些作品都值得人们细细地思量。我见过很多摄影爱好者,每天都要出门去拍照,拍的照片不计其数,遇到圈里的人,总是把他的得意之作展示给他人看,但几乎没有多少作品是有名字的,像这样的照片肯定是不完整的。把我们拍过的摄影作品,用文学来重新提示,或请文学家来加以文学的描述或概括,这样我们的摄影作品就有了新的生命,或说第二次腾跃。

为什么摄影与文学的联姻早已有之,笔者还要再次强调呢?因为现在已经是读图时代,像《黑镜头》《红镜头》那样的图文专集早已成为普通读物,成了普遍现象了。所以我们要跟上时代,满足读者的要求,就要在提供摄影佳作的基础上再呈上文学精品,这样才能让摄影艺术更加满足于时代的需求。

现在手机上电脑上有许多图文并茂提供信息的App,祖国各地、世界各地的信息都会短时间内图文并茂地发送过来。但笔者看到,App里面很少登载艺术摄影作品,而更多的是纪实摄影,突出即时性、真实性,强调随机抓拍,附上文字,即时上传,这样的网站,百姓喜欢,但也使我们这些专业摄影的创作空间越来越小了。

三、艺术的出路在于融合

艺术的出路在于融合,这是多位艺术家的观点,其实他们践行的艺术"跨界",是"联合",任何一方主体都不改变。书法家陈连羲把他的书法与绘画相融合,完成的书法绘画作品《离骚》,既有屈原作品里的山河、大鸟、花木,也有澎湃的诗篇,书法和绘画的主体没有改变。作曲家鲍元恺把中国六个省的汉族民歌、台湾民歌、京剧用西洋交响乐的形式再现，打开了中国音乐大步走向世界的国门，其中国音乐和西洋管弦乐的主体地位都没有改变。艺术形式之间的融合，有的改变了主体，如中国京剧就融合了昆曲、汉调、秦腔而形成了独立的剧种。有的没有改变主体，就像书法与绘画的结合。改变不改变主体都没有关系，因为美学是一个整体，是广义的，任何艺术形式的单打独斗都不符合新媒体时代的群众需求，系统地跨地区跨形式发展，是未来文化发展的认识前提，真正搞好了融合和联合、跨界发展，创作才有新路，欣赏水平才有提高，艺术才有提高。

（作者单位：天津市河西区文化馆）

经典音乐走进群众文化之我见

李卓艺

"音乐应当使人类的精神爆发出火花"——贝多芬;"音乐,是人生最大的快乐;音乐,是生活中的一股清泉;音乐,是陶冶性情的熔炉"——冼星海。伟大的音乐大师们一语道出了经典音乐之于人类的重要意义,道出了音乐对于民众生活的重要精神作用。

近年来,从国家到地方不断深化和推进繁荣社会主义文艺事业,对于致力于健全、完善公共文化服务体系的公益性公共文化服务单位和群体来说,广泛地开展群众文化艺术活动,就是考量群文工作的重要依据。而音乐艺术是群众文化活动的重要组成部分,其表现形式多样、易于参与,能够愉悦身心,其丰富性、多样性、普及性,直接反映出广大人民群众精神生活水平的质量,是公共文化服务的重要内容,是社会主义文化事业推进与发展的直接体现。

经典音乐作为音乐艺术中不可取代的重要部分,在群众文化活动中的开展状况如何呢?作为音乐艺术的精华,是否深入群众之中,为民众所喜闻乐见呢?是否为群众带来了更多的精神愉悦呢?

一、何为经典音乐

经典音乐,是从大量的音乐作品中筛选出来的精品,并经过了历史和时间的沉淀与检验,最终成为不朽之作。经典音乐的特点,表现在两个方面。

其一,是精品,即思想精深、艺术精湛、制作精良。习近平总书记在 2014 年召开的文艺工作座谈会上着重强调了这一点。具有较高的思想性、艺术性,并且更多是人民群众喜闻乐见的表演艺术和造型艺术,才是精品。

其二,是经典,顾名思义,是经久不衰的优秀之作。这样的作品经过历史的沉淀仍然保持着强大的生命力，真是其价值的具体体现。经典音乐作品蕴含着深厚的文化内涵，因为是音乐家们源于生活的灵感迸发，饱含着他们对人生的感悟；这样的作品具有纯正的艺术品质和永恒的生命力，因为是音乐家们音乐能力的挥洒和精神境界的体现。

二、经典音乐在群众文化艺术活动中的开展现状

近几年来，不论是公共文化服务机构开展的文化惠民活动，还是群众性的音乐表演活动，经典音乐以不同的表现形式越来越多地进入了群众的生活之中，极大丰富了群众生活、提高了群众的审美能力。但相较于其他的音乐类别，经典音乐在群众文艺活动中所占比重还是比较小的。我们可以从以下两个方面来看音乐在群文活动中的开展状况：

1. 由公益性文化事业机构组织开展的群众文化艺术活动中经典音乐活动的状况

这类活动基本是由群艺馆、文化馆等公益性文化事业机构举办，面向广大人民群众的文艺活动，主要的活动形式包括：文艺演出、文艺比赛、公益讲座、免费课堂、作品展览等等。其中，能够涉及经典音乐的活动包括：公益讲座、专业院团的专场演出、群众性文艺汇演、群众业余音乐团体比赛等。

(1)讲座和专业院团的表演是主要形式，群众的参与度不高。以滨海新区为例，经典音乐的开展形式基本集中于两个方面：讲座与专业演出。公益讲座大多为讲解性的，台上讲、下面听，群众的参与性、互动性比较小。这种授课式的活动形式，尽管有效地增加了群众对经典音乐的了解，但仍然是你演我看、你讲我听，广大听众依然是经典音乐的局外人，因此难以激发群众更浓的兴趣，效果不尽如人意。

专场演出基本集中于两种方式：一是邀请专业院团在音乐厅进行专场表演，交响乐、室内乐、音乐剧、舞台剧的表演形式为主；二是邀请专业院团下基层、走村镇，到群众中去表演。而进入基层的音乐表演基本集中于戏曲表演。虽然经典音乐专场在场次上有了大幅提升，但真正被群众喜闻乐见的还是比较少，群众对经典音乐的欣赏与参与还是保持了距离。

(2)群众性文艺团体中经典音乐的种类较少。仍以滨海新区为例，群众性的音乐团体基本集中于合唱、舞蹈以及小型乐队。其中，合唱团体最为突出，全区合唱团体众多，有较为系统而规律的排练、表演活动，是经典音乐活动开展最重要的团体。舞蹈团体的种类集中于舞蹈和模特表演。小型乐队的种类主要集中于民乐队

和小型室内管弦乐队。由于艺术水平的局限，群众合唱队、舞蹈队所表演节目中绝大多数为时下流行的歌曲和乐曲，极少涉猎古今中外的经典音乐作品。

2.群众自组织的群众文化艺术活动中经典音乐活动的状况

以社区、街道为单位，群众自组织的文艺团体和开展的文艺活动，成为群众文化生活开展的主要方式，受到了群众的青睐，参与度非常高。自组织的业余团队，其性质和特点更加符合群众的审美口味，其大众性、通俗性、参与度高的特点，让群众易于获得身心的愉悦，审美的享受。

在这些活动中，以群众性大合唱、独唱、戏曲表演、民乐演奏、集体性舞蹈为主要活动形式。活动中的音乐类型大都为通俗易懂的群众性音乐作品，经典音乐所占比重很小。

二、经典音乐在群众文化生活中的作用和意义

经典音乐具有一定的典范性、权威性，不论是西方古典音乐、中国传统经典音乐，还是著名歌剧、舞剧的音乐和近现代的经典音乐，其艺术内涵和精神价值都具有非凡的意义。

1.经典音乐对群众的审美需求、价值取向具有重要的影响作用

经典音乐更加追求艺术的技巧性、深刻的内容与内涵，对于群众文化生活的作用和意义，比其他音乐更加重要和深刻。相较于其他音乐，在满足群众视听上的体验的同时，经典音乐能够提升人的审美能力；在欣赏经典音乐的同时去不自觉地关注音乐的表达内容和深刻内涵，可以提高人的修养，提升人的素质，净化心灵，甚至完善人格。可见，经典音乐有着认知功能、教化功能和社会功能。在群众中大力开展经典音乐活动，对丰富群众文化生活、培养和提升群众的审美品格、提高对美的鉴赏能力、促进群众人文素质的提高等，有着重要的作用。

2.群众艺术活动的开展与发展需要经典音乐

习近平总书记指出：人民对美好生活的向往，就是我们的奋斗目标。美好生活之中当然也包括精神文化生活的内容。因此，高水平的文化生活既是不断满足人民日益增长的美好生活需要，也是开展群众文化生活的根本目的。社会主义文艺的繁荣发展，充分地体现在群众文化生活的丰富多彩上。目前，广大人民群众参加和享有文化生活的积极性和主动性都非常高，这也使得群众文化向着日常化、多样化、综合化的方向发展。那么，文化活动中艺术作品的价值定向准不准，情感取向对不对，艺术效果好不好，就显得尤为重要。经典音乐有着正确的价值导向、有着

较高的艺术欣赏价值，具备更强的感召力，群众的文化生活需要这些承载更多内涵与品质的作品。经典音乐需要更多地贴近民众、融入民众生活，激励人民向往美好生活。经典音乐走进群众文化不仅是群众文化高端化、高质化的社会需要，也是经典音乐展示自身艺术生命活力的发展趋势。

所以，鼓励和推动经典音乐更多地进入到群众文化艺术活动中，是具有重要意义的。完善公共文化服务体系，丰富群众精神文化生活，提升群众文化修养和审美品格，经典音乐承载着不可或缺的重要作用。

三、影响经典音乐走向群众文化艺术活动的因素

目前，无论是政府和文化艺术事业机构组织的活动，还是群众自发开展的活动，经典音乐的普及程度都远远不够。究其原因，有以下几方面是影响经典音乐"走"向群众文化艺术活动的因素：

1.受众群体的认知

群众文化艺术活动的受众群体或者开展的主体，都是广大的人民群众，而其中又以中老年群体为主。中老年群体在价值观念、教育背景、文化知识、审美能力、艺术修养等方面普遍参差不齐、差异较大，对经典音乐的认知也是相对偏少、非常陌生。而经典音乐在群众心目中的认知广度和认同高度直接决定了在群众文化活动中的普及程度。没有对经典音乐的了解和学习，很难在经典音乐中获得良好的听觉和情绪体验，无法产生审美上的共鸣，因而群众对经典音乐没有欣赏的能力，经典音乐无法走向更广大的群众。

2.整体社会的环境

经典音乐要能够植根于群众文化活动中，首先需要一个外部环境，良好的外部整体环境是经典音乐得以生存的土壤。但目前并不具备这样系统完善的社会环境。首先，从音乐文化的发展和体系建设上看，我们并未建立起完整的体系，没有形成良好的音乐氛围，民众的音乐素质、鉴赏能力、整体审美水平就不能在大环境中得以培养和提高。同时，各种形式的专业音乐演出也没有真正形成良好的市场运作机制。

3.音乐认知与社会环境互为条件

群众文化艺术活动是社会文艺大环境的直接反映和重要组成部分，群众文艺活动的形式内容决定着社会文化艺术大环境的状态，而群众缺乏对经典音乐的认知，势必会造成社会文化艺术环境中经典音乐的缺失。同时，社会文化艺术环境对

经典音乐的推崇和普及程度,直接影响着民众对经典音乐的了解、接受和喜爱程度。因而,群众对经典音乐的认知和社会环境对经典音乐的普及是一种互为条件、相互促进、相互扶持的关系。

四、如何让经典音乐更多地走向群众文化艺术活动

民众缺乏对经典音乐更加深入的认知,社会文化艺术环境缺乏对经典艺术氛围的营造,是经典音乐没有更多地走近群众、融入生活的重要原因。我们应从这两个因素出发,以完善公共文化服务体系为背景和出发点,站在丰富和发展群众文化生活的视角,采取措施。

1. 在公共文化服务机构开展的公益性群文活动中加强对经典音乐的认知

(1)提高群众对经典音乐的认知。加强群众对经典音乐的认知学习,可以在长期规律的群众艺术活动中系统有序地开展。老年大学、免费开放的公益课堂、群众性知识讲座、社区文艺团队,都是群众文化生活中相对系统而稳定的活动形式,是老年群体重要的精神文化生活。在这些活动中,广泛开设固定的经典音乐鉴赏课程,从知识的学习、经典作品的赏析,到器乐的演奏、艺术歌曲的演唱,逐步提升群众的认知水平和鉴赏能力。

(2)认清受众群体的特点,注重方法与策略。群众文化艺术活动,参与者以老年人居多,老年人是群文活动的主体。因而,在开展认知教育活动中,要考虑到老年人这一特殊的受众群体,注重活动开展的方法和策略。老年人随着年龄的增长和精力的有限,在群众活动中既要获得身心的愉悦感受,又要得到内在的精神需求。在老年群体开展的认知活动中,要在循序渐进的同时更加注重经典音乐的选择性、活动内容的侧重性、教学方法的策略性。

2. 站在完善公共文化服务的视角,强化经典音乐服务群众的意识,加大政府购买力度,提高经典音乐在文化惠民活动中的比重

(1)强化经典音乐在群众文化艺术活动中发挥重要作用的意识。营造经典音乐的社会大环境,站在完善公共文化服务体系的视角,就是要从上而下地提升、加强经典音乐服务广大群众的意识。认识到经典音乐对于丰富群众的艺术文化生活、满足群众的审美体验、提升群众的鉴赏能力、提高群众的文化修养方面,所能起到的无可替代的重要作用。

(2)加大政府购买力度,提高经典音乐在文化艺术惠民活动中的比重。文化惠民活动是建设完善的公共文化服务体系的重要举措,政府文化部门应加大购买力

度，让专业的经典音乐院团更频繁地走近民众。经典音乐不仅仅局限于音乐厅，而要更多地走向群众之中，要走向社区村镇，到群众中去。

综上所述，经典音乐深入到群众的文化艺术活动中，就是要提高群众文化活动的品质，增强群众的艺术修养，引领群众的审美取向，助力群众文化活动向着更优秀的方向发展。我们应以完善公共文化服务体系为契机，积极推进经典音乐活动的开展，让经典音乐更好地“走”进群众文化艺术活动，满足群众对文化艺术的切实需求。

（作者单位：天津市滨海新区文化馆塘沽馆区）

新时代群众对文化的渴求与应对策略

关　煦

我们已经走进了新时代,新时代的群众文化呈现出了大场面、大平台的大格局,人民群众在物质生活不断丰富的基础上,也纷纷参与到文化活动和文化建设中来,他们普遍的愿望是走向文化新生活。其显著的特征为,过去参与文化活动的人数较少,如今,不参加文化活动的人却是少数;过去是被动参加文化活动,如今是主动参加文化活动;过去少数人只是在家里或是室内参加文化活动,如今在广场、商场、公园、社区、街边,到处都可以看到群众参与文化活动,特别是我们经常能看到跳广场舞的人们,脸上洋溢出幸福的喜悦,他们不仅仅在跳舞,也是一个美化城市,美化自己的过程,他们用跳舞的方式向大家展示了走向文化新生活的喜悦之情;如今人们还可以通过线下和网上参与文化活动,可谓更加方便快捷。

一、新时代下人民群众渴望参与文化新生活

从2018年到2019年,我国经历了庆祝改革开放40周年及庆祝中华人民共和国成立70周年这两项重大庆典活动,形成了我国最大规模的群众文化活动新浪潮,群众性歌咏活动及广场舞更是呈现出了前所未有的火爆现象。2019年8月,由文化和旅游部主办的“我和我的祖国”——文化新生活全国广场舞展演活动在全国举办,推动了全国各地广场舞活动的深入开展,各地统一步调推动广场舞活动有序开展,许多地方还把广场舞活动与牢记时代使命和弘扬时代精神结合起来,让群众用舞蹈的方式“舞动新时代”。文化和旅游部门还开辟了多个网上活动,通过网络评出百部广场舞优秀作品和十部推广作品,网上推出了“展示版”“教学版”和“互动版”,方便群众线上线下互动和普及推广,引领全国各地开展了一场“广场舞网络大联欢”。特别是10月1日晚的北京天安门广场群众联欢,数万群众共跳广场舞,

同唱一首歌，盛况空前、美轮美奂。我们即使是坐在电视机前，也能体会到新时代下祖国人民的那种自豪感，幸福感。这也充分说明人民群众乐于用自己的方式表达对新中国的赞美以及对新中国的祝福，同时也是对自己走向文化新生活的一种美好愿望。

人民群众的文化需求从一定程度上彰显了国家的整体实力和综合竞争力。随着世界形势的逐渐发展，文化成为一个国家的软实力，在国际综合国力竞争中的地位愈加突出。新时期做好人民群众文化工作对于提升人民幸福指数具有重大意义。首先，文化的进步不光为人民群众提供了大量的文化产品，也提供了种类繁多的文化精品，以保证人民获得文化享受；其次，文化发展成果为群众所共建共享，共享的过程就是人民获得体验的一个过程，是人在自我实现中由衷产生出的幸福情愫。越来越多的人渴望走向文化新生活，这充分说明只有较高层次的需要才能够满足人们的精神世界，提升人们的幸福感、获得感。

二、当前我国人民群众文化需要的基本现状及主要特点

随着我国改革开放进程的不断加快，我国人民已经走在了小康的路上，物质生活水平的提高为文化需要的实现奠定了基础，人们开始热烈追求自身文化需要，文化需求的消费逐渐升级，呈现出加速增长的态势，人民群众对自身精神境界提升要求和对文化产品与服务的品质要求越来越高，文化消费内容也日益丰富，群众文化活动方式不断创新。

当前我国人民群众文化需要在总体状况中，呈现出以下特点：

1. 人民群众文化消费理念正在逐步形成

经济水平的提高必然拉动文化需求的快速增长。随着这几年文化产业的繁荣，人们在闲暇之余也高度重视文化需求，近些年来，文化消费在我国GDP的贡献率一直呈大幅上升趋势。人民群众在思想上转变了文化消费的习惯，通过教育、线上体验、旅游等文化消费，使文化需要的增速高于物质需要增速。

自“三馆”免费开放以来，百姓享受到了越来越多的惠民举措，许多区的文化主管部门定期推出许多公益的活动供百姓参与，也推出了许多公益的免费课程供百姓自主选择，更有许多免费的剧目、演出等供市民观看，人们在微信公众号上看到这些活动的预告，只需带着身份证件便可以按需选择自己喜欢的项目，非常便捷。

天津出台的文惠卡，便是政府引导群众消费的一项有力、有意义的举措。大家通过自己少量部分充值、政府多倍补贴这一形式便可以享受到非常优惠的价格，有

的甚至是几十块钱就能买到一场音乐会的门票，越来越多的百姓享受到了政府这一福利，以前人烟稀少的音乐厅、剧院瞬时间火爆起来，越来越多的人愿意走进剧院、音乐厅去欣赏一些高端的音乐会、歌剧、演唱会，这在前些年是不可能出现的现象，这充分说明老百姓在自己精神层面的欣赏与追求中逐渐形成了新的文化消费理念，这必将会带动文化市场的良性循环。

2.人民群众文化需求是我们的动力

伴随着时代的发展，群众的文化需求呈现出多样化和个性化。由于现代新兴产业的发展，文化载体呈现出多样化的特点，人们不仅可以通过传统渠道参加文化活动，还可以运用现代信息技术来满足自己的文化需求，人民群众用来实现自身文化需要的途径种类繁多。

在过去，文化馆的工作似乎被大众理解为是个“美差”，老百姓普遍认为大家唱唱歌跳跳舞就把工作做完了，可是新时代下的文化馆人身上肩负着更重要的使命与责任，老百姓的需求便是我们的工作方向与目标。以每两年举办一届的“南开杯”新广场舞大赛为例，这一品牌活动已成为天津市热爱舞蹈的人们家喻户晓的一项赛事活动，大家期待着这两年一次的盛会，因为这是她们自己的盛会，热爱舞蹈的人们在这项比赛中交流、切磋，共同表达对生活的热爱、对舞蹈的喜爱之情。许多舞蹈爱好者更是提前好几个月便开始打听比赛的相关信息，提前备战。每届活动报名伊始，报名电话都被“打爆”。作为文化馆人我们深受鼓舞，正是群众对文化的渴求才让我们有动力把这一活动继续坚持下去，并且定要把它做大做强，让更多的百姓走进广场舞，舞出她们自己的生活。

3.人民群众文化需求需要给予大力支持

新时代下，人们的消费理念和消费水平都有所上升，在人民群众物质资源极大丰富的情况下，精神追求也发生了巨大的变化。新型的文化消费理念正在形成，人们开始追求教育、旅游等丰富人们精神生活的软性消费。

以文化馆的培训工作为例，以前的文化馆培训常出现招生困难的情况，百姓的文化需求似乎没有那么强烈。而如今的文化馆从百姓需求出发，从百姓的喜爱和兴趣出发，认真研究免费开放培训的内容及课程设置，认真的研究师资力量与特色课程，南开区文化馆的公益培训课程便充分利用我馆业务干部的特长和优势推出了特色课程，如针对未成年人，特别是外来务工环卫工人子女的每周二下午的课外美术课程，这在极大程度上丰富了孩子们的课外生活，同时也有效地解决了外来务工人员对子女教育的困扰，在社会上收到了良好的反响；针对中老年人开设的课程也深受市民好评，每到新学期伊始，钢琴、电子琴、合唱、古筝、扬琴、舞蹈、书法、摄影、文学等一系列精品课程都吸引了众多市民关注。前来报名的人络绎不绝，早早地排起了长队。这充分说明越来越多的人愿意走出家门，不再宅在家里，而是通过走进文化馆去吸取更多的知识，丰富自己的业余生活。

三、新时代、新生活、新作为

1.满足人民文化需求，我们要有所为

2018年，有一首歌《我和我的祖国》红遍了大江南北，传唱度极高，无论是老人、孩子还是城市、农村、厂矿，几乎人人都会唱，特别是快闪这一新方式的出现，这首歌又被重新演绎出了更多的版本。熟悉这首歌曲的人都知道，这首歌创作和发行于1985年，距今三十多个年头过去了，但一唱起这首歌还是感觉那么的亲切。如今，是新时代的文艺工作者将其重新进行了创编，把它再一次融入了百姓生活中，赋予了其时代色彩，新时代的人们用新时代的展现形式，为歌曲增添了活力，更展现了新时代百姓的共同心声。

还有一首60年前的老歌《我的祖国》也是被文艺工作者重新挖掘，成为2020年初的快闪热门歌曲。在2019年举办的“南开杯”天津市第七届新广场舞大赛中，这首曲目还被主办方选定为规定动作的曲目。由此可见，把老歌及时改编推出，同样可以满足群众文化新需求。只要积极创作、改编，推出人民喜爱的作品，就能体现新时代百姓生活气象，满足百姓需求，百姓就会认可。

2.积极搭建百姓参与文化活动的舞台

2021年是中国共产党成立100周年，全国各地定会掀起庆祝建党100周年活动的浪潮，相信这一浪潮会比庆祝改革开放40周年及庆祝中华人民共和国成立70周年这两项重大庆典更为热烈、热闹。作为文艺工作者，我们应从现在开始引导和指导群众围绕这一主题多创作、编排新节目以及演绎新作品，为其搭建更多的展示平台，让百姓成为文化活动的主人、让百姓成为舞台的主人，立足惠民、立足特色，这样才能形成新时代的文化新景象。

3.加强群众文化的引领和培训，树立榜样力量

现阶段，参与文化活动的群众越来越多，群众性文艺团队越来越多，文艺团队“走出去，请进来”的交流活动越来越多，因此群众文化主管部门的文艺培训和文艺引领亟待加强。我们文化馆首先要组织建设、管理好舞蹈、歌咏、戏曲的优秀团队，发挥优秀团队的示范、引领、带动作用。我们还要积极走进社区、企业、校园加强培

训,推动基层群众文艺不断提高水平。

在南开有这样一支舞蹈团队家喻户晓,那就是华苑玉丽舞蹈团,她们在队长侯丽君的带领下,积极投身文化志愿服务,多次被评为市级优秀文化志愿者团队。她们经常深入厂矿、部队、养老院、社区等地进行慰问演出,多次参加天津市春晚等市级、区级重大文艺演出的节目录制及演出工作,广受好评。要说阿姨们也有繁重的家庭负担,但是她们都克服困难,绝不耽误演出排练工作,多少次在日常排练中都能看到阿姨们带着隔辈人一起排练,使我们深受感动,正是她们的无私奉献,在南开这片热土上才留下了她们动人的身影。这样的团队在南开还有很多,我们群文人应该充分发挥像她们这样的榜样团队的力量,正确引领广大群众,帮助团队在日常管理、演出培训等方面细致化、规范化,使这样的龙头团队在南开越来越多地涌现出来。

4.继续构建可持续的公共文化服务组织网络

构建完善的、可持续的公共文化服务组织网络,一是要整合社会资源,完善文化教育等建设,将不同部门的公共服务资源进行整合,实现资源的优化配置;二是明确责任,对文化主管部门的权力和责任进行明确划分,完善管理体制和运行机制,充分发挥利用多种社会力量参加群众文化工作,不断扩大政府公共文化服务的能力和水平;三是加快公共文化体制创新,文化主管部门要积极制定政策和指导意见,积累制度建设经验。

新时代要有新气象,我们不仅要建设美丽中国,作为新时代的群文人我们还要多多倾听百姓对文化的渴求,积极应对新的挑战。时代需要群众文艺工作者捕捉到更多的百姓需求,只有想百姓所想,以人民为中心,不断丰富群众文化生活,百姓才会有更多的幸福感和获得感,才能更好地激发人民群众昂扬向上、奋发图强的精气神,才能真正地带领百姓走向文化生活的新天地。

(作者单位:天津市南开区文化馆)

“非 遗”空 间

从设立“传承人退出机制”谈“非遗”保护的制度完善

孙　静

2019年12月11日，一则关于文化部建立国家级“‘非遗’传承人退出机制”的消息在“非遗”保护界不胫而走，经过在文化部官网印证，这个消息属实，只不过它是国家文化和旅游部颁布的有关传承人《认定与管理办法》的一部分。文件于12月10日颁发，于转年3月开始实行。正式的文件中，有关“非遗”的重要意义、传承人的作用、认定的程序与标准都有很详细的规定。从文件的全称可以看出“认定与管理”是两大问题，其中“退出机制”是“管理”的重要组成部分。人们之所以关心“退出机制”的推出，正是由于加强对于“非遗”工作的管理是大家共同关切的问题。

当前全国上下都在大力贯彻十九届四中全会精神，四中全会精神的实质就是完善制度和推进治理，《认定与管理办法》在这个时间节点推出，正是文旅部贯彻四中全会的实际行动。提到对“非遗”工作完善制度与推进治理，个别同志恐怕觉得有些不好接受，误以为“非遗”保护工作出现了什么问题。其实大可不必，“非遗”工作的成绩应当肯定，但既然连“中国特色社会主义制度”都需要完善，那么我们国家所有的制度都面临着“完善”的问题，“非遗”工作当然不能例外。不仅要完善，还要强化治理。

一、“传承人退出机制”是“非遗”保护工作制度完善的结果

“非遗”保护工作是联合国教科文组织的一个项目，于21世纪初启动。我国的“非遗”保护工作是从2006年开始的，经过五年的发展，于2011年形成立法，2013年成立全国性的“非遗”保护协会。十几年的时间，取得了众所周知的成绩，为弘扬民族文化，振奋民族精神起到了重要作用。同样不可否认的是，在这么长的时间

内,出现了许多制度上和管理上的问题,继续完善和治理,这也是不争的事实。

现在我们"非遗"保护工作是依法进行的,其法律依据就是 2011 年 6 月 1 日开始实施的《"非遗"法》,自立法以来,保障了"非遗"保护工作的顺利健康发展。《"非遗"法》中对于"非遗"的定义、调查、项目名录、传承传播、法律责任以及保护的方法、项目的确立、传承人的认定都有详细的论述。只是其中对于"传承人的退出机制"没有提及,仅仅是在"传承人权利与义务"的结尾部分提了一句"对于不履行义务的,文化部门可以取消其资格"。以至于在全国人大讨论会上,一些人大代表和"非遗"专家提出"立法层面应当对于今后形势予以研判",建议"在今后实践中逐步予以完善,充实退出机制"。

同样,通过十几年的实践,一些"非遗"保护工作比较发达地区的"非遗"学者也看到设立"传承人的退出机制"十分必要。比如,2018 年福建省人大召开常委会时,就通过了关于建立"'非遗'传承人退出机制"的提案,准备经过省人大全体会议通过形成地方法规。还有一些地级市有这样的提案,这些信息自然会反馈到中央高层领导。此次国家文旅部的《认定与管理办法》正是反映了各地的实际情况,这也说明中央政策也是在不断地完善过程之中,任何正确的政策、法令的颁布和实行只要符合民心民意民情,必将对今后工作产生促进作用。

"'非遗'传承人的退出机制"之所以受到关注,是因为它和政治制度上的改革相互契合,是我们国家民主政治不断进步和现代化的结果,我们应当按照文旅部的要求认真予以贯彻执行。

二、将"完善制度"的重点放到"传承人"符合"非遗"的初衷

众所周知,文化遗产分两大类,一类是物质的,一类是非物质的。两者有着根本的不同,前者工作的立足点是特定的历史时间与空间结合点的"物",而后者则是在人类历史发展过程中通过劳动、汗水、智慧凝结下来的精神文化产品包括手工技艺。这种精神与技艺必须有所附丽,这就是"人"。简言之,"'非遗'保护工作"是以人为核心的工作,没有了"人"就没有"非遗"。这也是此次文化管理高层将"制度完善"的重点放到"传承人"上的主要原因。保护传承人和传承人所活动的文化空间显得尤其重要。对传承人的尊重、保护与管理,是实施非物质文化遗产项目健康有序传承的应有之义。

"保护'非遗'",从大处说,是国家层面的重大决策,关系到民族文化的传承问题,是实现中华民族伟大复兴"中国梦"的实际行动。从小处说,是赋予"物质文化

遗产"以血肉和灵魂，促进本地经济与社会发展的一件要事，而"非遗"传承人正是实现这一目的的中心环节。对于传承人，我们首先要予以尊重和保护，同时还要注重管理。要像爱护自己的眼睛一样，珍惜爱护这不可复制的文化队伍。

蓟州区不仅是不可移动文物即物质文化遗产的"大区"，同时也是"非遗"工作的"大区"。在工作中，我们十分注重"非遗"传承人的工作，并且随着保护工作力度的深入，将尊重、保护与管理传承人工作与执行《"非遗"法》结合起来，不断提高"非遗"传承人的法律地位。在蓟州区，每次与"非遗"相关的活动，都会得到区领导的重视和莅临。"'非遗'项目"的命名大会规格很高，议程很隆重。在各种群众文化活动中，"非遗"的表演项目也都被格外强调、高看一眼。这些措施，使得"非遗"传承人受到前所未有的尊重，这些草根艺人也成为艺术家，是他们的坚守填补了人们对传统文化和传统手工技艺认知的空白。全社会都在尊重"非遗"传承人，也会使"非遗"传承人意识到自己的责任，对增强文化自觉具有重要作用。

三、加强对于"'非遗'传承人"的管理十分重要

蓟州区文化馆从2008年开始，根据《天津市文化局关于开展全市非物质文化遗产普查工作的通知》的工作部署要求，积极推进非物质文化遗产普查和保护工作，抢救了一批具有历史、文化和科学价值的，特别是处于濒危状态的非物质文化遗产项目，并对其进行整理申报，加强保护工作。截至目前，共申报了北少林武术、兴泰德烧锅白酒酿造工艺、渔阳花鼓等20项区级非物质文化遗产项目，其中，北少林武术、邦均子火烧和一品烧饼制作工艺、皮影雕刻技艺、独乐寺庙会、兴泰德烧锅白酒酿造工艺、燕子李三传奇故事、杜吉素少林五虎棍7项申报为天津市非物质文化遗产项目，并成功申报张奎、魏俊芝、蔡习军、商绵辉为天津市非物质文化遗产代表性传承人。

不可否认，在传承人中，绝大多数能够起到承上启下的作用。以蓟州区北少林武术为例，这个项目的传承和发展日渐兴盛依仗着传承人的作用。一是北少林武术传承人常年坚持义务教学，利用业余时间，为百余位热衷于武术的青少年爱好者无偿提供场地和技术指导，传习北少林武术的实践运用。二是组织武术爱好者和教练员积极参与各种公益武术活动及各级比赛展示，先后应邀参加了蓟州区春节联欢会、第二届河南新乡国际武术节、天津市传统体育类"非遗"代表性项目展演等，扩大了北少林武术的社会影响力。三是利用多种文化途径宣传北少林武术，先后出版了《近代天津武术家》《北少林武术文化丛书——北少林武术拳械录》等书籍,并积极寻求与报社、电视台的合作,拍摄天津市传统体育类"非遗"代表性项目宣传片等。四是进一步整理、完善北少林武术体系,多次赴宝坻、唐山等地挖掘研究北少林武术支脉历史遗存,参加国家级"非遗"观摩活动等,为北少林武术的传承与发展贡献了自己的力量。

但是,令人担忧的事例也不少。个别传承人以为评上了就万事大吉,不注重发挥自己的作用,没有做到"不忘初心,牢记使命",没有责任担当。在了解了所掌握的艺术项目的价值之后,有的甚至将自己的头衔当作"金名片",待价而沽。有的忽视应尽的义务,有的忽视了技艺的进一步精进,还有的对于传授技艺不上心,整天忙于挣钱,无意产品、工艺的再提升。还有一些传承人认为自己有了一定的影响力,就不再积极参与非物质文化遗产公益性宣传等活动,传习活动举办得也越来越少,忽略对后继人才的挖掘和培养。这些不良倾向直接威胁着非物质文化遗产保护传承的百年大计,对这种现象决不能漠视和纵容,必须建立退出机制。像政治体制改革一样,破除终身制,使得非物质文化遗产保护工作在法治的轨道上走得更加健康和稳定。

应当指出,这里提出的关于"'非遗'传承人退出机制"引发的思考还很肤浅,应当探讨的东西还应当更多、更深入。冯骥才前不久在南开大学讲话,专门论及"非遗"的科学管理,防止虚假繁荣等,既然谈到科学管理,那么言外之意就有非科学化的管理存在。在"非遗"保护十几年的过程中,存在着一些令人担忧的现象。比如在认定过程中的弄虚作假问题,比如在传承谱系方面的夸大其词问题,比如在宣传推广中的商业化问题,甚至存在着一些利益交换、不正之风问题等。笔者认为设立"传承人的退出机制"应该是一个信号,一些制度层面的问题一定会得到解决,一些不正之风一定会得到纠正。

(作者单位:天津市蓟州区文化馆)

举办文化活动应当尊重当地的民风民俗

陈　宇

有一段相声叫《差不多》，其中有一个桥段很荒诞。大致是说，某甲将婚礼定在了清明节，还振振有词地说“清明节正值春回大地万物复苏，历来是踏青赏春的好时候，举办婚礼有何不可，要敢于破除旧的风俗偏见”。倘若如此还则罢了，他还将婚宴的台布完全换上了白色，声称这与白色的婚纱正好配套，象征着爱情的纯洁。更进一步将婚宴改为烛光晚餐，蜡烛要换成白色，说这也是“和国际接轨”，以体现“圣洁”。相声现场表演很火，当时听过相声虽然觉得很可笑，但觉得太荒诞了，生活之中不可能有这样的“夯货”。

没想到生活之中永远不缺少意外，现实往往比想象的还要荒诞。2019 年国庆节期间，在天津某个著名的公园就上演了这样一幕荒诞剧。“庆祝新中国成立 70 周年×××三地菊花联展”在公园内最大的一个很富于诗意名称的广场举行。由于几十年来举办菊花展形成的良好口碑，展览受到广大群众的关注和追捧，开幕式当天游客如织。可是一到会场，不少人都被眼前的景象“雷”到了。偌大的广场上，黄白相间的菊花簇拥着一顶顶白色的帐篷。帐篷中更是层层摆放着各色菊花，白色的幕墙上还悬挂着用深色画框装饰的“菊花艺术摄影”照片。这场景会让人联想到什么？不言而喻。怪不得许多人在网上上传照片和录像，惊呼“太瘆人了”！新闻媒体也只能用“庄严肃穆”来给以报道。

令人不可理解的是，面对现场和网上的质疑，展览的主办方居然还通过新闻媒体郑重说明，展览的设计初衷是为了突出菊花的“高洁”，还用了“人淡如菊”这一成语来形容。并特意说明，用白色的帐篷是室外展览“通用的做法”。展览现场的工作人员则言之凿凿地向游客做思想工作，“要与时俱进，现在青年人办婚礼都讲究这种情调，绿草地、白帐篷、黄菊花，这是与国际接轨”，告诫提出质疑的游客“不要落后于时代”。

当然,迫于连续不断的质疑和舆论的巨大压力,这个展览挺了几天后,还是将白帐篷改成了红帐篷,原因很简单,民情与民意如此:这里是中国天津,庆祝新中国成立70周年,是大庆典、大喜事,就应当红红火火、喜气洋洋!

相声里,某甲举办婚礼,将婚礼现场布置成什么样,完全是他的个人自由。但像这次展览这样,花费巨大的公帑,却落得个这样的结局,给我们提了个醒——举办文化活动应当尊重当地的民风民俗。

一、文化方面应慎提“与国际接轨”

现在,“与国际接轨”仿佛成了办事的准则。但更应看到,在经济成为全球第二大经济体的基础上,实现文化强国,提升文化自豪感、民族自豪感才是实现民族复兴必要的手段。只有在文化血脉上和民族文化进行很好的对接,我们的价值观、文化观才能富有民族芳香,散发出更强的魅力和价值。没了民族自豪感,缺乏民族价值观,总是将西方的价值当作流行与时尚,而对本民族的“诉求与追求”毫不在乎,就会失去民族腾飞的基础。

不可否认,经济的全球化已经是世界发展的大趋势,这是一种正常的现象,也是我国政府加入世界贸易组织“WTO”的初衷,现在都在讲不忘初心,这一初心也是应当坚定的。然而,经济的全球化并不能理解为“文化也要”全球化。相反,各个民族的文化反而更加应当受到保护,物种是多样的,必须予以保护,这已经在全世界形成共识,同样,文化也是多样的,也必须得到保护,也必须形成人类的共识。如果不是这样,文化的交往使得西方的政治文化、经济文化、娱乐文化也形成了全球化,造成的结果是世界文化的同一现象,各个民族自己的文化被同化,其结果就是被“奴化”,这是人类的悲哀。任何一个国家的人士都不会希望这样的世界出现。

中华民族是世界上唯一一个没有中断文化传递的民族,无论是人文景观,还是“非遗”,无论是古代文明,还是现代科技,都有我们国人引以为豪,让世界为之钦佩和赞叹的文化财富,这无疑证明了中华文化是世界上最优秀的文化之一。它是中华民族实现伟大复兴的精神支柱和灵魂。

弘扬民族文化对于增进民族团结,推动社会主义先进文化的建设具有举足轻重的意义。面对西方文化的渗透,我们群文工作者应该清醒地意识到尊重民俗、民风、民情,弘扬“优秀的传统文化与民俗文化”迫在眉睫,做好“弘扬优秀民俗文化与传统文化”就是保护我们的历史,就是延续我们的国脉,这是历史赋予我们群文工作者的使命。

尊重民俗民风,是保护和承递民族优秀文化的重要途径和手段,在对优秀的传统民族文化发挥承递作用的同时也活跃了群众文化本身。天津有着丰厚的历史文化底蕴,是一个本土文化十分丰富的地区,这不仅会激发我们群文工作者的热情,也是份沉甸甸的责任。

相声《差不多》中的某甲之所以可笑、某展览之所以受到众多质疑以至于不得不遵从民意,其根本原因就在于,将"与国际接轨"泛化到了文化领域。他们不了解"民俗与民风"后面是民情与民意,具有巨大的能量。它们形成于历史的长河之中,经受过岁月的磨砺甚至血与火的淬炼,具有强大的自立于民族之林的能力。列宁所说"千百万人的习惯势力是最可怕的",体现在这里呈现一种正面的效应。这说明,在西方强势文化的入侵面前,我们的优秀传统文化具有强大的生命力,在敌人眼中最可怕,在民族文化保卫者的眼中最可敬!

不管相声中的"某甲"们如何振振有词地将婚礼办到清明节,如何根据"国际惯例"将白桌布、白蜡烛解释成"纯洁、圣洁",都只能成为一场闹剧,沦为一个笑柄。原因很简单:中国节就应该有中国样,要有红灯笼、红帐帷、红蜡烛,民俗难改、民意难违。

二、民风与民俗记载着民族的"基因",切不可丢失

基因,具有的重要意义与作用是众所周知的。它在种群繁衍中具有决定的意义,一个民族要保持自己的生生不灭,必须牢牢把握住自己的基因。同样,一个民族要想征服另一个民族,使之成为自己的奴隶或者附属品,最根本的方法便是改变这种基因。和生物的基因相比,文化的基因更为重要。在世界上存在着相当数量的"香蕉人",便是这种基因改变的结果。民风与民俗便是文化基因主要的存在方式。所谓民风与民俗,是指一个民族大家庭中上千年甚至几千年形成的对于世界的识别、解释、理解、反馈、习惯与传承。这些精神元素集合成一个整体,便是对于一个族群的共同认知。一个民族只要不想被亡国灭种,没有不注重尊重与保护民风民俗的。群众文化正是站在这场保卫战的最前沿,其中的"非物质文化遗产保护"更是"滩头阵地",足见民风民俗的重要性。

民风民俗主要存在于庆典、纪念、祭拜活动中。本文之所以提出要尊重"当地"的民风民俗,也是因为全国各地,特别是各个民族的风俗习惯、民情民意都有很大的差异,有时弄不好会出大问题。在举办文化活动中,如果不从当地的实际情况出发，就必然会出现相声《差不多》和某公园“菊花台”的荒唐。

在这场“基因保卫战”中，令人担忧的是一些“转基因”文化产品的出现。例如，现在不断走强的“洋节”正在向中华民族的传统文化进行逆袭，有可能导致民族文化的“转基因”。

情人节、复活节、愚人节、母亲节、父亲节、万圣节、感恩节，当然更有圣诞节，这些洋节在所谓“文化精英”的鼓吹以及商家的推波助澜之下，以汹涌之势占据着中国人的头脑，以至于成为正在挑战甚至压倒中国传统文化的“转基因作物”。这关系到民族文化的根基，更应引起人们的警惕。相声《差不多》中的某甲，就是这种“转基因”的受害者。在这些人的眼中“清明节”只不过是春光明媚的代号，它所承载的慎终追远的庄严肃穆，以及对于先人的缅怀、尊重早已淡漠，留下的只是廉价的欢乐。

这种“转基因”现象之所以危险，就在于它让人们不知不觉地、潜移默化地接受了它，甚至受它支配。某公园的那场“菊花台”就是鲜明的例子。举办者肯定是经过详细考量才做出这样的决定的。比如说，日本就很崇尚白色，节日期间我们经常可以看到日本的料理馆“大白灯笼高高挂”，在我们看来很是“瘆人”，他们却喜欢得很。而且，菊花是日本天皇的象征，更应当高看一眼。这种无意识的流露让人“细思极恐”。同样来自日本的还有“千纸鹤祈福”等。来自欧美的“民俗”最常见的就是“生日蛋糕”。其中“吹蜡烛”是这种仪式的“华彩乐段”。最早接触这种仪式的时候，很多老年人都很反感，“这不是吹灯拔蜡”吗？但久而久之，竟然也见怪不怪了，一起和儿孙们“吹灯拔蜡”。这充分说明文化产品“转基因”的可怕。

三、群众文化应当成为尊重民风民俗的带头人

作为群众文化工作者，我们一定要尊重民情民意、民风民俗，要利用自身的艺术特长，在培训辅导、宣传教育中结合本专业把民俗中的“精华”传达给群众。同时多举办以“尊重民俗民情”为主题的文化活动，如民间花会、戏曲曲艺、民歌民乐、诗词歌赋、对联谜语等。在弘扬“优秀传统文化”中真正起到纽带作用，以此带动民俗民间文化的发展，这才能从根本上保证我们中华民族文化不断繁荣。

以“非遗”为代表的群众文化活动无疑是宣传民风民俗的主力军。通过媒体可以了解到，各地开展的群众文化活动都将尊重民风民俗放在重要的地位。策划群众文化活动时，都注重民俗文化的作用，吸引当地许多“非遗”项目参加，给这些项目提供了展示的机会，而这些项目由于为当地的群众喜闻乐见，给群众文化活动注

入了活力，收到了相得益彰的结果。

本人多年参与组织的天津市西青区春节期间的文化活动就是很好的例证。每年，文化、旅游、工商、城管、卫生等部门联手，在杨柳青文化广场组织“大型灯展”系列文化活动。一千多盏传统与现代结合的彩灯，与文化广场中心的“春”字相互呼应，“大红灯笼高高挂”，充满了喜庆色彩。琳琅满目、五彩缤纷的彩灯，点燃了全年群众文化的“引信”，带动了一系列文化活动：彩灯观赏、有奖征联、灯谜竞猜、狮舞龙舞竞技、彩灯评选抽奖、元宵焰火施放、地方戏曲展演、民间绝活表演、摄影佳作展览、知识抢答等等，这些集合性的文化活动，吸引了西青区乃至周边地区，甚至市里的数万群众参加。相信通过这样的民俗文化，传统的民俗制作工艺、众多的民族民间文化艺术便可在其带动下，传承下去。

经验与教训告诉我们，必须把尊重民风民俗作为文化工作的生命线高度重视，在策划各种文化活动中，必须坚持从实际出发，因地制宜，因人制宜，充分尊重当地的民风民俗，让民俗文化所承载的历史和文化深入人心，才能守住自己的精神家园。

（作者单位：天津市西青区文化馆）

民俗文化的移风易俗是群众文化的重要工作之一

刘允平

党的十八大以来，我国的群众文化事业高速发展，在迎庆改革开放40周年、迎庆新中国成立70周年等大型活动中，以及在各个城市、乡村、村镇社区中，都可以看到群众文化十分亮丽的风景。特别是在新中国成立70周年的天安门广场群众联欢中，更是让全国观众看到数万群众同唱一支歌，共跳一个舞的震撼人心的场面。近些年来的群众文化，从内容上多为赞美党、赞美祖国、赞美新生活的主旋律，在形式上多为声乐、舞蹈、朗诵、戏曲等。老百姓积极参加文化活动，极大提升了文化素质，极大提升了幸福感和获得感，但在参加了文化活动之后，他们还是要回到家庭、回到现实生活中去。在他们的家庭生活、社会生活中，既有新生活新观念的影响，也受传统民俗、旧式理念的影响，像衣食住行、婚丧嫁娶、宗教信仰、祖先祭奠等等，很多还是传统的民俗。民俗文化已经深深融入了百姓生活，但目前却是群众文化很少涉及或涉及得不够充分的地方，它又是我们群众文化工作的重要领域，大力发展民俗文化，进一步发展民俗文化产业，在发展中去弘扬精华，去除糟粕，打造新型的民俗文化，是我们群众文化工作者应尽的职责。

一、许多与时代不符的民俗文化到了非改不可的地步

给逝去的亲人和祖先烧纸、烧寒衣，这是我国独特的文化和祖祖辈辈传下来的习俗，在我国已流传了几千年，一般在亲人忌日、清明节、七月十五、十月初一、春节前，我们都可以看到烧纸的。如今为了保护环境，建设绿色中国，许多城市出台了禁烧令，也有城市出台了禁止燃放烟花爆竹令，每逢烧纸的日子，街道社区都要组织大量人力去巡逻、去蹲守，以劝阻人们烧纸。这种劝阻民间习俗和屡禁不止的现

象也让社区干部十分辛苦，勉为其难。再比如给逝去的亲人祭奠和送葬出殡中，在订婚结婚现场，都有繁文缛节的民俗礼仪活动，这些民俗中有一部分是落后、愚昧、超越法律的，甚至有的“闹婚”在婚礼现场去扒新娘的衣裳，这是对人的侮辱，让人难以忍受，也让法律难以追责。有的地方个别人迷信“厚葬”，长者过世，后人选了葬地后大兴土木，大埋陪葬品，给国家和人民造成了损失，此风不改，“国家必贫，人民必寡”。也有的风俗名曰“身体发肤，受之父母”“人死后要留全尸”，使得我国人体器官捐献工作总是滞后。我们说，凡是民间习俗，都寄托了人们的情感，也是祖祖辈辈的传承，一时又难以改变，但迷信的、迂腐的、愚昧的风俗在新时代必须要改变。再有，咱们天津是连通南北交通发展以及海内外的重要地点，这里承载了古往今来南来北往遗留下来的丰富的遗产，这也逐渐成为天津地区特有的文化遗产，其中包括：民间戏曲、舞蹈、民俗文化以及杂技和手工艺等等，多数属于我市的非物质文化遗产。这些民俗文化和非物质文化遗产中，也有一些是有着浓厚旧时代痕迹的，是与新时代不相适应的。比如天津法鼓就是我市重要的非物质文化遗产，但旧式的法鼓中，有着大量拜神、迷信、叫板的环节。怎样让迂腐、落后、愚昧的民间习俗淡出人们的生活，怎样在传承民俗文化中移风易俗，是我们守土有责，守土尽责的群众文化工作者应该着重考虑的事情。不破不立，不止不行，我们群文工作者应该站上移风易俗的第一线。

二、该怎样在民间习俗中移风易俗

2017 年，中共中央办公厅、国务院办公厅印发了《关于实施中华优秀传统文化传承发展工程的意见》，并发出通知，要求各地区各部门结合实际认真贯彻落实。《意见》说，要坚持创造性转化和创新性发展。坚持辩证唯物主义和历史唯物主义，秉持客观、科学、礼敬的态度，取其精华、去其糟粕，扬弃继承、转化创新，不复古泥古，不简单否定，不断赋予新的时代内涵和现代表达形式，不断补充、拓展、完善，使中华民族最基本的文化基因与当代文化相适应、与现代社会相协调。《意见》为我们对民间风俗的移风易俗指明方向。《意见》还说，要丰富春节、元宵、清明、端午、七夕、中秋、重阳等传统节日文化内涵，形成新的节日习俗。民间习俗不同于迷信、巫术，它的精神内容十分丰富，有尊重祖先的，有驱邪避魔的，有对他人美好祝福的，有对美好生活向往的，是中华文化的重要组成部分，但民俗多是旧时代传承下来的，其糟粕必定不少。其中，有的与当今人们不断提升的科学文化素质不能相容，有的与时代特征、时代使命、时代要求不能相容，有的与建设绿色中国不能相容,所以必须改变它,用新的民俗取代它。这些工作自然而然会落在社会工作者、专业文化工作者、群众文化工作者的肩头。当务之急,是在祭祀文化、婚庆文化上“立”字当头,在民间普遍存在、经常进行的活动中把新的民俗确定下来、传扬下去。

那么,怎样实现民俗活动的移风易俗呢?我们应从以下方面入手。

1.利用网络开展一场“新民俗运动”,征集移风易俗的好点子予以推广

我们要先在网络上告诉人们移风易俗的必要性和迫切性,让人们对移风易俗有个共识,形成舆论,形成新风俗的文化,然后首先开辟祭祀活动、婚庆活动等新民俗专栏,征集民间好办法。这个网络活动不应是小打小闹,不应是走形式、走过场,不应是蜻蜓点水式的,而应该是一个“新民俗运动”,是一场大仗。比如我们可以先让网友吐槽旧式民俗的种种弊端,可以让曾深受“婚闹”之苦的人们现身说法,让对繁文缛节的婚礼习俗叫苦不迭的人们现身说法,让更多人们参与改变旧式风俗的讨论中来,形成旧式习俗非改不可的阵势,然后趁热打铁,征集给祖先“送钱”“送寒衣”和婚庆活动的更好的办法。中国之大,无奇不有,社会上肯定有祭祀活动、婚庆活动的新方式、新点子的。如果有好点子好办法,我们要坚决推荐、试行、完善、推广,让人们普遍接受它,采用它,逐步取代旧式风俗。

2.促进民俗文化产业的发展,打造我们的城市名片

按照专家的说法,非物质文化遗产就是指我们以往熟悉和研究的民间文化、民俗文化。“非物质文化遗产”和“民俗”“民间文化”的概念是可以互相置换的。除了与非物质文化遗产有直接关系的人员和部门外,群众文化既是与“非遗”最接近的部门,又是搞文化创意最得手的部门,所以让“非遗”产业化,让“非遗”“活起来”,群众文化也应该走在前头。虽然群众文化部门不能搞产业,但我们可以把文创成果推荐给民营企业、小微企业、家庭作坊去实现它。2019年初,习近平总书记在北京老前门东区看望基层干部时说了句意味深长的话:“让城市记得住历史,让人们记得住乡愁。”党的十九届四中全会又发出了全面治理的号令,弘扬优秀民俗文化,让古老的民间文化移风易俗,既受到百姓的喜爱,又焕发出时代风采,应该在文化治理之列,这治理之路,一是靠整理、传承,二是靠产业化发展。天津有着丰富的非物质文化遗产,无论是列入国家级“非遗”名录的京剧、曲艺、评剧、年画、“狗不理”等,还是舞蹈、音乐、杂技等,都可以进行产业化传承和发展。天津的地理位置和自然环境孕育了丰富多彩的民俗文化,使得天津的春节文化、天津的食品文化、天津的妈祖文化都闻名全国。现代社会的进步发展,有些民俗文化和非物质文化遗产面临着危机,由于社会需求不足,很多传统手工艺制造者不愿继续从事这份事业,这

也是导致传统手工艺产品不被抢手的重要原因。要继续发扬传承这些濒危的传统文化，就应当在新的时代潮流之下引进新的消费观念，进行新的产业变革，顺应需求发展的潮流，从而迎合社会经济发展的需要。民俗文化和“非遗”作为传统的技艺，有着自身的生命力，但在现代社会其生存土壤发生了变化。因此如何改变它是当前民俗文化产业和“非遗”要面对的难题。为了实现传统民俗文化和“非遗”的发扬与传承、传播，带动经济发展，应当使“非遗”经过文化创意，并加入依靠专业化的生产、管理与服务，形成系统化的生产经营方式。

以海神文化为例，它源自民间，天津临海的地势意味着居民更多地从事渔业，而通过对海神文化的深入研究发现，人们对于海神文化的信仰显露了其精神层面的需求。由于我们多年来没有深入挖掘、开发和利用，使得天津的妈祖文化只停留在妈祖生日时搞一次祭拜活动，相反倒是台湾、香港的同胞每年都组团到天津来祭拜妈祖，这不能不说是我们对妈祖文化利用得很不充分。今天的天津，正在大做海洋文章，所以我们更应该珍惜、弘扬和开发妈祖文化，以妈祖文化做天津的文化底蕴。天津的文化战略以海神文化作主导元素，一方面能够满足产品使用的基本要求，还能够迎合人们内心对于美好生活和更美好未来的追求与向往，这也体现了社会需求和特色文化之间的交融。我们可以仿照故宫博物院开展“文创”活动的经验，将一些对妈祖的祭拜、对妈祖的宣扬用文创的方法使其生动地融入时代、融进民间。

天津的杨柳青年画通过夸张的形象、鲜明的色彩、浓浓的民族风情以及寓意生动的故事来表达人们对于美好生活的渴求。无论是门神、财神，还是“连年有余”“五子登科”，都不是迷信，不是低俗，它符合百姓的心理需求，都是正面的。如今杨柳青年画走入低谷并不是因为它的不好，而是我们对它的重视、弘扬、宣传和开发得不够。虽然在现代社会，杨柳青年画已经不再成为春节时家家悬挂的必需的物品，但我们还没有发现有什么能取代它，所以我们不应放弃它。我们完全可以在天津民俗文化的宣传和产业布局中，大力弘扬年画文化，我们可以把杨柳青年画文化作为城市的文化底蕴和文化招牌，可以在服装产品或者旅游产品上以及文创产品上设计有门神、财神、大头娃娃等形象来宣传杨柳青的文化，从而带动当地经济的发展，表达人们对美好生活的渴望，也使民间文化更为丰富。

没有民俗文化、“非遗”文化的产业化发展，就没有民俗文化、“非遗”文化更好地“活起来”。仅以妈祖文化、年画文化为例，天津的民俗文化有着许多宝贵的财富，只是我们在现代潮流面前放弃了他们。我们应该抓紧找回他们，通过他们培育新的文化创意、新的文化产业、新的文化业态、新的开发模式，让他们成为我们城市的财富和名片。我们可以向民营企业、小微企业、家庭作坊业者广泛宣传民俗文化产业的商业化机会和良好的发展前景，并通过文创和网络宣传好天津独特的优秀的民俗文化。

（作者单位：天津市河东区文化馆）

浅谈口述记录和影像记录在"非遗"保护工作中的重要性

赵梵汐

2019 年发生了令世界关注的两件非常痛心的事情，既法国巴黎圣母院和日本首里城这两处世界级文化遗产的火灾。它们的重建需要石匠师、木匠师、铁匠师、雕刻师、玻璃雕切师们的独门绝技，这些技艺则属于弥足珍贵的非物质文化遗产。众所周知，每一处世界文化遗产都具有唯一性和不可复制性、不可替代性。而岁月越是向前，那些能掌握古老独门绝技的人，能把古老的文化遗产修复到原样的能工巧匠则是越来越少了。为此，保护、挖掘、整理非物质文化遗产在当今显得特别重要。这也是我们"非遗"工作者十分重要和迫切的使命。笔者作为从事"非遗"保护工作的一员，在通过多年工作实践后认为：口述记录和影像记录在非物质文化遗产保护工作中，作用和价值是非常重要的。

一、对非物质文化遗产传承人口述记录是一项细致的工作

党的十八大以来，以习近平同志为核心的党中央高度重视保护文化遗产，弘扬中华优秀传统文化。2017 年 4 月，习近平在考察广西合浦县汉代文化博物馆时指出"要让文物说话，让历史说话，让文化说话"。2019 年 8 月总书记到敦煌莫高窟考察，要求"通过对中华文化的弘扬，引导人们树立正确的历史观、国家观、民族观、文化观，不断巩固各族人民对伟大祖国的认同、对中华民族的认同、对中国特色社会主义道路的认同"。2019 年初，习近平总书记在北京老前门东区考察时说过"让城市记得住历史，让人们记得住乡愁"。

非物质文化遗产也称为"口头文化遗产"，它在若干年的传承中，本来就是口口相传的，所以口述记录"非遗"也是传承的一部分。"非遗"工作最紧迫的是抢救濒

危的文化遗产,就是针对还活在人间的传承人,所以对“非遗”传承人进行口述历史记录就非常重要。做好口述记录不仅可以记录传承人身上的记忆,还可以记录他记忆中的技艺,可以了解非遗的传承脉络,“非遗”的历史背景,“非遗”的历史价值、文化价值,“非遗”于历年传承中在百姓生活中的应用和位置等等,所以说,在文字、摄影、摄像等诸多“非遗”记录手段中,口述能起到其他手段不可比拟的作用。

笔者作为“非遗”工作者,主要负责本单位的长线普查、口述录制、史料拍摄并对传承人的生活状态、授艺传习、濒危曲目开展记录性的录制工作。从 2012 年开始,将单一采集国家级、市级“非遗”传承人的口述史录制工作扩大到“非遗”项目亲历者的口述史拍摄。

非物质文化遗产的发展是几代人努力的结果,我们的口述史采录工作是以国家级传承人为主,同时抓紧优秀项目的高龄亲历者,按照年龄与身体状况排出时间表,制定专业采录标准,持续采录。同时,为表现历史的纵横感与人物生活的生动性,对采录者的生活状态进行了跟拍,对他们手中的珍贵史料进行了翻拍留档。对珍贵史料的翻拍,保存及对他们生活状态、教徒授艺状态的跟拍共同组成了较为完整的口述档案。目前戏剧曲艺类项目的 67 位重要亲历者已采录完毕,其中多数为 75 岁以上高龄老人。采录过程中,个别老者已成绝响。目前我市国家级“非遗”传承人四批 20 人中已有 4 人离世,三批 76 人市级传承人中去世的已有 9 人。在世的“非遗”传承人中,超过 70 周岁的已占半数,这就使得抢救记录工作刻不容缓。七年间笔者主持完成了对 118 位近 500 小时“非遗”项目亲历者的口述录制工作,其中包括京津两地的国家级“非遗”代表性传承人 16 人、市级“非遗”代表性传承人 20 人。

为什么说口述记录在“非遗”整理中是文字、摄影等手段无法比拟的呢?因为口述记录更准确、更生动、更灵活。比如在记录相声演员田立禾的口述时,他会讲述他的老师张寿臣的许多故事,讲述张寿臣教徒弟、爱徒弟、爱艺术的品德,还讲述了很多传统相声“老段子”的来龙去脉,他在说到相声的前世时要说许多“行话”,这些行话在以前的文字记录是比较罕见的。再比如他在说到相声的“柳活”时,要唱几段太平歌词,这太平歌词里有声调,有抑扬顿挫,有快慢起伏,有情绪激动的表情,这些都是文字不能如实记录的。诉说名家轶事,解释行业术语,点评相声名段,对田立禾的口述记录留存了后人了解相声艺术尤其是传统相声十分有益的宝贵资料,因此更显珍贵。再比如在给京剧演员李荣威做口述时,他眉飞色舞地讲述了他老师孙盛文、尚小云的许多故事,讲述了他在《六号门》中扮演胡二的故事以及受到周总理接见的情景，他在口述时京剧的“行话”更多，他唱的唱腔更多，他说的老故事更多，他的口述已经完整地留存在“非遗”档案里，这些都是文字和摄影等手段无法比拟的。

2014 年在中华曲苑举办的“走近大师——濒危曲段抢救记录演出专场”演出中，年逾八旬久未演出的天津老鸳鸯调艺术家朱凤霞与 90 岁高龄的四胡演奏家钟吉铨合作《后娘打孩子》，相声表演艺术家田立禾、张文霞夫妇合作《家堂令》，西河大鼓艺术家陈凤云和著名弦师贾庆华表演《杨家将》，刘派京韵大鼓艺术家杨凤杰表演《白帝城》，著名相声表演艺术家黄铁良、尹笑声表演相声《八大吉祥》都受到了观众的热烈追捧。而如今，黄铁良、尹笑声、张文霞、钟吉铨都相继离世，当时演出的录音、录像资料如今对我们来说就是弥足珍贵的史料了。

在对“非遗”传承人的口述记录工作中，我们是参照《文化部国家级传承人抢救纪录工程中口述部分的相关技术指标》，按照周密计划、规范操作、完整记录的规矩进行的。我们的口述记录工作大致有这样几部分：

(1)调研阶段。包括召开全市“非遗”保护工作人员专题会，推荐、上报采访名单。了解项目情况，包括历史延革、兴衰过程、技艺特点、核心内容与价值、代表作品、发展现状及社会活动情况等。有无访谈笔记、工作照片、录音录像。有无进行史料、实物的征集、复制、翻拍、翻录工作。对各项目所涉及的传承人、亲历者、专家的情况进行统计。

(2)论证阶段。召开专家研讨会，筛选并论证采访对象。

(3)口述实录。一是“非遗”工作者会同相关参与人员进行基础访谈，熟悉传人、研究素材和采录内容。二是录制工作。兼顾访谈对象的纵向发展和项目的历史结点之间的关系，从 70 岁以上的国家级、市级传承人的口述着手，兼顾年长的项目亲历者及个人成长经历项目的历史发展关系(包括研究者、工作人员)。计划全年录制 23 项传统技艺和 73 项传统美术项目，同时翻拍史料文献和相关实物，为积累普查资料、出版资源、纪录片素材做好准备。

(4)其他工作状态的补充录制，包括：收徒传艺、演出、讲座等大型活动。

(5)校准补录与史料拍摄：包括文字记录与编辑整理、生活状态拍摄、史料的拍摄等。

随着“非遗”保护工作的深入，愈发感到其紧迫性。2015 年以来，文化部“非遗”司启动了“国家级非物质文化遗产代表性传承人抢救性记录工程”。目前，已经采录了 92 位“非遗”项目亲历者，不仅补充了数据资源，更为切实加强基层“非遗”

工作的指导,量化考核指标的确定等找到了路径。

从2018年起,又重点对传统舞蹈和传统音乐类“非遗”项目进行采录。我们围绕“皇会”主题,兼顾妈祖信俗与杨柳青人赶大营所承载的“一带一路”的文化源流,梳理学术视角,录制口述资料,整理历史资料,我们采访了部分法会负责人,采访了部分赶大营的后代。对每一位传承人的采录都是按照上述的流程,进行了细致的工作。

二、影像记录也是“非遗”整理工作重要的一部分

随着时代发展,手机摄影的功能越来越先进,越来越方便,照相早已成了百姓最常见的文化生活了,由于老百姓随时随地都能摄影,使得我们的专业摄影受人们重视的程度越来越低,用武之地也越来越狭窄。再加上近几届的全国摄影大奖赛屡屡曝光有获奖作品摆拍、拼接、后期合成的诟病,很多人对摄影大赛的优秀作品也纷纷存疑了。在艺术摄影、高水平摄影越来越被老百姓的随机摄影取代的时候,作为一名专业摄影人员也一直在思考怎样才是摄影的出路。

为什么说在“非遗”整理工作中摄影记录也是非常重要的呢?因为摄影也有与其他手段相比的独特性。如今的“非遗”记录整理的手段很多,有文本、有图片、有实物、有录音、有影像资料等物质载体,对每一件非物质文化遗产的记录我们几乎全部用上,但每一种手段各有特点和优劣。视频的资料一般时长在一小时左右,如翻看某一段时要“倒盘”,很是费事,不像照片那样直观;文字资料、口述资料更不能直观地展现“非遗”的技艺了,只有完整的照片资料加上影像资料才能最完整地留存“非遗”技艺的全过程。笔者在对每一项“非遗”保护项目摄影摄像时都记录了该项目的尽量完整的工艺过程,如对老美华制鞋工艺的拍摄时,我就拍摄从制底、绱鞋到完成的全部过程,拍摄了70余张照片,拍摄完成时,这些照片只有本人知道它的顺序,笔者为这些照片的顺序排了号,并做了简单的文字说明,如:纳底车间;纳底工人;工装;材料(精选新的无杂色白布);选用两层白布做“夹纸”;鞋底为30层到40层白布;画样;包边;垫夹层;剪底样;纳底要求夏季选用安徽的麻,冬季用河北张家口的油麻;搓麻绳;纳好的鞋底在大缸里用60摄氏度的水浸透;用2寸厚的木盖压好;缸口四周密封24小时用木槌矫正鞋底形状;用烤箱烘干鞋底;鞋底不差针;纳线要挺实;鞋垫要风韵;纳鞋针脚齐,等等,然后是一个总体的文字说明。

笔者还牵头组织完成20余位老艺术家近50个濒危曲段在天津电视台文艺频道的现场录制工作。持续主持对省级以上项目中年龄偏大的传承人、亲历者做口

述史抢救性记录工作。同时对已批准项目及新线索的信息也开展了采录工作。

几年来，笔者主持拍摄、录制了“非遗”项目普查片30余集。每人受访时间均在3小时以上，受访人中75岁以上高龄的有47人，目前已故去11人。拍摄了珍贵的纪实、留档照片260G、30000余张，带领摄像团队拍摄影像素材累计容量达6T之多。

根据当时市文广局确定的“市局主抓全面、中心具体负责、区县局积极落实”的工作架构，推动濒危项目的传承人、表演者、讲述者得到更加切实的关注。以“文化信息共享工程地方特色文化资源建设”为契机，笔者带队对20个国家级“非遗”项目进行真实、系统和全面的口述史整理，每个项目拍摄了长达30分钟的纪录片。摄制组在笔者的带领下对年龄较大的项目传承人、亲历者和相关的学术专家进行了抢救性的信息采录工作；配合《天津日报·文艺副刊》做“‘非遗’故事”人物专访，至今已完成了天津市19个国家级项目和代表性传承人的采访、录制工作。累计拍摄照片过万张，录制影像资料13集，素材容量约1T；录音资料6集，时长为12小时。主持制定了对国家级项目传承人、项目及近濒危项目的拍摄计划。捆绑天津电台一滨海台“城市记忆”栏目，以访谈的形式先后完成了董湘昆、李荣威、常宝霆、小花玉兰、王玉宝等国家级传承人和宝坻皮影等项目的采录、拍照工作。在感受老艺术家优良德艺的同时，用心拍摄了数万张的珍贵留档照片，把每一次拍照都当作是一次艺术创作，以表达对老艺术家的敬仰。

三、在全社会重视“非遗”工作形势下搞好口述和摄影记录尤为迫切

多年来，笔者在“非遗”保护工作中按照国家的要求和对非物质文化遗产的热爱以及对老一代艺术家、艺人、能工巧匠的尊重，主要对口述、摄影、摄像工作做了大量规范、翔实的工作，留下了较为完整、准确的记录。笔者还从每一个重要的亲历者着手，大量积累资料，不断总结经验，摸索了可供各区县“非遗”工作者参考的工作标准，带动了各区对区级“非遗”的保护和记录的规范化、常态化。

当前，全国各地都高度重视非物质文化遗产的保护和传承，这是好事，但是也出现了将“非遗”过度商品化的现象，有的为了强化旅游，出现了若干个“孙悟空庙”“范蠡庙”“张飞庙”，长江边上的巫山本来有座神女峰，当地政府曾设计要在神女峰上建一座神女像，后来被专家否定了，因为在神女峰上建神女像就替代了神女峰的主体形象，转移了游客对大自然神女轮廓的捕捉。除了建庙建像，“非遗”舞蹈、原生态演唱等也越来越多地出现在商演活动现场，也就是说，非物质文化遗产的物质

化现象越来越普遍了。越是在非物质文化遗产越来越物质化的当今,利用口述和摄影记录非物质文化遗产就越是显得重要和迫切。

天津的"非遗"工作除了保护"非遗"的历史价值外,还是我们文化历史名城文化底蕴的重要见证,也是中华文化传承的重要内容,同时更是我们增强文化自信的民族、民间文化基础。马克思说过:"希腊神话是希腊文学的武库,也是它的土壤。"同样,包括"非遗"在内的民族民间文化艺术也是我们取之不竭、用之不尽的宝贵财富。我们将深入到更多的活态传承场合,到那里去讲述"非遗"产品的价值、成品的历史、工艺的特点,以帮助人们更好地传承"非遗"。

(作者单位:天津市艺术研究所)

探索群众文化与旅游及“非遗”融合发展的新路子

赵梵汐

党的十九届三中全会召开以后不久，国家文化部和旅游部合并，组建成“文化和旅游部”。随后不久，各省、直辖市的文化局也与旅游局陆续合并，成立了“文化和旅游局”。再过不久，许多区县级文化局也与旅游局紧锣密鼓地合并，改建为“文化和旅游局”。我市也出现天津市文化和旅游局和各区文化和旅游局相继挂牌成立。文化和旅游局的组建标志着文化和旅游融合发展进入了新的历史阶段。文化和旅游的深度融合是转变政府职能，深化党和国家机构改革的重要任务，是文化和旅游发展的大势所趋，也是新时代文化和旅游发展的战略之举。既然我们群众文化战线的主管单位都是文化和旅游合并了，我们下属单位就一定要实现战略调整，我们群众文化工作者应该贯彻好中央的精神，以文化和旅游融合发展为今后方向，走出群众文化与旅游及“非遗”融合发展的新路，为文化和旅游事业发展做出我们的贡献。

一、文化与旅游及“非遗”融合是今后群文工作的新课题

党的十九届三中全会公报指出：“深化党和国家机构改革是推进国家治理体系和治理能力现代化的一场深刻变革。党和国家机构职能体系是中国特色社会主义制度的重要组成部分，是我们党治国理政的重要保障。”“转变政府职能，优化政府机构设置和职能配置，是深化党和国家机构改革的重要任务。”

国家文化和旅游部与各地文化和旅游局的合并是党中央国务院的全国一盘棋，是经过周密部署的。倒退约十年，我市和全国许多城市是文化与广播电视联姻

的,我市挂牌为“文化广播影视局”,许多区级文化局也更名为“文化广播影视局”,但窥其文化与广电的融合度来说,是不高的。那是因为除了原来的文化与广电局以外,还有个广播电台、电视台、广播电视台(十九届三中全会后称为“广播电视总台”),广播电视台又是个独立机构,直接属宣传部领导,对宣传部负责,其人事关系和业务关系也与文广局无关,所有文化与广电局中的广电部分实际上责权利很是有限。原文化局的专业和群众业余文艺节目也没有按照文广局的牵线进入到广播电视中去。许多区级文化广电局的广电部分只是管管有线电视入户的工作,而且随着中国移动、联通、电信等开展电视入户业务,就大大缩减了区级广电部门的工作。

党的十九届三中全会作出国家机关职能配置优化的战略是极其正确的,文化和旅游局的融合也是国家今后发展的新方向,也是彰显文化自信、推动高质量发展的战略之举。文化和旅游工作的共同目标,都是为了满足人民美好生活新期待和促进经济社会发展,都是为了增强国家文化软实力和中华文化影响力。文化和旅游局的融合肯定不像与文化和广电融合那样,肯定是大有作为的,我们要紧跟党中央和国家的部署,做好文化和旅游融合发展的工作。

二、文化和旅游相融合有哪些工作要做

过去我们的群众文化工作只是干好自己的群众文化,旅游的工作是可以不考虑的。今后不行了,我们在干好群众文化工作之中一定要把群众文化与旅游的融合作为重点,考虑进来。那么,文化和旅游相融合都有哪些工作要做呢?其实是大有文章可做的。比如:我市每年都要搞农民艺术节,每年的农民艺术节大致框架为,在一个区的一个场地搞一个开幕式文艺演出,然后再搞些农民歌手大赛、农民书画展览等的子项目,然后再搞一个闭幕式。由于天津的农民都已经过上了城里人的日子,所以每年的农民艺术节给予他们的实惠也不能算多。我们每年的农民艺术节还要搞,但是一定要加上旅游的项目。怎么加呢?笔者觉得,我们可以在每年农民艺术节的开幕式当天搞一个“大集”。说到“集”,在我国已经有千百年历史了,但过去的“集”都是几个村子在约定俗成的日子,或者是一个乡镇也有“集”,而区级的“集”很是少见,市级的“集”更是没有过。我们可不可以在每年的农民艺术节开幕式当天,搞一次市级的大集,选离市区较近的、交通比较便利有农业区做主会场,如东丽、津南、西青、北辰某地,这个集上,要优选全市各农业区的名优农副产品、“非遗”手工艺品、食品、药材参与,再由文化和旅游部门进行好前期宣传,动员

市里的市民、周边区的农民都去“赶集”，这样不仅农民艺术节开幕式艺术演出方面红红火火，“大集”还拉动了经济、促进了旅游，带动了农民致富。

再有，随着京津冀文化协同发展的步伐加快，我市每年都有面向京津冀的文化活动，笔者觉得京津冀的文化活动也可以与旅游结合起来。京津冀文化和旅游协同发展是京津冀文化旅游战线新的使命，京津冀有着数不胜数的风景名胜和文化景点，也有着大量的早已经完成的赞美本地文化景点的歌曲。我们再搞京津冀联动的文化活动可以由三地的优秀歌手演唱《我是天津人》《最爱北京》《就恋这把土》《美丽的河北》等歌曲和赞美三地风景人情的歌曲，展示各地文化旅游的特点和强项。除了在我市举办演出外，还可以组团到我市其他地区和京津冀部分地区巡演。京冀的好做法对天津是个借鉴，天津的好做法他们也可以参考。京津冀三地“非遗”工作的协同发展一定会对“非遗”的保护利用提供新的渠道、平台、思路和前景。

我市有许多旅游佳地，比如蓟州区几乎每个村子都办起了农家院，每年有大批天津、北京、河北省的游客到蓟州住农家院。而蓟州区只有盘山一地有实景歌舞《天下盘山》，演出点过少而且票价贵，其实我们文化工作者完全可以配合当地的旅游工作，在当地每隔几天每隔几个村子就组织一场文艺演出，可组织当地文艺爱好者进行文艺巡演，也可请市内团队到蓟州旅游及演出。旅游搭台，文化唱戏，对旅游对文化都是好事。

我市很多群众文化活动，如河北区的社区艺术节、天津市民艺术节等就邀请北京和河北省的节目和演员参加，这些跨地区联合办活动其实也是文化和旅游融合的一种体现；我市还有业余群众文化组织如秀夕阳艺术团等近几年连续到海南和迪拜等地进行旅游和演出，这也是文化和旅游融合的一种体现。文化和旅游加“非遗”的融合是文化和旅游发展的必然趋势，也是人民群众的新期待，我们必须正视这个课题，做好这个课题，及早抓好文化和旅游融合的项目。

旅游和文化两者之间原本就有着必然的联系和互补互促作用。旅游本身就是文化。旅游中除了自然风光之外主要是历史文化、人文景观、文化历史圣地，其实这些都是具有很深文化内涵的。这其中已经有很好的结合了，比如“印象漓江”“印象西湖”“天下盘山”等实景演出，都是旅游和文化的互相结合，既丰富了旅游的文化含量，增加了游客的文化体验，也使旅游有了更多的文化内涵。敦煌也好、五台山也罢，其实都是文化。如果没有敦煌壁画和石窟，敦煌还有什么可看？如果没有那些庙宇，五台山还有什么可游？“读万卷书，行万里路”的辩证关系说明文化和旅游的互补作用，两者是缺一不可的。去欧洲旅游过的人都知道，主要游览王宫、皇宫，城堡、古堡，基督教堂、市政厅、展览厅等，简称为“宫保鸡丁”。这其中有很丰富的历史文化。看过以后再欣赏外国歌剧时就会有不同的体会。这就是文化潜移默化的作用和文旅互补的效果。

三、文化和旅游深度融合也需要“非遗”的广泛参与

我国和我市都搞了十余年的非物质文化遗产工作，在全社会的支持下，“非遗”工作硕果累累。我们过去的群众文化活动很多与“非遗”相关，我们过去的旅游活动很多也与“非遗”相关，但过去文化和旅游是各干各的，都是文化与“非遗”，或者旅游与“非遗”的结合，很少有三者的交集。今后我们的文化和旅游工作应该把非物质文化遗产加进来一并融合。像我市的市级“非遗”项目如：蒸馏酒传统酿造技艺、杨村糕干制作工艺、义聚永五加皮酒传统酿造技艺、大福来锅巴菜制作技艺、一品烧饼制作技艺、赤土扣肉制作技艺、沙窝萝卜种植与窖藏技艺，还有潮音寺民间庙会、独乐寺庙会、西码头百忍京秧歌高跷，等等，本来就与当地的旅游或文化活动很好地结合起来了，并且已经产生了很好的经济效益和社会效益。文化加上旅游再加上“非遗”，一定会产生更好的效果。再比如我们的下基层培训工作，就完全可以把“非遗”的活态传承结合起来，把泥人、剪纸等加入培训工作之中。此次文化、旅游、“非遗”的融合，只要我们敢想敢做，一定会有很多工作可做，一定会有很多亮点出现的。再比如我们搞市民艺术节、外来工艺术节开幕式，很多次是在市区级文化中心或广场举办的，其实，我们完全可以在今后的各项艺术节开幕式举办地另辟地方同时举办“非遗”食品、产品展销活动。以此类推，我们的社区文化艺术节、外来工文化艺术节、老年文化艺术节进行开幕式的同时，完全可以搞“非遗”展销活动，让“非遗”展销活动带动旅游，增加人气，使我们的文化艺术活动也会产生更大的影响。

“非遗”产品，一般都是各地的名特优产品，它的诞生和成长的历史一般都与当地的生活、文化以及民风民俗有很大的关系，可以说是每一地独特的气候和土壤养育了当地的“非遗”产品。随着国家大发展，文化软实力的不断增强，让具有独特地域属性的非物质文化遗产全国共享也是文化、旅游和“非遗”工作者的共同职责。天津的“狗不理”“桂发祥”“杨柳青年画”等早已蜚声国内及海外，这就是“非遗”产品与外地共享的证明。像独特的“非遗”产品如时调、京东大鼓、评剧、“风筝魏”、古典戏法、“老美华”、“盛锡福”、快板书等肯定也会受到外地的欢迎。今后文化和旅游带着“非遗”项目并驾齐驱也是有着一片非常光明的前景，可以三者间相互融合

互相促进，共同推进到新的阶段。

四、文化和旅游的融合需从机制上先行

把文化加上旅游再加上“非遗”，一定会产生一加一加一大于三的效果，只要我们能够把三者深度融合的话。目前我市的市文化局和各区文化局都已和旅游局合并，挂牌为“文化和旅游局”。既然我们群艺馆、文化馆的上级党委都更名为文化和旅游局，这些下级单位就不能无动于衷了。但目前我们的市级群众艺术馆和区级文化馆、文化宫还没有旅游的部门和旅游的机制。如果不从机制上解决，难以实现文化和旅游的深度融合，要想实现文化和旅游的深度融合，必须先从机制上下手。

文化、旅游与“非遗”的深度融合，需要我们重整旗鼓，大胆决策，周密安排，尽快实施。笔者觉得，我们的市群众艺术馆、各区文化馆应该在过去设定的文艺部、辅导部、美影部等部室基础上再建立旅游部门。这个旅游部可以统筹现有各个部室，审视今后的各项活动，看看在各个部室的任何一项工作和活动中是否可以加进旅游内容。如上文所说的农民艺术节及市级“大集”，就可以由群艺馆旅游部与文艺部会同承办地的区级文化馆的文艺部和旅游部对接该项目。如农民艺术节开幕式，可以由旅游部策划全市“大集”，由文艺部策划文艺演出，两项活动在同一个场所的两个地方进行，两项活动相辅相成，互造声势，互拉人气。我们的京津冀“非遗”展览、我们的京津沪渝文化活动同样可以引进旅游活动。比如我们的四直辖市钢琴大赛、四直辖市主持人大赛，除了选手和带队人员外，我们还可以组织当地的啦啦队到天津来，为赛事增色，也为赛事扩大影响力，助推了旅游活动的开展。

文化和旅游的融合其实早已有之，古代诗人李白、杜甫、白居易、徐霞客等都游历过祖国的名山大川，写下了美丽的诗篇。李白的《望庐山瀑布》《望天门山》、王之涣的《登鹳雀楼》、刘禹锡的《望洞庭》等诗就是他们一生奔走、四处游历的写照。“读万卷书，行万里路”更是中国文人的传统。毛泽东和习近平总书记在论文艺工作时都多次强调文艺工作者要走出去，到群众中去，到生活中去。所以今后我们的文学活动可增加旅游，旅游活动可增加文学、增加旅游。旅游与文学的深度融合才会让文学创作不再凭空想象，不再闭门造车，把文学真正融入社会生活中去，把文学推向新高度。同样，我们的群众文化工作如美术、摄影、音乐、舞蹈、曲艺、戏曲，甚至采风、培训都通过旅游能步入新的天地；我们的旅游通过红色文化旅游、传统文化旅游、国际文化交流能呈现新的格局；我们的“非遗”工作借助文化和旅游的双翼再展翅能飞向新的高度，三者融合对于哪一方来说都是只能加分不能减分的

事情。

五、文化、旅游与“非遗”的融合与国家的战略布局

党中央把文化部和旅游部合并的战略决策是在全国文化大发展、交通大发展、“非遗”硕果累累的大好形势下做出的,这个决策符合新时代的要求,符合百姓的新期待。目前我国的文化事业,特别是群众文化事业发展成果显著,许多群众文艺团队通过旅游和演出到周边省市去,到偏远地方去,再到“一带一路”沿线国家去,开展交流演出活动已经成了新的需求和新的动能;经过多年的发展,我国的旅游环境、旅游机制已经相当完善,海陆空的交通大便利更是需要更多的客源;我国的非物质文化遗产工作早已从挖掘整理申报阶段进入到传承阶段,许多优秀的“非遗”产品已经在本地得到了活态传承,再进展到外地进行进一步的传播和活态传承也是“非遗”工作发展的现时需要,在这样的大好形势下,文化、旅游与“非遗”的深度融合就是国家审时度势做出的制胜一着,是国家考虑长远综合发展的战略布局。我们应该深刻理解国家的决策,及早展示出我们的姿态和我们的成绩。文化、旅游和“非遗”部门,别再把自己过去擅长的工作习惯的工作当作自己小圈子的事情,而应当作国家三位一体发展的需求来做。文化、旅游、“非遗”,过去是三个独立地位,虽然有过合作,但从机制上没有交集,今后我们是一家了,三者融合就一定是我们的家常事。如果三者都把融合发展的工作做到前头,努力融合好,三者成为一体的大飞跃就指日可待了。

总之,文化和旅游进入了新的历史阶段,有着广阔的空间,有着许多工作我们可以去做,只要打开思路,牢牢把握好,紧跟中央精神的大方向,我们的文化和旅游融合一定可以开创出崭新的局面。

(作者单位:天津市艺术研究所)

应该高度重视利用网络对非物质文化遗产的传播

赵梵汐

我国的非物质文化遗产是巨大的文化宝库,我们的祖辈留下的宝贵文化遗产,承载着中华民族的智慧和创造力。经过多年的努力,我国对非物质文化遗产的挖掘、整理、申报是非常成功的,各地都有许多非物质文化遗产被挖掘出来,通过整理、存储、申报,分别列入了国家级、省市级、区县级的非物质文化遗产名录,并对"非遗"传承人在保护、传承等方面以及"非遗"的活态传承等方面有了许多措施,做了很多有益的工作。当前各地的非物质文化遗产项目保护工作进入到了活态传承阶段,目前"非遗"的传承主要依靠大篷车、体验馆、展览会、走社区、进校园、办讲座、现场表演、展销、开办"非遗"展览馆等形式,线上的"非遗"网站网页也在各地纷纷建立起来。但是相比其他行业、其他领域,我们的"非遗"网络建设进展还不尽如人意,许多"非遗"网站信息量小、更新不快、版面不活,致使许多老百姓还对"非遗"知晓率不高或不感兴趣。

一、当前网络对"非遗"的宣传和普及还略显不足

前不久有一则广告经常在电视上播出,广告中一个边远山区的老大爷用他那地方方言说,"现在有了'拼多多',可以放到网上去卖。桃子熟了,不愁卖啦!"看来,无论在发达地区还是欠发达地区,网络都在改变着人们的生活,尤其是边远地区的农民,早就开始利用网络销售他们的农副产品,许多极为偏僻的小山村也利用了网络与大千世界联通,把种植的水果、鲜花、农副产品第一时间卖到了全世界。我国的脱贫攻坚战,有很多地方是利用网络改变了贫困地区农民的生产生活状态,让他们勤劳致富的。如今已经是信息时代,各行各业都在努力抢占信息制高点,可

以说任何一个领域一个行业都在通过网络获得新的发展空间。

天津有一家养老院,在每天上午都安排不少活动,有棋类、有声乐、有健身、有小型讲座。小型讲座是养老院中一位知识型老教授每天自助式义务进行科普知识的聊天,每天都讲很多知识。有一天老教授在黑板上先列出了"“非遗”、磁悬浮、遗传、太阳系、克隆、潮汐、帽子戏法"等条目,让老年们挑选对哪个感兴趣就解答哪个,老人们几乎都没选"非遗",老教授问他们什么是"非遗",没有人答得出来,于是老教授就专门讲了"非遗"的知识。老教授说,"我们都去过故宫,在那里凡是看得见的东西、如建筑、青铜器、瓷器,都是物质文化遗产,凡是看不到的东西,如宫廷菜谱、厨艺、歌舞、医药,以及青铜器、瓷器背后的制作工艺都是属于非物质文化遗产,是由能工巧匠制作出来,把技艺传下来的。在故宫,非物质文化遗产与物质文化遗产是一个整体,缺一不可,同样珍贵。而当前掌握知晓这些非物质文化遗产的人已经越来越少了,所以我们对"非遗"的保护和传承在当下尤为必要。如果老一辈"非遗"人都不存在了,这个"非遗"品种也就在我国彻底消亡了。"老教授这样一说,听课的老人对"非遗"有了认识,也就有了兴趣。但这样传播"非遗"的人在社会上还是太少了。看来"非遗"工作虽然在文化界在圈子里还很热闹,但对普通百姓或受教育程度不高的人们来说还是知晓率、兴趣度不高的。这说明我们过去对"非遗"的宣传普及还做得不够,即使我们都有了网络传播"非遗"的措施,但这个方面我们还没有做好。如今网络的传播无孔不入,无论是在电脑上,还是在手机上,一开机就可以瞬间联通世界,但老百姓对网络信息的收取是有选择的,有"头条""西瓜视频"的App,每天都上传和更新海量的信息,但也是有选择地看新闻、社会热点、台湾香港报道、医学知识、许昕乒乓球神奇球等视频。在手机上的海量信息中,几乎没有有关"非遗"的信息,在"百度"上点击"非遗"二字,所列的条目也都是各地举办"非遗"活动新闻报道的网络版,对"非遗"无论是媒体宣传还是网络宣传目前只停留在官方层面。

当前网络对"非遗"的宣传和普及还是略显不足,尽管各地都建立了"非遗"的官网,许多区县级也建立了"非遗"的网站,有的区县还建立了"非遗"博物馆、展览馆、体验馆,有的地区还积极开展"非遗"进社区、进校园活动,让"非遗"得以活态传承,但很多老百姓还是对"非遗"的概念感到陌生,对"非遗"的知识不感兴趣。这与网络对"非遗"的宣传力度不够、方法不好有关系。

就像养老院的老教授所说的,跨越明清两代的紫禁城是有着非常丰富的非物质文化遗产的,但我们很多历史电视剧如介绍康熙、雍正、乾隆等长篇电视剧的演职员表中只见到历史顾问的名单，没有“非遗”顾问的名单，电视剧中所介绍的“非遗”历史如厨艺、制药、礼仪等也是少之又少。很多其他的历史电视剧只是剧情与人物的发展脉络，没有见到什么“非遗”，其实那个年代的人是伴随着“非遗”一起成长的。我国开展“非遗”工作已经多年了，但目前“非遗”只是少数人的事情，还没有在普通百姓中得到广泛传播和普及，在当前新媒体极其发达的形势下，我们的媒体在传播和普及“非遗”方面还是不力的。怎样把我们的“非遗”做得像“西瓜视频”里的“许昕神球”“象棋攻略”那样既短小又特别吸引人，就要看我们的重视程度和工作方法了。

二、“非遗”的网络宣传普及是我们应该重视并着手解决的新课题

当前各地市级、区级“非遗”部门都有“非遗”网站和网页，有的也有“非遗”朋友圈和公众号，但“非遗”网站、“非遗”公众号和朋友圈的点击率都不高，主要原因是网页内多是新闻报道、“非遗”名录、“非遗”照片等官样文章，版面更新缓慢、网页办得不活，所以人们对“非遗”网站的兴趣不大。通过网络传播普及“非遗”知识，推进“非遗”事业发展是“非遗”工作的新阵地、新渠道、新途径、新空间，因此“非遗”工作队伍也要加强这方面的建设，建网站不仅要有资金、设备基础，更要有人才支撑。现有的官方“非遗”网站更新慢、内容少的原因之一就是缺乏具有“非遗”知识的专业人才和队伍。

当前各种网络、手机的点击率排行，首先要推抖音类的短视频，其次要推照片，再次要推文字，短视频的点击率要远远多于其他，看短视频已经成为老百姓喜闻乐见的了，而我们现有的“非遗”网站是以文字、文章、照片为主，显然不能满足群众的需求。要想把“非遗”网站办好办活，把“非遗”项目变成老百姓喜闻乐见的短视频是当紧的事情。生动活泼的“非遗”短视频是网络“非遗”网站下一步应该主攻的方向，把“非遗”真正做成“活化石”是我们需要研究和实施的。虽然我们在整理“非遗”项目时也有数字化技术，也留下众多数字化记录，但我们过去的数字化是为了保护、存储，为“非遗”文献档案库留档的，过去的数字化“非遗”的使用多是考虑其真实性和完整性的，而观赏性和艺术性是可以不必考虑的，要更完整地记录某项“非遗”，其生态环境、民风民俗、地域特色、历史背景是一定要展示和说清楚的。

加强网络“非遗”的宣传普及一定要攻克“量化”这一关，让“非遗”也和“西瓜视频”中的医学保健项目一样，天天可见，随时可见，经常更新。笔者见到如今手机微信群里经常有邀请投票，或者为“最美志愿者”，或者为“最美身边好人”，或者为艺

术大赛参赛者,或者为“最美社区工作者”投票,那么我们可不可以开辟为“非遗”传承人投票呢?笔者见到某地举办“非遗”传承人展示活动,请来丝带剪纸传承人同场展示他们的作品,我们可不可以把丝带剪纸传承的作品发到网上举办网络投票呢?其实完全可以,这样的目的不是比出个结果,而是让老百姓进一步了解“非遗”,关注“非遗”传承人。

能不能把网络“非遗”办好办活,关键在于我们如何认识“非遗”,如果我们对“非遗”的认识只停留在存储、保护、传承这样的层面,那么我们目前的工作就做得足够;如果我们把“非遗”变成百姓生活的一部分,可以丰富百姓的生活,提高百姓的生活质量,可以再现历史,重温历史,变得百姓人人可以参与,人人乐于参与,那么我们对“非遗”工作,尤其对网络“非遗”工作做得还远远不够。

三、搞好网络“非遗”宣传要从百姓喜欢认可开始

让古老的文化遗产“活”起来,是习近平总书记的指示,也是北京故宫博物院等许多博物馆的大胆尝试。让古老的“非遗”“活起来”,在网络上迅速传播是最好的办法。像“西瓜视频”是“字节跳动”旗下的“个性化推荐短视频平台”,通过人工智能制作、播出、监测的视频,目前已经有客户四亿,日均播出量40亿次,这个短视频对每一个客户的服务都是个性化的,如果你点击了战争片、点击了象棋攻杀战术,这个短视频会推出一堆战争片和象棋攻杀图解,让你看也看不完。它不仅个性化地向每一个人提供你喜欢的直播,还有客户转发自己的视频或客户推荐视频的功能,由网站筛选后放在视频里。我们搞好网络“非遗”不一定要建立自己的App,建立自己的App短时间内很难达到“西瓜视频”的效果。我们应当借助“西瓜视频”的力量,把我们需要播放的视频放在那里播放。当然,我们首先应该把好的“非遗”视频放在我们自己的网站里,可以拍成微电影或短视频,每拍摄一个节目应该都有设计,要有剧本、导演、文案、摄影、传承人或演员、后期剪辑、配音配乐等。“非遗”短片的内容也需要完整,包括比如前文说的其生态环境、民风民俗、地域特色、历史背景是一定要展示和说清楚的,再有就是“非遗”的工艺流程以及“非遗”与当今的百姓生活。把视频先放在我们的网站里,如果点击率高的话,“西瓜视频”也一定会转发。关键是我们把视频做得足够好。我们也可以把我市的“非遗”项目如回族重刀武术、拦手门武术、霍氏练手拳、北仓少练老会、北少林武术的精华聚合一起拍成短视频,把鲍式八极拳、李式太极拳、毕式一指禅拿手推、永良飞叉、大六分村登杆圣会、独流通背拳等传统体育竞技类“非遗”,或把民俗文化传统舞蹈如挂甲

寺庆音法鼓、杨家庄永音法鼓、大沽龙灯、汉沽飞镲、刘园祥音法鼓、林亭口高腿子高跷、海下文武高跷、虮蜡庙小车会等合并为一个短视频，取其精华，让人一饱眼福时对我市“非遗”有个初步了解，像这样的视频也许会网上流传或传到“西瓜视频”的，只要对“非遗”的点击率高了，老百姓与“非遗”的距离就近了，我们搞好“非遗”传承的工作就有了很好的基础。网络是为人所用的，“非遗”的传播也应该和必须利用好网络这一新事物、新媒体。这也是大势所趋。充分利用网络的覆盖广、传播快、成本低、使用便捷等自身优势。

四、应该高度重视网络对非物质文化遗产的传播

据某个网站估算，现在几乎包括中国人在内的全世界各国，每个人每天看手机的时间平均为三个小时，这是多么大的浏览量啊！许多电视公益片不得不提醒人们暂时放下手机，回到温情中来。网络和手机已经如洪水猛兽般进入到人们的生活中，成为人们生活的一部分了。而每个人每天都在手机上看什么，那就因人而异了，总之都是看自己喜欢看的，一部手机，交友、联谊、支付、浏览、查询、预约、订单、欣赏短视频，什么都能办到，于是各种针对手机客户的各类公司蜂拥而起，提供各种各样的 App，但是专门为“非遗”开辟的网站难得一见，这不能不说是“非遗”的欠缺，是我们“非遗”工作者的悲哀，这不能不让我们警醒。很多年来，搞好“非遗”工作，国家支持、政府热心、工作人员辛劳，但还是没有真正深入到所有老百姓层面，作为“非遗”工作者，我们不仅要搞好“非遗”的保护、传承工作，还要把“非遗”送到“最后一公里”，送到百姓的心里，送到当今的百姓生活中，利用好网络宣传和普及“非遗”就能够事半功倍了。

五、传播“非遗”应着重传播其文化内涵

利用网络传播“非遗”，主要传什么，笔者认为主要是传播蕴含在“非遗”项目中的文化内涵。我们有些“非遗”项目是古老的，现在再接续它也不一定符合时代要求和百姓需求，但“非遗”中的文化内涵我们是可以通过传播进行传承的。比如说天津法鼓，这在明清时期甚至民国初年是非常盛行，遍及全市的。那时几乎每个村子都有一个法鼓队，法鼓队一般三四十人，大村子七八十号人，法鼓队由各种打击乐和多面旗子组成，市区的法鼓队除了打击乐，还有吹奏乐器。每隔数天，法鼓队都要沿街边走边进行表演，表演前要把旗子和乐器在祠堂里摆成一列，这叫作“摆场”，进行法鼓表演时如果路上遇到另一个法鼓队，两个法鼓队都要停下来，舞旗、击鼓、叫喊,这在法鼓中叫"摆阵",实际上比气势、比阵容,好不热闹。蕴含在法鼓中的文化内涵是爱家乡、爱族人、团结一心、不服输,是集体荣誉感和自豪感,这就是那个年代可贵的民族精神。只要我们认真审视,认真挖掘,重新梳理,我们很多的"非遗"项目是有着丰富的文化内涵的。比如把天津的国家级"非遗"项目老美华、盛锡福的制作工艺展示出来,那其中的文化内涵也是非常丰富的,老美华、盛锡福的文化内涵是:鞋底鞋帮布料是全新的绝不骗人,制作一丝不苟,针脚按照绝对标准,每一个环节绝对精细,销售童叟无欺,这些"非遗"产品在对品牌负责对客户负责方面绝对有现实意义。再比如我市的传统体育竞技"非遗"项目,其文化内涵更是丰富了,因为天津建城600多年,绝大多数时间是"卫"城,是屯兵的地方,百年前还是义和团聚集的地方和反抗英法联军的地方,武术、散打等类的文化遗产一是多,二是实用,三是像霍元甲般的民族英雄多,其文化内涵自然是崇文尚武,也表现和反映了中华民族威武不屈、百折不挠、自强不息的民族气概。所以我们传承传播我市的"非遗",应该挖掘蕴含其中的文化内涵,以激发人们的民族精神和时代精神。

搞好"非遗"传承工作是我们国家提升文化软实力、弘扬民族精神的千年大计,真正搞好"非遗"传承需要让"非遗"深入人心,在目前我们为"非遗"传承做了很多工作如仍起色不大的情况下,通过网络进行"非遗"的宣传传播就很有必要,在当今新媒体的时代,我们"非遗"工作者应该加紧努力,不负时代,不负人民的要求。

(作者单位:天津市艺术研究所)

文旅融合与非物质文化遗产保护的相互作用

——以蓟州区为例

张凤齐

自从党中央、国务院进行机构改革以来，文化和旅游的结合已经是大势所趋。以蓟州为例，2019 年以前，文化局和旅游局是两个分别设置的机构，而且所属机构也不一样。旅游基本上是经济机构直属于区政府，而文化局属于意识形态机构，直属于区委宣传部管理。这种管理模式在很大程度上，将旅游的文化属性与经济价值人为地割裂开来，造成文化和旅游两张皮，无论从承载文化的化人育人功能还是从促进当地的旅游事业发展来说都不能达到预期的效果，以至于在理论界长期出现了"文化搭台旅游唱戏"与"旅游搭台文化唱戏"的争论。

合并以后，文化和旅游事业形成一元化管理，形成了文旅结合的新型机制，在工作的关系上明显捋顺了，各个业务部门能够初步形成团结协作、步调一致、协同作战，出现了文旅结合、共同发展，"共唱一台戏"的良好现象。多年来，我们一直在探讨"文旅结合、双向服务、共同受益"的模式，在文化和旅游实现工作的有机结合之后，基本上得到了实现。机构改革之后，我们便迎来了新中国成立 70 周年系列活动。经过国庆节期间多项活动的多方位检验，证明这种将文化和旅游有机结合在一起的工作机制和工作模式是正确的，不仅能够适应当前经济形势的发展，而且能够促进文化事业的发展。

一、文旅融合是时代发展的必然趋势

文化是一个融合性很广泛的概念，从人类诞生之时便已经形成，这也是人类的主要特征。同时，文化也是人类社会的重要黏合剂。文化的存在将人与人黏合成

人群,形成民族,构成国家。不同的文化形态便是旅游的主要内涵,文旅融合是大势所趋。

1.从古至今,文化和旅游息息相关

古今中外,游客旅行都与文化内容、文化情怀相关。我们可以从古人的诗歌中发现他们旅游走过的足迹,能从李白的《望庐山瀑布》、崔颢的《黄鹤楼》、王维的《使至塞上》中得知李白去过庐山、崔颢去过黄鹤楼、隐居山林的王维到过边塞,我们能从诗人的诗句中领略祖国山河的壮美,脑海中会有“大漠孤烟直,长河落日圆”的画面;唐太宗时期玄奘西游西域、印度,带回梵文经书,弘扬佛教文化,他口述的《大唐西域记》里记述了很多国家的山川、风土、人情、物产等和文化密切相关的内容。当下,据联合国有关机构统计,每年文化旅游者的增幅很大,这些旅游都是以文化情怀为目的的旅游。由此看来,文化和旅游密不可分。

2.非物质文化遗产和旅游的关系

“非遗”与旅游的融合具有天然的契合点。人们现在已经由看山看水看风景向看文化转变,大家都想到旅游目的地去体验了解不一样的风土人情,体验当地居民的生活方式。而体验性是“非遗”的鲜明特征。“非遗”就是人们的生活实践,是人们的生产生活方式,“非遗”可以并且鼓励人们参与体验。通过“非遗”的体验参与可以使游客了解欣赏到中华民族博大精深的优秀传统文化,让游客有美的享受,参观参与传统工艺可以感受传承人独特的匠心精神,欣赏戏剧、曲艺等能体验传统的孝道及人性的真善美,人们通过体验可以感受不同地域不同民族的文化多样性,并能透过“非遗”了解“非遗”背后蕴含的中国人的思想观念、人文精神、杰出智慧以及深厚的情感等。游客的参与反过来能激发传承人与当地民众的文化自豪感、民族自信心。因为游客除了体验还可以消费,购买传统工艺产品、品尝“非遗”美食、观看“非遗”演出,游客在消费中能够得到享受体验和满足,游客消费也能对“非遗”反哺,促进“非遗”传承发展。

二、非物质文化遗产在文旅活动中得到活态保护

在广阔的旅游平台上,非物质文化遗产被各种旅游活动激活,才能达到“流水不腐,户枢不蠹”的作用。

1.从旅游的实质看非物质文化遗产的意义与作用

所谓旅游的实质,有很多答案,甚至于有些理论弄得很艰深。其实真理往往是简单的,引用一个比较常见的说法:旅游是从自己待腻的地方去到别人待腻的地

方，把钱花完再回到自己待腻的地方。这个说法虽然是戏说但也不无道理。这里面，就含有两个大的领域。一个是旅游地的庙宇、古村落、地方特色饮食等物质文化遗产，另一个是包含传统技艺、民俗、民间文学的非物质文化遗产。比如：天津特色美食"狗不理包子"是物质的，但是"狗不理包子的制作技艺"就是非物质文化遗产。人们去旅游一方面要领略物质文化遗产的魅力。比如：庙宇的历史、寺院的禅意、王陵的渊源、古村落的幽美、甚至于地方特色小吃的美味。同时还要领略非物质文化遗产中内含的文化味道。

旅游产品吸引人的程度是不以生产力的发展作为唯一的评判标准，这也是许多原生态的文化状态反而能够得到现代人格外青睐和看重的主要原因。人们在旅游中发现并体验物质文化遗产，同时还要了解非物质文化遗产，人们渴望发现新的事物，看见自己没有见过的东西。外地的游客来到蓟州，也是要了解新鲜的东西。比如看到驴皮影会有很大的兴趣。对于在家中的许多"宅男宅女"来说，电视哪怕是高清的也比不上眼前显得原始的驴皮影有意思。蓟州区西井峪石头村2010年被批准为第五批中国历史文化名村，每年来这里参观旅游的中外游客络绎不绝。吸引来这里旅游的中外游客不仅是因为这里的古村落，更是因为这里的历史文化氛围，村里随处可见石桌、石凳、石碾，很多民宿前摆放着村民自己制作的猫鞋、虎鞋、虎枕、竹编的篮子、草编的挂饰等，一处门匾上写有"皮影坊"的古朴院落里，有一个皮影表演舞台，四周悬挂大小不一的皮影雕刻作品，人们可以近距离地观赏皮影雕刻技艺和精彩的皮影表演。驴皮影面对电影、电视、网络的冲击不会消亡，正是由于上述旅游的实质所决定的。

2. 旅游是非物质文化遗产宣传与保护的媒介

人们对一个陌生的地方留下深刻的印象，必须要对这个地方产生情感的共鸣，要有与自己生活过的地方与众不同的体验和感受，这是非物质文化遗产赋予的人们柔软情怀的东西，是物质文化遗产所不能比拟的，是旅游的文化内涵。反过来，旅游这个顺风车也能促进非物质文化遗产的宣传、推广与保护。蓟州区历史悠久，世世代代传承发展，文化积淀给这片土地留下了丰富的非物质文化遗产。在《三字经》中教子有方的"窦燕山传说故事"、有在京东地区庙会中占有重要地位的"独乐寺庙会"、有可追溯到康熙年间流传至今的宫廷御膳食品"邦均子火烧和一品烧饼"制作技艺、有清咸丰初年十大御用白酒之一的"兴泰德烧锅白酒"酿造技艺……蓟州区政府利用各种节庆旅游活动开展非物质文化遗产项目的展示展演，加大本地"非遗"项目的宣传推广力度。比如：每年四月份，在天津市蓟州区"梨园情”旅游文化节活动中，除了精彩的各类群众文化表演外，还有兴泰德烧锅白酒、邦均子火烧和一品烧饼、蓟州皮影等蓟州特色“非遗”项目产品展示展卖，此项品牌活动已连续开展了十一届，受到游客欢迎，每年这个季节就会有各地游客慕名而来，满载而归。

三、非物质文化遗产让旅游事业更加富有生机

旅游事业也正因非物质文化遗产的强势加入，增加了人文内涵，使文旅产品更加厚重更加具有吸引力。

1.非物质文化遗产和旅游融合创造“一加一大于二”的收益

非物质文化遗产和旅游的结合，是在对“非遗”与旅游充分认识和理解的基础上，把非物质文化遗产资源和物质文化遗产资源进行梳理，研究策划、设计一整套实施方案，利于两者资源有机融入、巧妙结合，促进旅游发展。蓟州区独乐寺是现存的我国著名的木制古建筑之一，是物质文化遗产。而因它孕育而生的独乐寺庙会是一项非物质文化遗产，已有数百年的历史。2003年恢复庙会以来，一直都是天津市冬季旅游的重要活动之一。独乐寺庙会在每年的腊月二十七到正月初七举行，庙会内容丰富多彩，集佛事活动、民俗表演、工艺品展销、地方风味小吃展卖、文艺演出于一体。举办大型法会，众多僧人、信士参与诵经及佛乐表演，蓟州区及周边地区的善男信女，进香拜佛，许愿还愿。文艺演出包括戏曲、曲艺、杂技等。民间艺术展示：民间花会类有高跷、小车会、旱船、毛驴会、高跷落子、碌碡会、大头和尚逗柳翠、龙灯、狮子、中幡、达子跤等；民间音乐类有吵子、挎鼓等。地方小吃展卖有吊炉烧饼、茶汤、饹炸盒、子火烧和一品烧饼、“驴打滚”等。民间手工艺品展销：手指画、皮影人、吹糖人、捏面人等。庙会期间，共接待游客几十余万人次，创造经济效益超过千万元。十几年来，蓟州区以通过独乐寺庙会打造节庆文化让旅游火起来、挖掘特色文化让旅游强起来、振兴传统工艺让旅游亮起来三个方面为抓手将“非遗”与旅游巧妙结合。通过组织丰富多彩的活动以“非遗”促旅游，增强了社会凝聚力、感召力和向心力，促进了旅游的发展，同时让各类“非遗”项目得到了宣传推广，蓟州的皮影雕刻作品、邦均子火烧和一品烧饼特色小吃等“非遗”手工艺项目，受到广大游客追捧和喜爱，激发了传承人自豪感和成就感，使越来越多的年轻人参与到工艺传承、研发、销售、推广的行列，有力地促进了“非遗”的传承保护和发展。

2.“非遗”项目增加了旅游资源，促进了“非遗”与旅游事业的共同发展

旅游业必须要有特色文化作为支撑，而所有的“非遗”项目都具有独特的价值和代表性，“非遗”的融入可以成为旅游的抓手。蓟州区上仓镇程家庄村就是因为有了“燕子李三传说故事”这个“非遗”项目才能在平原地区打造北方江南旅游景区，依托“燕子李三传说故事”恢复了燕子李三故居，在程家庄老村主街两侧打造燕子李三故事墙，墙面装饰有72幅小写意画面，讲述李芬(燕子李三)的传奇故事，塑造燕子李三故里文化氛围，揭示其见义勇为，生动诠释其敢于担当的宝贵品格。在北方江南景区内修建了“燕子李三”纪念馆，建筑风格尽量复原燕子李三所处时代的结构，并利用了阴阳八卦以及易经的理念使经典富于文化特色。通过各种实物、图片、燕子李三蜡像讲述“燕子李三”百年不衰的传说故事，从而更好地向世人展示蓟州区悠久的历史和深厚的文化积淀。北方江南景区在每年的旅游旺季每天接待游客近万人次，拉动了地方旅游与经济的发展，创造了经济效益和社会价值。

总之，文旅结合，在旅游平台上，“非遗”被各种旅游活动激活，才能达到“流水不腐户枢不蠹”的作用。而旅游事业也正因非物质文化遗产的强势加入，增加了内涵元素，使文创产品的文化韵味更加厚重更加具有吸引力，能够达到相得益彰的效果。

(作者单位：天津市蓟州区文化馆)

应当重视“非物质文化遗产”的活态保护

韩骐隆

习总书记最近提出了“让文物活起来”的指示，要求让文物资源在更大程度上为人们的现实生活作贡献，让更多人了解文物、爱护文物，利用文物提高自己的爱国主义情怀，落实社会主义核心价值观。

中央十分注重文物应当进行活态保护。因为只有文物在老百姓身边活起来，才能够发挥文物为现实社会做贡献的作用。文物的作用就是见证历史、验证历史学的结论，让历史为现实服务，让文物尽可能地与老百姓接触，向故宫博物院学习，使文物在“活态保护”的前提下发挥作用，达到宣传中华民族悠久文化的目的十分重要。当然，既然是“活态保护”就必须以保护为前提，既积极又谨慎地进行，安全永远是第一位的，从保护出发，达到传承和利用的目的，文物工作者做出了大量的工作，我们应当学习他们的这种工作精神与工作经验，使非物质文化遗产保护工作越做越好。

非物质文化遗产，也是文物，是精神上的文物。让文物活起来，其中包括让非物质文化遗产活起来。要看到非物质文化遗产的重要作用，它对于中华优秀传统文化具有见证作用和传承发展作用，在弘扬民族文化、增强民族自信力方面具有强大的凝聚作用。我们要从弘扬传承中华优秀传统文化的高度，从肩负历史责任的角度，切实加大对于“精神文物”的保护力度，提升其保护水平，筑牢文化安全的底线，以赓续文脉。

好像人生的脐带和纽带，各具特色的非物质文化遗产，将历史和现代连接起来，形成具有“DNA”特征的人文情感。我国历史源远流长，文化底蕴深厚，它们作为载体让传统特色文化得以延续，纵观目前全国纷呈纭至的文化现象，其源头都在于这一“DNA”。但是，令人担忧的是，由于国际国内的形势发生了很大的改变，出于主、客观的原因，非物质文化遗产也在很多方面受到了冲击，要想挽救这种颓势，正确的方法是应当让“非遗”回归现代社会，在百姓的生活中进行活态保护。

一、“活态保护”是“非遗”得到传承的很好形式

非物质文化遗产，说到底，是“遥想当年”时老百姓生活中产生并受到欣赏，才能得以传承的精神文物，过去曾经与普通百姓的生活密切相关。让“非遗”在百姓身边“活起来”，实现活态保护本质上是回归非物质文化遗产的本来面貌，让它们的生存状态在现实社会重演。任何事物都有两面性，现在老百姓的生活在很多方面得到了改善，生活方式的改变，可以提高生活质量，可是也会有意无意地造成非物质文化遗产在存在价值方面的缺失，这是我们要面临的重大课题。

比如以杨柳青年画为代表的年画艺术，曾经在老百姓生活中起重要作用。大年初一，墙上必须要有更新的年画，许多年画是典型的“胖娃娃”。笑容可掬、胖嘟嘟的样子十分爱人，也给家中带来很多喜气。但现在。随着人们的房屋结构、居住环境、生活条件以及审美情趣的改变，如今城市中的居民几乎不再购买这种充满喜庆色彩的年画了。

然而，柳暗花明又一村。随着“北京四合院”的备受重视，年画又遇到了巨大的生机。为了追求“原生态”的四合院效果，这种差一点儿就要被城市居民抛弃的“非遗”产品又获得生机。并且，随着“二胎”的放开，“胖娃娃”也大行其道，为“备胎”的家庭送上一幅“连年有余”的胖娃娃居然也成为时髦。这充分说明，失去生活价值的工艺技术只能创造“今后的文物”，而不能作为“非遗”项目流传下去。“非遗”，若脱离了人们生活需求的土壤，无异于让鱼儿离了水而无法存活。正因为如此，我们可以说，让“非遗”得到更好的保护、传承和发展，就必须让“非遗”在百姓身边活起来，展现生命感和独特魅力，让更多的人认同它，接受它，喜爱它，愿意给它提供更充分的养分，才能使它更加茁壮的成长。

二、回归现代百姓的生活，才能“活起来”

杨柳青年画是天津的特色和品牌。从前面我们所举的例子可以看出，非物质文化遗产只有让老百姓在生活中得到重视，才能展现其艺术的魅力，才能不至于被历史所湮灭。要想在历史的长河中能够占据较多的时间段，不断地泛起艺术的涟漪，就必须附丽于社会生活。非物质文化遗产的载体是“生活”，必须要“活”才能生存下去。因此对它的传承必须进行活态保护，当然，方式也较为多样。只要不想让非物质文化遗产最终只存在于博物馆中，就必须进行动态保护，活态传承意即“活态保护”。这在“‘非遗’保护”工作中已经形成共识。

非物质文化遗产的保护与物质文化遗产保护的区别，就在于物质文化是定格于特定历史时空点上的“物”。而非物质文化遗产所附丽的是“人”。在制定有关民生等方面的政策规定时，应当给“非遗”的生存发展留出一片天地，使之获得良性发展。

三、处理好“移步与换形”的辩证关系才能“活起来”

以京剧为例，这是世界文化遗产，我国国家级“‘非遗’项目”，应该是“非遗”的典型和代表了。作为国粹级的“‘非遗’项目”，在二百年的发展过程中能够始终“活起来”，关键在于它正确处理了“移步与换形”的辩证关系，实际上就是继承与发展的关系。这种“活起来”的现象，是所有“‘非遗’项目”应当学习和借鉴的。

这种理论不仅只限于京剧，也应当是指导所有“‘非遗’项目”发展的理论。用适用于“非遗”保护的语言来诠释，通过“移步”，“‘非遗’项目”能够更加灵活多变，更具有可塑性。但是，任何“‘非遗’项目”是在长期的实践和社会生活中经过磨炼形成的，在“移步”的同时，还必须“不换形”，才能保留“‘非遗’项目”的精髓及其独特的艺术特征。

在“让‘非遗’活起来”这一问题上，要重视两句话：一句是：“非遗”，不是“文创”，不能丢掉传统的东西，更不能丢掉核心的东西。一旦丢掉了，即使做得再好，也是另外一个东西，而不是我们的非物质文化遗产了。——这就是“不换形”。另一句是，“非遗”从遥远的历史走来，始终是在发展变化的，历代都有传承人，他们在学习与传承中，把文化传统与现代理念有机融合，产生传承至今的艺术精品。——这就是“要移步”。

非物质文化遗产必须适应人们生活方式的变化，承认这一前提，就会明白“非遗”为什么要变化。有人在工作实践中总会提出“保持原汁原味儿”的问题。我认为，在“非遗”保护中，倘若作为短时间的工作要求，这种说法尚可以，但不应作为“非遗”保护的长远规划，尤其不能让其成为指导原则。因为“原汁原味”是不可能永远保护的，它不符合历史发展的规律。回顾人类的历史长河，无论是物质的文物还是精神的文物，变化是在持续进行。变，是永远，不变，是暂时的。脱离了时代，就不能融入新的生活方式，这种“非遗”，不会具有永远流传的生命力。这就要求我们必须坚持辩证唯物主义思想方法，从审美意识到表达手法处理好继承与发展的关系，做到与时俱进，运用传统技艺创作富有时代感，容易广大人民群众欣赏的作品。这才能让“非遗”“活下去”“活起来”。

以我们武清区为例。武清区“非遗”项目终南手工木雕制作工艺，可以雕刻传统的动物、花鸟、古代仕女，当然并不仅仅只雕刻这些，现实生活中的各种器物，现代社会中人们喜爱的种种形象，都可以表现。雕刻，而且必须是手工雕刻，这才是这项“非遗”的核心所在。一旦这些做法变成了机器雕刻，那“木雕”就变成普通的工艺品，失去了“非遗”的价值。让“非遗”活起来，是有前提的，就是必须保护“非遗”的核心与实质，决不能丢失其根本。在不失去这种艺术的本质和本来面目的同时，更好地为现实的群众服务，这才是正理。

总之，百姓喜爱、生活需要的东西，才有生命力，为了让“非遗”产品更好地适应时代的需要和变化，必须正确处理“变与不变”“原汁原味”与“不断发展”的关系，用辩证的观点对待非物质文化遗产的保护，真正做到在保护的前提下，让“非遗”活起来。

（作者单位：天津市武清区文化馆）

深挖传统文化富矿,铸就时代精神辉煌

赵华岚

党的十九大报告指出:“中国共产党既是中国先进文化的积极引领者和践行者,也是中华优秀传统文化的忠实传承者和弘扬者。”“深入挖掘中华优秀传统文化蕴含的思想观念、人文精神、道德规范,结合时代要求继承创新,让中华文化展现出永久魅力和时代风采。”为发挥文化阵地作用,传承中华优秀传统文化,并使之在中国特色社会主义新时代发挥更好的作用。河西区文化馆在公共文化体系建设中特别注重保护和传承中华优秀传统文化,取得了很好的社会效果,也成为公共文化服务的重要内容。

一、发挥文化阵地作用,传承优秀民族文化

为了做好“非遗”的保护工作,全国人大通过了《中华人民共和国非物质文化遗产法》,国务院办公厅也印发了《关于加强我国非物质文化遗产保护工作的意见》。确定了“保护为主、抢救第一、合理利用、传承发展”的方针,强调了“以人为本、活态传承”,坚持保护优先、开发服从保护,把社会效益放在首位,社会效益和经济效益有机统一,依法保护、科学保护的原则。

河西区文化馆在2015年搬迁至新馆后,就在新馆址的4楼,开设了面积达400平方米的公共博物馆——“非遗”展厅,常年进行河西区国家级、市级、区级“非遗”项目陈列展。展厅内的展品有成立于清雍正九年(1731)的挂甲寺庆音法鼓銮驾老会和形成于清乾隆年间(1736—1795)的杨家庄永音法鼓的共计近60件法鼓銮驾,昆曲、王(凤山)派快板、天津桂发祥十八街麻花制作技艺、古铜(银)鎏金器修复及复制技艺,以及有一百多年历史的武当派子午蛇形掌和具有千年历史的少林迷踪拳等。包括非物质文化遗产在内的中华优秀传统文化是先辈留给我们的无价

之宝。这些极其珍贵的非物质文化遗产和优秀的传统文化艺术不仅在文化馆的“非遗”展厅中得到了保护，更无声而有力地说明了河西区民间文化和民族艺术的发展传承历史，成为参观者了解历史文化，增强文化自信的重要途径。展厅全年免费开放，通过文字、图片、实物等方式，详细介绍我区传统技能、传统技艺、传统音乐、传统戏剧、传统体育与竞技、民间文学、传统医药曲艺等项目的基本情况，并设有专人负责展厅的秩序维持和日常养护，每个月累计参观人数近700人次。在保护非物质文化遗产的同时，也向群众展示了河西区悠久的历史文明和深厚的文化底蕴，促进了民族传统文化的保护和传承。

我馆在传承民族优秀文化工作中既高度重视“非遗”保护，更努力做到“非遗”项目的活态传承。我馆的雅苑剧场，是一个面积450多平方米，可容纳150名观众的非常适合开展戏曲、曲艺活动的场馆，近几年，我馆的戏曲、曲艺类团队活动丰富多彩，雅苑剧场是他们的活动阵地，也曾经把青年京剧院、名流相声茶馆等戏曲曲艺团队，请进雅苑剧场，为群众表演喜闻乐见的传统相声、快板、京韵大鼓等，吸引了众多的观众，每年演出100多场，弘扬了优秀的传统文化，满足了群众对传统文化的需求。

为了加强文化团队建设，每年文化馆都对在本馆活动的各类团队进行一次业务公开考核，今年就选拔出了13支戏曲、曲艺类团队，长期在雅苑剧场文化馆排练、学习、演出。为了提高团队的业务能力和表演水平，文化馆的专业干部，对团队的日常排练进行监督指导，使团队的整体水平得到质的提升，并多次代表河西区文化馆参加全国、市、区的各种大型演出、比赛、慰问、交流等活动，同时提升了我馆雅苑剧场的功能性，丰富了我馆文化惠民的工作内容。

我区文化馆充分发挥文化阵地的作用，大力传承优秀民族文化，既收到了保护传统文化的功效，也较好地满足了群众欣赏和参加传统文化活动的需求，更对民族传统文化的创造性转化、创新性发展起到了推进作用，不仅提高了广大群众走进文化馆的热情，更通过参加活动增加了对中华优秀传统文化的认知和了解，潜移默化地增强了群众的民族自豪感和文化自信心。

二、注重引进专业人才，弘扬优秀传统文化

为了弘扬优秀传统文化，我们馆于2008年引进两名戏曲、曲艺人才，一名是荣登“和平杯”全国京剧邀请赛十大名票的获奖演员，一名是具有曲艺世家背景的曲艺干部，2015年又以专科学历破格招聘一名专职曲艺干部，补充戏曲、曲艺干部匮

乏的现状,他们积极发挥专业干部的优势,创作出很多优秀的作品,例如:2015年创作的相声《防不胜防》,报送参加第十七届群星奖,获得天津市群星奖,并进入全国复赛;创作的曲艺作品《龙飞凤舞中国梦》荣获首届“董湘昆杯”全国京东大鼓邀请赛二等奖,作品《志愿者》荣获“中华颂”第六届全国小戏小品曲艺大展金奖,小品《书香门第》荣获银奖;2018年在第十八届群星奖天津地区选拔赛中相声作品《回报》获得金奖,等等。专业人才的引进,对于戏曲曲艺文化的传承,弘扬优秀传统文化起到了重要的推动作用。

河西区曾入选全国首批群众文化工作先进区,并多次入选全国公共文化示范区、全国文明城区。形成了全区上下高度重视文化工作的优良传统和社会氛围。近年来,河西区的非物质文化遗产保护工作,在区委,区政府的领导下取得显著成绩,共有七大类、十个项目进入全区非物质文化遗产代表性项目名录,其中三项被列入国家级名录,两项被列入市级名录。我馆于2012年和2018年分别公开招聘了两名历史学学士,作为“非遗”工作的专职干部,充实了“非遗”保护工作的管理人员队伍。在馆领导的大力支持下,经过专职干部们共同努力,共申报“非遗”项目60项、传承人近百人,组织开展“非遗”活动数百场次,完成“非遗”研究调研报告2篇,组织及参与编著书籍《永音法鼓口述》《陈塘庄神话故事》《西岸剪纸艺术展优秀作品集》,拍摄“非遗”纪录片2部、微电影2部,全年“非遗”传承人参加活动百余人次,开展“非遗”进社区、进校园累计300多课时。

引进专业人才,为他们提供展示才华的舞台和阵地,激发和调动他们的工作积极性,不仅提高了文化馆弘扬传统文化工作的实力和水平,也有效地推动了全区“非遗”工作的深入和开展。正是有了这一工作基础,我馆才成为全国第二届由文化和旅游部、天津市人民政府主办,文化和旅游部“非遗”司、艺术司、天津市文化广播影视局承办的“文化和自然遗产日”全国“‘非遗’曲艺周”的驻场演出单位。连续10场演出了80多个“非遗”曲艺节目,展示了京、津、冀、甘、陕、晋、川、贵、滇、黑、吉、辽、苏、杭、粤、湘、豫、鲁、蒙、疆、宁等20多个省区市的“非遗”曲艺品种,向2500余名观众展示了中华优秀传统文化的丰富多彩,受到主办单位的充分肯定和广大群众的一致好评。

三、组织各种文化活动,繁荣中华传统文化

马克思说:“希腊神话是希腊文学的武库。”同样,我们中国的神话传说、历史典故、寓言故事、民间艺术、民族戏曲和非物质文化遗产也是我们不可多得的艺术财

富和文化自信的精神基础。每一种民间文化，每一个“非遗”项目，都是当年社会生活的艺术记录，更是一代代中国人感情的传递和熔铸。尽可能多地展示这些优秀传统文化的艺术魅力，不仅是传承中华文化的需要，也是我们的工作任务。为此，我馆举办了丰富多彩的各种文化活动，扩大了优秀传统文化的影响力，增强了民族文化的凝聚力。

我馆戏曲社团的参与人数多、演出水平高、公益热情足，为了更好地满足广大群众对传统戏曲的热爱，同时也是为了发挥馆内社团作用，去年3月份，我馆举办了戏曲惠民演出《好戏连连看》活动，包括京、评、梆、越、黄梅戏等各大戏曲剧种，演出形式多样，演出单位除本馆社团外，还有来自全市的50余支戏曲社团，每周一次，至今已举办了50场次，为戏曲、曲艺社团提供更多的展示、演出、学习、交流的机会，已经成为我馆的特色品牌。在提供场地支持的同时，还提供了部分日常的演出费用，雅苑剧场免费为戏迷们提供服务，得到了广大戏迷们的喜爱和支持，群众可以免费观看演出，既满足了戏曲爱好者观看欣赏的需求，又为学唱者走上舞台提供了学习的机会，使他们有热情、有勇气走上舞台表演，展示自己的风采。

习近平总书记指出：优秀传统文化是一个国家、一个民族传承和发展的根本，如果丢掉了，就割断了精神命脉。我们要善于把弘扬优秀传统文化和发展现实文化有机统一起来、紧密结合起来，在继承中发展，在发展中继承。努力实现传统文化的创造性转化、创新性发展。多年前，我区就对传统的民间文化进行过大胆创新，取得了很好的效果。我区曾以“哪吒闹海”为主题，将民间高跷表演、舞龙表演和地秧歌结合到一起，由装扮成哪吒的高跷演员、扮成虾兵蟹将的高跷演员和地秧歌演员与传统的舞龙表演进行艺术嫁接，展示了源于我区陈塘庄的哪吒闹海这一广为流传的历史传说，再现了哪吒不畏强敌、敢于斗争的勇气和精神。这一节目在青岛等地的演出获得了极大的好评。

近年来，我馆更加自觉地加强了利用优秀传统文化，满足百姓文化需求，服务现代社会发展的工作。2018年6月7日至14日，作为驻场演出单位，我馆承担了由文化和旅游部、天津市人民政府主办，文化和旅游部“非遗”司、艺术司、天津市文化广播影视局承办，在天津举行的10场全国“非遗”曲艺周的演出任务，深受上级领导及市民好评。

2014至2018年，我馆还每两年举办一次中国·天津“西岸”剪纸艺术展，已连续举办了3届，全国各个省市近万人参加了剪纸大赛，上交作品总数达7000多份，展出作品1500余幅(组)，分别评选出金、银、铜、优秀奖若干名，并出版优秀作品集,充分宣传剪纸这一列入"非遗"项目的艺术魅力,有效地扩大了剪纸艺术的社会影响,促进了剪纸艺术的传承发展。我馆每年还举办"非遗"文物的展览长廊,包括"非遗"项目在内的优秀传统艺术演出也频繁出现在各种大型文艺演出中,使"非遗"文物保护的理念深入人心,让群众理解和支持"非遗"工作的开展和积极地参与到保护"非遗"文物的活动中来。

综上所述,包括"非遗"在内的民族民间中华优秀传统文化是历代民间艺人创作并留存到现代的文化财富。尽管在历史的长河中随着人们所处社会形态、自然环境和历史条件的变化,中华传统文化的内容和形式也在不断地变化发展,但是凝聚在这些优秀传统文化之中的文化认同感和民族归属感却是始终不变的。习近平总书记强调指出:"文化自信是更基础、更广泛、更深厚的自信。"包括"非遗"曲艺项目在内的中华优秀传统文化正是我们最深厚的文化软实力,也是中国特色社会主义植根的文化沃土,更是我们文化自信的历史积淀和精神基础。可以说,每一种中华优秀传统文化都是民族精神的长期积累和历史积淀,如同一座座巍峨耸立的艺术山峰,它汇聚的道德力量是多少双脚步也踩不平的十八盘,让一代代后来者昂首阔步、努力登攀。每一项列入非物质文化遗产的项目都是中华文化的血脉延续和薪火相传,如同一条滚滚向前的艺术长河,它传承的文化内涵是多少条纤绳也拉不直的九十九道弯,让一辈辈传承人挽起历史、砥砺向前。

(作者单位:天津市河西区文化馆)